中国职业教育

"双三元"
职教模式理论
探索与实践

刘华强 高晶 陈晓静 著

国家图书馆出版社

图书在版编目（CIP）数据

中国职业教育："双三元"职教模式理论探索与实践 / 刘华强，高晶，陈晓静著 .—北京：国家图书馆出版社，2015.11

ISBN 978-7-5013-5720-8

Ⅰ．①中…　Ⅱ．①刘…②高…③陈…　Ⅲ．①职业教育－研究－中国　Ⅳ．① G719.2

中国版本图书馆 CIP 数据核字（2015）第 262116 号

书　　名	中国职业教育："双三元"职教模式理论探索与实践	
著　　者	刘华强　高　晶　陈晓静 著	
责任编辑	张慧霞　陈　卓	
助理编辑	王锦锦	

出　　版　国家图书馆出版社（100034 北京市西城区文津街 7 号）
　　　　　　（原书目文献出版社 北京图书馆出版社）

发　　行　010-66114536　66126153　66151313　66175620
　　　　　　66121706（传真）　66126156（门市部）

E-mail　　nlcpress@nlc.cn（邮购）

Website　www.nlcpress.com →投稿中心

经　　销　新华书店

印　　装　北京京华虎彩印刷有限公司

版　　次　2015 年 11 月第 1 版　2015 年 11 月第 1 次印刷

开　　本　787×1092 毫米　1/16

印　　张　20.5

字　　数　550 千字

书　　号　ISBN 978-7-5013-5720-8

定　　价　68.00 元

前　言

众所周知，德国"双元制"职业教育在世界上具有较高地位，也是德国经济发展的秘密武器之一。近年来，世界各国都十分重视学习他们的成功经验。根据德国"双元制"职业教育理念，学生既要在企业里接受职业技能和与之相关的专业知识培训，又要在学校里接受职业专科理论和普通文化知识的教育。借鉴德国校企结合的"双元制"职业教育理念和英国的"三明治"职教理念，珠海城市职业技术学院探究具有中国特色的"双三元"职教模式，即"政校企""行校企"三元互动、协同融合的开放式办学模式，在开放式、立体化的合作办学平台上，推行"产教融合、校企合作、工学结合和知行合一"的应用型人才培养机制，培养学生的创新精神和创业能力，促进学生实现个性发展，提高学生综合职业素质，提升人才培养质量，探索改善我国高职院校改革发展的新路径，对破解高职教育"瓶颈性"问题具有积极的作用。

"十三五"职业教育规划提出了"五大理念"。本书遵循"十三五"职教改革创新发展的思想，用"创新发展理念"引领职业教育"双创"建设、用"协同理念"引领职教区域均衡发展和各类教育协调发展、用"绿色发展理念"引领生命教育和生态教育、用"开放发展理念"引领职教开放与国际化、用"共享发展理念"引领教育公平与教育扶贫。针对高等职业院校大学生的特点，珠海城市职业技术学院结合"双三元"职教模式的实际，充分发挥政府、行业、企业的主导、指导和参与作用，通过提出问题、确立目标、寻找路径、设定计划、实施方案、结果检查、演示汇报等形式，以达到实现学生的专业能力和社会能力的提升。

本书主要包括两部分：第一是理论部分；第二是案例部分。

本书由珠海城市职业技术学院刘华强校长，高晶、陈晓静老师撰写。特别感谢王宇东、熊俊超、华本良、蒋庆荣、张建南、黄英、苏志东、李军利、白立强、陈华、刘辉珞、陈东群、金焕、郭剑英、赵国宏、毛颖善、罗婷、刘慧慧等在撰写过程中的支持与帮助。此外，由于时间仓促，编写过程中出现的错误和疏漏，恳请大家批评指正！

编　者

2015 年 6 月

目　录

第一部分

"双三元"理论概述

"双三元"职教模式理论概述 // 3

第一章　"双三元"职教模式的启示 // 10

第二章　"双三元"职教模式的设计 // 16

第三章　"双三元"职教模式相关理论依据 // 38

第四章　"双三元"职教模式的价值论 // 43

第五章　"双三元"职业核心能力的人才培养目标论 // 58

第六章　"双三元"职教模式协同创新的专业建设论 // 64

第七章　"双三元"职教模式多元结构师资队伍建设论 // 71

第八章　"双三元"职教模式信息技术平台论 // 84

第九章　"双三元"职教模式创新创业教育实践论 // 91

第十章　"双三元"职教模式的探索与实践成果 // 100

第二部分

"双三元"成功案例

案例一：工业与艺术设计学院"工作室制"教学企业案例 // 155

案例二：旅游管理学院"服务学习，实践育人"案例 // 171

案例三：电子信息工程技术专业"行校企"三元共建案例 // 177

案例四：机电工程学院"三岗递进育人才"案例 // 195

案例五：机电工程学院粤德合作"工业机械工"专业建设案例 // 208

案例六：人文与社会管理学院"社会工作专业建设"实践案例 // 224

案例七：珠光汽车公司"现代学徒制"案例 // 238

案例八："政校企""推动人大立法，建立校企合作长效机制"案例 // 256

案例九："金湾电子商务产业联盟"案例 // 264

案例十："行校企""全球供应链怡亚通益达众创学院"案例 // 282

附　录

珠海市人民政府关于深入推进职业教育校企合作的意见 // 307

珠海市人民政府关于加快发展现代职业教育的实施意见 // 310

后　记 // 317

第一部分

"双三元" 理论概述

"双三元"职教模式理论概述

一、中国特色"双三元"职教模式理论的形成与发展

（一）"双三元"职教模式理论形成与发展的社会历史条件

1. 时代背景

21 世纪初以来我国高职教育进入快速发展时期，我国经济也经历着加快转变经济发展方式的深刻变革，面对工业技术革命的挑战，我国推进经济结构调整，大力发展职业教育。随着 2003 年高职评估和 2005 年国家示范校建设项目的开展，许多高职院校广泛开展国内外职教模式的交流学习，探索订单式，校中厂、厂中校等校企合作、工学结合职教模式，但其中"校企"深度合作育人的长效机制等瓶颈问题始终没有得到根本性解决。

2. 实践基础

全国高职院校风起云涌，校企合作、工学结合办学体制的改革探索与人才培养模式的创新实践为珠海城市职业技术学院（以下简称珠海城职院）"双三元"职教模式理论的探索提供了丰富的资源，珠海城职院成立了"双三元"办学体制机制创新改革团队，潜心研究了以德国"双元制"为代表的职教理论，并深入实践基层，研究高职教育面临的深层次问题。

3. 理论依据

"双三元"职教模式理论是以德国职业教育"双元制"为研究起点，以教育生态学理论为依据，经过国内外相关理论比较研究及多年的实践探索之后形成。教育生态学学科名称首先由美国哥伦比亚师范学院院长 Gremin Lawrence 所提出，认为在教育生态系统中，教育与它所处的生态环境中各生态因子之间的相互作用和影响，运用生态平衡的理论，促进教育生态系统平衡发展。高职教育生态化是指将影响高职人才培养质量的各项元素链接成一个生态系统，其中影响高职人才培养质量的元素被称为高职教育生态系统的生态因子。

高职教育生态系统以培养高素质技能型人才为发展目标，系统内各生态因子之间相互作用、相互依存。通过对高职教育生态系统学校、政府、行业、企业这四个生态要素间的关系进行分析，并从微、中、宏三个层面探索教育生态学高职人才培养的可行模式：微观层面指"校企"合作形成生态核；中观层面指"行校企"内三元联动形成生态基；宏观层面指"政校企"外三元联动形成生态库。这三层面彼此联系，协同促进"双三元"职教模式的实施开展。

在德国，由校企合作共建的"双元制"职业教育受到国家的立法支持，我国的职业教育实践如果照搬德国的"双元制"，目前还存在着政府政策主导不力、校企合作法律缺失、企业参与职业教育热情不高等方面的制约。珠海城职院在全国率先提出"政校企""行校企"协同融合的职教模式理论，这将是一项将德国职业教育"双元制"中国化的成功探索。"双三元"人才培养生态圈见图1。

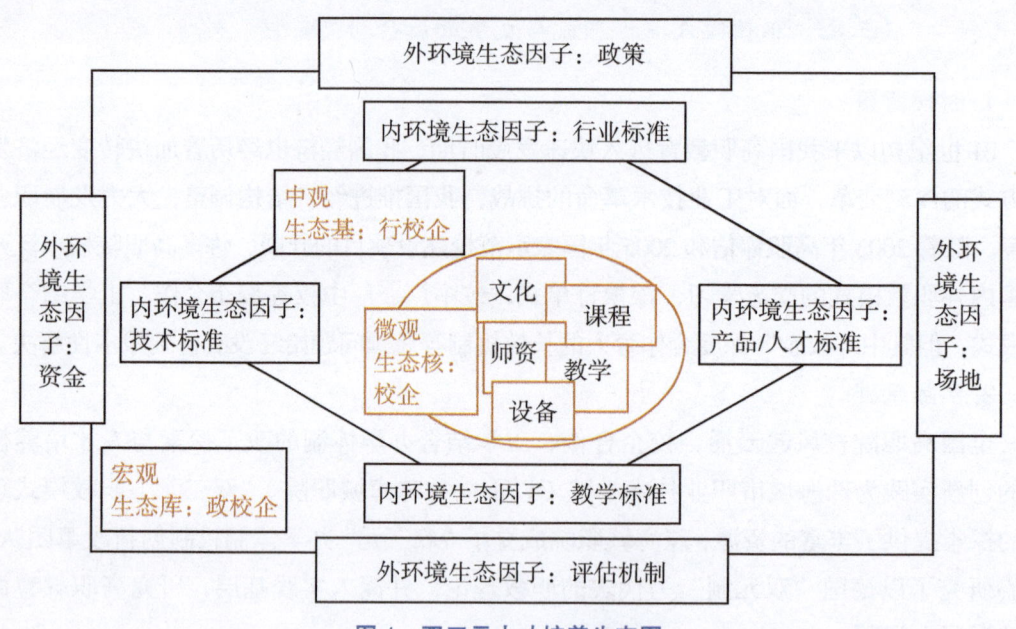

图1　双三元人才培养生态图

（二）"双三元"职教模式理论形成与发展的进程

1. 形成时期

"三元共建"探索

2004年建校以来，学校一直积极探索校企合作、工学结合之路。根据珠海市中小企业较多、行业组织较活跃的特点，学校率先对行业、企业、学校"三元"共建人才培养模式进行了探索，并成功申报了广东省教育厅教学改革项目"高等职业技术教育三元制办学模式改革研究与实践"。2005年起该模式在工程与信息学院试点，取得一定的成功经验后，2008 年在全校全面推广，并先后与珠海市进出口商会、旅游协会、物流与采购商会等 19 个行业组织建立合作关系，发起组建了珠海市职业与成人教育协会、社会工作协会、自动化学会 3 个行业组织，"行校企"三元共建职教模式探索取得初步成效。

"三元"向"双三元"的发展

我国高职院校学习和借鉴德国"双元制"思想已多年，各类校企合作、工学结合的人才培养模式也广泛开展，但在校企合作的实践中仍存在着许多问题，如政府政策主导不够、校企合作法律缺失、企业参与职业教育热情不高、难以满足区域经济对高素质人才的要求等，面对这些问题，学校在原"三元"共建模式基础上，开始针对校企合作中存在的问题，探索适应珠海区域经济发展方式转变和产业结构调整需要的人才培养模式，提出了政校企、行校企"双三元"办学模式。

2. 发展时期

学校确立"双三元"办学模式后，开启了积极的实践探索之路。在深入研究并重新审视"双元制"的职教体系的前提下，总结中国高职教育十几年来校企合作、工学结合人才培养模式各方面经验的基础，珠海城职院在全国率先提出了"政校企""行校企"双三元办学模式下的人才培养模式，以此破解"双元制"在中国遇到的瓶颈。为加强"政校企"合作，学校积极推动珠海市人大出台《珠海市职业教育促进条例》，以加强对职业教育的法制保障；同时不断优化学校顶层设计，在学校龙头专业的积极带动下，各专业开展"行校企"人才培养模式的改革，"双三元"办学与人才培养质量效果逐渐呈现。

2013 年 4 月 20 日《光明日报》对珠海城职院刘华强校长的《"双三元"：高职教育的中国化之路》进行报道，标志着在珠海城职院艰辛探索、孕育而生的"双三元"职教理论模式走向成熟发展时期。

学校《基于"政校企""行校企"合作的双三元高职人才培养模式的创新研究与实践》项目获 2014 年广东省教育厅第七届广东教育教学成果奖（高等教育）二等奖。"高职艺术设计专业'三位一体'式工作室制人才培养模式改革"获得第七届广东教育教学成果奖（高等教育）二等奖。学校还在对口支援单位阳江职院建立了中德合作基地子项目，对德国的"双元制"与学校创立的"双三元"职教体系进行了深入的理论比较研究与实践探索。

二、"双三元"职教模式理论主要内容

"双三元"职教模式，由"政校企"（即以政府为主导、以学校为主体、以企业为支撑）办学模式和"行校企"（即以行业为指导、以学校为主体、以企业为支撑）人才

培养模式组成，其核心理念是实现职业教育中国特色的"三元互动、协同创新、服务地方、互为补充、互为支撑"。三大层次分明、路径清晰、责任明确，形成政府、行业、企业、学校合作办学、合作育人、合作就业、合作发展的长效机制。

这种创新型职教理念也体现了"产教融合、校企合作、工学结合、知行合一"的**开放式职教模式运行结构**，它由宏观职教联合会、中观办学理事会、微观教学指导委员会和专业指导委员会三个运行中的层次组成。每个层次形成不同的工作路径，分别发挥主导、指导、主体的不同功能。宏观层面政策引领"政校企"三元联动、整合资源；中观层面行业规范对接产业、"行校企"三元互融；微观层面校企互动深度合作、实体建设。参与三方融通互动，互为支撑、协同推动，协同创新，互为一体，形成有效的机制体制。见图2。

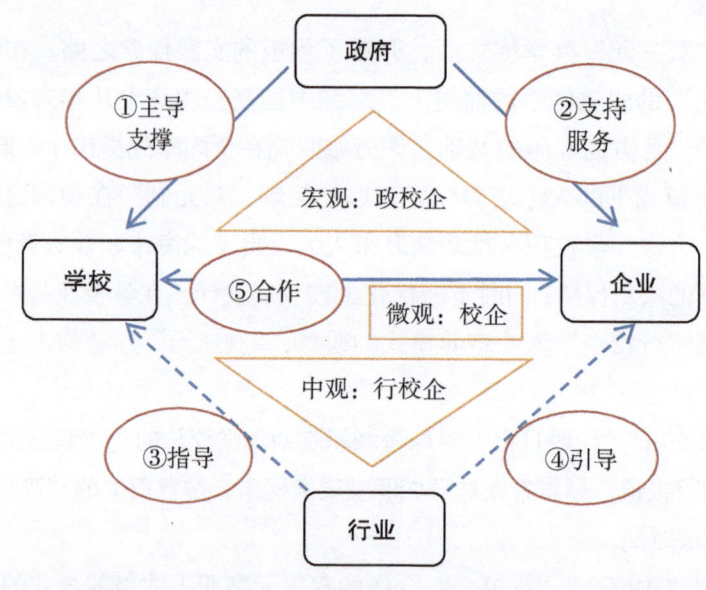

图2 政校企行关系原理图

"双三元"职教模式理论体系主要内容，这一理论体系包括推动高职校企合作、工学结合深度发展的六大理论和七大运行机制。六大理论分别是"双三元"职教模式理论、"双三元"高职职业核心能力的人才培养目标理论、"双三元"协同创新的专业建设理论、"双三元"多元结构的师资队伍建设理论、"双三元"职教模式信息技术的平台理论和"双三元"职教模式创新创业教育实践论。七大运行机制如下：一是推动市政府建立职教联席会，构建"双三元"合作办学理事会治理结构，通过人大立法，建立"双三元"人才培养共育共管的保障机制；二是组建"行校企"三元共建教指委和专指委，建立专业规划建设协调机制；三是建立"双三元"人才培养合作机制；四是建立"双三元"教育资源优化整合机制；五是建立"双三元"人才交流机制；六是建立"双三元"互利双赢成果共享的激励机制；七是建立"双三元"管理风险社会责任共担的约束机制。作为高职院校的最高决策机构，"双三元"办学理事会组织本着自愿参加、平等互利、权责相应、双向互动、协同创新、共同发展的原则，侧重在教育资源优化、学科建设、专业规划、人才交流、产学研合作、培训认证等方面建立起优质高效的社会化协同创新机制。

"双三元"模式的实施路径，"双三元"办学模式旨在解决校企合作实践过程中遇到的办学体制瓶颈，是学校人才培养模式的实质体现。该模式并不是简单的"政、行、校、企"四元组合，而是分层次、按路径的有机融通与创新性合作。"政校企"是前提和基础，面对国内高职教育政策引导乏力，校企合作法律缺失等问题，"政校企"既解决职业教育培养什么人的问题，又从深层次解决产教融合的问题，促进学校服务经济社会发展能力的提升。"行校企"是关键和抓手，从中微观解决企业参与职业教育热情不高等问题，促进学校专业服务产业发展能力的提升。"行校企"三元中的行业是指导，解决中观上指导专业办学定位问题；企业是支撑，解决微观上职业标准与课程标准对接问题。"政校企"提供政策、打造平台，"行校企"负责实施和执行，同时又把合作中遇到的问题和难点反馈"政校企"，"政校企"对其进行指导和帮助。二者相互促进、相互支撑，通过"政校企""行校企"有层次、分路径的协同融合，培养符合产业转型升级和企业技术创新需要的发展型、复合型和创新型的技术技能人才，促进高职教育质量的全面提高。见图3。

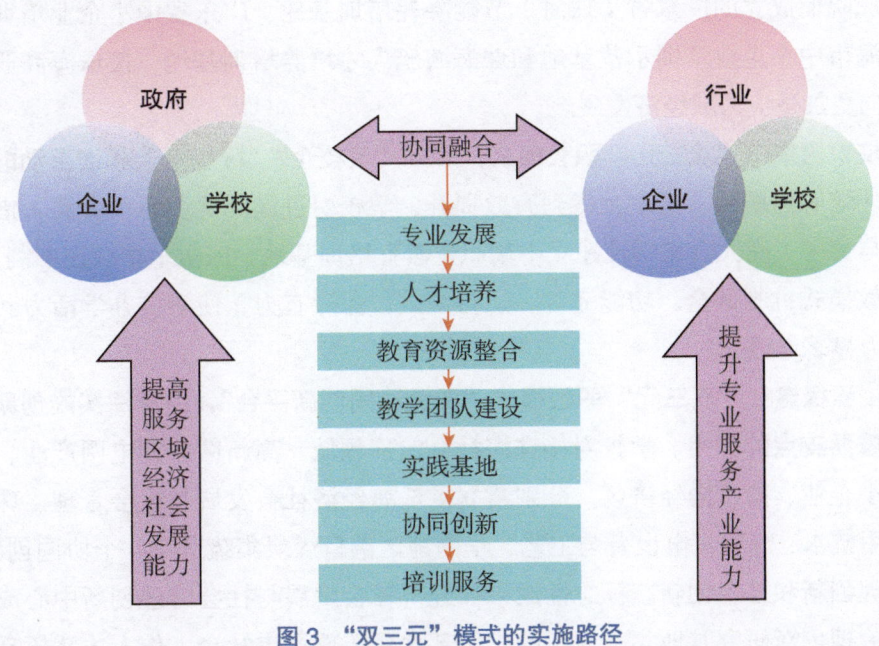

图3 "双三元"模式的实施路径

三、"双三元"职教模式的实践成效

学校积极探索"双三元"职教模式，有效提高了专业内涵建设水平，学校根据珠江西岸地区的产业规划，重新整合教学资源，重点建设电子信息、机电工程、旅游管理、物流管理、社会工作五大专业，加强游艇装饰设计与工艺、中德合作等特色项目的建设，筹备开发与海洋工程装备制造，航空空调制冷等与产业（行业）相关的新专业。珠海城职院和高栏港经济区携手打造"政校企深度合作实验圈"，与高端服务企业合作创办"航空与海洋工程学院"，开设了长隆旅游管理班、格力安全技术员定向培训班、格力实验测试员定向培训班等17个企业"冠名"班。各专业根据实际情况，以"双三元"职教模式为指导，制定具体的专业育人模式，深入推进专业教学改革，学生实践环境与教师"双师"结构明显改善，学生岗位职业能力水平明显提高，学校校企合作专业社会服务平台服务社会能力显著增强。

目前学校已建立起与珠海高端制造产业体系紧密对接的专业体系，为培养符合珠海产业发展需求的创新型人才奠定了扎实的基础。城职院践行的"双三元"办学模式，使"政府、学校、企业"与"行业、学校、企业"实现紧密对接，协同发展。同时，通过打造一个全新的生态办学体系，也为推动产业链、专业链和创新链的有机衔接，共同为珠海的发展服务探索了有利路径。学校还先后与一百多家处于行业领先地位的重点企业建立了稳定的合作与协作关系，实施专业与课程等项目改革。近年来，依托珠海城职院而成立的广东省（珠海）节能降耗培训基地、广东省中小企业培训示范基地和珠海市中小企业培训示范基地和珠海游艇人才培养培训基地，使珠海高职院校的办学方向更加适应区域经济发展。

学校积极推广"双三元"职教模式，形成"政校企""行校企"和谐互动的良好局面，人才培养的质量从根本上得到有效提升，学校引进国际优质职教资源，借助珠海市政府与德国工商大会在学校建立中德职业教育培训基地，探索中德双证书制。"双三元"职教模式机制健全，功能完善，运行高效，保障有力，使学校办学活力和可持续发展能力显著增强。

学校积极建立"双三元"职教模式"四大协同创新平台"，为珠海实施创新驱动战略发挥重要支点的作用。学校对接珠海社会治理领域、高新区智能电网产业、珠海制造业中小企业、高栏港经济区，分别建立了珠海经济社会发展与社会管理、珠海智能电网应用技术、珠海机电设备与工艺、华南地区港口煤炭集疏运等4个协同创新中心，服务管理创新和技术创新。标志性成果如经济社会发展与社会管理创新中心成为珠海市社会治理创新研究基地，其承担的中组部课题《珠海市社会工作人才队伍现状调研报告》被选入广东省委决策参考文集；智能电网创新中心承担了《珠海智能电网产业规

划和实施方案（2013–2020）》的制定工作，推动行业制定了《光伏发电安装调试工职业技能标准（草案）》；港口煤炭创新中心主持了西江黄金水道调研等。

学校积极设立"双三元"职教模式高端研究平台，高端研究平台即广东省社科院珠海分院、中科院广州分院珠海协同创新中心、中国工程院广州分院珠海基地。学校聘请著名科学家刘人怀院士为名誉校长，并在校内设立了刘人怀院士工作室指导学校的建设、发展和学术研究。学校与澳门合作成立珠澳国际教育创新园；与金湾区、横琴新区、高栏港、高新区合作建立产学研平台；紧密结合珠海的航空和海洋装备产业，成立航空与海洋装备学院；学校还依托珠海市经济社会发展与社会治理创新研究基地等市重点研究基地带动科研服务。2014–2015学年，学校在研技术开发（攻关）课题到款123.36万元，对外技术服务到款403.27万元。广东省实践科学发展观研究（珠海）基地2015年课题支持经费达30余万元，珠海重点研究基地支持经费达100万元，2014年为高栏港经济区"量身定做"的课题经费达36万。

实践证明，"双三元"办学模式是德国的"双元制"办学模式的中国化、本土化，具有可操作性和可复制性。

第一章 "双三元"职教模式的启示

※ 名家名言

实行职业教育者，固宜博考他国之良法美意为借镜，尤宜体察本地之社会状况为基本，庶几因地制宜，不贻削足适履之讥。

——邹韬奋《职业教育研究》

※ 阐述问题

通过阅读本章，你能够了解：
○优质职教模式的启示
○职教界已有的职教理论成果

第一节　德国"双元制"职教模式及"工业4.0"

一、"双元制"概念界定

"Dual system"一词，翻译成汉语可以有"双元制""双轨制""双重制"等多种说法，但"双轨制"强调并行的两种制度内涵，似乎与两种教育和两种劳动制度所用的表述相混。"双重制"则在重叠之意上比较突出，在其发挥的作用上表述较弱。而"双元（dual）"具有"二元的、孪生的"的含义。因此，"双元"的构成要件在地位上应是对等的、相生相存的。"双元"既指称"学校"和"企业"的二元主体，又指称"学生"和"学徒"的双重身份[①]。

德国的职业教育因"双元制"而闻名世界，"双元制"职业教育自1969年开

---

① 陈明昆.德国"双元制"多元分析及对发展中国家的启示［J］.职业技术教育，2006（1）：82.

始在德国正式实施。这一教育理念来自于德国的工作教育理念，通过由职业学校教授学生联系实际的理论知识，由企业或工厂培训学生的实际操作能力，来实现对学生从业能力的培养。参与"双元制"的学生由最初的高中生为主，逐步扩展为专科院校和普通大学的学生。"双元制"受德国联邦职业教育法律保护，受各教育部门监督[①]。

德国"工业 4.0"是由德国产业、学校、科研各界共同制定、以提高德国工业竞争力为主要目的。德国"工业 4.0"这一概念问世于 2011 年 4 月在德国举办的汉诺威工业博览会，成型于 2013 年 4 月德国"工业 4.0"工作组发表的《保障德国制造业的未来：关于实施"工业 4.0"战略的建议》的报告，进而于 2013 年 12 月 19 日由德国电气电子和信息技术协会细化为"工业 4.0"标准化路线图。目前，"工业 4.0"已经上升为德国的国家战略，成为德国面向 2020 年高科技战略的十大目标之一[②]。

随着"工业 4.0"时代的到来，虚拟与现实的生产巧妙地融合在了一起，生产不再是一个封闭的系统，而是一个完全开放的平台。据德国政府预计，到 2025 年，"工业 4.0"将为德国带来 780 亿欧元的经济效益，每年可带来 1.7% 的经济增长。"工业 4.0"被称作继蒸汽机、电气时代、工业自动化后，人类历史上的第四次工业革命。围绕这次自上而下、由外到内的产业发展战略，德国职业教育同样没有停止前进的步伐。为顺应改革的浪潮，德国职业教育提高了技能娴熟和掌握其他领域专业知识的复合型人才的社会地位，并为产业和职业教育更新布局做好了人才培养的准备。

二、"工业 4.0"时代职业教育人才培养目标的变化

"工业 4.0"时代智能化的制造业实现了多学科、跨地域和大数据实现共享，因此，也对从业人员提出了更高的要求，具备知识与技能的复合型劳动者成为该战略能否取得成功的关键。面对工业化的发展，未来的工程师必须具备更多的知识面，在传统模式下培养的高度专业化的人才可能会面临无法适应未来多样化的职业发展需求。面对德国未来职场需求多元化人才的现状，德国的职业教育从过去的单一技术走向多元跨界的高度专业化模式，未来需要的不再是专精于单一技术的人才，而是具备可以灵活运用多种知识的多元化的技术人才，跨学科的人才是职业教育人才培养趋势。

---

① 谈毅."工业 4.0"对德国二元制职业教育体系的冲击及其应对[J].职业技术教育，2015（5）.

② 丁纯、李君扬.德国"工业 4.0"内容、动因与前景及其启示[J].德国研究，2014（4）.

三、"工业 4.0"时代德国职业教育跨学科的变化

"工业 4.0"主要是将大数据、虚拟现实、互联网、物联网、3D 技术等融入现实的生产生活及制造业中，通过网络实现生产车间和工作流程的自动化。其中"智慧工厂"和"智能生产"是"工业 4.0"时代的两个主题。"智慧工厂"重点研究智能化的生产系统及生产过程，实现网络化分布式的生产。"智能生产"是指企业的整个生产流程管理，将 3D 打印、人机互动等技术应用在工业生产过程中。"智慧工厂""智能生产"不仅仅是人机互动、机机相通，甚至可以实现物物相连，使每一个物品通过芯片都能实现一个功能，从生产到使用可以进行最少人力的监测监控。

"工业 4.0"时代的发展主题就是要发展跨学科体系，调整产业结构，组成工业尖端群企业联合工作。以改变目前实验、开发、生产、规划，制造和服务相分离的局面，使大规模分隔状态的部门做到数据的双向流通，用共有的数据来实现整体的逐步改变。此外，把嵌入式软件、单晶片与各类不同的产品巧妙的结合，以满足更多个性化的需求。

四、"工业 4.0"时代德国职业教育内容的变化

由于"工业 4.0"时代更加关注在智能化工厂内，通过联网建成产品的生产过程，关注产品的研发、生产、集成、管理、应用以及售后等不同阶段的过程，使得人才培养的理念及内容均需为之调整和改变。为此，更加需要在机器对机器甚至机器对网络的工作环境下，具备管理知识及相应技能的职业人才；需要在物联网的新环境下，能够操控人与物所连成的巨大网络得以运行的技术；需要能够应用各类软件，实现企业系统化管理、产品生产周期管理、供应链管理等相关内容的人才储备。

五、"工业 4.0"时代德国职教人才培养系统的变化

德国"双元制"职业教育传统的课程所培养出的人才，要迎接高度智能化的挑战。"工业 4.0"时代，多学科的专业知识与技能融合在一起，它要求受训者具备在某一工作岗位上独立制定工作计划、独立实施工作计划和独立评估工作计划所需要的各种能力。在职教主管部门的统一组织下，行业协会、工会、教师三方代表共同拟定职业培训的标准和各项具体要求。

六、"工业 4.0"时代核心生产力给职教带来的变化

"工业 4.0"时代重在实现自动化转向智能化,企业的全球联网、实现智能工厂、提升大数据的诊断和利用是转向智能化的关键。互联网的"灵魂"一旦附着于某一传统产业,就会形成新的平台,产生新的应用。在"工业 4.0"时代,人才将作为数据资源本身的获取者和载体,以各种各样的新形式参与到生产组织体系中,从而改变大部分传统的分工体系。

七、"工业 4.0"时代德国职业教育的应对策略

面对时代的进步,德国政府在《教育、研究、革新——形塑未来》报告书中提出了,(一)修订了《联邦职业教育法 2005》,让从业者可以应对不断变化的职场需求,使职业教育更加弹性与多元。(二)改善实习环境与机会。通过宣传与辅导等方式,使乐于接收"双元制"培养学生的企业由有规模的企业扩展到中小型企业。(三)改善评价制度体系。增加评价学生素质的重要渠道,提高中期评估的重要性,使毕业考试更加弹性化。(四)教学内容打包。为应对新时代的要求,德国设计了模块化的职业教育内容,使课程的教学更具灵活性和应用性。

由于德国"工业 4.0"是由德国工程院、弗劳恩霍夫协会、西门子公司等联合发起的,工作组成员也是由"产学研用"多方代表组成的,因此,"工业 4.0"战略一经提出,也很快得到了世界各国学术界、产业界的积极响应。

我国充分吸收和借鉴发达国家"产学研用"联合模式,一方面,针对不同类型的"产学研"合作网络或产业研发联盟,政府通过引导和支持的方式促进其发展;另一方面,选择几个重点行业和关键技术领域进行试点,以行业骨干企业为龙头,联合科研实力雄厚的大学和科研机构,组建多种形式的"产学研"研发联盟,充分调动各方资源和力量,共同推进技术研发和应用推广[①]。

第二节 英国"三明治"课程模式

一、英国"三明治"课程模式的由来

"'三明治'教学方法是英国许多高校开设的致力于培养学生社会实践能力的特色

---

① 网易科技.德国"工业 4.0"战略意图及对中国的启示.［DB/OL］.http：//mp.weixin.qq.com,［2015/04/19］.

课程——'三明治'课程（Sandwich Courses）。此模式最早是1903年英国桑德兰技术学院工程和船舶建筑系中实施的。由于当时传统的教育模式让学生只能学到单一、乏味的理论知识，因此学校在教学工作中开始有针对性地进行大量实习，使学生开始从校园就进入社会这一模式要求学生在校期间有很长一段时间体验走出校门参加实际工作训练，由于这一模式像一块肉夹在两片面包中，类似于'三明治'，由此而得名。"[①]

二、施行"三明治"的课程优势

"三明治"教学计划可以把工程设计、实训、教学融为一体，让学生在工业环境中学习，并伴有生产革新等活动，不仅仅给学生提供了适当的理论知识，而且给学生的就业做好了准备。"三明治"课程是学生获得实践经验的一个好办法。在获得学历的同时，拥有相关工作经验，并且能够获得一定的经济收入，使学生能够真正融入社会[②]。

三、我国借鉴"三明治"模式时的注意事项

"在'三明治'教育的发展过程中，英国政府定位合理、措施有力。英国政府从引导者和管理者的角度出发，秉持'有所为、有所不为'的制度设计理念，从宏观层面入手，采取'顺时引、逆时推'这一规范监督和鼓励引导的双重策略，为'三明治'教育提供法律政策引导、财政经费投入和组织机构协调三重保障，从而为'三明治'教育的跨世纪快速发展营造了良好的制度环境，在推动'三明治'教育模式快速扩张的同时，保障了'三明治'教育的实施质量。"[③]

自1984年加拿大的合作教育体系引入我国后，我国高校就展开了校企合作、工学结合的"产学研"合作教育试点工作，取得了一定的成绩，但也存在一些问题。主要体现在："脱离市场经济环境，单纯靠学校课堂教育培养出来的专业人才，与市场的实际需求相距甚远。目前我国高等教育已从精英教育过渡到大众教育，而多数企业反映现在大学生不能适应企业的需求，且上手慢。一方面有大量大学生找不到工作，另一方面又有大量企业岗位找不到合适的技术人员，这就是目前高等教育急需解决的问题。"[④]让学生真正进入企业工作和学习，是许多教育工作者探讨的课题。而目前的短期

---

① 周福泉．"三明治"教学方法对高职院校创建学习型校园重要影响的研究［J］．工业技术与职业教育2014．

② 余芝轩．"三明治"课程模式对我国高职实践教学的意义［J］．江西科技学院学报，2012，7（2）：13-16．

③ 刘娟，张炼．英国三明治教育发展历程及其政策举措分析［J］．现代教育科学：高教研究，2012．

④ 余芝轩．"三明治"课程模式对我国高职实践教学的意义［J］．江西科技学院学报，2012，7（2）：13-16．

实习，并未能与企业形成有机的融合。

（一）对政府的要求

借鉴英国"三明治"职教模式，我国应该注意以下几方面：一是确保经费投入。政府首先应成为"产学研"合作教育的主要投入者。从法律和制度明确各级政府对"产学研"合作教育的投入标准，确保"产学研"合作教育的基本投入。二是应该提供制度保障。为推动学校和企业更紧密的合作，政府应出台相应的政策，引导校企双方联合培养人才。三是协调组织合作。政府在促进当地经济发展的同时，应统筹协调各方资源，为"产学研"合作创造更多机会。只有政府积极作为，社会发展环境才能健康的发展。

（二）对学校和企业的要求

"尽可能地要求企业对待实习的学生如同对待新员工一样，帮助他们自然地融入组织。给予学生适当程度的支持。特别在实习的初始阶段，一定要为学生选择好企业指导教师。有的企业把实习课程放到几个不同的部门来完成，这样学生能够了解工作单位的结构。"[1]学生有过良好的实习经历，不仅能够培养他们的自信，更能够培养他们与团队的沟通能力、信息的获取能力以及撰写研究报告的能力。学校可以对学生撰写的实习报告给予指导和完善。

---

① 何杨勇，韦进.英国高校三明治课程的发展及评述［J］.高等工程教育研究，2014.

第二章 "双三元"职教模式的设计

※ 名家名言

社会进步终会发生，只要你决心参与变革。

——［美］罗伯特·莱克《1968年毕业生致当今毕业生》

※ 阐述问题

通过阅读本章，你能够了解：

○ "双三元"职教模式的设计
○ "双三元"职教模式的内涵特征
○ "双三元"职教模式的理论创新

当前，中国职业教育深化体制机制改革，创新各层次各类型职业教育模式，构建现代职业教育体系，通过实施产教融合、校企合作、工学结合、知行合一，为实现中华民族伟大复兴的"中国梦"培养数以万计的高素质技术技能人才。在职业教育改革的春天里，中国职教人，解放思想，突破禁锢，以百倍的热情锐意改革，积极探索构建现代职业教育体系的新路径、新模式、新方法，呈现出"千帆竞发""百舸争流"的局面。

珠海，作为最早的经济特区，坚持走不一样的特色发展之路，"敢为天下先"的城市气质赋予了珠海城职人勇于探索、敢于争先的魄力和担当。在"特色化、国际化、品牌化"目标引领下，学校紧紧围绕珠海的城市发展定位，聚集和整合各类资源，践行"政校企""行校企"协同融合的"双三元"办学模式，紧贴区域产业结构的转型升级，建立了对接产业的专业建设调整机制，切实增强服务社会的水平和能力。

早在2006年，珠海城职人借鉴德国"双元制"职教理念，探索具有中国特色的融学校、行业、企业的"三元"共建的专业合作模式。随着"三元"合作模式的不断深化，在实践中逐渐出现了一些新情况和新问题，经探索和研究，珠海城职学院又在全国率先提出"双三元"的概念，并开展了政校企、行校企"双三元"办学模式的探索与实践。所谓"双三元"是指以政府为主导、以学校为主体、以企业为支撑的"政校企"三元合作，与以行业为指导、以学校为主体、以企业为支撑的"行校企"三元合作。"政校企"构建了职业教育与经济社会协调发展的平台，重点实现为职业教育和区域经济社会发展提供制度保障，是宏观层面的合作共建。"行校企"则在职业教育人才培养方面实现中观、微观层面上深度合作。"双三元"办学模式的探索实践证明，这是一条符合中国国情的职业教育发展道路。

第一节 "双三元"职教模式的背景

一、珠海社会经济发展的客观需求

珠海经济经过 30 年来不断优化调整，目前呈现出良好快速的发展态势，2010 年三大产业的比重为 2.7：54.8：42.5，先进制造业、高技术制造业增加值占规模以上工业增加值比重分别达到 43.8%、23.4%，现代服务业增加值占服务业增加值比重达到 55.4%，初步形成了以先进制造业、高新技术产业和现代服务业为主体的现代产业体系。根据珠海"十二五"规划，珠海经济仍将持续较快发展，到 2015 年全市生产总值比 2010 年翻一番，年均增长 14.9%，产业结构调整取得重大成果，呈现高端发展、错位发展、集聚发展、生态发展局面，初步建成区域性服务业中心、珠三角先进制造业基地和全国战略性新兴产业基地。

目前珠海拥有 10 所高等院校，在校大学生数量位居全省第二，高教优势凸显，各高等院校人才培养目标定位也多是实用型、技能型。然而，近些年来在培养符合产业转型升级所需高端技能人才方面，效果并不明显，突出表现为"两难"：企业招聘合适的人才难和大学生就业难。而出现高端技能人才培养不对路的深层次原因主要有：一是院校的专业和课程体系虽然按照市场需求设计，但教学理念、课程体系、教学内容和教学方法等仍然保留着传统模式；二是师资结构不合理，缺乏"双师型"骨干教师团队，许多院校教师年龄结构呈"哑铃型"结构，以 60 岁以上老教授和刚毕业的年轻硕士居多；三是院校与企业联系不够紧密，校企合作多停留在协议之中。

高职教育要培养专业技术技能型人才，要培养适应地方经济发展和产业转型升级的高技能型人才，这是社会赋予高职教育的庄严责任与历史使命。因此，高职院校必须时刻关注经济转型升级和产业结构调整，使专业的设置和调整始终与之相适应，从而为社会输送符合产业需求的人才；高职院校必须时刻关注专业设置要体现区域经济社会发展特色，且要有一定的前瞻性，要根据社会经济的发展及时进行调整；高职院校必须时刻关注人才培养的目标，要体现地方经济的需求，并与本专业对接；高职院校必须时刻关注社会对学生的要求，把学生的需要与地方经济发展相联系。围绕本地经济发展，用"双三元"，双元驱动，促使"四个合作"，即"合作办学、合作育人、合作就业、合作发展"的创新体制，实现专业技术技能型人才的培养。

二、高职教育发展的客观需求

高等职业技术教育在我国仍处在发展阶段，许多高等职业技术学院是由过去成人高等学校、职业大学、中等职业学校等转型过来的，仍沿用传统的教育体制、教学模式，要防止高等职业技术教育学院名不副实，穿高等职业技术教育的新鞋，却仍然走普通大专教育的老路，高等职业技术教育不但要改掉原来大中专学校的做法，更应切实转变思想观念，要真正围绕社会和市场需求办学。目前，社会和企业最需要的是能掌握实践操作技能的管理人员和应用技术人员，为了满足社会需求和高职院校毕业生就业需求，这就要求我们对专业设置、教育模式进行探索。

国内的一些高等职业技术院校正在努力探索适应我国高等职业技术院校发展的教育模式，例如：订单式培养模式、双元制模式、校企合作项目式等。但要面对如此庞大高等职业技术院校学生队伍，仅靠几种培养模式还远远不能满足社会需求，需要开辟一些新的途径，最大限度地开发社会需求的人才培养模式，扩大学生学习技术和技能的场所，掌握更多的服务本领，同时也扩大了就业范围。

借鉴德国校企结合的"双元制"职业教育理念，建立起具有中国特色的政校企与行校企"双三元"办学格局，在开放式、立体化的合作办学平台上，大力推行工学结合、校企合作和顶岗实习的应用型人才培养模式，这是推动我国高职院校改革发展和破解高职教育"瓶颈"的必由之路。

第二节 "双三元"职教模式的内涵

"双三元"职教模式旨在解决校企合作实践过程中遇到的办学体制机制的"瓶颈"，是学校办学模式的体现。通过"政校企""行校企"协同融合分层次、按路径合作，构建办学理事会治理模式；推动特区人大立法，为校企合作建立法律保障，形成政府、学校、企业三方，行业、学校、企业三方，在合作办学、合作育人、合作就业、合作发展方面的长效机制，从而促进高职教育质量的全面提高。

一、"双三元"职教模式的概念

（一）"双三元"职教模式的由来

1. 校企合作"三元"共建初探

2004年建校以来，学校一直积极探索校企合作、工学结合之路。根据珠海市中小企业较多、行业组织较活跃的特点，学校率先对行业、企业、学校"三元"共建人才培养模式进行了探索，成功申报了广东省教育厅教学改革项目"高等职业技术教育三元制办学模式改革研究与实践"。项目采取实践与研究相结合的方式开展，2005年起该模式在工程与信息学院试点，取得一定的成功经验后，2008年在全校全面推广，多个专业和企业形成了更紧密的合作关系，逐步建立起以电子信息工程技术等5个特色专业为龙头、相关专业为支撑的专业群，并先后与珠海市进出口商会、旅游协会、广告协会、物流与采购商会、报关协会、焊接协会等19个行业组织建立合作关系，发起组建了珠海市职业与成人教育协会、社会工作协会、自动化学会3个行业组织，"行校企"三元共建人才培养模式探索取得初步成效。

2. "三元"向"双三元"发展的尝试

我国高职院校学习和借鉴德国"双元制"，各类校企合作、工学结合的人才培养模式广泛开展，但在校企合作的实践中仍存在着许多问题，如政府政策主导不够，校企合作法律缺失，企业参与职业教育热情不高等，珠海城职院的情形也是如此。因此，学校在原"三元"共建模式基础上，2011年开始针对校企合作中存在的问题，探索适应珠海区域经济发展方式转变和产业结构调整需要的人才培养模式，突出办出特色，提出了政校企、行校企"双三元"办学模式。

（二）"双三元"职教模式概念

"双三元"指"政校企"（即以政府为主导、以学校为主体、以企业为支撑）、"行校企"（即以行业为指导、以学校为主体、以企业为支撑）协同融合的合作办学模式。

该模式并不是简单的"政、行、校、企"四元组合，而是分层次、按路径的合作。"政校企"提供政策、打造平台，"行校企"负责实施和执行，同时又把合作中遇到的问题和难点反馈到"政校企"层面，"政校企"对其进行指导和帮助。二者相互促进、相互支撑，通过"政校企""行校企"有层次、分路径的协同融合，培养符合产业转型升级和企业技术创新需要的发展型、复合型和创新型的技术技能人才，促进高职教育质量的全面提高。

"双三元"办学模式在高职院校人才培养工作评估中受到了专家的肯定和好评。关于"双三元"办学模式探索与实践研究的有关文章，分别在《光明日报》《中国社会科学院研究生院学报》《中国职业技术教育》等媒体或核心刊物上刊登。

1. "双三元"职教模式的实践

学校确立"双三元"办学模式后，积极探索实践之路。为加强"政校企"合作，学校积极推动珠海市人大立法出台《珠海市职业教育促进条例》，以加强对职业教育的法制保障。同时不断优化学校顶层设计，在"三元互动、协同创新、求精求强、服务特区"的办学理念指导下，"双三元"办学的效果逐渐呈现，建立了 7 个"政校企""行校企"合作平台，"双三元"互动办学的局面初步形成。

2. 问题与不足

虽然"双三元"办学模式探索取得了一定成效，但在政校企、行校企合作的内容、范围、深度和广度还有一定的局限性，仍处于"散发状态"，紧密型校企合作办学体制机制不够完善，长效机制尚未完全形成。

（三）"双三元"职教模式的指导思想

坚持科学发展观，以《教育部关于全面提高高等职业教育教学质量的若干意见》（教高〔2006〕16号）、《教育部、财政部关于进一步推进"国家示范性高等职业院校建设计划"实施工作的通知》（教高〔2010〕8号）、《教育部关于充分发挥职业教育行业指导作用的意见》（教职成〔2011〕6号）、《关于开展第三批广东省示范性高等职业院校建设项目申报工作的通知》（粤教高函〔2013〕50号）为指导，创新政校企、行校企"双三元"共建、产学研协同的办学体制机制，调动和整合资源，参与学校办学和人才培养全过程，探索校企深度合作的特区高职之路，为珠海经济社会的发展和构建现代产业体系提供人才及智力支撑。

（四）"双三元"职教模式的总目标

推动珠海市政府建立职教联席会议制度；建立珠海市职教联合会及其办学理事会，丰富完善广东省社会科学研究院珠海分院等一系列已有合作平台，不断开拓新的合作实体，逐步建立多级化、开放式、立体化的组织架构，构建政校企、行校企"双三元"互动、产学研协同的合作办学模式，形成宏观整合统筹、中观对接调控、微观互动合作的三级校企合作运行机制。通过校企人才、设备、技术、效益等资源共享和优化配置，实现企业文化与校园文化相融、企业经营与人才培养协同、经济效益与教学质量共进，服务珠海特区建设，形成人才培养"人才共育、过程共管、成果共享、责任共担"的紧密型校企合作办学体制机制。"双三元"办学组织构架图见图 4。

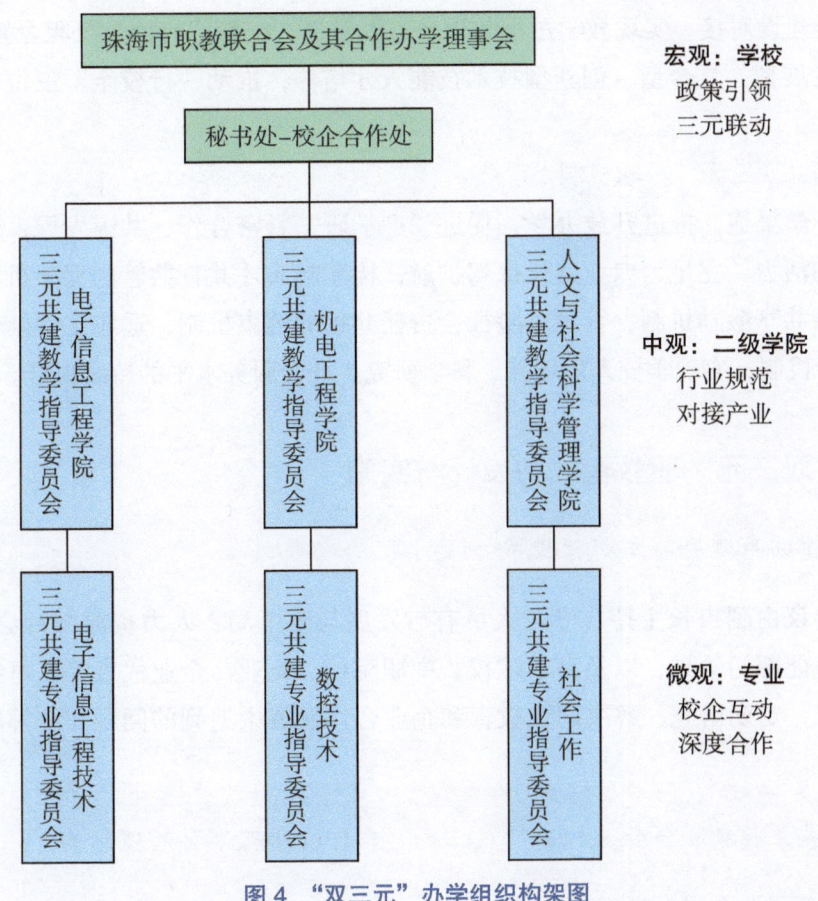

图4 "双三元"办学组织构架图

（五）"双三元"职教模式的具体目标

1. 推动市政府建立职业教育联席会议制度

为统筹珠海市职业教育与珠海高端制造产业协调发展，保障校企合作的稳定和可持续性发展，逐步实现校企合作的利益共享，希望建立起由政府主持、职业教育院校、行业协会、企业参与的职业教育联席会议制度。

2. 构建"双三元"合作办学理事会治理结构

由珠海市政府主导，以我校为龙头，政府相关职能部门、行业、企业、职业学院合作，组建珠海市职业教育联合会（职教集团）及其合作办学理事会，统筹规划、组织协调各方合作办学，形成政府主导、行业指导、学校主体、企业支撑的办学理事会治理职业教育的体制。

3. 发挥"行校企"三元共建教指委、专指委指导作用

完善学校"行校企"三元共建教指委、专指委建设，通过行业指导，推进产业发

展与专业群建设对接，实现教学过程与生产过程对接。统筹"行校企"职业教育资源，合作开展发展型、复合型、创新型技术技能人才培养，推动"行校企"三位一体共同发展。

4. 创新"双三元"办学机制

拓宽办学渠道，推进开放办学，促进"产学研"紧密合作、共谋发展，增强学校办学能力和活力。立足为专业建设保驾护航，构建起人才共育共管的保障机制，互利双赢的成果共享激励机制、管理风险社会责任共担的约束机制，适应工学结合的教学组织与运行机制，实现学校人才培养、科学研究、社会服务水平的持续提升。

二、"双三元"职教模式的设计与实施

（一）推动市政府建立职教联席会议制度

联席会议由副市长主持，参与人员有市发展与改革局、人力资源与社会保障局、教育局等职能部门领导，以及高职院校、中职院校、行业、企业代表等。每年至少召开一次会议，定期研究、解决职业教育和企业合作发展中遇到的问题，统筹职业教育的发展。

（二）成立职教联合会，构建"双三元"合作办学理事会治理结构

1. "双三元"合作办学理事会组织结构

（1）组建原则：自愿参加、平等互利、权责相应、双向互动。

（2）成员构成：由珠海市副市长、教育行政部门、经贸、人保、财政等部门，联合职业院校、行业协会及"行指委"、企业科研机构等单位，及校友、学生家长等关心支持学校发展的社会各界及海内外知名人士组成。

（3）组织结构：办学理事会设名誉理事长、理事长和常务副理事长各1名。名誉理事长由市领导担任，理事长和常务副理事长由学校领导担任。设副理事长和常务理事若干名，副理事长由理事会议协商推举产生，常务理事根据参加者所承担的义务或社会影响，由理事长推荐，经全体理事会议通过产生。理事由各理事单位推荐，全体理事会议选举产生。理事会人员因人事变动而不便继续在理事会工作时，理事单位可决定由其他负责人替代，并报理事会批准备案。

理事会设秘书处为日常办事机构，秘书处设在珠海城市职业技术学院。

2. 理事会的职责及运行

（1）理事会职责：全面指导学校的"校企"合作，协调学校与合作企业、行业的关

系；协助珠海市制订促进职业教育及校企合作的管理制度、法规；研讨"双三元"办学过程中出现的问题及解决办法，推动学校教学建设和改革；筹备、推选名誉理事长和聘请顾问等。

（2）秘书处职责：负责理事会的日常工作及宣传、组织等工作；负责起草理事会工作计划，定期向理事会提交工作报告；负责组织各会员单位的沟通、联络，确定"双三元"办学的相关事宜；负责搜集、整理各会员单位对"校企"合作的意见和建议；协调和指导各专业指导委员会开展工作及其他相关工作。

负责研究行业、产业事业发展，根据行业企业高技术技能人才需求，指导学校制定发展规划，确定专业定位和人才培养规格，促进政府、行业、企业出台支持学校开展校企合作的相关制度和措施。

负责协调、组织、落实校企之间兼职教师聘任、在职教师实践锻炼、学生顶岗实习、毕业生就业等工作。在技术研发与服务、先进技术推广应用与成果转化等方面负责校企之间的协调、规划、组织与实施。

（3）理事会运作：理事会的最高权力机构是理事会全体会议。全体会议每年至少召开一次。在全体会议休会期间，由常务理事会代行其职责。常务理事会会议须有 2/3 以上常务理事出席，其决议须有出席会议的 2/3 以上常务理事通过，方为有效。

（4）理事会基金：基金以成员单位缴纳的会费、捐助及政府拨款作为主要来源。理事长每年要定期公布资金使用情况，并接受监督和审计。

3. 理事会各方的职责

（1）各方职责

①市发改委职责：负责调研和发布珠海市经济和社会发展对高素质高技能型人才的需求信息，拟定支持学校融入珠海市高端制造产业支撑体系的政策，制定并实施珠海市支柱产业和战略新兴产业员工培训计划；②市教育局职责：负责调研和发布兼职教师聘任需求信息，规范校企合作程序，制定并实施珠海市职业院校教师双师素质提升计划；③市财政局、地方税务局、国家税务局职责：负责拟定珠海市推进校企合作的财税政策、保障校企合作资金；④市科工贸信局职责：负责指导制定并监督实施校企合作先进技术应用研究与转化计划，指导校企合作申报、建设应用技术研发与服务平台；⑤市人社局职责：负责拟定鼓励校企合作办学的职称评聘政策与制度，制定落实促进大学毕业生就业和实习生工伤保险补贴制度，仲裁校企合作中发生的劳动纠纷。⑥学校职责：制定校企合作规划和管理制度，校企合作管理办公室组织校企合作洽谈和签订合作协议，统一协调和管理学校校企合作工作，在二级学院设立教指委，在专业设立专指委，具体落实校企共建专业、课程、师资、基地等事宜，将校企合作落实到专业和教师。⑦行业、企业职责：负责制定并实施校企共建专业、实习车间（实训基地）计划，制定

并实施接受学生实习实训及吸纳学生就业，合作培养员工和双师素质教师、先进应用技术研发与转化计划。

（2）各方权利

会员的权利：优先获取学校各层次毕业生信息，优先到学校挑选毕业生；优先享有与学校合作培训技术和管理骨干的权利；优先获得学校的技能培训、技术服务、技术咨询和技术转让等优惠政策。

理事的权利：理事参与学校的办学思想、发展规划、体制改革、经费筹措等重大事项的决策；对涉及人才培养、校企合作的议题发表意见和建议；听取学校关于学校工作的报告，对学校工作进行评议，提出改进学校工作的意见和建议；对会员单位之间的合作事项进行咨询、协调和监督；审议理事会基金的使用和管理状况，有权对基金的使用提出质询和批评。

（3）各方义务

会员的义务：积极参与学校发展规划的制订与实施，为学校办学规模、人才培养、专业建设、师资建设、基地建设、内部管理、资金筹措等发展的重大问题提供咨询和建议；凡学校有能力承担的科技任务（包括项目论证、产品开发、成果转化、专题调研、科技咨询与论证等），尽量优先安排学校承担；为学生顶岗实习、调研、社会实践、科技项目实验、就业等提供必要的条件，并予以优惠；利用各种形式（包括政策、捐款、赠物、设立专项基金、减免税费等）资助学校办学；根据学校的需要和要求为学校提供各类兼职教师；优先为学校提供人才培养（含成人教育、继续教育生源）、科技开发、技术改造等方面的合作项目；积极参加理事会组织的各项活动，向社会各界宣传理事会，发展新的理事单位。

学校的义务：根据会员单位的需要，组织召开专场人才招聘会，向会员单位优先输送优秀人才；通过短训班、资格认证班及在岗人员学历教育等形式，为会员单位培养急需的各种人才，并在收费上予以优惠；积极为会员单位开展技术服务、高技能和新技术培训，参与产业规划制订、技术创新和研发，优先转让科技成果，为会员单位的重大决策提供科技、法律等咨询；为会员单位提供科技管理人才及员工培训所需的教师、教材、实训室等方便条件，亦可在对方开设教学点或共同开办各类人才培训中心；聘请有名望和经验的理事担任兼职教授、兼职专业带头人或兼职教师；支持和鼓励会员单位或个人参加学校校园建设、仪器设备购置等投标活动；凡对学校发展做出较大贡献的会员单位和个人，在校史上记载其事迹；由会员单位或个人提供经费建设的建筑物和购置的大型设备，可以其单位或个人的名称命名，也可在校内刻石记名，以资纪念；在不影响教学的情况下，为会员单位提供图书阅览、文体活动等服务。

(三)组建"行校企"三元共建教指委和专指委

以重点建设专业所在院系为龙头,建立、完善"行校企"三元共建教指委,构建"双三元"办学的中观合作平台;各专业建立完善"三元"共建专指委,构建"双三元"办学的微观合作平台。

1."行校企"三元共建教指委、专指委的机构组成

各二级学院"行校企"三元共建教指委由行业协会负责人、行指委委员、合作企业的人力资源负责人、技术负责人、教学院系领导、相关专业带头人、专业主任(负责人)、教学骨干等组成,由行业主管部门、行业协会、行指委的主要负责人和学校相关院系主要领导任委员会主任,相关合作企业负责人为工作委员会成员,办公室设在相关二级学院。

各专业"行校企"三元共建专指委人员由相关行业的专家、企业负责人、教学专家、相关管理人员以及专业带头人等组成。办公室设在相关二级学院各专业。

2."行校企"三元共建教指委、专指委主要职能

(1)"行校企"三元共建教指委主要职能:各二级学院"三元"共建教指委在学校合作办学理事会的指导、协调和监督下,寻求校企合作互利共赢的最佳结合点,负责组织、协调和指导相应重点专业及专业群与行业企业合作具体事宜。主要功能包括:建立三元共建教指委章程和相关工作制度,构建有利于三方合作开展专业建设、课程建设、实践教学、技术研发、落实就业等工作的内部政策环境;提供行业发展、产业结构调整和先进技术发展趋势及人才需求信息,协调、指导专业共建、课程共建、师资共建、基地共建等工作;面向社会共同开展企业在岗员工培训、在职学历进修、职业技能鉴定、新技术推广等方面的社会服务工作。

(2)"行校企"三元共建专指委的主要职能:在"三元"共建教指委指导下,落实三方合作开展专业建设、课程建设、实践教学、技术研发等工作,共享行业发展、产业结构调整和先进技术发展趋势及人才需求信息,专业对接产业,校企共建课程、师资队伍、实践基地,面向社会共同开展企业在岗员工培训、在职学历进修、职业技能鉴定、新技术推广等方面的社会服务工作。研究专业建设上出现的重大问题,探讨解决方案。

(3)"行校企"三元共建教指委、专指委三方的主要职责:行业协会、行指委职责为执行或制定行业规范、技术标准;统筹行业内各企业的教学资源;根据相关政策及文件精神,督促并指导各成员企业积极参与发展型、复合型、创新型技术技能专门人才培养;与二级学院合作,面向企业在岗员工开展新技术培训和在岗培训;参与三元共建教指委、专指委的各项决策工作。

合作企业职责为按照行业规范和技术标准进行生产或经营；按照相关政策或文件，与院系合作开展人才培养；与行业协会、院系合作开展技术革新、产品研发等工作；参与三元共建教指委、专指委的各项决策工作。

学校二级学院和专业主任职责为将行业规范、技术标准等纳入课程内容，培养发展型、复合型、创新型技术技能专门人才；与行业企业合作开展人才需求、规格等调研，推进高等职业教育改革；与行业合作，面向企业开展新技术培训和在岗培训；与行业合作，积极参与企业技术革新和产品研发；参与三元共建教指委、专指委决策工作。

（四）"双三元"合作办学体制机制创新

1. 人大立法，建立人才培养共育共管的保障机制

政府、行业、企业、学校共同培育人才，共同参与管理过程，形成"利益共同体"，保证人才培养目标的实现。

（1）政府方面。教育资源优化整合。通过"政校企、行校企"深度合作，促使政府了解和掌握教育现状和需求，进而影响政府教育发展战略，以协同创新项目积极获取政府教育专项经费，争取行业、企业的办学资助。

充分发挥"政校企"合作办学理事会在政策推动、资源整合、规划指导等方面的作用，推动珠海特区人大立法出台《珠海市职业教育促进条例》（暂定名）及相关实施细则，出台激励和保护企业参与校企合作积极性的相关政策，如税费减免、财政补贴、转移支付、表彰奖励等；出台鼓励学校参与区域产业规划、人才队伍建设规划及社会发展规划的政策，使学校的专业结构和人才培养目标规格适应区域产业结构优化升级和社会发展的需要。

不断完善企业参与高职院校人才培养的鼓励政策，为校企合作教育模式的运行营造良好的外部条件和政策环境；引领和指导行业内各企业积极参与学校人才培养工作，深度推进合作办学、合作育人、合作就业和合作发展。

《珠海市职业教育促进办法》（暂定名）的主要内容包括：每年筹措不低于200万元的校企合作资金，专项支持学校与企业开展校企合作办学；市财政确保城市教育费附加35%用于职业教育，职业教育经费增长比例高于同期市财政收入增长比例，高职教育经费占职业教育经费比例不低于40%。

行业企业参与职业教育地方税收优惠政策，设立职业教育校企合作专项资金，完善政府激励制度；推行兼职教师教学补贴制度，吸引企业一线专业技术人才、能工巧匠担任兼职教师；建立顶岗实习工伤保险及补贴制度、实习待遇及补助制度，保障实习生人身安全及获取合理报酬；建立实训耗损补贴制度，根据接受学生的数量和实习实训耗材费，对企业实行税收减免政策和财政信贷资助；制定学校引企入校共建校内生产实训

基地、技术应用中心、大学生创业基地等优惠政策。

（2）理事会方面。充分发挥理事会的协调优势，协调政府、行业、企业与学校的关系，为学校人才培养创造有利条件，建立多边协调机制；通过举办研讨会、联谊会、经验交流会、文体活动、增进感情，互通信息，建立联谊沟通交流机制。

（3）学校和企业方面。建立校企文化融合机制，促进校园文化与企业文化的互动融合；共同实施"通过课内外结合、校内外结合的培养途径，提升学生职业素质和职业技能"的"内外兼修"的人才培养模式改革，参照职业岗位任职要求制定培养方案，引入行业企业技术标准开发专业课程，探索建立双证书制度；共同制定校内外实训基地的共建共管制度、学生顶岗实习课程标准、顶岗实习手册及顶岗实习管理办法，参与对实习学生的指导和过程管理；共同制定以专业能力、方法能力、社会能力综合素质为核心的，行业、企业、学校多方参与的，多角度考核人才培养质量评价体系；共同关注学生就业，开展学生就业服务指导和职业生涯规划。

由学校牵头制定合作双方人员互聘互认、互派代表制度；鼓励专任教师与兼职教师互相听课、相互学习，实行专业双带头人制度；深化学校内部人事制度改革，明确教师密切企业的责任，要求教师到行业企业实践锻炼，参加社会培训认证；制定兼职教师聘任（聘用）制度，激励行业企业的专业人才和能工巧匠到学校兼职任教；建立引导和激励机制，鼓励教师主动参与针对企业需求的科技研发工作，促进成果转化，实现互利共赢。

2. 建立专业规划建设协调机制

通过政校企、行校企"双三元"合作办学理事会及教指委和专指委，指导学校专业规划与建设，协同人才培养，协调政校企、行校企合作。面向区域经济和社会发展、面向行业、企业，开展专业、规划、人才、资本、信息、技术等创新要素的深度合作。通过与政府共建经济、社会发展创新研究基地，为政府战略决策、社会服务提供智力支持，通过与政府、行业、企业共同建立创新中心、开发中心、推广中心、营销中心等，为区域发展和行业、企业发展提供专业方面的技术和管理支持。

在现有学分制基础上，进一步深化教学管理制度改革，建立适应行业企业生产实际的教学组织与运行机制，实现学习与工作的有机融合。探索"三学期制"，改革现行学期制，将一个学年分为"两长一短"三个学期：秋季学期（18周）+寒假（5周）+春季学期（18周）+夏季学期（4周）+暑假（7周），即在原两学期总教学周数（40周）维持不变，寒暑假时间基本不变的前提下，以春节为圆点倒推长、短学期的教学周数，将原有的秋季、春季两学期各缩短两周后，在春季学期后增设4周的夏季学期。

秋季、春季两个长学期的教学安排：16周授课、1周机动、1周考试。在秋春季长学期则主要安排通识课程、文化素质教育课程和学分较多、课时较多的必修课课程及顶岗实习。春季长学期之后即进入夏季短学期，中间不间断。

夏季短学期的教学安排：主要安排学分少、课时少的课程、聘请专家学者开设专题讲座、选修课和到企业组织教学、技能训练、大赛等活动。

3. 建立人才培养合作机制

通过政府、行业、企业、学校的定期交流，根据区域经济社会发展和行业、企业需求，合作设立定向班、订单班、冠名班，共建实习实训基地，合作开发课程资源，开展理论和实践教学。通过产学研深度合作，获取政府对学校实验平台建设的支持，与行业联盟、企业广泛建立起实习实践基地，提升学校对区域经济社会发展、对企业经营的服务能力，使各方在合作中获得收益。通过与政府技能鉴定中心、培训中心合作，学校提供场地、设施、设备和技术人才，协助政府开展专业技能认定，通过项目合作，为政府、行业、企业、公民提供各式培训及义务性教育。

4. 建立教育资源优化整合机制

通过政校企、行校企深度合作，实现整合资源、优化结构、优势互补、提高效益，形成"政府统筹领导，教育部门协调，多渠道联办，一中心多功能"的职业教育格局。

5. 建立人才交流机制

学校向政府、行业、企业选派优秀教师挂职既可获取实际工作经验，又可协助挂职单位开展技术和管理工作；政府、行业、企业向学校派出优秀技术和管理人才开展教学，弥补学校教师实践经验的欠缺。

6. 建立互利双赢成果共享的激励机制

制定相关制度，确定合同管理与实施办法，明确校企联合办学各方责任、义务和权利，寻求校企合作双赢的利益结合点，建立利益驱动、成果共享机制，激励企业积极参与学校人才培养。

（1）优势互补，关切利益。充分发挥学校"双三元"办学理事会的协调以及内部整合作用，本着"互利双赢"的原则，实现校企资源的共享和优化，寻求双方利益结合点，让企业能从合作的每一项内容中受益，得到真正的实惠，调动企业参与校企深度合作的积极性。

（2）开放资源，服务企业。学校主动面向企业开放教学资源，包括仪器、设备、场地、师资等，为企业员工培训、文体活动、技术研究与开发等提供方便和帮助。学校根据行业企业需求，组织师生为行业企业提供咨询服务，针对企业的需求和企业在生产中遇到的技术难题，参与企业技术创新和研发。

（3）合作双赢，共享成果。校企双方共享合作成果，包括共同培养的毕业生、共同开发的教学资源、共同研发的应用成果等。建立合作企业优先选拔录用毕业生制度，使用教学资源的优惠或免费制度，应用成果转化、推广收益共享机制，提升合作办学的经济效益和社会效益。

7. 建立管理风险社会责任共担的约束机制

针对合作过程中可能出现的顶岗实习学生安全与待遇得不到保障，以及确保人才培养质量、促进学生就业、维护学生合法权益等社会责任，通过法律、制度和道德三个层面对合作各方进行约束，为校企合作健康发展提供持续性保障。

（1）法律约束。校企双方签订具有法律效力的合作协议，明确合作双方人才共育共管的责、权、利，合作双方按照协议的相关条款履行责任和义务。

（2）制度约束。建立顶岗实习工伤保险分担制度，由政府、企业、学校和学生共同分担顶岗实习的工伤保险费用，建立实习实训基地管理制度、实习指导教师管理制度、学生实习违规违纪管理制度、学生实习生活保障制度等，规范校企合作双方行为。

（3）道德约束。校企合作双方立足构建"利益共同体"，遵照长期合作、荣辱与共的原则，通过舆论引导、强化自律等方式，维护彼此的利益和形象，确保人才培养质量、促进学生就业、维护学生合法权益等社会责任，共谋事业发展。

三、"双三元"职教模式实施的保障措施

（一）修订《校院两级管理制度》。明确二级学院在校企合作办学中的主体地位，明晰责权利关系，引导二级学院积极开展校企合作办学，增强二级学院办学活力。

（二）修订《珠海城市职业技术学院绩效考核办法》。

（三）修订《人才招聘培养、使用评价、分配激励制度》。

（四）建立灵活多样的人才聘用机制。在稳定基本教师队伍的同时，加大聘请企业兼职教师的力度。深化学校分配制度改革，按照效率优先、兼顾公平的原则，建立重实绩、重贡献，按岗位、任务业绩进行分配，向一线双师教师、企业优秀兼职教师和关键岗位倾斜的分配机制。

（五）修订《教学质量监控体系与评价标准》。规定企业必须参与课程标准的制定和质量监控，要求企业将课程评价标准与教育标准、企业标准和行业标准统一起来。坚持校企合作双方进行教学质量评估和考核，对教学活动的环节进行督察和评价，根据综合评价结果给予校企双方相应奖励或处罚。

（六）修订《关于鼓励教师参加企业锻炼的有关规定》《兼职教师管理办法》《企业兼职教师聘任办法》《企业兼职教师考核办法》。有计划地安排专业教师到对口企业锻炼，每年锻炼时间不得少于2个月，落实教师密切联系企业的责任，加强考核与管理，把教师到企业锻炼、参与技术革新等情况作为教师年度考核、优秀教师评选、职称评定的重要依据。为兼职教师建立档案库，全程跟踪服务，对表现良好的给予精神或物质奖励。

（七）修订《校中厂、厂中校教育教学规范》《企业员工培训管理办法》。加强学生在企业顶岗实习期间的管理，制定企业教学各环节教学标准，建立实习日志制度、实习导师制度、实习督察等制度。强化对企业员工培训期间的管理，将其表现归入个人档案，与今后提级、工资晋升等直接挂钩。

第三节　"双三元"职教模式的教育生态学理论创新

高职教育是一个生态系统，以培养高素质技术技能型人才为发展目标，高职教育与各生态因子之间相互作用、相互依存构成了统一体。校企合作的质量是这个生态系统的主导因子。如果其中一方积极性不高、责任不明确或能力不强，就会影响人才培养的实施和开展。结合中国国情，珠海城市职业技术学院借鉴德国的"双元制"职教模式，在校企合作办学模式下注重引入"政府"和"行业"两个元素，开创了新的职教模式，即由"政校企"办学模式和"行校企"人才培养模式组成的"双三元"职教模式。作为新的概念，"双三元"职教模式的依据是什么？其内涵特征有哪些？厘清这些问题，有助于了解"双三元"丰富的时代特征，对于促进产学研协同发展，探索高等职业教育办学的新路子具有一定的指导意义。

（一）教育生态学

教育生态学（Educational Ecology）是美国哥伦比亚师范学院院长劳伦斯·克雷明（Lawrence Cremin）于1976年在《公共教育》一书中最早提出来的。主要是分析研究在教育生态系统中，教育与它所处的生态环境中各生态因子之间的相互作用和影响，运用生态平衡的理论，促进教育生态系统平衡发展。在此维度下，高职教育生态化是指将影响高职人才培养质量的各项元素链接成一个生态系统，即高职教育生态系统。其中影响高职人才培养质量的元素被称为高职教育生态系统的生态因子，简称为生态因子。

生态学中的"限制因子定律"认为，所谓的"限制因子"就是达到或超过生物耐度的因子；几乎所有的生态因子都会成为限制因子，都会起限制性副作用，只是所起的程度大小不同而已。在教育生态系统中，最主要的因子是能量流和信息流，能量流不足或低于基本需求时，会限制教育的数量和质量的发展。因此，在一定的时间和空间内，生态因子是影响高职教育生态系统生态平衡的关键因素。影响高职教育生态系统的不仅是单因子作用，也可以是综合的、多因子作用。基于此，高职教育生态化的研究重点是对高职教育生态系统的建构与生态因子间的关系分析。

（二）教育生态学在"双三元"模式的应用

高等职业教育具有高等教育和职业教育双重属性，以培养生产、建设、服务、管理第一线的高端技术技能型专门人才为主要任务。自诞生之日起，就与产业部门有着天然、密切的联系，具有明显的校企合作教育的特色。我国职业教育倡导校企合作教育始于20世纪80年代中期，普遍认为"校企合作"模式，既能发挥学校和企业的各自优势，又能共同培养社会与市场需要的人才，是高职院校与企业及社会共赢的模式之一。结合中国国情来考虑，在校企合作人才培养模式下培养高端技术技能型专门人才，还应引入"政府"和"行业"两个元素，完善职业教育产教融合、校企合作的办学模式。

在高职教育人才培养中，学校、政府、行业、企业这四个要素各司其责，既有自身在产业发展、区域经济社会发展中的角色定位，又各自承担培养人才的重任。它们之间既有共同的目标，也有各自的利益，可通过合作、发展，取得共赢。这个合作结合点就在于共同培养人才，服务区域社会经济发展。（见图5）。

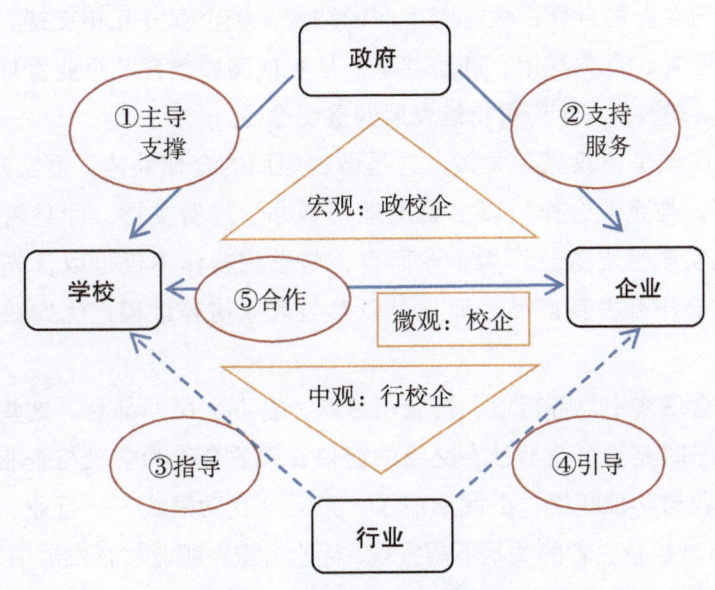

图5 政校企行关系原理图

1. 政府与学校的关系：主导、支撑

政府是向学校提供各种资源包括财政、人力、信息和服务等的主体，对学校起强有力的支撑作用。政府与学校的理想关系应该是政府明确制订产教融合的规划，给学校自主办学提供各种政策支持，无论是专业设置、财政投入，还是师资队伍建设，都应该为高职院校创造宽松的办学生态环境。

2. 政府与企业的关系：支持、服务

企业参与校企合作具有明显的外部效应，但一些现实因素直接导致了企业参与动力不足，积极性不高。通过完善法律政策和建立相应的机制，从制度层面上保障企业对教育履行社会责任，这既是教育发展的需要，也是企业自身长远发展的需要。为此，政府必须成为强有力的支持者，通过制定和完善相关法规，运用财政、税收等诸多政策手段，完善企业参与机制。

3. 行业与学校的关系：指导

行业协会在对产业发展的引领、组织与协调中发挥着重要的作用，而高职院校正是对接地方产业的发展而确定发展方向的，因此，行业对高职院校的人才标准、专业标准及课程标准等的制定发挥着非常重要的指导作用。

4. 行业与企业的关系：引导

行业统筹各企业的教学资源，引导企业按照行业规范和技术标准进行生产或经营，督促并指导各成员企业积极参与发展型、复合型、创新型技术技能专门人才培养。

5. 学校与企业的关系：合作

加强学校与企业的合作，教学与生产的结合，校企双方互相支持、互相渗透、双向介入、优势互补、资源互用、利益共享，是实现高校教育及企业管理现代化、促进生产力发展，实现教育与生产可持续发展的重要途径。

校企之间应该是"双赢"关系，这是微观层面的合作共建，需实现深入的合作。作为学校而言，与企业合作可以多渠道地得到办学经费支持，而且可以通过为企业服务得到其他实质性支持。作为企业而言，与学校合作不仅可以优先获得学校的科研成果或双方合作开发新产品，而且可以参与人才培养过程，优先获得学校的优秀毕业生。

在中国社会现实中，各行业、协会很活跃，官办、民办都有。这些行业协会囊括众多企业并在平时充当企业与社会交流的窗口，很适合作为学校与企业联系的渠道和桥梁，促成企业与学校联姻，由此形成了"三元"互动模式——行业、企业、学校三方互动。从图5行校企三者的关系不难发现，行业组织在职业教育发展中发挥指导作用，有利于学校围绕地方产业发展，满足行业、企业对专业技能人才的需要，并能够不断优化专业结构和布局；推动企业为职业教育提供不可或缺的实训平台、实践教学、师资力量以及产学研项目。这是中观层面的合作共建。

职业技术教育在中国的发展历程很曲折，对职业技术教育重要性、迫切性的认识还没有完全到位，全社会尚未形成职业技术教育举足轻重、利国利己的舆论氛围，因此需要政府决策、政府牵头、政府规划，促成企业与院校联谊，形成另一个"三元"互动模式——政府、学校、企业三方互动。从图5政校企三者的关系可看出，政府在

当中作为各自利益的协调者，通过一系列宏观调控措施来建立高职院校和企业之间的利益互动关系，使双方能够从合作中受益，进而促进双方更好地实现各自的发展目标。这是宏观层面上的合作共建。

政校企、行校企的"双三元"职教模式的双路径融合了教育教学理念，破解了高职教育面临的两大难题：一是政府主导下的校企合作模式，重点解决校企合作中企业参与度偏低的难题；二是行业指导下的校企合作模式，重点解决高职院校自身为企业、产业服务能力偏低的难题。通过"政校企""行校企"协同融合，旨在提升学校专业服务产业发展的能力，促进高职教育质量的全面提高，培养符合区域经济社会发展和企业需求的高端技术技能型专门人才。

（三）"双三元"人才培养的生态圈

对于高职教育的认识应当依托于系统化的视角，在这一视角下能够更为完善人才培养的发展机制，特别是在不同的外部环境下，能更好地研究人才培养质量和高职教育发展的影响因素，从而更深入理解高职人才培养的发展规律。在实践中也应当积极利用和发挥生态系统运行机制对于人才培养的正面作用。

通常情况下，生态因子决定生态系统的平衡，高职教育生态系统为生态因子提供良好的发展环境，其中外部环境影响着人才培养的生存条件、健康状况、运行方式和发展方向。微观层面，通过对生态因子的变化规律研究及调控，就可调节高职教育生态系统的生态平衡；中宏观层面，通过高职教育生态系统的生态平衡状况的显现，可定性分析高职人才培养可持续发展的可能性，以促进职业教育可持续发展。

马世酸等在提出社会生态系统论时，指出社会生态系统由生态核（人类社会子系统）、生态基（中间介质子系统）和生态库（基础支持子系统）组成，并具有调节控制、生产生活与吸收还原等基础的系统功能。高职教育生态系统属于社会生态系统的一个子系统，与社会生态系统存在密切的关系。高职人才培养体系不仅受到其本身主体、客体及方式等影响，同时也受到包括其他高校、政府、行企业等外部环境生态因子的影响和制约。双三元人才培养生态系统主要由校企合作培养体系特征因子、行校企三元合作培养体系特征因子和政校企三元合作培养体系特征因子这三部分构成。而从生态意义上讲，双三元人才培养体系主要包括生态核、生态基和生态库三部分。在这个小型社会系统中，各部分彼此联系、相互协调共同发挥作用。其中校企合作培养体系特征因子是整个生态系统的核心。见图6。

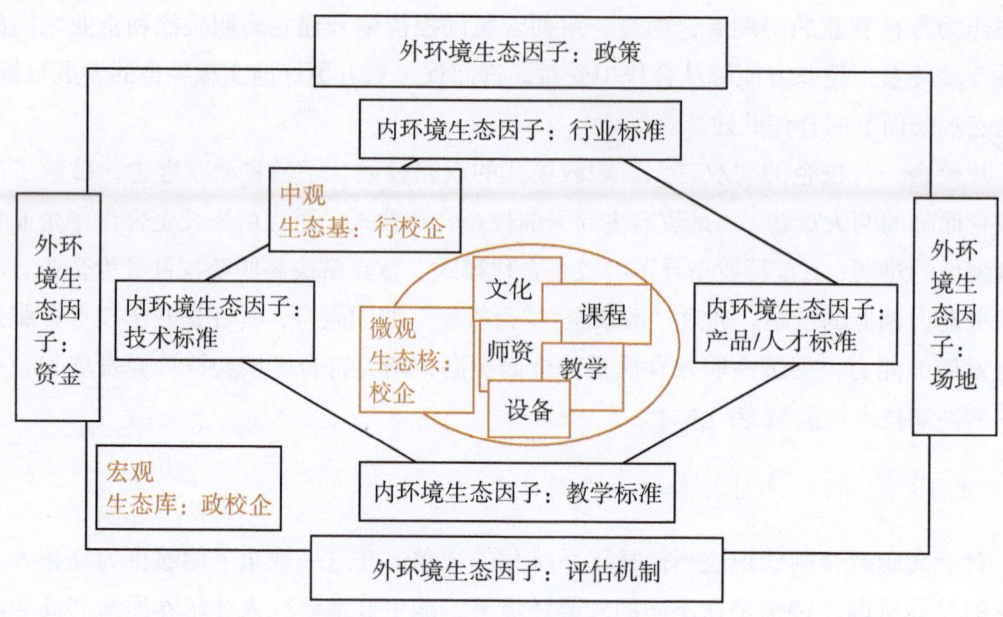

图6　双三元人才培养生态圈

1. 生态核——作为生态系统的特征因子，基本内容包括文化体系、课程体系、师资队伍、实践教学及实训条件等。学校和企业是社会组成单元中不存在竞争关系的两类完全不同性质的社会组织，尽管各自的目的不同、组织结构不同、文化不同、社会责任不同等，但一个客观存在的事实是他们都需要培养高素质高技能人才，这种天然的依存关系就构成了校企合作的共同基础和价值所在，即价值认同。从微观系统中各因子的作用及联系来看，企业和学校不再是教育价值的对立者，而是在人才培养目标、课程、师资及教学方面的相互依赖、相互促进的教育价值共同体。其中，开展创新创业教育是国家实施创新驱动发展战略的迫切需要，也是推进高等教育综合改革、促进高校毕业生更高质量创业就业的重要举措。因此，校企合作层面还要强化创新创业教育观念，把创新创业教育要融入人才培养全过程，共同推进人才培养机制创新。

2. 生态基——行校企三元合作培养体系特征因子。主要由行业标准、技术标准、产品标准、人才标准、教学标准等要素组合而成。在系统中，生态因子各司其职，围绕着生态要素相互作用，在行业的指导作用下形成内"三元"互动模式——行业、学校、企业的三方互动。行业执行或制定行业规范、技术标准，统筹行业内各企业的教学资源，督促并指导各成员企业积极参与人才培养；合作企业则与行业协会、学校合作开展技术创新、产品研发等工作。学校将行业规范、技术标准等纳入课程内容，与行业企业合作开展人才需求、规格等调研，积极参与企业技术创新和产品研发。"行校企"内三元的相互联系、协同发展，有效实现了专业链、产业链、创新链三链互动对接。

3. 生态库——政校企三元合作培养体系特征因子，主要是指地方政府和社会经济为高职教育发展构建的外部环境，包括政策、资金、资源及评估机制等。在外部环境这个宏观系统中，政府的牵头促成了企业与院校的联姻，形成外"三元"互动模式——政府、学校、企业的三方互动，外"三元"将政府的核心战略与职业教育的综合改革紧密捆绑在一起。政府通过制定优惠政策，鼓励行业、企业参与学校的人才培养过程，对接受学生顶岗实习及应届毕业生的行业、企业，在经费、税收、信贷等方面给予合理的优惠政策。

"政校企"的紧密合作，旨在发挥政府在职业教育发展中的主导作用，促进政府切实履行发展职业教育的职责，把职业教育纳入经济社会发展和产业发展的规划当中，促使职业教育的规模、专业设置与经济社会的发展需求相适应；"政校企"要解决在政府主导下，确定办学定位、政策导向、办什么样高职的问题。"行校企"的紧密合作，旨在发挥行业组织在职业教育发展中的指导作用，推动企业为职业教育提供不可或缺的实训平台、实践教学、师资力量以及产学研项目的支撑。

第四节 "双三元"职教模式的政策

现代职业教育的真正成功，必须在也必将在党中央和国务院的顶层设计之下真正实现政府、企业、学校三个主体之间的联动、互动才有可能完成，对政、企、校的合作联动机制的建立，我们将其界定为三个必须：即必须继续且正确发挥政府的主导作用；必须按照党的十八大精神让市场发挥决定性的资源配置作用，真正调动企业主动参与人才培养过程的积极性，发挥实现真正意义、实质意义上的产教融合校企合作的主体责任；必须赋予学校自主办学、开门办学的充分权利，打破一切不符合产教融合培养人才的陈规陋习，允许学校在变革与创新中实现规范，在创新与变革中发现和建立新的职业教育规律。

"双三元"职教模式就是在大职教背景下顺势而生的，它要求高职院校在发展的过程中坚持立德树人，全面发展；坚持系统培养，多样成才；坚持产教融合，校企合作；坚持工学结合，知行合一；坚持国际合作，开放创新；坚持信息化与教育教学深度融合；坚持依法办学，规范管理。

模式的改革与选择必须受一定经济社会文化环境的制约，脱离具体条件的模式设计，是无法操作的空想。我们在进行办学模式的改革探索过程中，一定不能忘记要结合国家或区域发展的需求与条件。一所高校的办学模式是在一定历史条件下形成的结果，它必然要随时代的发展而与时俱进。因此，"双三元"的办学模式也需与时俱进，更新理念。因此，高职院校要紧跟时代发展趋势，在具体的探索、实践过程中，一要解读最新的政策文件，充分解放思想，转变观念，抓住问题要害；二要注重调查研究，遵循规律，做好系统设计；三要加强总结交流，及时建章立制，形成他人可资参照的示范模式。

2015 年是全面贯彻"全国职业教育工作会议"精神、落实"顶层设计"的关键一年，教育部连续出台了重大政策文件。双三元职教模式不是一成不变的，它必须在国家大职教背景下有所调整，有所创新。双三元职教模式的政策文件依据主要有：

国家制度层面，教育部、国家发展改革委和财政部联合发布《关于引导部分地方普通本科高校向应用型转变的指导意见》（2015 年 10 月 21 日）。高等教育生态决定了高校多元形态并存，期待着本轮转型引领技能前沿，并能够实现与高职高专、中职更紧密的衔接。

内涵培养层面，2015 年 6 月 23 日《教育部办公厅关于建立职业院校教学工作诊断与改进制度的通知》的要求，从秋季学期开始，全国职业院校将逐步推进建立教学工作诊断与改进制度，开展教学诊断与改进工作。2015 年 7 月 27 日发布《关于深化职业教育教学改革全面提高人才培养质量的若干意见》，提高人才培养质量是发展现代职业教育的核心任务，《意见》的出台即是对"提高人才培养质量"的重要部署。《意见》包括 8 个部分、26 条，明确了职业教育教学改革的重点任务和政策措施。2015 年 10 月 19 日印发《高等职业教育创新发展行动计划（2015–2018 年）》，该计划以提升高等职业教育发展质量为主线，内容包括：总体要求、主要任务与举措、保障措施，并附任务、项目一览表。《行动计划》明确通过三年建设，高等职业教育整体实力显著增强，人才培养的结构更加合理、质量持续提高的目标。

另外在产教融合方面，2015 年 6 月 30 日印发《教育部关于深入推进职业教育集团化办学的意见》。在学校建设与管理方面，2015 年 1 月 15 日发布《职业院校数字校园建设规范》。2015 年 8 月 28 日印发《职业院校管理水平提升行动计划（2015–2018 年）》。2015 年 10 月 26 日印发《普通高等学校高等职业教育（专科）专业设置管理办法》和《普通高等学校高等职业教育（专科）专业目录（2015 年）》等等。

各级政府、教育行政部门、职业院校对职业教育都应给予高度重视，深入研究、科学决策、扎实推进，抓住中国经济和社会发展转型升级的内在要求和关键环节，切合中国企业界在适应中国经济新常态中实现创新驱动的内在需要，主动寻求变革与发展。只要各方主体按照党中央的部署坚持不懈、积极作为、协同努力，必将迎来现代职业教育的新发展、新跨越，并使之成为打造中国经济升级版的强大动力。

珠海城职院在实施校企合作、工学结合的过程中，探索出"双三元"职教模式，并积极推动珠海人大立法出台了《珠海市人民政府关于深入推进职业教育校企合作的意见》（珠府［2015］18 号）（见附件 1）和《珠海市人民政府关于加快发展现代职业教育的实施意见》(珠府〔2015〕46号)(见附件2),走出了一条适应区域经济发展方式转变和产业结构调整需要的人才培养模式,提出了政校企、行校企"双三元"办学模式,以此破解"双元制"在中国遇到的瓶颈。

第三章 "双三元"职教模式相关理论依据

※ 名家名言

我们在人与人之间所见到的精神上的差异，是由于他们所处的不同环境，由于他们所受的不同教育所致。

——［法］爱尔维修

※ 阐述问题

通过阅读本章，你能够了解：

○ "双三元"职教模式相关理论依据

"双三元"职教模式的产生不仅有着其独特的社会、经济等方面的背景，而且还有着广泛的心理学、教育学、管理学方面的理论基础，此外认知学徒制理论、能力本位理论、职业能力成长规律理论以及二元组织模式、功能耦合理论等都对"双三元"职教模式的形成产生了深刻的影响。

一、认知学徒制

认知学徒制（Cognitive Apprenticeship）是 1989 年美国认知心理学家艾伦·柯林斯和约翰·希利·布朗等提出的，它是科学领域中一项重要的理论基础，是一种教学模式或学习环境。他们认为，认知学徒制能让学习者无论是校内的还是校外的学习，都能在真实的领域中获得、发展和使用认知工具来支持某领域的学习。这是因为学习是要通过协作性的社会交互和知识的社会建构而产生的。他们还强调学习的真实性和情境性，关注有意义学习与深刻学习，注重使专家、新手的知识外显和可视化，并且重视反思和清晰表达在学习中的作用以及信息技术的介入等。

柯林斯认为，认知学徒制吸取了传统学徒制中比如示范、指导、脚手架支撑等核心技术，克服了传统学徒制中的某些缺点，比如专家思维不可视和学校教育中知识的教学脱离其动用情境等，将学徒制的优点和学校教育结合起来，使学习者沉浸在专家实践的真实环境中，从中培养学生的高级思维、问题解决和处理复杂任务等方面的能力。

柯林斯和布朗等学者提出的认知学徒制理论对"双三元"人才培养模式的形成具有重要的参考价值。

二、能力本位理论

能力本位教育是 20 世纪二三十年代在欧美国家兴起的一种职业教育本位观，简称 CBVE（Competence based vocational education），也有称 CBT（Competence based training），即能力本位培训。这种教学模式在许多国家也被称为 CBE，它根据职业岗位来设置专业，围绕培养一线人才的岗位能力这一核心去选择理论教学和实践训练内容。

它的主要特点在于：首先，专业委员会是由学校聘请行业中具有代表性的专家组合而成的，依据岗位群需要，层层分解，从而确定从事该职业所需具备的能力，以明确培养目标；其次，学校遵循教学规律，组织相关教学人员将各项能力进行总结归纳，建构教学模块，制定教学大纲后因材施教。它打破了以传统的公共课、基础课为主导的教学模式，强调以岗位群所需职业能力的培养为核心，从而保证职业能力培养目标的顺利实现。

英国 BTEC（Business Technology Education Council）教育模式同样强调能力培养的重要性，BTEC 打破了传统的应试教育模式，它的最终目的是为了考核学生解决实际问题的能力。这种模式通过对课程作业，如案例研究、作业及实际工作等完成过程的检验，全面评估学生的专业能力，同时测量其通用能力的发展水平。

澳大利亚 TAFE 教育模式树立以能力为本位的指导思想，以能力培养为教学设计的核心内容。针对培训包课程的模式，TAFE 提出了低标准的能力测试考核要求，具体为 12 种标准测试方法，包括：观察、口试、现场操作、第三者评价、证明书、面谈、自评、提交案例分析报告、工件制作、书面答卷、录像及其他。建议教师采用这 12 种方法中的某几种作为考核手段，这样较比之前单用试卷的考核方法，更能反映出学生的实际能力。

德国双元制是一种以能力为本位的培养模式。整个培训过程是在工厂企业和职业学校中进行。企业培训的作用是为了使受训者掌握怎么做的问题，而职业学校是为了解决受训者在实训技能操作时为什么这么做的问题。企业和学校通力合作，充分保证了教学质量，使学生在学期间就完成了所有专业知识和技术能力及关键能力的培养，具备了新职业能力观所强调的综合职业能力。其中，关键能力指的是工作任务组织实施过程中的能力交流与合作的能力，还有运用学习和工作方法的能力，独立性与责任意识，承受外界压力的能力。

三、职业能力成长规律理论

格林豪斯认为，职业发展是一个持续的发展过程。个人在这个过程中会经历一系列具有不同问题、主题和任务的阶段。美国加利福尼亚大学德莱弗斯兄弟等人提出了从新手到专家的五阶段发展理论，这是一种技能发展模型，首先，学生在从新手水平到专家水平的转变过程中，也许存在着从对消极接受训练信息到更能反映和更懂得利用策略的变化过程。其次，在建构知识过程中，随着学习过程和能力的逐渐增加，学生的学习活动可能会发生一些变化。比如从只需要有关知识宣讲的帮助而不太需要引导，且不需要关于知识建构的讨论与帮助，发展到进行大量建构的水平。最后，对学习技能的智能维度提出更高的要求。随着学生知识内化的深入与建构的即将完成，学生似乎对临近引导的需求又再次减少。德莱弗斯模型对研究学生技能的发展过程具有重要的意义，对职业教育培养模式具有重要的应用价值。

四、二元组织模式

所谓二元组织模式及概念最早是由敦凯恩提出的，是从企业管理学衍射出来的一种理论。体现在实践中，就是管理者努力寻求一种方式，将两套不同的组织设计要求融合起来，并建立一种既适于开发又适于利用的体制和文化。有的学者称之为"结构下的双管齐下"或者"情境下的双管齐下"。

高职院校的实践教学二元组织模式正是应用这一原理，通过校企合作，引入企业组织、管理和运作模式建设实践教学基地，有的甚至是实践基地工厂化，同时承担育人和生产的双重功能，如"校办工厂模式""前厂后校模式""模拟工厂模式""校中厂，厂中校模式"。不少学者们发现，在日益动态复杂的环境下，二元组织模式的成功实施既能够有效运作当前的事业，又能够主动适应未来发展的要求。

五、功能耦合理论

一切具有自我调节功能的整体系统，其各个组成部分是相互依赖、相互作用的，各子系统形成功能耦合。对于已经形成功能耦合的系统，每个环节都有它的重要意义。

具有整体性的系统内部都有保持自身稳定性的机制，即系统受到干扰后，能够通过系统内部的调节机制"自动恢复"稳定态。系统的有机性越高，整体性越强，这种功能耦合度就越大，形成的系统就越稳定。某环节脱节，系统活动就会中断，某环节薄弱，形成瓶颈，就会影响整体的功能和效应。

在职业教育主体中，政府、行业、企业和学校这四个是发展我国职业教育密切相关的机构或组织。政府、行业、企业和学校独立作用于我国职业教育的力量是有限的，运用功能耦合理论对政行企校进行有效的资源整合和功能耦合，使四者形成共进互动的结构系统，实现"整体大于部分之和"的功能，从而推动职业教育良性发展。

近年来，我国高职院校推行工学结合、校企合作、顶岗实习的人才培养模式，广泛开展了各种形式的校企合作。虽然对德国的"双元制"先进理念认识有了一定的深度，但在中国的职业教育实践中照搬德国"双元制"，仍然存在着诸多问题。诸如政府政策主导不力，校企合作法律缺失，企业参与职业教育热情不高等问题。

六、利益相关者理论

1984年，美国经济学家弗里曼提出了利益相关者定义。他认为，"利益相关者是那些能够影响企业目标实现，或者能够被企业实现目标的过程影响的任何个人和群体"。[①] 在其后，随之而来的各领域理论研究中，"利益相关者"理论相继被广泛采纳和解决类似问题。各领域应用其研究范式，从理论探讨再到实证研究，将该理论逐渐应用到世界范围内的各领域，"一个逐渐被西方学术界认同并具有诱人的学术前景的理论""一个具有巨大创新空间的理论"，其研究范围已经突破了最初的管理学范畴，被运用在众多领域之中。[②]

大学特别是职业院校正在探索和实践多主体混合所有制办学方向，各类高等教育资源具有政府举办，行业、企业参与或混合所有制等联合体性质。利益相关者理论不但与大学的核心资源利益相关，并且不可避免地要从利益相关的主体角度来研究大学的制度。凡是能够为大学的办学提供各类资源的机构或个人，就可以称之为大学的利益相关者。[③]"研究利益相关者理论的目的，在于通过引入'利益相关者'这一概念重新扫描和理解外部环境及其变化，并通过利益相关者管理适应外部环境变化的形势及其要求，最终目的则是帮助人们将外部变化转变为内部变化，解除外部变化导致的不

① 《利益相关者财务披露监管的理论基础》，摘自《第六届公司治理国际研讨会论文集》，2011.

② 青岛大学张卓林硕士学位论文《基于利益相关者理论的合作治理机制探析——以太湖水污染防治政策为例》.

③ 刘颂，民办高校治理机制研究——基于利益相关者的视角［J］.扬州大学学报（高教研究版），2008.

确定性风险，确保组织战略和组织管理的有效性。"①

　　研究校企合作方面的利益相关者理论，会涉及各利益相关者之间的利益关系和诉求，而各利益相关者之间的利益和诉求关系，也在直接或间接的影响着校企合作的政策的制定和执行。"职业院校校企合作实效性的最显著标志，就是在满足利益相关者各自利益的基础上，成功构建一条完整有效的价值链，创造出最大的合作价值效益。因此，利益相关者是校企合作实效评价的重要影响因素，利益相关者理论的引入是确保评价过程和评价结果更加全面和科学的有益尝试。"② 因此，从利益主体关系看，职业院校的校企合作应当遵循利益相关者间的价值取向，拆除合作屏障，让所有利益相关者均能从校企合作中获益，从而能够积极主动地参与校企合作。

　　① 王身余，从"影响""参与"到"共同治理"——利益相关者理论发展的历史跨越及其启示 [J]. 湘潭大学学报（哲学社会科学版），2008.

　　② 吴结，基于利益相关者理论的高职校企合作实效评价研究 [J]. 职教通讯，2012.

第四章 "双三元"职教模式的价值论

※ 名家名言

"世界在改变，中国也在改变。在这几千年来世界第一次走向全球化的时代，我们审查自己的归属和认同，也审查族群归属和认同的原则，应该是非常严肃的课题。庶几我们不被狭窄而偏激的族群狂傲挟持，迷失了自己往前走的方向。"

——许倬云《说中国：一个不断变化的复杂共同体》

※ 阐述问题

通过阅读本章，你能够了解：
○ 开展职教模式研究的必要性
○ 我国职业教育发展现状及存在的一些难解问题
○ 我国职业教育教育面临的新形势与新任务

第一节 我国职业教育校企合作现状

近年来，我国高等职业教育徘徊在一个怪圈当中，一方面是各行各业用人单位对职业教育培养的人才需求量大，这与职业教育培养人才的目标在理论上相吻合，高等职业教育的规模在不断扩大；另一方面，培养这类人才的高职院校数量不断增多，在高职毕业生逐年递增的情况下，我国仍然缺乏企业需要的第一线的高技能型人才，企业对高职教育所培养的毕业生也并不十分满意。这到底是哪方面出现了问题？要想解决问题就需要对这种现象有所了解，为研究提供事实依据。

一、社会对职业教育的认可度现状

（一）新职教思想观念还没有占主导作用

传统的教育理念鄙薄职业教育，虽然我国多元化的人才培养模式正在逐渐完善，但职业教育仍未被大部分人从心底里接受。目前，社会上"学而优则仕"的观念仍占主导，职业院校的学生毕业后从事技术工人的定位不被一些学生和家长认可，而职业院校的办学从成长到成熟也有一段过程，许多职业院校毕业的学生和他们的家长不能正确审视职业的适合度与自己孩子的匹配度，导致了社会上能够考上本科研究性大学的学生多数不会因为自己更加适合职业院校，而把职业院校作为最理想的选择对象，更多的是把上职业院校作为是无奈之举，职业院校成了不得已而为之的选择。

（二）继续深造的渠道不畅通

就职业的性质而言，能够从事研究和设计的人与从事技术和技能为主的人仅仅有在各领域发挥社会价值的作用区别，各有所长，只是人才的不同类型而已，并没有社会地位的高低区别。但是当下，"文凭至上"的思想依然普遍笼罩着企业的工作岗位聘任和职位晋升等人才成长体系中。同时，社会上更多的人也看到了职业教育学历层次偏低，将来在工作岗位上的发展空间不大，晋升的希望也不高等社会现实。高职高专作为职业教育的最高层次，无深造和提高的空间，显然限制了高职高专院校毕业的学生的职业规划。因此，职业类专科教育的学历层次偏低，继续深造的渠道不畅通，是造成高职高专类院校社会认可度低的非常重要的原因。

（三）高职高专教育自身的办学缺陷

在我国，有不少从事职业教育的高职高专院校是由中专或技工学校升格的高等职业学校，很多学校存在培养目标不明确、市场定位模糊、学校师资欠缺等现象，而教育经费等基本办学条件得不到满足等一系列问题也仍然未能得到解决。无论是教育者还是受教育者，在实际做法中，并没有把人才培养的目标定位在技术技能工人或者高级技术技能人才的培养上，仍然停留在中等职业教育水平或依然按照本科体系进行教学，遏制了受教育者自身发展的空间。因此，高职高专教育自身的办学缺陷，也是造成高职高专院校社会认可度低的重要因素之一。

（四）科学的职业教育考核体系尚未建立

我国以笔试来评价一个人的成就已有多年的历史，而对于职业教育也采用同样的评价方式造成了在职业教育里的学生往往被认为是笔试分数不高的群体，往往误判断了一个人的成就。应试教育体制下的笔试评价主要考核一个人的逻辑思维、抽象思维和记忆的能力，这方面的评价比较适合从事逻辑思维工作的人，但对于擅长形象思维的学生评价不一定科学。而相对于研究性大学，职业教育对动手能力的要求更加突出，对于并不一定擅长逻辑思维的职业院校学生很可能被划上差生的标签。我国传统的评价方式远不能满足职业教育对人才培养的需求。

二、职业教育校企合作现状

我国各地的高等职业教育学校开展校企合作的时间相对来说比较久远，范围也比较广阔，但由于缺少合适并且有效的合作模式，校企合作的深度往往不够，合作效率也往往不高。主要体现在以下几个方面：

（一）校企达不到真正的融合

职业教育的跨界性特质和行业企业的参与性等特征，决定了职业院校校企合作的典型模式有"校企合作、工学结合"式的，有"订单培养"式的，有"现代学徒制"的，还有"混合所有制"等多种形式的合作模式。但是，学校与企业毕竟属于两种不同性质、不同利益追求和不同结构的组织，导致他们之间必然会具有清晰的物理边界与文化边界，内部也必然有着各自根深蒂固的行事模式和运作方式。因此，如果校企之间未建立起切实有效的融合机制，则很难达到实质性的融合，试图运用校企合作达到提升职业教育办学理想的设想就会落空。所以，现实的校企合作过程中出现"剃头挑子一头热"的现象层出不穷，究其根本原因，依然是校企之间的边界没有突破，未能达到真正的融合，所以，流于形式的校企合作便不足为怪了。

（二）当前校企合作模式中的机制阻碍

当前，我国的职业院校虽然都有意识开展校企合作，但更多的合作项目是靠个人的关系或个体的力量在维系。政府、行业、企业、学校合作过程中的天生性体制缺陷，导致合作过程中，表面化与象征性等合作障碍普遍存在。

1. 体制上造成的合作不协调

在我国，公办教育的投资者、举办者以及管理者都是政府。在对职业教育进行管理的过程中，不同的职能部门行使着不同的管理职能，并且不容管理错位。如教育行政部门管理职业教育院校，而人力资源和社会保障部门则管理着职业教育的职业培训和技能鉴定，两个部门的管理方式与模式又都有各自不同的体系，很难形成"合力"。职业院校的办学自主权多数归属教育行政主管部门所有，造成政府处于办学的强势一方。这种状况就会形成，如果政府重视职业教育则容易对学校的办学干预过多，如果职业院校在办学的各个环节缺少政府的重视，则又会出现诸如办学的经费不足、校园的软硬件不达标等现象。

2. 办学主体间的合作不协调

职业教育的校企合作属性具有明显的跨界性，这就要求职业教育应有行业、企业以及学校等多种办学主体，各合作主体间各司其责，各尽其才。我国曾有过多年的企业办教育历史，但是，随着我国的经济体制和教育机构改革的进行，职业教育与企业的天然联系被逐渐的剥离开来，职业教育绝大多数被合并、停办或转为地方管理，致使职业教育与企业的天然联系被割离。同时，职业教育的主管部门和决策部门是政府，作为管理部门则强调管理的清晰和便捷，但却不能兼顾职业教育的跨界性。由此，导致了与职业教育发展息息相关的多方办学主体间不能良好的协调和统筹。

3. 校企合作的利益保障机制不健全

职业教育的校企合作不可避免的涉及利益的分配问题。企业的生命保障是利润，利润靠人才来获取，人才来自学校的培养，因此，企业与职业院校并不是敌对的两个群体，并且有着共同的需求目的。但是，在双方合作的模式中还缺乏成熟的利益驱动机制，使得现阶段的企业在与职业院校的合作中收益甚微，甚至会出现经济损失和利益纠纷，致使校企合作又进入了举步维艰的合作境地。

第二节　我国职业教育的发展形势、任务与方略

一、我国职业教育的发展形势

随着我国市场经济的快速发展，大学生就业竞争日趋激烈。而职业教育成为促进就业和改善民生的重要保障，成为提高从业人员职业技能、建设现代服务业和先进制造业的重要基础。

十八大以来，职教战线围绕服务"四个全面"战略布局，牢牢把握服务发展、促进就业的办学方向，系统谋划和推动改革创新，取得了显著成效。职业教育成为国民教育体系和人力资源开发的重要组成部分。习近平总书记指出，职业教育"是广大青年打开通往成功成才大门的重要途径"，职业教育"肩负着培养多样化人才、传承技术技能、促进就业创业的重要职责"，发展职业教育是"为实现'两个一百年'奋斗目标和中华民族伟大复兴中国梦提供坚实人才保障"。根据十八届三中全会确定的改革方向，高职教育发展形势产生了新变化。

（一）努力建设中国特色职业教育体系

《国务院关于加快发展现代职业教育的决定》指出："到2020年，形成适应发展需求、产教深度融合、中职高职衔接、职业教育与普通教育相互沟通，体现终身教育理念，具有中国特色、世界水平的现代职业教育体系"。新的发展目标就是习近平总书记提出的"努力建设中国特色职业教育体系"。其发展目标要形成的职业教育体系最本质的特点是"中国特色"，同时具有"世界水平"，是现代化的。一是要探索发展本科层次职业教育，打通职业教育从中职到专业学位研究生的上升通道；二是要建立学分积累与转换制度和健全职业教育考试招生办法，为职业教育纵向衔接、横向沟通作了制度设计；三是建立有利于全体劳动者接受职业教育和培训的灵活学习制度，服务全民学习、终身学习，推进学习型社会建设。

（二）要牢牢把握服务发展、促进创新创业（双创）的办学方向

支持大众创业、万众创新无疑是国务院常务会议的核心关键词之一，国务院常务会议部署了与之相关的简政放权、减税轻费、激发市场活力、扩大就业等政策措施，凸显经济新常态下的政府改革发展新思路。积极的就业政策，无疑将创造出更多更有质量的就业机会，对于经济稳增长、促就业具有重要意义。小微企业绝大多数都从事服务业，如此次国家鼓励农民工返乡创业，网上创业，支持高校、科研院所等专业技术人员在职或离岗创业等，体现了国家支持创业创新的新思路。

《国务院关于大力发展职业教育的决定》提出了"以服务为宗旨、以就业为导向"的职业教育办学方针，明确了职业教育的职能定位和特性定位，有效地引领了我国职业教育事业的发展。"服务发展、促进就业"与"以服务为宗旨，以就业为导向"有历史的承接关系，但是赋予了新的内容。新的办学方向继续强调了"服务"，同时增加了"服务"的对象——"发展"，既包括经济社会发展，也包括人的全面发展，即面向市场、面向社会、面向人人；继续强调了"就业"，同时科学定位了职业教育在"就业"中的作用——"促进"，要促进解决就业总量和结构矛盾，促进社会成员提升创新创业能力和职业生涯持续发展能力。

（三）坚持产教融合、校企合作，实现专业链与产业链（双链）的有效对接

当前，中国经济已进入"新常态"，职业教育要适应中国经济新常态，围绕提高人才培养质量这个核心，以建设现代职业教育体系为重点，充分发挥市场和政府的作用，深化改革，创新模式，坚持产教融合、校企合作、专业链与产业链的对接。

针对区域经济发展的要求，灵活调整和设置专业是职业教育的一个重要特色。职

业教育源于产业发展需求，又作用于产业递进。职业教育专业结构必须从区域产业结构的调整、支柱产业的结构出发，考虑和研究区域范围内的专业结构布局问题，使职业教育专业结构与区域产业结构相适应，以促进区域经济的发展。

由于社会需求和经济结构调整是一个十分复杂的动态体系，政府和有关部门要根据人才培养的长效性、教育的超前性以及专业结构的相对稳定性，并结合社会需求的多样性和多变性，大规模、经常地对社会所需要各级各类人才发展趋势进行预测。如此，一方面有利于职校的专业设置和结构调整与经济和社会发展的远景规划相协调，使培养出的人才不仅数量上而且在品质、规格上既能满足当前产业结构转型对人才的需要，又能为未来经济发展做好人才储备，从而达到宏观调控的目的；另一方面职校可以根据预测结果，主动调整自己的专业结构，减少专业设置的被动性和盲目性，使有限的资源能得到合理配置，提高办学效益。

在此大背景下，珠海城职院在双链对接上作了有益探索。学校紧紧围绕珠海的城市发展定位，聚集和整合各类资源，把职业教育的专业结构调整与地方经济结构提升、市场机制完善和政策体制改革等多种因素统筹起来，通过政校企、行校企协同融合的"双三元"机制体制的系统作用和相互完善，紧贴区域产业结构的转型升级，建立起对接产业的专业建设调整机制，以实现专业链与产业链无缝对接的合理的动态平衡。

（四）完善现代职业学校制度

强调发挥企业办学主体作用，强化校企协同育人；强调发挥行业的作用，加强行业指导、评价和服务功能；鼓励多元主体组建职业教育集团。扩大职业院校办学自主权，依法制定职业院校章程和制度，建立学校理事会或董事会，推进校长聘任制改革和公开选拔试点，坚持和完善中等职业学校校长负责制、公办高等职业院校党委领导下的校长负责制，建立企业经营管理和技术人员与学校领导、骨干教师相互兼职制度，完善体现职业院校办学和管理特点的绩效考核内部分配机制。确立职业院校真正落实面向社会自主办学的法人地位，实现依法治教、依法治校，进一步激发职业院校的办学活力。

二、我国职业教育的发展任务

（一）基本确立现代职业教育战略地位

新世纪以来，国家发展职业教育的政策体系日臻完善，先后召开了多次全国职业教育工作会议，出台了《国务院关于大力推进职业教育改革与发展的决定》（2002）、《国

务院关于大力发展职业教育的决定》（2005）和《关于加快发展现代职业教育的决定》
（2014）等一系列重大政策，明确了职业教育在整个教育体系中的重要地位，指明了职
业教育对促进国民经济和社会发展、加快人力资源开发、提升国家竞争力的战略意义，
为促进现代职业教育发展提供了政策保障。同时，积极加快推进职业教育法修订工作，
以此为职业教育政策红利落地提供法律保障。

（二）加快建设中国特色现代职业教育体系

当前职业教育发展的重要任务是构建符合中国实际、具有中国特色、达到世界水
平的现代职业教育体系。为了更好地指引新时期职业教育的发展，《国家中长期教育改
革和发展规划纲要》（2010–2020年）提出要把发展职业教育摆在更加突出的位置。《现
代职业教育体系建设规划》（2014–2020年）则进一步提出2015年初步形成现代职业教
育体系框架和2020年基本建成中国特色现代职业教育体系的目标。立足顶层设计，分
步落实相关目标。一是职业教育办学规模不断扩大；二是职业教育面向社会办学的程度
日益提高；三是职业教育办学条件逐步改善。实训基地、校园网和数字化资源建设将实
现或接近全覆盖。在终身教育理念指引下，职业教育与普通教育、继续教育将实现相
互贯通，并在现代教育体系中扮演更加重要的角色、发挥更加重要的作用，形成具有
中国特色的现代职业教育新格局。

（三）科学规划职业教育发展规模

职业院校肩负着我国中高级技术技能人才培养的重任，影响着国家职业教育发展
的规模、质量和水平。新世纪以来，中等职业学校结构日趋优化，高等职业学校顺势
成长。2001–2013年，中等职业学校数量由初期的1.76万所减少到1.23万所，降幅高
达30.1%；高等职业学校数量则持续增长，2013年达到历史最高的1321所。值得注意
的是，虽然中职在校生数量目前占高中阶段教育在校生总数的44%，但是"十二五"
期间却基本呈现下降趋势，由2010年的2238.5万人减少到2013年的1923万人，减少
了14.1%；高职在校生数量持续增长，2013年达到历史最高的973.6万人，是2001年
的3.3倍，占到高等教育在校生总数的39.5%，见图7。此外，还有非学历教育注册学
生5593万人。

从长远来看，扩大职业教育规模对于进一步优化我国教育结构、加快普及高中阶
段教育以及为经济社会发展提供技能人才支撑具有积极意义。按照"十二五"末职业
教育发展的基本目标，中等和高等职业教育在校生规模将在2013年的基础上分别增长
14.8%和42.8%。"十三五"期间职业教育规模将继续平稳增长，中等和高等职业教育
在校生规模较"十二五"末将分别再增长4.4%和6.5%。

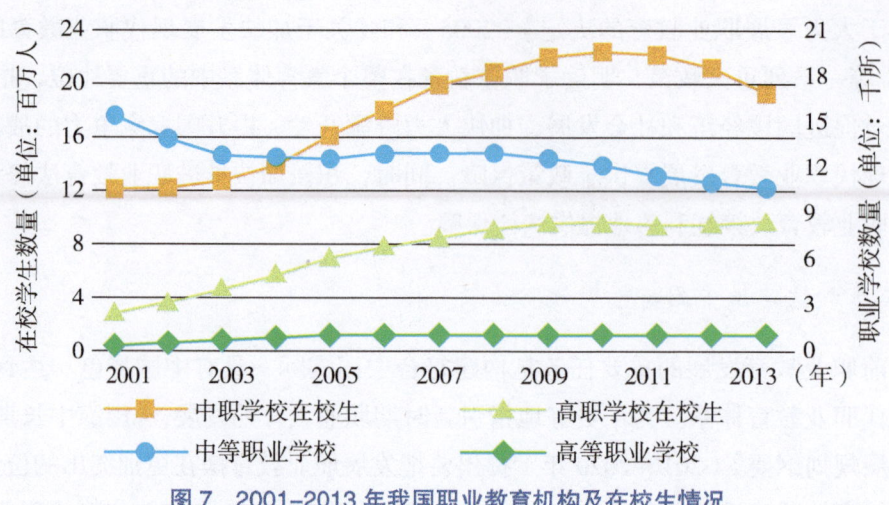

图7 2001-2013年我国职业教育机构及在校生情况

注：数据主要来自《中国统计年鉴》（2001-2014）、《中国教育统计年鉴》（2006-2012）。

（四）持续加大职业教育经费投入

随着我国职业教育规模不断扩大，各级各类职业教育经费投入也持续增长。2005年，我国职业教育经费投入为939.3亿元。其中，高等职业教育经费投入为370.5亿元，中等职业教育经费投入为568.7亿元。2011年，职业教育经费投入达到2889.3亿元，较2005年增长208%。当年高等和中等职业教育经费投入分别达到1250.8亿元和1638.5亿元，较2005年各增长了238%和188%。

2005-2011年，职业教育经费投入平均占教育经费总额的12.1%，中等和高等职业教育经费平均分别占职业教育总经费的57.3%和42.7%。从经费投入增长速度来看，职业教育经费投入环比增速平均为20.7%，中等和高等职业教育经费环比增速平均分别为19.4%和22.7%。经费投入的不断增长，为职业教育的可持续发展提供了良好的物质基础[①]。

（五）创新创业（双创）在职业教育发展中的带动作用

深化高等学校创新创业教育改革，是国家实施创新驱动发展战略、促进经济提质增效升级的迫切需要，是推进高等教育综合改革、促进高校毕业生更高质量创业就业的重要举措。党的十八大对创新创业人才培养做出重要部署，国务院对加强创新创业教育提出明确要求。

---

① 韩永强.我国职业教育发展：现状、问题与方略.［J］.职业技术教育，2015（7）.

创新推动创业、创业带动就业，是教育专注人的培养、应对就业压力的关键举措。职业教育要坚持创新创业导向，为广大社会成员上岗就业、在岗提升、转岗择业、自主创业提供有力保障，增强聚集各类创新资源的能力和内生创新活力。

职业教育要进行教育教学改革。面向 21 世纪的挑战，培养创业能力应成为改革教育与培训的一项重要内容，这种能力无论对工资就业者还是自主就业者都很重要，应通过普通教育和职业教育来培养。创业教育是涉及职业教育深刻变革的思想教育，是提高青年人全面素质的人才培养模式。提出创业教育是基于近年来全球失业问题越来越严重的考虑，通过创业教育，人们可以创办更多的小企业，自主经营，从而为社会提供更多的就业机会，是缓解失业问题的一种良好途径。实施创业教育要与职业指导和就业指导相结合；与社区经济发展相结合；与教学改革相结合。培养创业能力在内的诸如：与人交往、合作共事的能力，自我调节能力，创造性、责任感、分析问题、解决问题等能力是培养面向新世纪人才的"关键能力"。

（六）现代学徒制培养模式改革

现代学徒制作为现在高职教育制度向前发展的方向，它的特点是"工学结合，校企合作"。也就是把企业的顶岗实习和高职教育结合起来，将在校学习和企业工作相结合。"现代学徒制"把传统的学徒培训方式与现代的高职教育结合起来，就形成了这种"校企合作式的职业教育制度"。现代学徒制一边继承和发展传统学徒制，一边改革和突破着现代的高职教育。现在的高职教育制度中专业与行业严重脱节，学生有着丰富的理论知识，却几乎没有实践操作能力，等他们毕业了，完全不适应企业对高端技术人才的要求。这个时候，"现代学徒制"就应运而生了，它不但弥补了传统学徒制的单纯依靠手工操作来积累经验的弱点，也消除了高职教育体系中理论知识和实践工作相脱节的弊端。

现代学徒制把学校和企业连接起来，把教学场地和实际情境融合起来，同时培养基础理论知识和技能操作，是对传统人才培养模式的重大突破。学生有着双重的身份，他是学校的学生同时也是企业的学徒，学生跟学校的老师学知识，同时也向企业的师傅学技能。

三、我国职业教育的发展方略

随着我国现代职业教育体系建设不断深入，职业教育迎来了新的发展机遇并取得了显著成绩。然而，当前职业教育在经费投入、办学机制、师资队伍、中高职专业衔接、职教资源分布以及与产业协同发展等方面还存在着诸多不足。针对现实问题，我国要科学制定职业教育发展方略，包括提升职教战略地位，改革办学体制，吸引优秀人才、优化师资队伍结构，加强职教层次间衔接，构建产教融合机制，合理配置职教资源等，以实现加快推进中国特色现代职业教育体系建设的目标。

（一）转变社会观念，提升职教战略地位

转变观念涉及不同主体。一是各级政府应转变观念。要认真贯彻党的教育方针，把立德树人作为教育的根本任务，让学校和教师能够真正按照教育规律办学，回归教育本真，推进素质教育，使学生得到全面而个性化的发展。二是家长应转变观念。家长不应给孩子预设生活和前途，不应拔苗助长，而应顺应孩子发展的自然，遵循孩子发展的规律，循序渐进。知识不是学得越早越好、越多越好，更为重要的是培养孩子良好的生活习惯和学习能力以及完善的人格、开朗的心态。有了这些优良品质，将来就能成才。家长还应以平和心态对待孩子的发展，克服攀比心理，重视孩子的特点，培养孩子的兴趣爱好，让孩子在愉快的气氛中学习。三是教师应转变观念。树立人人皆可成才的观念，热爱每个学生，尊重每个学生，理解和信任每个学生；树立以学生为主体的观念，用显微镜去发现学生的优点，而不能用放大镜去找学生的缺点；善于发现和培养学生的兴趣和特长，把学习的选择权交给学生，让学生自主自动、生动活泼地生活和学习。

要改变大众对职业教育根深蒂固的印象，需要实际的行动。要有物质基础，要靠制度建设来保证，要充分重视职业教育在科教兴国、人才强国战略中的重要意义，将发展职业教育视作国家战略的重要组成部分。

当前，职业教育的转型发展已刻不容缓，应按照党的十八届四中全会精神，依法治教，认真贯彻执行教育法律法规，并建立监督问责机制。应尽快转变各部门对职业教育的认识，增强对职业人才的培养力度，各部门之间要对职业教育的转型发展达成共识。同时，要加大政府投入、促进职业教育建设，加强舆论引导、转变社会观念，支持职业教育院校和机构建设，提高人才培养质量，加强社会对职业教育的规范和监督。

（二）改革办学体制，探索多元办学模式

随着市场经济的发展和人民生活水平的不断提高，人民群众对教育的需求逐渐增加且日趋多样，以政府为单一主体的办学体制，对多元化教育需求的反应迟缓，单纯依靠政府力量办教育，影响了我国教育事业持续发展的动力和活力。因此，办学体制改革的重要性和紧迫性日益凸显，鼓励社会力量办学，发展以政府为主导、社会多元参与的办学体制成为我国经济社会进入"新常态"下的必然选择。

职业教育办学体制改革的关键是改革办学模式。为改变政府"包办"职业教育的

单一模式，国家鼓励各地探索集团化办学模式，推动职业教育办学主体和办学模式从一元向多元的方向发展。2014年，国家先后出台《关于加快发展现代职业教育的决定》（简称《决定》）和《现代职业教育体系建设规划（2014-2020）年）》（简称《规划》），助推职教集团的发展。目前，我国29个省市职教集团已达1078家，各地在实践中探索出各具特色的职教集团化办学模式，如：北京交通职教集团的"政府驱动模式"、湖南现代物流职教集团的"产业引领模式"、重庆工商职教集团的"园区一体化模式"、江苏商贸职教集团的"借船出海模式"、河北曹妃甸工业职教集团的"校企一体模式"、嘉兴欣禾职教集团的"集群对接模式"、上海电子信息职教集团的"中高职贯通模式"和河南信息职教集团的"城乡联合模式"等。

加强校企合作立法，依法推进产教深度融合。教育部正在制定"校企合作促进办法""学徒制指导意见""集团化办学意见"和"学生实习管理规定"等。山东、河南、上海、湖南、广西等省市，以及宁波、苏州、沈阳和大连等地市已制定并实施地方性校企合作法规或条例，为校企合作发展提供法律保障。同时，各地探索多样的校企合作形式，如"现代学徒制""订单式培养"、企业"冠名班""引企入校""前校后厂""半工半读""基地互建"和"专业共建"等。

成立行业指导委员会，深度构建产教融合机制。近年来教育部开展产教对话60余次，出台了5个行业职教专项政策，会同有关行业组建了基本覆盖国民经济各门类的行业职业教育教学指导委员会59个，形成了产教共同发展职业教育的组织机制。同时，各地也采取积极措施发挥行业指导作用，与产业发展相协同，探索地方性产教融合新举措。

（三）吸引优秀人才，优化职教师资结构

近年来，我国职业教育实现了快速、高质量的发展，教师队伍规模稳步扩大，素质结构不断优化，职教师资培养培训体系建设取得了重大突破，基本建立起了以国家重点建设的职教师资培训基地为龙头、省级基地为主体的师资培养培训网络，以骨干教师为重点的师资培养培训活动广泛开展。

当前，我国职业教育改革与发展已进入新的历史时期。在马太效应的作用下，优秀人才越来越多地进入职业院校，我国在职教师资建设方面有所创新及探索。比如，采取培养、培训和引进相结合的方式，多渠道吸引优秀职教师资，合理控制职业院校生师比。充分发挥职教师资培养院校的作用，有针对性地培养熟悉职业教育、热爱职业教育、能够真正从事职业教育的师资人才拓宽兼职教师引进渠道，着力引进具有实践经验的师资，扩大"双师型"教师比例。继续通过职业院校教师素质提高计划等一系列国家师资培训工程，提升在岗职教教师的素质水平。加强内涵建设，多渠道优化

职教师资的年龄结构、学历结构、职称结构和能力结构，为职业教育的未来发展提供师资保障。

（四）树立大职教观，加强职教层次衔接

现代职教体系建设的核心是促进各级各类职业教育的衔接与沟通，促进各种相关要素的相互协调和有机整合。近年来，国际上的一个重要趋势就是构建新型国家资格框架。英国、澳大利亚等发达国家已经建立了比较完善的新型国家资格框架，把基础教育、职业教育、高等教育、职业培训等纳入到一个统一的体系中。欧盟也建立了"终身学习资格框架"，在欧洲国家大力推进学历资格与职业资格的衔接沟通。探索建立新型国家资格框架是构建现代职业教育体系、构建终身学习"立交桥"的重要前提和基础。

我国正在深入研究的基础上加快推进。教育部等六部门在 2014 年公布的《现代职业教育体系建设规划（2014–2020 年）》提出要分两步实现现代职业教育体系建设：至 2015 年，初步形成现代职业教育体系框架。现代职业教育的理念得到广泛宣传，职业教育体系建设的重大政策更加完备，人才培养层次更加完善，专业结构更加符合市场需求，中高等职业教育全面衔接，产教融合、校企合作的体制基本建立，现代职业院校制度基本形成，职业教育服务国家发展战略的能力进一步提升，职业教育吸引力进一步增强。到 2020 年，基本建成中国特色现代职业教育体系。现代职业教育理念深入人心，行业企业和职业院校（中等职业学校和高等职业学校的统称，下同）共同推进的技术技能积累创新机制基本形成，职业教育体系的层次、结构更加科学，院校布局和专业设置适应经济社会需求，现代职业教育的基本制度、运行机制、重大政策更加完善，社会力量广泛参与，建成一批高水平职业院校，各类职业人才培养水平大幅提升。

构建现代职教体系必须在坚持中高等职业教育协调发展的前提下加强相互衔接。中高职的衔接可以有多种模式，既有"直通车式"的，即从低层次学校直接进入高层次学校，也有"夹心饼干式"的，即从学校到职场再到学校。不同的衔接方式适用于不同的产业领域和不同类型技能人才的培养。"夹心饼干式"的培养模式比较适用于制造业高技能人才的培养，特别是那些需要在实践中逐渐积累技能的领域。目前，我国的中高职衔接模式主要有：中高职五年一贯制、中职毕业生对口直升高职、中职毕业后先就业再进入高职、中职毕业后边工作边通过业余和远程教育继续深造等。不同模式各有其长处，要鼓励多种模式并存，培养多样化的技能型人才。

因此，根据中国特色现代职业教育体系建设的相关要求，遵循技能型人才到高端技能人才的培养规律，我国职业教育未来发展应从大职教观的视野出发，积极探索职业教育与普通教育、继续教育的协调发展机制，构建起职业教育与各级教育在人才培养中的联盟与合作机制。

（五）立足产业需求，构建专业链与产业链（双链）无缝对接机制

党的十八届三中全会中指出要"加快现代职业教育体系建设，深化产教融合，培养高素质劳动者和技能型人才"。李克强总理在2014年2月26日主持召开的国务院常务会议上也指出，要"充分调动社会力量，吸引多资源向职业教育汇聚，加快发展与技术进步和生产方式变革以及社会公共服务相适应、产教深度融合的现代职业教育"。《十三五规划建议》提出：提高高校教学水平和创新能力，使若干高校和一批学科达到或接近世界一流水平。建设现代职业教育体系，推进产教融合、校企合作。优化学科专业布局和人才培养机制，鼓励具备条件的普通本科高校向应用型转变。国家和地方政府在研究制定促进产教融合相关政策的基础上，应逐步尝试建立刚性的约束机制，进一步明确校企双方的责任和义务，使得产教融合能顺畅、有力地进行。

政府起主导作用。政府积极鼓励校企双方深度融合，推行相关激励措施。出台税费优惠的相关政策，提倡甚至规定企业参与人才培养的责任与义务。统筹规划当地的产教融合，确定培养方向和目标，研究制定产教融合的政策措施，协调解决产教融合中的实际困难，保证产教融合的有序开展。政府搭台构建产教融合公共网络信息平台，促进校企双方信息资源的共享，为职业院校与企业的沟通提供有效的公共服务。

《国务院关于加快发展现代职业教育的决定》中指出："教育督导部门要完善督导评估办法，加强对政府及有关部门履行发展职业教育职责的督导。"因此借鉴国外产教融合的经验，政府应成立相应的评估机构，构建科学合理的产教融合评估指标体系，对校企双方进行严格的监控和考核评估。评估监督机制的建立和完善，可以保证产教融合规范、有序、高效地开展。

综上所述，职业教育发展应与区域经济产业发展相适应。紧紧围绕区域产业结构转型升级的需要，动态调整技能型人才培养结构，提升区域产业人才需求与职业院校人才培养间的协调性，形成与区域经济及产业发展相适应的职业教育人才培养体系。

（六）强化校企深度融合，完善职教人才体系

《国家中长期教育改革和发展规划纲要（2010-2020年）》第六章明确提出："制定促进校企合作办学法规，促进校企合作制度化。"

创建校企深度融合的合作，关键在于校企合作长效机制的建立。深度融合，表现为校企合作面广，合作层次深，合作时间长，校企双方的积极性、主动性得到充分发挥，双方在资源、设备、管理、人才、资金等方面能够互惠互利的"双赢"局面。可以说，实现校企深度融合，不但对高职院校人才培养模式的创新，而且可以不断提升企业在经济结构转型升级背景下的创造创新能力，能够实现学生、教师、企业和高职院校的

多赢，是新世纪我国高等职业教育的必然选择。

校企互动共同进行人才培养是校企深度融合的必由之路。在校内实训条件有限的情况下，建立更加紧密的校企联合办学机制，通过"订单培养""顶岗实习"等方式，深度推进工学结合人才培养模式，既可以弥补校内生产性实训条件的不足，避免校企双方资源的重复设置和浪费，更可以为学生提供真实的操作环境。将理论知识融于生产实践，避免眼高手低，促进人才培养方案的优化和人才培养质量的提升，真正实现毕业生的"零距离"上岗。

珠海城市职业技术学院经过多年的实践，在校企深度融合方面进行了积极的探索和实践，并在实践基础上提出"双三元"职教模式。实践探索证明：校企互动、共建双赢是校企深度融合的基础，搭建平台、创新方式是校企深度融合的有效途径，制度完善、监管到位是校企深度融合的保障。

（七）坚持工学结合，培养知行合一技术技能人才，提升创新创业能力

当前职业院校正在进行以就业为导向的新一轮的教育改革，这将突破以往以学校和课堂为中心的封闭式教学组织形式，必须建立与企业的联系，把教学活动与生产实践、社会服务、技术推广及技术开发紧密结合起来。职教要处理好"工"与"学"的关系，形成以学校为主体，企业和学校共同教育、管理和训练学生的教学模式，鼓励工学结合教学组织形式多样化。在这样一种背景下，构建工学结合职教人才培养的模式至关紧要，直接影响到职业教育教学改革的进程和质量。

随着我国工业化进程的不断加快，职教人才培养规格、质量与经济社会发展不相适应的矛盾越来越突出，这必然要求我们务必探寻出一条与经济发展相适应的人才培养模式，应对市场需求，坚持工学结合，培养知行合一技术技能人才。要把工学结合人才培养模式落到实处，就必须正确理解它的内涵及目的，在学校内部，在制度层面上应体现实施工学结合的内容，建立和完善适应工学结合模式运行的教学管理、学生管理、教师聘用和培养、分配激励等制度。高等职业教育院校一方面要进一步深化教学模式、内容和方法的改革，形成以学校为主体，企业和学校共同教育、管理和训练学生的教学模式；另一方面要适应企业需要，以职业能力为本位，确定培养目标。要做到市场和社会需要什么人才就培养什么人才，注重培养学生具备适应企业工作岗位的实践能力、专业技能、敬业精神和严谨求实作风，提高学生创新创业能力。

（八）合理配置资源，促进职教均衡发展

为提高职教资源的效能，进一步促进就业教育向规模化、集约化发展，我校对各类职业教育资源进行战略调整。为通过组建行业性、区域性的职教集团，形成以职业

院校为核心,若干具有独立法人资格的职业学校和企业单位联合,共同开展产学研活动的办学联合体。在集团内部,形成学生培养、职工培训、技能鉴定融为一体,校舍、师资、经费、设备统筹使用的崭新格局。

高等职业教育的资源就是各级各类高等职业学校用于维持高等职业教育活动正常运行和维护职业教育事业不断发展的一切资源。高等职业教育资源配置是指政府、社会、企业和个人对高等职业教育事业投入的人力、财力、物力在各种不同使用方向上的资源分配。

只有缩小高等职业教育资源空间配置的地区性差异;实现投资主体多元化,合理组合高等职业教育资源;资源分配应"公平""效益"兼顾,以效益为主;完善教育投资评价监督机制,促进高等职业教育与经济协调发展;促进高职教育资源共享,才能够提高资源的使用效益,达到资源配置最优化。

要优化政府资源配置,即政府应当履行好职教资源优化配置的协调者和主导改革的引领者的责任。要优化经费资源配置,可以建立和完善政府为主渠道的高职教育财政供给制度,依法增加对职业教育的经费投入;全面调动全社会的资源渠道,激活社会资本,提高融资水平,突破教育投入的制约瓶颈,使职业教育的资金市场释放出更大的能量和活力;挖掘企业对高职教育投入的力度。要优化专业、课程资源配置。还要优化人力资源配置、校际资源配置和校企资源配置。

第五章 "双三元"职业核心能力的人才培养目标论

※ 名家名言

光有知识是不够的，还应当运用；光有愿望是不够的，还应当行动。

——［德］歌德

※ 阐述问题

通过阅读本章，你能够了解：
○ "人才培养的主体及支撑体系
○ "人才培养的基本内容、标准与评价

教育部《关于推进高等职业教育改革创新引领职业教育科学发展的若干意见》（教职成〔2011〕12号）明确指出，高职教育要"自觉承担起服务经济发展方式转变和现代产业体系建设的时代责任，主动适应区域经济社会发展需要，培养数量充足、结构合理的高端技能型专门人才。"要为产业发展提供优质的人力资源支撑。

几年前，我国高职院校就由规模扩张逐渐转向内涵发展。我国高等职业技术教育的人才培养目标的提法虽然处在变化之中，从"技术型人才""应用型人才"到"实用型人才"，再到"高技能人才"，再到"高素质技术技能型人才"。但其脉络是清晰的。一是高职院校培养的人才异于普通高等教育，要培养实用型、应用性的人才类型；二是其人才层次是高级专门人才（如高级技术员），即现在提出的所谓高技能人才，其素质高于中等职业学校培养的人才（如技术员）；三是工作内涵是将成熟的技术和管理规范转变为现实的生产和服务；四是工作场合和岗位是基层第一线。这体现了24字方针中的"服务发展、人才优先、以用为本"的特点，但这项任务光靠职业院校是无法完成的，只有借力"政、企、行"，多方合作，才能共同完成这项光荣的任务，实现多方共赢。

基于此，珠海城职院提出了"双三元"人才培养模式，认为"政校行企"四方既有共同的目标，也有各自的利益，可通过合作、发展，取得共赢。这个合作结合点就在于共同培养人才，为当地社会经济发展服务。因此，在"双三元"模式下，"政校行企"应各司其职，明确自身在产业发展、区域经济社会发展中的角色定位，分角色承担培养人才的重任，充分发挥各自的作用。

第一节　人才培养目标的理论模式

高等职业技术教育正面临新的挑战：一是科学技术突飞猛进地发展，对人才培养工作提出了新的要求，二是经济全球化趋势加强，促使人才培养类型更加多样化，三是国家和老百姓对高等职业技术教育的巨大需求，四是普通本科高校扩招，留给高等职业技术院校的是文化基础较薄弱的学生。这些都是我们必须正视的现实问题。要解决这些问题，需要利用多种模式、多种途径办好高等职业技术教育。而德国在职业教育领域的科学研究，正如其职业教育对经济的推动力一样，举世瞩目并始终处于世界领先地位，其"双元制"职业教育理念，甚至被后世推举为使德国经济迅速腾飞的"秘密武器"。因此，对高等职业教育的研究，选择以德国的先进职教观念为主要理论依据，探索中国特色的职业教育现代化之路再合适不过了。

人才培养目标要说明应该把学生培养成为具有什么样的职业能力（知识、技能和态度）和个人素质的劳动者，这是对人才规格及其智能结构的具体规定。从社会角度来看，培养目标体现了职业教育对某一职业领域中生产技术水平、劳动组织结构、就业环境的理解与适应程度。德国双元制职业教育是以培养生产和社会活动第一线从事操作、服务或管理的技术工人以及相应层次的职业人才为目标的。青少年既在企业里接受职业技能和与之相关的专业知识培训，又在职业学校里接受职业专科理论和普通文化知识的教育。这种职业教育制度最大的特点在于企业与学校紧密配合，实践与理论相互交融，并且能为德国培养出了大批具有较高职业素质的专业技术工人。在德国，由校企合作共建的"双元制"职业教育受到国家的立法支持。在政府的主导下，企业和学校共同担负起了培养技能型人才的任务。职业学校按照企业的人才需求组织教学和岗位培训。

要实现人才培养目标，"双三元"模式应做到在细化专业设置时，从地方企业实际需要出发，尽量不搞"大而空""万金油"式的专业。应该往企业需要什么专业人才，学校就培养什么专业人才的方向发展，真正做到专业人才培养与行业企业人才需求相对接。珠海港控股集团有限公司是 2008 年组建成立的国有独资企业，承担着珠海市高栏、万山、香洲、九洲、井岸、洪湾、唐家等 7 大港区的开发建设和经营管理任务。

该企业成立次年就与珠海城职院签署校企战略合作协议开展合作。珠海城职院及时开办了港口管理与航运管理专业，以满足珠海港控股集团的人才需求。

第二节 人才培养的相关主体

人才培养的主体要素包括企业、大学、科研机构、各类中介组织和政府。各个主体在人才的培育机制上发挥着不同的功用，并且相互作用，以影响人才的培育。在现有高职院校人才培养模式中，更多强调的是学校和企业的主体作用。

职业学校、技工学校和高等学校是高技能人才培养的第一步，学校的主要任务是培养学生的职业技能兴趣，传授专业理论知识，培养学生的职业能力。各个学校为了能够更好地培养适应区域经济发展特点的高技能人才，需要围绕着培养任务和目标，出台各项举措。要按照区域发展特点制定培养方案，对教学方法和教学手段进行充分的改革，对师资队伍进行有效培训，保证教师的质量，提升教学水平。

企业具有双重任务，一是要对高技能人才合理的使用，二是为了保证所使用人才的质量对高技能人才进行培养，而其培养是按照使用的要求来进行的，针对性很强。企业也可以选择适应地区发展的要求培养高技能人才、也可以为高技能人才的学校培养提供帮助。当然企业培养的主要任务是为本企业的发展服务。企业按照自身的发展要求，会相应的创建适宜的高技能人才评价机制，企业可以根据评价机制对高技能人才进行培养，以便促进高技能人才达到评价的标准，成为更加适合企业发展的高技能人才。另外在企业中，为了激发技能人才的积极性，可以考虑把人才的培养、评价与薪酬挂钩，对高技能人才产生应有的激励作用。

在校企两个关键主体联手起来共同培养技能人才过程中，学校是国家法律规定必须履行培养职责的主体，可称之为当然式主体。企业是市场规律规定理应参加培养的主体，可称为应然式主体。职业院校作为一种当然式培养主体，为确保校企合作质量，邀请相关企业作为应然式主体，双方自愿联合，共同培养企业所需的技能人才。

但从高职院校人才培养模式推行现状来看，目前校企合作方面还存在不少问题，如政府政策主导不力、校企合作法律缺失、企业参与职业教育热情不高等。针对存在的问题，结合中国国情考虑，"双三元"模式特别明确在人才培养过程中应引入"政府"和"行业"两个主体。"双三元"模式中的四个主体协同整合，发挥组合效益最大化。

一、政府

只有通过政府的决策、牵头与规划，才能促成企业与院校的联姻，从而形成第一个"三元"互动模式，——政府、学校、企业的三方互动。

（一）通过政府对职业教育与地方经济社会和产业的发展进行统筹协调，为职业教育的发展破解难题，为学校发展创造良好环境，为社会、产业的发展提供人力资源保证。

（二）通过政府制定优惠政策，鼓励行业、企业参与学校的人才培养过程，搭建由政府牵头，行业、企业、学校参加的校企合作协调组织，形成多方参与、共同建设、多元评价的运行机制，对接受学生顶岗实习及应届毕业生的行业、企业，在经费、税收、信贷等方面给予合理的优惠政策。

二、行业、企业

行业协会在对产业发展的引领、组织与协调中发挥着重要的作用，而高职院校正是对接地方产业的发展而确定发展方向的，因此，行业对高职院校的发展发挥着非常重要的指导作用。由此形成第二个"三元"互动模式——行业、学校、企业的三方互动。

（一）行业、企业成为高职专业建设指导委员会成员，发挥行业、企业在高职专业设置中的指导作用，有利于学校围绕地方产业发展，满足行业、企业对专业技能人才的需要，并能够不断优化专业结构和布局。

（二）行业、企业参与制订专业人才培养方案，实现专业人才培养与行业、企业岗位对接；推行"双证书"制度，实现专业人才培养与职业标准对接；引入企业新技术、新工艺，实现专业课程内容与企业实践对接，校企合作共同开发专业课程和教学资源。

（三）鼓励行业、企业提供设备、技术和师资，学校提供场地和管理，为校内实训提供真实的岗位训练，营造职场氛围和企业文化。鼓励将课堂建到产业园区、企业车间等生产一线，安排学生生产实践和顶岗实习。在实践教学方案设计与实施、指导教师配备、协同管理等方面与企业密切合作，提升教学效果。

三、学校

珠海城职院在此互动模式中的做法是：主动与珠海市乃至广东省的各个专业协会建立经常性联系，把行业协会作为珠海城职院与企业联系的渠道和桥梁，促成企业与珠海城职院的联姻。

第三节　人才培养的基本内容和要求

人才培养模式包括专业设置、课程模式、教学设计和教育方法等构成要素，以培养学生的社会职业能力为主要内容。人才培养中内容建构集中体现在课程开发上。从内涵来看，课程是教学内容及其传导进程的总和，是实现人才培养目标的教学设计方案。因此课程成功开发与否，决定人才培养模式建构的成败。"双三元"模式的内涵意味着政府、学校、企业在课程设置上需协同推进改革。政府相关部门应结合地方经济发展的现状，深入研究课程设置的标准，制定地方高职课程体系及课程标准；而学校在课程设置上不仅要以实现职业能力为目标，而且要以学生的全面可持续发展为目标。同时要更加注重隐性课程的建设，以及开设类目多样的选修课程。可直接以职业岗位群的需要开发课程；课程目标的实现要以是否能够满足企业单位对人才的素质和技能的需要。行业（企业）应积极参与课程设置，将企业对人才的需求，以及其所需的知识、技术能力作为课程设置的基础，并派遣技术专家参与到实际教学过程中，将企业文化和学校文化融合到实践教学过程中。

人才培养要求是培养目标的具体要求和具体体现，是高职院校制定专业培养计划、设置课程、组织教学等工作教育发展研究的具体要求和指南。德国双元制教育是以职业能力为本位，适应企业需要，确定培训目标。其基本目标是使学习个体全面获得职业行动能力，实现自主、善于和负责任地与人合作，高效率、高质量和创新性地胜任工作任务。

目前，德国国家承认的培训职业均有以企业实际需求为基础的社会职业能力标准，其标准会随着行业企业要求的不断变化得到完善。"双三元"人才培养的要求也应该以学生的自身发展与企业的需求为目标，不断调整业务培养要求的基本要求。在基本理论方面，以必备的自然、人文、社会科学知识拓宽知识面，不仅是在校学习的需要，也是终身学习的需要。以专业基础理论增强分析问题、解决问题底蕴，学生应掌握和运用本专业的基本理论、基本知识，能够分析、判断和解决常见的、一般性和经常性的问题，并在熟练的基础上，解决更加复杂、疑难和综合性的任务，尤其能够解决来自行业企业的案例问题。在基本技能方面，以专业基本能力打好专业基本功，学生应掌握实验实训基本技能，独立熟练正确地使用常规仪器设备，操作规范，对实验实训结果做出正确分析。在职业行动能力方面，具有一定的方法能力、个人能力、社会能力、专业能力和跨专业的关键能力，具有与专业相关的外语、计算机等方面能力，以及本专业领域综合技能的职业资格，能够解决更复杂、挑战、综合的专业问题。

第四节 人才标准与评价

一、人才标准

标准的含义是衡量事物的准则。高职人才标准是衡量高职教育出来的学生质量标准。从人才类型上看，主要有学术型、工程型、技术型和技能型四类人才。职业教育培养的是技术型和技能型两类人才。

我国属于发展中国家，处于经济发展转型之时，《国家中长期人才发展规划纲要》（2010–2020年）中提出要"完善以企业为主体、职业院校为基础，"培养"适应走新型工业化道路和产业结构优化升级的要求，以提升职业素质和职业技能为核心，以技师和高级技师为重点，形成一支门类齐全、技艺精湛的高技能人才队伍"。

姜大源所认为：当职业岗位发生变更，或者劳动组织发生变动的时候。个体不会因为原有专门知识和技能的老化而束手无策，而是能在变化了的环境里积极寻求自己新的坐标起点。进而获得新的知识和技能。高等职业教育培养的学生不但要能做而且他们还需要拥有一定的拓展空间。

企业对高职学生职业素质也提出了要求，认为学生应具备以下素质：吃苦耐劳、诚实守信、忠诚度、团队合作精神、创新意识、质量意识、成本意识、安全意识、守纪意识、环保意识、承受挫折的心理素质等。

综上观点，高职人才培养标准应为：知识、技能、素质三位一体的综合性标准。

二、人才评价

人才培养质量是高职教育的核心与关键。人才培养评价是衡量和评估人才培养质量的根本环节。"双三元"人才培养模式在人才评价环节特别注重结合区域经济，即要开展由政府、学校、家长及社会各方面参与的教育质量评价活动，根据培养目标和人才理念，建立科学、多样的评价标准，并结合区域经济的实际反馈来进行评价。首先是人才培养的质量标准要紧密结合岗位工作实际，由学校结合区域行业企业共同开发与制订，力求客观反映工作实际需要。其次是人才培养过程的质量评价需要行业企业的广泛参与，尤其对于技能型或实践型课程，要由行业专家为主评价教学质量是否达到要求。最后是人才的就业情况需要得到行业企业的反馈，包括就业数量与就业质量两个方面。如人才在区域就业率就是一项反映人才培养质量，反映人才培养定位，反映人才培养规格是否与区域经济建设相吻合、相匹配的重要指标。

第六章 "双三元"职教模式协同创新的专业建设论

※ 名家名言

如若说，在创新尚属于人类个体或群体中的个别杰出表现时，人们循规蹈矩的生存姿态尚可为时代所容，那么，在创新将成为人类赖以进行生存竞争的不可或缺的素质时，依然采用一种循规蹈矩的生存姿态，则无异于一种自我溃败。

——金马《21世纪罗曼司》

※ 阐述问题

通过阅读本章，你能够了解：
○ 专业建设的理论模式
○ 专业结构的系统化层次定位及实践

第一节 专业建设的理论模式

高等职业院校的专业建设是一项系统工程，是学校适应人才需求和引导人才消费的一个基本尺度，反映学校对社会经济发展、科技发展和职业岗位的适应程度。专业建设是高职院校办学最重要的基础性建设，是高职院校提升核心竞争力的关键要素，是高职院校提高教学质量和实现可持续发展的根本途径。

一、专业建设内涵及特征

专业建设是指专业的开发、规划、设置、更新和不断提升质量的活动。专业建设的好坏直接影响到高职院校的招生、学生的培养及毕业生的就业与创业，事关高等职业院校的生存与发展。专业建设的根本目的是培养社会需要的高技能专门人才。从专业建设的目标来看，稳定性和灵活性是其显著特征。稳定性是专业建设的必要条件和客观需要。只有在稳定的环境里，才能完成专业建设中师资素质的提高、实训室及实训基地建设的齐备、教学设计，教学方法及考试模式的改革等等。专业建设的规模、水平和质量与专业建设的稳定性是相互联系、不可分割的；经济全球化，信息极度膨胀，高新技术不断出现的社会背景下，新工艺、新产业、新职业也会层出不穷，新型的专业人才将会出现短缺。因此，高职院校的专业建设在保证整体稳定的前提下，还必须具有一定的灵活性。面对市场急需的专门人才，及时对专业进行调整和改造，以便更好地适应经济社会发展对新类型、新规格人才的需要。

二、"五位一体"专业建设模式的价值取向

在研究高职专业建设模式时，可借鉴德国的职业学院和美国的社区学院的成功经验，但不能盲目移植。因为德国职业学院以企业培训为主，学校教学为辅，在宽口径专业下设几个专门化领域。课程与工作的匹配程度很高，却很重视基础理论，科学基础课和专业基础课的课时分别占总课时的 15% 和 35%；美国社区学院既承担职业教育又有大学基础学院的职能，大多数专业的职业针对性不鲜明，与工作的匹配程度相对较低，有些学院开设与工作没有直接联系的人文学科和社会学科，根据专业能力形成的需要开设理论课程。为了确保职业院校真正的发展，就必须认识清楚中国的国情和特性，结合当地经济发展现状，探索符合学校自身实际的有特色的专业建设模式。

《国务院关于大力发展职业教育的决定》指出的"以服务社会主义现代化建设为宗旨"，是根据国情做出的价值判断和科教兴国、人才强国的战略抉择。只有把职业教育作为中国特色社会主义建设事业的重要基础和战略重点，才能实现职业教育国际化。中国特色的职业教育价值取向，是中华民族"和而不同"即和谐相处而不盲从附和这种文化特性的发扬光大，应当作为高职专业建设的价值取向。

在这种价值取向的引领下，根据专业建设各要素的地位及要素间的互动关系，从我国高职发展与改革的实际需要中选择五个维度进行专业建设。即专业师资队伍建设、专业课程体系及教材建设、专业教学条件建设、专业实践教学体系建设、专业职业能力评估体系建设。其中，师资队伍建设居于核心地位；专业课程体系及教材建设居于重要的基础性地位；教学条件建设是专业建设的根本保障；实践教学体系建设是重要环节；职业能力评估体系建设是重要内容。这五个维度既各自作用，又联为一体，它是高职"深深扎根于社会"的"内生模式"。从发展的原动力看，事物发展的真正动力在于自身，发展是事物自身结构的有机组成部分。这种模式的理论价值在于：彰显唯物辩证法关于事物发展内因与外因的关系原理，充实职业技术教育学内容，使高职领导班子

和全体教师强化靠教育质量求生存的意识；靠专业建设谋发展的意识；靠服务社会做贡献的意识。

第二节　专业建设的方法论

一、专业建设的原则

一个国家和地区在一个时期的社会经济发展规划，决定了该国家和地区经济发展的方向、改革的主题、建设的重点等一系列战略目标任务和政策措施，这对职业教育及其专业建设具有指导性意义。比如，近年来国家及省市不断出台新的有利于发展职业教育的政策，无疑会为职业教育的发展创造良好的社会环境。社会经济发展规划和政策因素对学校的专业建设的影响，具有方向性、全局性、基础性和长期性的特征。因此，职业院校在专业建设过程中要遵循以下原则：

（一）市场（产业）定向原则

高等职业院校的专业建设要以市场需求为定向，设置面向区域和地方经济发展需求的专业。这样，高等职业院校的人才培养才能与当地经济发展融合在一起。高等职业教育也只有适应社会发展、定位于地方经济市场才能获得活力，实现其可持续发展的目标。

（二）以就业为导向的原则

就业是民生之本，事关人民群众的切身利益，事关高职教育的发展方向。只有以就业为导向设置专业方向，才能使人才培养与社会需求相吻合，才能提高学生就业率，从而直接影响高等职业教育的生存与发展。

（三）前瞻性原则

高等职业教育的前瞻性原则，要求进行专业规划，在设置时要认真进行市场调研，把握行业的最新发展动态，同时充分考虑到人才培养的周期性，从战略的高度进行专业建设。不要盲目跟风，建设一些目前所谓的"热门专业"，造成教育资源的重复浪费。

（四）可持续发展原则

专业建设的可持续发展，是指专业建设应当始终适应经济发展要求不断调整自身结构与定位，始终保持生机与活力。那么，专业建设就不是一时的事情，而是始终伴随着高等职业教育的发展。专业建设要不断地在专业结构、课程设置及实践教学等各方面进行。专业建设的可持续发展的原则也给高等职业院校的管理提出了更高的要求：职业教育不是昙花一现，要做好持续发展的规划。

二、专业建设的基本要求—构建基于工作过程系统化的课程体系

课程体系是先于教学活动而设定的育人方案，是专业人才培养方案的重要组成部分，是实现人才培养目标的关键要素，按职业成长规律构建基于工作过程系统化的课程体系是高职教育专业建设的基本要求与核心工作。高职教育的目标是培养高素质技能型专门人才，人才培养的特征是职业能力的培养。

因此，高职教育必须改革传统的学科本位的课程体系，牢固树立能力本位的思想，注重学生职业能力的培养。具体做法可分为以下两步：第一步要依据职业和岗位的工作要求，以职业能力为主线构建课程体系；第二步要依据由初学者到专家的能力培养与发展阶段，以学习内容简单到复杂的递进关系进行课程序化，形成符合学生职业成长规律基于工作过程系统化的课程体系。

从高职教育培养高素质技能型专门人才的目标来看，高职教育的课程目标是通过学习过程性知识获得职业能力，也就是要通过学习符合职业能力发展需要的技术理论知识提高技能、培养素质和发展能力；工作结构与课程结构、职业岗位（群）的工作内容与课程内容应符合一种映射的关系。因此，高职教育的课程开发必须基于工作过程，形成以充分反映职业世界、学生以及社会发展要求为目标的行动体系课程。

三、基于工作过程系统化的课程体系的构建

以珠海城职院为例

（一）主要做法

珠海城职院在"双三元"模式下，建立与实际需求和职业资格要求对接的课程体系，开发突出职业能力和素质培养的课程标准，按照生产技术和工作过程确定课程教学内容和质量要求。注重实践教学，推进"教、学、做"一体化教学模式；引入企业、社会组织项目，积极推行项目教学；改革考核方法；选用优质教材、特色教材、实践操作性强的教材进行教学，鼓励校企合作开发教材。

大力推进精品课程建设，重视优质教学资源和网络信息资源的利用。目前建有2门省级精品课程、28门校级精品课程和网络课程，年均数字资源量高于全省同类高职

院校平均水平。与行业企业合作开发校本教材（讲义）35本（部）。

（二）建设目标

以"广东省示范性高等职业院校建设"为契机，在"双三元"模式下，基于以职业岗位（群）工作过程，优化课程体系设置，以职业能力、职业发展为依据组织课程内容，完善"行业导向、校企一体、虚实结合、课证融通、突出三型"（即发展型、复合型、创新型）的基于工作过程系统化的就业（创业）导向型课程体系建设。以典型工作任务或项目为载体设计教学活动，以职业技能鉴定（职业资格考证）为参照强化技能训练。

进一步丰富和发展学校课程建设"素质教育系统化、核心课程精品化、职业标准课程化、实训教学体系化、创业教育层次化、课改视野国际化"等理念的内涵。建设期内，学校建成80门校级精品课程，校企合作编写教材40本，建成4个共享型专业教学资源库。其中，三个重点专业建成14门校级精品课程（其中3门成为省级精品资源共享课程），校企合作编写教材16本，建成3个共享型专业教学资源库；三个重点专业带动的专业群建设11门专业群平台课程。

第三节 专业结构的系统化层次定位

高职教育与经济社会发展联系最密切，是对经济社会发展贡献最直接、服务最贴近的教育。专业是高职院校育人的重要载体，高职专业结构只有主动适应区域经济社会发展，对接区域产业结构，才能为区域产业发展提供充足的人才支持和智力支撑，才能体现高职教育"以就业为导向，以服务为宗旨"的办学方针，才能彰显高职教育的办学特色。由于产业结构的调整，会引起职业结构随之调整，这势必要求专业结构也做出及时调整，大力发展面向第二、第三产业的专业，第一产业应该控制规模，走内涵发展道路。

一、专业结构的基本类型

专业结构的状况反映了经济与社会发展对专业人才的种类、规格、知识能力与素质的基本要求。专业的基本结构是指一所学校内部设置的专业之间的联系状态。其基本形式有三种：同质结构、近质结构、异质结构。学校内部专业结构不同，其效益也不同。这是决定学校如何调整内部专业结构的主要依据。

（一）同质结构

学校只设置一个或若干性质完全相同的专业。如某旅游学校只设置旅游专业；某机电学校只设置机电类专业。这种专业结构的教育资源利用率最高，有利于教学管理和积累教学经验，能较快地形成专业优势，办出专业特色，在一定周期内培养出质量较高的专业人才。但以这种方式设置专业，必须确认所设专业具有很长的生命周期，有很高的市场占有率或具有行业垄断性。

（二）近质结构

学校设置性质相近的若干个专业。例如，某学校设置经营管理类专业若干个，又设置了与经营管理专业相关的物流管理专业。这些专业的课程结构、教学组织、师资和设备利用方面有许多相似之处。因此，这种专业结构具有较高的教育资源利用率，必要时也便于扩大办学规模，拓展办学途径，一般具有较好的办学效益。

（三）异质结构

学校所设的各种专业性质各异，彼此之间没有什么联系。例如，一个学校设置了机电专业、会计电算化专业、商务英语专业、文秘专业、网络专业等。这种专业结构的教育资源利用率比较低，教育成本相对比较高，教学组织和管理比较复杂，难以形成专业规模和保证教学质量。但这种结构针对社会需求具有较强的应变能力和较大的回旋余地，办学效益受人才市场供求波动的影响较小。

职业教育只有立足区域经济，才能获得持续发展的动力。因此专业建设过程中须以地方经济社会发展对人才的需求为依据，充分利用区域经济的产业优势，实行产业、专业和学生职业"三业对接"，打造产业链、岗位链和人链"三链相联"的人才培养特色；地方高职院校专业建设就必须充分利用自身优势、扬长避短，针对本地区特色、特有行业的特殊需要，建设一批地方特点明显的品牌专业和特色专业；地方院校要认准自身的角色，科学定位，确定学校重点建设专业（群），发展优势，大力推进合作办学、合作育人、合作就业、合作发展，积极实践灵活多样的办学机制。

二、专业对接产业，创新人才培养模式—以珠海城市职业技术学院为例

（一）珠海做法

珠海城职院现有中央财政支持重点建设专业 2 个、省级重点培育专业 2 个及校级特色专业 7 个，省级重点实训基地 1 个。结合珠海高端制造产业布局，学校出台了《珠

海城市职业技术学院院系及专业设置方案》，调整专业布局：对接珠海高新技术产业、国家级重点战略性新型产业珠海新能源智能电网产业联盟，重点建设电子信息工程技术专业；对接珠海的高端制造业光机电一体化产业，重点建设数控技术专业；对接珠海高端服务业，创新珠海的社会管理体系，重点建设社会工作专业。开设新专业：计划新增海洋工程装备制造、航空、空调制冷等产业（行业）相关的新专业。重新规划二级学院：在原有机电工程学院与电子信息工程学院基础上，设立航空与海洋工程学院，工科学院的数量增加至3个。

（二）建设目标

以电子信息工程技术专业为重点，带动电子信息类专业群建设，促进国家级重点战略性新型产业珠海新能源智能电网产业联盟乃至珠海高新技术产业的提升和发展；以数控技术专业为重点，带动机械制造类专业群建设，促进珠海光机电一体化产业乃至高端制造业的提升和发展；以社会工作专业为重点，带动服务类专业群建设，促进珠海的社会管理体系创新和高端服务业的发展。继续完善电子信息工程技术专业"行校企联动、项目导向、工学交替"人才培养模式，完善数控技术专业"三岗递进、学做合一、工学结合"的人才培养模式，完善社会工作专业"行校社合作、项目导向、服务学习"的人才培养模式。

第七章 "双三元"职教模式多元结构师资队伍建设论

※ 名家名言

教师真正的教养性表现为：学生能从他身上看到一个引导他们攀登道德高峰的引路人，从他的话里听出他在号召他们成为忠于信念，对邪念不妥协的人。

——［前苏联］苏霍姆林斯基《关于全面发展教育的问题》

※ 阐述问题

通过阅读本章，你能够了解：
○教师发展的理论基础
○教师的愿意教育及继续教育
○教师发展的目的及做法

第一节 教师发展的两个重要理论基础

一、教师专业发展理论

辞海中"专业"的含义是"专门从事某种学业或职业"和"专门的学问"。社会学家爱卡尔·桑德斯说"所谓专业是指一群人在从事一种需要专门技术的职业。专业是一种需要特殊智力来培养和完成的职业，其目的在于提供专门性的社会服务。"1963年，世界教育年鉴以"教育与教师培训"为主题，专门讨论了有关教师专业发展的问题。1966年，联合国教科文组织与国际劳工组织在《关于教师地位的建议》中提出：应当把教师职业作为专门职业来看待。1980年，世界教育年鉴又以"教师专业发展"为主题。此后又有多次专门以教师专业发展为主题的国际会议，无论在理论上对深刻理解教师专业发展的概念，还是在实践中对促进教师专业发展都起到了积极的促进作用。1996

年，联合国教科文组织在日内瓦召开的第 45 届国际教育大会上通过了九项建议，其中第七项建议就是：专业化作为一种改善教师地位和工作条件的策略。

20 世纪 80 年代，我国开始关注教师的专业发展问题，1984 年曾荣光在《香港中文大学教育学报》1984 年第 12 卷第 1 期上发表了《教学专业与教师专业化，一个社会学的阐释》一文，1990 年 12 月在《香港中文大学教育学报》第 18 卷第 2 期又发表了《国家专业组织，国家权力与科层权威：香港教师专业化路向分析》一文。在这些文章中，都多次地提到教师专业化问题。教育部袁贵仁副部长在《开创教师继续教育的新局面》中提出："如何建设素质教师队伍呢？加强和改革教师教育，大力提高教师专业化水平是一项根本性举措。"

教师专业化的理论研究表明，教师的专业发展是一个终身学习与提高的过程，也是一个不断解决问题的过程，是教师不断成熟，不断提升，不断创新的过程。教师的成熟是相对的，而发展是无限的，教师必须在个人的整个职业生涯中不断学习提高。

二、终身教育理论

终身教育思想的出现源于 20 世纪中期的特定时代背景，当时科学技术的迅猛发展带来了生产变革和社会变革，使人们深刻地思考人与自然的关系、人与社会的关系，重新认识人类自身的发展和责任，于是终生教育思想的出现就受到了全世界的极大关注，数十年来，终身教育既成为当代影响最广的、使用频率极高的教育思潮，又是全世界范围内最为深刻的教育改革实践。从 20 世纪最后 20 年来看，在西方发达国家高等教育进入大众化、普及化阶段时人们重新解读高等教育特征时的一种现实反映，终身教育思想与高等教育联系在一起更多地反映了一种趋势及趋势的载体选择。

作为现代意义的终身教育，终身教育一词最早出现在 1919 年英国成人教育委员会主席史密斯（A·L·Smith），向英国教育部长所提交的《1919 年报告书》中。20 世纪 60 年代终身教育的倡导者联合国教科文组织成人教育局局长、法国成人教育专家保罗·朗格朗首先把终身教育作为一种新的教育观念、思想、理论提出来。其词意在法语中是 "Education Pemante"，后来联合国教科文组织译成英文为 "Life Education"，即终身教育之意。1970 年联合国教科文组织出版了朗格朗阐述其终身教育原理的专著《终身教育入门》，这本书标志着终身教育思潮的形成。1970 年 "国际教育年"，联合国教科文组织集中讨论了终身教育问题。1972 年发表了该组织国际教育发展委员会的报告《学会生存——教育世界的今天和明天》。1973 年出版了《回归教育——为终身教育的战略》，为终身教育的实施提供了组织框架。从此，终身教育的含义逐渐得到扩充，且一直在演变之中，其理论不断丰富，日益完善，并为国际社会普遍接受，各国政府纷纷将其纳入教育政策中予以实践,使之成为一种影响深远的教育思潮。

我国教育家陶行知在 1935 年提倡社会大学时也曾指出,人从生到死,是一个终身学习的过程。我国终身教育思想在 1995 年颁布《中华人民共和国教育法》中得到确认。其中,第 11、19、41 条对终身教育做出了法律上的规定,表明我国已认识到终身教育是一件关系到国家和社会发展的大事,尤其是在我国全面建设小康社会的过程中,终身教育体系的建立和完善是十分必要的。

从高职教师个体而言,高职教师是社会中的人,他们有着个体完善和全面发展的需要,高职教师在走上工作岗位以后,会不断发现与职业要求和时代发展之间存在不足和差距,这就需要重新学习和充电,因此,高职教师必须不断地学习,才能适应多变的社会,终身教育可以为他们自身的完善和发展的提供更好的机会和环境。

从高等职业教育教师这个职业而言,作为社会教育体系中负担重要责任的一个群体,由于社会各个行业的变化和更新,需要对这个群体不断地进行培训,使他们自身的素质得到不断的提高,适应职业岗位的需求。

值得强调的是,培养每一位教师树立终身学习理念,并获得终身学习能力是关系到教师是否能坚持终身学习的关键因素。教师自身是一个终身学习者,同时要不断地培养出一代又一代的作为终身学习者的学生。犹如古人说"苟时新,日日新,又日新"。这是学习型社会对教师的客观要求。

第二节 教师的愿景教育

愿景概念并非新生事物,它根植于唯心主义哲学基础,并广泛运用于教育以外的其他领域。在商业工商管理领域,愿景经常被视为一种关于组织或公司的理想未来的图景。科林斯和波拉斯(Collins and Porras)在描绘一个成功公司时,将愿景描述为一种由价值和目的所构成的"核心认同"。图宾(Tubin)对愿景的概括比较到位:"愿景是一种建立在现实基础上的关于未来的图像,这一图像产生于并根植于团体的共同认知,具有赋予人们以动机的力量"。虽然愿景通常都被用来指向组织,但富兰(Fullan)指出,也存在一种独立于具体组织或团体的"源自于内部,并赋予工作以意义"的个人愿景。因此,谈到教师的愿景教育,我们应结合教师个人愿景和共同愿景(即学校愿景)来论述。

哈姆尼斯(Hammerness)认为教师愿景首先是一种高度个人性(deeply personal)的愿景,这种个人愿景是强力教育改革的基础。哈姆尼斯对教师愿景进行了详尽的解释:"教师们经常会想象他们在教室里可以做哪些事情,想象他们如何才能与学生进行互动，以及他们能够与他们的学生取得什么样的成果。他们设想课堂活动、讨论方式以及项目设计。他们会在脑海中勾勒自己和学生能够工作学习的某种学习环境，包括课堂设计、学校的类型，甚至是能够支持他们实现梦想的社区类型等。这些关于理想课堂实践的图景就是教师愿景。它们体现了教师对于未来的希望，并在他们的生活和工作中发挥着重要作用。"从内容上来说，教师个人愿景是教师关于理想的工作实践的图景或设想，内容涉及自我、教学、学生发展等与教师日常工作紧密相关的事物。从性质上来说，教师愿景植根于教师内心的理想和信念，是教师个体寻求的更有价值的、超越一般课程要求的未来承诺，其中包含了一定的道德目的（moral purpose）和对"好教师""好教学"（卓越教学）的追求，它不仅代表了教师的一种个人教学立场，还体现了教师赋予工作的意义。未来学家波拉克（Polak）用"磁铁"比喻愿景产生的吸引力，他认为，愿景就像磁铁一样，通过吸引力将现在拉向预想的未来。这说明教师愿景教育有助于提供动力支持，以促进教师更好的发展。

由来可见，对于持有清晰愿景的教师来说，他们十分明确自己需要在工作实践中实现的希望、梦想或是终极目标，这些会成为教师日常工作实践及发展的航标。然而，在实践中，并非所有教师都持有清晰的愿景。因此，在对教师开展愿景教育过程中，需要了解教师的愿景，并帮助教师发展和澄清自身的愿景，使教师能直面关于教育教学的核心价值，然后通过不断的检查和再检查，这样不仅使教师个人明白为什么去从事教学，以及个人努力的意义，还使他们明确想要如何做以及为何这样做，使其不断向着愿景进步，积极主动地去发展。

共同愿景是组织中人们所共同持有的意象或景象，它创造出众人是一体的感觉，并遍布到组织全面的活动，而使各个不同的活动融汇起来。管理学大师彼得·圣吉认为愿景是构建学习型组织的五个重要因素之一，因为愿景通过为组织提供一个共同的理想未来，凝聚公司上下的意志力，透过组织共识，使得成员努力的方向一致。因此，学校的发展和成功，即共同愿景对于教师发展是至关重要的。对高职院校来说，通过成功营建与发展学校成员深度共享的集体承诺（即共同愿景），清晰地说明在学校里所有成员应该相信什么，应该努力创造什么等，这些都对学校具有发展性的价值。

学校的共同愿景是指建立在学校全体成员的个人愿景之上而又高于个人愿景共同愿望和景象，是统一整合学校发展的生命线。它反映了学校所有成员的共同心愿，是学校的发展方向，是全体成员奋斗的目标。学校共同愿景的建立可以产生强大的推动力，促使教师产生追求愿景的勇气，并把这种勇气转化为发自内心的行为动力，从而影响教师的职业生存状态。因此，学校要以正确的价值思想和办学理念引领教师认同学校共同发展愿景，引导教师用新的观念理解和认识学校办学定位和发展目标。将学校愿景贯穿于教师的愿景,将教师的愿景融于学校愿景之中,使个人愿景与学校愿景和谐一致,使学校发展目标和人才培养目标成为教师共同的自觉追求,让教师在成就学生中成就自己,成就学校。

第三节 教师的继续教育

在 1979 年以前,我国称"教师继续教育"为"教师培训"。直到 20 世纪 90 年代,教师培训才逐渐更名为教师继续教育教师继续教育的内涵十分丰富,《教育大辞典》指出,"教师继续教育是指对达到一定知识水准的在职教师进行的知识更新、补缺和提高的教育,其目的已不单纯是提高学历、知识水平或改进目前的教学工作,而是改变教师进行教学的知识、能力、态度、行为等条件,以提高教育对社会和新科学技术的总体适应性"。目前,高职教育对其教师继续教育的要求主要有两方面:一是对合格高职教师进行知识更新、提升其相关行业的操作技能及实践能力。二是对已在岗工作,但学历或其他方面尚未符合高职教师资格的教师进行补偿性教育,使这些教师逐渐成为合格的高职教师。高职教师继续教育是一项复杂的系统工程,涉及教育内部及其外部的诸多方面,直接关系高职教师专业发展和高职教育的质量。

由于生产发展、科技进步、工业结构不断变化,企业对人才的专业知识与技术水平等方面的要求日益提高,因此,职业教育师资水平的提高和知识更新更为迫切,各国都很重视教师的继续教育的探索与实践。

一、国外高职教师继续教育的做法

德国非常重视高职教师的继续教育,把对教师的培训作为提高其总体素质的重要途径。在进修制度上,德国有严格的规定,政府制订了相应的法规,规定教师参加培训进修是一种必须履行的义务,要求所有的职业学校的教师参加培训。德国各州、各区都建立了教师进修机构,并根据专业教师、普通教师、新学科教师三种不同类型制订培训计划和评估标准。德国职业教师进修有全州集中、地区性和学校内部三种。第一种由州文化部组织,每个课程的培训时间大约是一周;第二种由区政府组织,每个课程时间为一至两天;第三种由学校组织,较灵活,根据学校实际发展,缺什么补什么。教师培训一般也是免费的,培训经费由政府资助。培训结束后,会颁发培训证明,它是晋升工资、职称的依据之一。

美国承担高等职业教育的机构主要是社区学院,在进修制度上,美国对高职教师进修没有统一的规定。他们培训的对象侧重于专职教师，实行的是"弹性多元进修计划"。多元的进修方式包括上夜校、参加教师研讨会或讲习班、参与课程编定或专业杂志出版工作、参加行业组织举办的各种会议、参加与教学有关的休假进修、短期或长期的国外访问等。同时，每年都开设专业发展日，利用假期接受培训，鼓励教师到企业去实践。在美国，进修可以得到种种优待，如获取教师进修奖助金、晋升加薪等。

英国政府对教师的在职进修高度重视，并为此出台了教师在职培训的相关报告或法律。他们培训的对象是所有在职教师。英国高职教师继续教育的模式灵活多样，如有短期、中期和长期的在职培训。同时，与课程紧密联系，什么样的课程就对应什么样的模式，深刻体现了模式服务课程的理念。在英国一般有三种高职教师继续教育课程：

①"继续教育证书"课程。它是以专职教师为主要对象的为期两年的部分时间制课程，该课程得到"全国学位授予委员会"认可，并在指定的培训中心获得；

②"继续教育教师证书"课程。它是以兼职教师为对象的培训课程，主要由"伦敦市成人教育协会"提供，主要是教授教学入门的基础课程。

③"CGLI 教员与监考员文凭"课程，主要是培训教师的行业技能。

澳大利亚政府重视职业教育师资培训工作。每年为职业教师进修提供专项资金和奖学金，并规定教师进修专业课程，免缴相关费用。面向的对象是所有教师，分为新教师上岗培训、教师进修和企业培训。新教师培训工作计划主要分为校外活动、书面材料、校内活动和其他活动四个部分。新教师必须参加由学校组织的应聘时的面谈、3天左右的上岗会议、3天左右的由专家指导一年会议以及由地方教育官员组织地区会议等活动。职业教育教师参加培训的方式有两种：一是教育部门办的大学教育学院；二是劳动部门办的培训员培训中心。澳大利亚各校规定，职业教育教师每周可以在相关企业兼职工作 10 小时。各职业教育教师均要进入相关行业或专业委员会，经常参加学校与社会联系的各种活动，从而获得经济发展的各种新信息，以适应市场对职业教育的新需要。

总的说来，国外发达国家都很重视职业教育教师的职后培训，并形成了各具特色的培训理论和操作体系。为把高职教师继续教育办出水平、办出特色，就得比较借鉴国外高职教师继续教育的成功经验，并结合我国当前的国情，加强对高职院校教师的继续教育。

二、我国高职教师继续教育模式

鉴于常用的教师继续教育模式存在的不足，则可在已有教育模式的实践基础上，通过对教育资源的重新配置、合理改组,逐步探索出满足高职教师实际需求的新型教育模式。根据高职教师工作兼顾理论与实践,并强调行业技能的特殊性,可采取以下高职教师继续教育模式来提升其各方面的素质。

(一)"学校—普通高校—企业"模式

"学校—普通高校—企业"模式是指高职教师以任职学校的实际情况为基础,到有相关专长的普通高校中去学习,然后再到相关的企业去实习、观摩的一种在职培训形式。该模式能够在提升教师学历同时,兼顾理论学习和实践,增强教师的知识应用意识与职业意识。这种模式实用性较广,但教育的周期较长。

(二)"学校—企业—基地"模式

"学校—企业—基地"模式是指高职教师在任职学校、相关企业和师资培训基地(教育部指定的高职教师继续教育培训机构)之中以交替学习的方式来实现教师专业发展,提升自身素质与教育能力的一种在职培训形式。其优势有三:一是进行校本培训,因地制宜;二是坚持企业锻炼,提高技能;三是基地学习,兼顾长足发展。这种模式适合高职院校的"双师型"教师和高职实践课教师,教育效果良好。相对而言,该模式的教育成本偏高,但利于提高高职院校的核心竞争力和教育质量,是未来高职教师继续教育的重要模式。

第四节 教师的发展计划

一、职教教师发展的目标——专业化

我国近代教育家蔡春曾在《我国高等师范教育应有之改进》一文中指出"大学重在知识本体的研究,师范重在知识关系的研究,大学生尽可独善其身,为学问而学问,师范生则需兼善天下,为教育而学问"。"为教育而学问"是师范教育的本质特征,比较而言,职教教师教育的本质特征由于职业教育区别于学术教育的而发生质的变化,从"为职业而学问"而发展为"通过职业而学问",这也成为职业教师教育的一种价值取向。普通教师教育与职业教师教育的真正区别主要在于理念不同、目标不同、理论与实践体系不同如表1:

表 1　普通教师与职业教师教育的不同

角　度	普通教师教育	职业教师教育	观　点
理念	普通教育	职业教育	两种教育理念之间的博弈决定着教师教育的选择取向
目标	通过知识而教育	通过职业而教育	职业教师教育与职业相关，普通教师教育与学科知识相关
理论与实践体系	相对完整的理论体系和相对不完整的实践体系	相对不完整的理论体系和相对完整的实践体系	理论对普通教师教育是首要的，实践对职业教育教育是首要的。理论以"必需、够用"为主。

"职教教师教育却是每个国家各有不同"。里奇通过对美国职教教师教育的实践研究，总结出关于职教教师发展的十个信念：

1. 职业教育应该为就业准备；

2. 教育学对于职教教师的准备阶段非常重要；

3. 职教教师教育课程必须从知识上有很好的设计，包括学科课程内容、自由教育内容、教育学和实践经验；

4. 职教教师教育和职业教学应该具体到客户，适应他们的工作性质的变化、工作地点的变化、新技术的出现和就业市场的要求；

5. 学习如何进行教学是一个长期和发展的过程；

6. 教学与学习如何教学应该在探寻的基础上进行；

7. 职教教师教育应该与公立学校、社区学院和职业技术学校合作的基础上进行；

8. 公共学校、社区学院和职业技术学校可以提供各种类型职业、教育准备经验的指导；

9. 职业教育的教师应该来源于更广的群体，不仅包括学科教师，更应该注入平等的概念去考虑教师的来源；

10. 没有一个"最好"的手段或传输系统培养职教教师。

迪克曼的"没有一个很好的关于职教教师应该学什么和如何教他们的概念"是职教教师发展的最确切的概念，职业教育领域教师教育课程的质量、范围、程度、主题全世界各不相同。

根据国内学者对国外学者教师发展研究理论的总结，他们认为主要存在着两大流派，一是将年龄作为主要参数和分析常模，运用生命历程的方法，分析教师专业发展的阶段；二是按照与教师认识发展阶段有关的感情、行为等方面，分析教师专业发展阶段，如富勒和布朗的"三阶段论：关注生存阶段—关注情境阶段——关注学生阶段"和伯林纳的"五阶段论:新手——优秀新手——胜任——能手——专家阶段"。从这一理论我们不难看出,教师专业化是教师的一个发展目标。

定向性的职教教师形成的目的是专业化,定向性的机构是专业化趋向的载体,通过专业化进而形成了职业教育功能的院校专业化结构,专业化的职教教师与专业化的职业教育互相依赖,专业化的教师依赖于专业化的职业教育体系,专业化的职业教育同时依赖专业化的教师做保障。

专业化的功能以德国模式最为经典。德国模式代表的就是专业化的职业教育与专业化的职业教育的教师培养两种含义。德国模式的社会基础是行业企业具有主导职业教育的传统优势、劳动力市场的专业化分工严格,人才培养的专业化程度高,更受产业界欢迎,德国模式专业化程度高,教育成本也相应较高。

区别于德国模式的是一种通用型的美国模式。美国模式的社会基础是行业企业更依赖于外部劳动市场,劳动市场的专业化分工不太严格,人才培养的通用性强,对劳动市场的应变能力强,更适应个人发展的需求,美国模式由于社会化程度高、专业化程度低,其教育成本也比较低。

德国模式与美国模式是两种职教教师发展的哲学观,二者都充分与各自的社会基础相结合,对于中国而言,通过多年的实践和摸索,结合中国国情,"中间道路"是我们的应然选择。

职教教师发展是一个持续的过程,职教教师的成长贯穿于职前职后的全过程,在不同的发展阶段有不同的内在需求,职前职后的培养关系不应是独立的,不应是职后建立在职前的关系,而应是二者在标准和指标下的协调统一。

高职教师的职前教育是基础,但职前教育的时间有限,不可能为教师提供完成教学工作生涯中的全部知识、能力,面临工作中的新问题、新理论、新方法、新挑战,教师需要一个更新、调整和提高的在职教育环境,这种提升的过程是教师专业发展过程中的必然阶段。

高职教师的发展可以是外部赋予的,也可以是内部争取的。前者强调政府的政策指导、院校管理,要求高职教师的权利和义务与社会、职业要求相匹配;后者强调高职教师以自身专业标准为基准,通过自身为社会贡献程度的大小来争取权利进而谋求发展。前者主要指高职教师的专业化,强调教师"群体的、外在的专业性提升",后者主要指高职教师专业发展,强调"个体的、内在的专业性提高"。前者强调从外部改变职教教师的知识和结构能力,后者强调职教教师的自我建构过程。

职业教育的学校是职教师资所赖以生活和服务的环境,这种环境成为促进或制约职教师资发展的影响力量。"从社会学家的观点看,教育的主要问题是怎样促使个人适应他所生活居住的自然和人为的社会环境",职教教师所受的教育联系地是他赖以生存和发展的环境，有什么样的职业教育就有什么样的职教老师。高职教师为实现其专业化发展的进程是一个长期的过程，离开社会外在的保障和支持，脱离社会和历史传统，个体的专业发展是很难实现的，换句话讲，高职教师完全根据自身需求的发展是不符合辩证法的逻辑的，也是无法达到目的的。因此，高职教师发展必须依托外力的支持。

教师成长过程中既要强调教师成长所在的社会、政策、经济环境，同时也要强调教师为自身专业发展所做的努力，教师专业化本质上是一种教师个体成长的历程，是教师个体专业不断发展的过程，根植于内力的成长是永恒的，它的作用甚至超过任何外在的力量。作为职教教师，内力应根植于"专业养成"和"专业反思"的自我发展模式中。

二、国家对职教教师发展的战略目标

高职的发展已在国家的整个教育决策中占有了一席之地，对于高职教师也已确立了基本的发展目标。国家对高职教师发展的战略提出了总体目标和具体目标。

总体目标是提出"建设一支理论基础扎实，又有较强技术应用能力的'双师型'"教师队伍的战略发展方向。

具体目标是一种具体的高职教师发展的质量目标，也是高等职业技术教育发展的关键所在。此具体目标可理解为学历目标和结构目标。学历目标：教育部在《关于新时期加强高等学校教师队伍建设的意见》中提出"具有研究生学历教师的比例"，"职业技术学院和高等专科学校达到30%以上"。结构目标：教育部职成司副司长刘占山在《面向二十一世纪努力建设一支有特色的高素质教师队伍》中指出"要不断提高教师队伍中'双师型'教师所占比例。到2010年'双师型'教师占专业任课教师总数的比例应不少于60%。35岁以上的中青年专业课教师至少应经历过两年以上的专业实践锻炼，并普遍接受过高职教育理论的培训。"

第五节　教师的结构与任务

高等职业教育作为高等教育的重要组成部分，承担为社会开发劳动力资源、直接为社会输送实用型人才的重任。高职院校作为职业教育的中坚力量，要培养出具有一定理论知识、又有较强动手操作能力的高素质技能人才，就必须有一支高素质的教师队伍，这支队伍既不同于普通院校的学者型教师队伍，又不同于中等职业技术学校具有一定实践能力的教师队伍，即"双师型"教师队伍。

所谓"双师型"教师包含两层含义一是从教师整体构成来说，是既有专业基础理论知识扎实、任教经验丰富的"理论型"专职教师，又有从企业聘任的专业实践经验丰富的或已具有实际工作领域中级以上专业技术职称的人员，到校任教且具备了教师的基本素质的"技能型"教师。二是从教师个体来说，既要有较高的专业知识水平，又要有较强的专业技能既要有讲师等教师系列职称，又要有本专业实际工作领域的专业技术职称的工程师、会计师、技师等方面的资格证书。

随着我国高等职业教育事业的蓬勃发展，社会对人才的要求越来越高，同时对高职院校的"双师型"教师也提出了新的要求，因而随着信息化社会对人才需求的不断提高，我国高职院校"双师型"教师必然面临着许多新情况、新问题，其中的一个问题就是结构不合理。高职院校教师的结构包括职称结构、学历结构、年龄结构、来源结构和流动性、兼职教师比例、师生比、"双师型"教师数量等等方面。

根据目前高职教师的结构不合理现象，可采取"提高高职教师的学历层次及改善其职称结构"这一应对措施。因为高职教师的学历层次和职称结构是反映高职"双师型"教师质量的一个重要指标，它们反映了高职教师的教育研究能力及应用技术开发能力。另外建设一支相对稳定的兼职教师队伍有利于改善高职"双师型"教师队伍结构，优化师资队伍。

一、国外专兼结合的"双师型"师资队伍建设的做法

发达国家极为重视高职师资队伍建设，认为造就一支专兼结合的"双师型"师资队伍是高等职业教育发展的关键。其主要体现在高等职业教育全过程由高校专职教师和企业的工程技术人员、管理人员共同组织实施。

德国"双元制"职业教育中，在企业阶段的实训教师都来自企业，他们不仅具有本专业的理论知识，而且具有丰富的实践经验和良好的职业技能。比如，德国应用科学大学兼职教师数要比专职教师多，如柏林应用科学大学，专职教师300人，兼职教师有500余人；职业学院专职教师更少，专业类、实践类课程的教学工作主要由兼职教师承担。如斯图加特职业学院，专职教师80人，而兼职教师达1600余人，承担了60%以上的教学任务。兼职教师除少部分在大学外，绝大多数来自企业。他们不仅具有相应的专业知识和工程师及师傅证书，并有相当长时间的企业工作经历，而且能把企业的生产、经营、管理及技术改进等方面的最新情况和学生所学的内容紧密、及时地结合起来，真正体现理论联系实际，让学生可以学以致用。

澳大利亚TAFE机构专职教师占教师总量的1/3，兼职教师占2/3。兼职教师来自企业生产、服务行业第一线。他们可以将企业的最新技术或技能及时传授给学生，以

保证知识和技能的先进性和实用性。担任 TAFE 机构的教师必须具有本科以上学历，受过所任课程相关行业的教育专业培训。TAFE 机构的兼职教师要与学校签订工作合同，一般的工作合同都是短期的，但在合同期内兼职教师必须全天在校工作。

英国职业教育师资兼职教师比例占 63%，许多教师是从企业招聘来的、有丰富实践经验的技术人才，如技术员、工程师，这些人员拥有相应的专业技术资格。

美国的社区学院通过聘用兼职教师来保证师资队伍中实践性教师的比例。社区学院的教师除通用课程教师是专职教师外，大多数教师均是实践经验丰富的兼职教师，是学校从社会、企业部门中聘请的技术高超、经验丰富的工程人员和管理人员。

二、高职专兼结合的"双师型"师资队伍建设

以珠海城职院为例

（一）做法：专兼结合双师结构教学队伍基本形成

1. 内培外引，不断优化师资队伍结构

学校出台了高层次人才引进管理办法。2012 年共引进高层次人才 13 名，其中具有正高职称的人员 8 名，博士、副教授 5 名。2012 年选派 48 名骨干教师等分别前往德国、新加坡及中国台湾等地进修学习，组织 105 位教师参加中英合作培训班学习。制订了教职工学历提升实施办法，对攻读博士学位的教职工提供最高 4 万元的经费资助。

2. 校企联合培养，努力打造"双师"结构教学团队

学校建立了"校企联合培养机制"，安排教师到企业生产服务一线顶岗实践，以提高教师的技术应用能力和实践教学能力，使专任教师"双师"素质得到提升。聘请有行业影响力的专家为专业带头人，聘请企业专业人才和能工巧匠为兼职教师；学校对这些教师开展了教育学、教学法等方面的培训，努力打造"双师"结构教学团队。

3. 双岗互聘，创新"双师"评聘制度

依靠"双三元"平台，出台相关激励机制，实行双岗互聘，鼓励教师利用科研和技术开发优势进入企业任职工程师，学校聘请企业一线技术人员、能工巧匠担任顶岗实习和实践技能课程兼职教师，大部分专业建成了一支学校教师、企业专家双向互聘、双岗胜任的"双师"结构教学团队。

（二）建设目标："四双"师资队伍

在"双三元"人才培养模式运行下，以"广东省示范性高等职业院校建设"为契机，拟打造"人才兴校工程"，实施"人才聚集计划""素质提升计划""结构优化计划"，

建设"双师素质、双师结构、双向兼职、双带头人"的"四双"教学团队。以点带面，以重点专业教学团队建设带动整体师资队伍建设。建设期内，学校培养或引进专业带头人 40 人、骨干教师超过 90 人；"双师素质"教师占专任教师比例超过 80%，每个专业建立完备的兼职教师库，兼职教师承担专业课时的比例逐年提高。其中，三个重点建设专业及专业群争创 1 个省级教学团队，培养或引进省级教学名师 1 人，培养或引进专业带头人 16 人、骨干教师 24 人；培养或引进"双师素质"教师 36 人，"双师素质"教师占专任教师比例达到 90%；聘任企业兼职教师 67 人，建立 30–50 人的兼职教师库。

第八章 "双三元"职教模式信息技术平台论

※ 名家名言

历史上的生产资料，都是同一定的科学技术相结合的；同样，历史上的劳动力，也都是掌握了一定的科学技术知识的劳动力。

——邓小平

※ 阐述问题

通过阅读本章，你能够了解：
○ 多元信息平台建设的原则
○ 信息技术的实际应用

我们正在经历一个信息技术快速发展的时代，互联网、云计算等新一代信息技术的发展，微信、微博、威客等社交工具给我们的生活、工作，以及工业生产、管理方式带来了巨大的改变。"工业 4.0"正是在这个时代背景提出，所谓工业 4.0，是基于工业发展的不同阶段做出的划分。按照目前的共识，工业 1.0 是蒸汽机时代，工业 2.0 是电气化时代，工业 3.0 是信息化时代，工业 4.0 则是利用信息化技术促进产业变革的时代，也就是智能化时代。

2014 年 10 月 11 日，多达 110 条的《中德合作行动纲要》正式公布，这个涵盖了政治、经济、文化、农业、工业、文明等等内容的纲要中，"工业 4.0 合作"的内容颇为引人瞩目。"李克强总理在这个时候提到工业 4.0 合作，意味着我国要在工业化与信息化同步发展的战略中更快地促进两者的融合。"中国工程院原副院长、院士邬贺铨说，"此次中德两国就工业 4.0 签署合作纲要，对中国来说正当时，正是促进中国工业化与信息化融合渗透的重要举措，对当下中国经济转型、结构调整都有着特殊的意义。"

随着信息技术的发展与广泛应用，信息技术网络教学平台也应该得到开发并应用到学校教学中。智能化的信息技术网络平台既是老师应该掌握与运用的一种新型的教学方式，又应该成为学生学习知识、查阅资料提高能力的重要途径，这种智能化的教学方式能提高老师的教学质量与学生的学习质量。

任何学科的研究与探索都离不开理论的支撑，信息技术网络教学平台的应用研究也是如此。在实际的教育中，信息技术网络平台不管是前期研发与规划还是后期的应用都需要基本的理论，在研究过程中需要运用到的理论主要包括信息技术软件开发理论、教学理论及其中的心理学理论等理论知识。心理学理论在老师的教学与学生的学习中尤为重要，这是老师与学生进行有效的双向交流的基础，在信息技术网络教学平台的应用研究中也是以此作为理论基础的。主导教学体系规划与研发的教学基础理论具有很强的科学性，对老师的教学来说具有可操作性，且与网络教学平台的开发也十分契合。信息技术网络教学平台的研发与规划过程较为复杂，需要经过深入的探索、严密的规划、仔细的分析、细致的研制、详细的编程、软件的调试、后期的养护等一系列的过程。在目前的教学中，尽管信息技术网络教学平台的应用较多，但是缺乏与之相应的研究。在信息化社会的背景下，信息技术在教学中的作用日益凸显，很多学校与网络教育机构都强化了对这一技术的开发与应用。

第一节 多元信息沟通平台的搭建

目前，绝大部分高职院校已建成校园网，部分院校已接入中国教育和科研网、校园网络平台，扩充和建设速度很快。高职院校的信息平台是一个受学生、家长、用人单位、各方教育机构等多方关注、高度开放的系统，它的建设涉及多方面的内容，如财政、技术、人文因素等。

一、多元信息平台建设的原则

（一）整体性

网络教育信息平台建设是一个复杂的系统化工程。建设信息平台要对学生特点、教学目标、教学内容进行分析，要确定信息平台采用什么样的组织结构，要选择针对不同的内容开发什么样的资源类型，要选择采用什么开发工具和开发技术，要注重与开发人员与学科教师之间的沟通与交流等等。在信息平台的开发过程中，必须注意各个要素间的相互影响，注意信息平台的整体性，以系统化的观点统筹兼顾，实现核心价值的最大化。

（二）平衡性

教育资源的建设并不是一步到位，而是一个缺失—供给—平衡—缺失……不断循环的动态过程，它和整个教育的发展是相辅相成的。随着教育水平的提高和教育需求的不断增加，教育信息平台的功能和内容应该不断地完善和更新，以适应时代发展的要求。教育信息平台要随时更新，要对收集的资源进行整理，要做到资源分布面广，资源内容精确，方便用户查找使用。资源管理者要能够经常与用户进行交流，了解学习需求和资源的现状，真正建设出有价值的资源。要及时更新一些陈旧的资源，不断延长资源库的生命周期。教育资源就是为教学服务的，资源的使用者教师和学生是系统的中心。保持资源动态平衡就要不断供给新资源和删除过期的资源，形成教育教学资源优胜劣汰的良性循环。

二、多元信息平台搭建"三步曲"

第一步：从信息的观点出发来进行分析，抓住高职院校信息化建设过程中的状态和状态变化的方式，并把高职院校信息化建设看作是在构建一个教育信息系统结构，而信息化教育活动则是运行一个"信息过程"。弄清这个信息系统结构要素及其过程中的各环节，建立一个反映该系统及实践过程的信息模型，以明确高职院校信息化建设的工作机制。

第二步：根据社会、教育部门和学习者等用户的要求，进一步明确模型中各个环节应当满足的功能指标，及其系统各要素及环节之间的逻辑关联和数量关系。这个阶段中，人们主要应该着眼于教育功能要求和学习者需求，而不是设备和技术。

第三步：应用现有的物质和技术手段来实现这个模型，实施教育领域信息化；并利用信息技术的手段和方法获得该系统现时的运动状态及其效用，从中判断当前信息化建设的优度，将它与目标优度作比较，从而进一步提出达到目标优度的策略，再通过调节物质与能量等改变系统的状态，使它逐步逼近目标，实现性能的优化，不断满足用户的新需求，不断地变革、改善或优化教育信息系统。

第二节　信息技术在教学中的应用

一、影响信息技术在教学中应用的因素

信息技术在教学中的应用主要是指在教师的教与学生的学的过程中使用计算机、

网络等信息技术,既包括教师备课过程中的使用,课堂上的演示与讲解中的使用,也包括学生进行自主学习或研究性学习、探究性学习时使用,或者在操作练习的过程中使用信息技术等各个方面。信息技术教学应用是教育信息化的核心。硬件建设、资源建设等都是为了提供一个良好的信息技术教学应用环境。要推动信息技术教学应用,就必须要研究其影响因素,才能够采取有效措施推动信息技术教学应用取得实效,达到应有的目的。国内外学者都充分重视到了信息技术教学应用影响因素研究的重要性,并且付诸研究,影响因素的研究直接推动了信息技术教学应用。

美国政府把信息技术在学校教育中的应用放到了一个非常显著的位置,出台了一系列相关的政策规划。如 1994 年的"远程通信和信息基础设施支持计划"和 1998 年克林顿政府投入 510 亿美元实施的《为美国教育行动起来》中都提到要将信息技术应用于教育。2002 年 1 月 8 日,布什政府的"不让一个孩子落后(No Child Left Behind)"行动计划也提到,要利用技术改进教育。而且在积极推进信息技术教育应用的同时,美国政府和许多研究人员也开始关注这一巨额投入的有效性问题,经历了从初期对"哪些技术应用广泛,哪些没有广泛应用,原因是什么"的广泛调研,到制定一系列用以分析、评价应用过程和应用效果的能力标准和效果标准,再到深入研究影响技术教育应用的各种因素,旨在最终形成有效应用的策略和模式的过程。美国对于影响信息技术在教学中应用的影响因素的研究中,既关注技术因素,研究技术本身在教学中的应用,更加关注实施过程中人的因素、组织因素,关注新的教学方法、教学模式的转变。美国对于信息技术教学应用的关键性因素——教师的研究特别多。强调教师的职前培养和在职培训,强调技术上的支持和教学方法上的支持,强调给予教师持续的鼓励等。

澳大利亚是一个经济、社会、文化教育等各方面都高度发达的国家,信息技术在生活中运用非常广泛,其在教育中的运用也十分丰富,有很多值得我国学习和借鉴的地方。澳大利亚也在信息技术教学应用影响因素研究方面也取得了一定的成果。Jenni Way 博士和 Colin Webb 教授通过分析得出,除教学方法、课程内容和学校组织的影响外的另两个重要因素,即技术基础设施的水平和教师的创新观念(与教师的转变有关)。

香港自从 1998 年以来,信息技术教育应用取得飞快地进展。从信息技术教育应用研究的结果来看,影响学生学习结果质量的因素有三个层面,即教育系统层面、学校层面、个人层面。在教育系统层面是那些指导课程开发和课程评估的政策,在学校层面主要是一些实施因素和来自各个股东和社区的作用。学校层面的实施受到教育系统和学校中的领导能力的影响以及自然环境和人力资源的影响。除了教育系统和学校层面的因素,学生学习结果也受到他们家庭背景和个人特征的影响。

从信息技术教学应用的主体——教师而言,信息技术教学应用的影响因素其实就只是内部和外部两类因素。内部因素，其实主要是指教师自身所有的变量，比如教师自身的信息素养，以及教学经验等。外部因素，主要是指影响教师应用信息技术提升教学效果的因素，例如政策因素、环境因素、学生因素等等。

二、信息技术在教学中的应用

在我们的教学中，信息技术是指狭义的信息技术，一种通过革新教学方式、学习方式来最终达到改变传统课堂教学结构的技术。在初期阶段，将信息技术作为教学媒体、手段和方法来帮助教师或学生解决教或学中的问题。从长远看则是要将信息技术整合于课程，使信息技术作为构建自主、探究学习环境的重要要素来支持学习。

（一）多媒体技术的应用

多媒体技术是当今信息技术领域发展最为迅速，最有活跃力度的技术，是新生代技术里竞争和飞速发展的焦点。多媒体技术集声音、文本、动画、视频等多重共用于一体，实现了信息资源共享，这一技术的应用，有助于创设具体情境，从而很大程度上激发了学生们学习的热情，有力调动了学习的积极性，如此强大的功用，在教学教育中完美运用必然能够很大程度上提高教育水平。

（二）Flash 的实践应用

Flash 也是信息技术里一个极为重要的技术，是当今的一种很热门，很时尚流行的动画制作软件之一，信息技术这一内容在教学教育中的实践应用，就是帮助老师制作出精彩有魅力的多媒体课件，精于这项技术的老师，还能够制作出极为绚丽，极大程度上表现课程思想的 Flash 作品，Flash 同时还解决了很多教师绘图困难的问题，强大的绘图工具满足了教学中对于一些特殊符号的需求，极大程度上起到了辅助教学的作用。

（三）电子远程教学视频

电子远程视频教学技术，不仅仅只是打破了空间限制，时间限制，更有利于教学的方面是这一信息技术能够更有充分的利用教学教育资源，高质量运用，更大程度上实现资源享用，发展教育的基本功效，即全面提高学生的综合素养，所以，电子远程视频教学是一种基于网络的先进的教学模式，是一种非常重要的教学手段。

在教学中运用信息技术是为了使学生得到全面发展，因此无论利用什么形式，运用什么高端的应用，都不能忽视实效，都必须把实效放到首位，这是教学的目的，是教育的终极目标。信息技术的在教学中的应用，要让其用尽其用。信息技术只有在教师、学生和环境的共同配合下才能对教学产生巨大的影响，从而提高教学的有效性。因此，我们在教育教学中要有应用教育技术的意识，要有运用教育技术不断丰富学习资源的意识，要有关注新技术发展并尝试将新技术应用于教学的意识。

只有教育信息化才能带动教育现代化，只有推进信息技术与教育教学深度融合，实现教育思想、理念、方法和手段全方位创新，才能实现新的发展。信息技术在教学中的全面应用需要时间，需要有一个必经过程。当然，学生作为接受知识的主体，从中受益才是关键。信息技术在教育中的科学化应用，必将成为一个主流趋势，结合教育教学中的合理措施，最终实现学生综合素质的全面提高，让信息技术在教学中真正成为一种教育教学工具。

第三节　信息技术在实践中的应用

高职院校的培养目标是突出学生的实践动手能力，高职院校能否办出自己的特色，实践教学起着关键性的作用。因此，信息技术在高职院校教育中起着重要的作用。

一、改进信息技术的实践教学设施

在高职院校中，尽管他们的实验实训基地规划比较全面，实验实训设施也比较齐全，但是在这些设施当中，往往存在学校的实验实训设施跟企业生产环境和生产流程相脱节。解决此问题的关键是改进信息技术的实践教学设施。将学校的实验实训场地和企业环境和生产流程相一致，最好是校企合作办学，做到彼此渗透，达到双赢的目的。企业的一小部分可以搬到学校进行，学校的实验实训结果最好能被企业直接利用，做到企业和学校零距离接触，保证实验实训环节不被社会所淘汰。

二、积极推广信息技术在实践中的应用

（一）视频技术的应用。在高职实践教学中，总有一些问题是利用传统的教学方法难以实现的，视频技术是一种新型的技术，它既吸取了传统影视技术的优点，又继承了计算机、多媒体和网络技术的特征优势，它具备其他媒体不可能有的特殊功能，更加生动地赋予了学生真实的感受，与高职实践教学要求很吻合。它特有的功能产生的效果可以与真实的工作场景相媲美，甚至可以把它等同于学生未来的工作镜像。视频

技术正是有了这种独特的优势，才能使它在高职实践教学中的地位得以长久稳固。

（二）计算机仿真实验技术的应用。仿真实验是利用计算机创建一个可视化实验操作环境，其中的每一个可视化仿真物体代表一种实验仪器或设备，通过操作这些虚拟的实验仪器或设备，可以进行各种实验，达到与真实实验相一致的教学要求和目的。计算机仿真实验的基本特点有两个，即仿真性和交互性，都有利于学生的实践学习。

（三）网络远程开放性教学的应用。网络远程系统综合性比较强，在平时的课程实验、课程设计、实习实训中都可以应用到，并且此系统还能够对实际工程进行模拟，一些需要在实际现场中调试的设备，学生现在通过远程控制就可以实现，包括听到、看到设备在现场运转的声音还有现场的最新动态，同时将现场所显示的各类数据进行分析和统计，通过一系列的训练之后，学生可以又好又快地适应并使用最新技术的，同时缩短了对新岗位的适应期，增强了个人竞争力。

（四）建设精品课程，促进信息技术的应用。对于高职院校来讲，构建精品课程无疑是一个很好的选择，在大力推广信息技术的今天，高职院校可以将信息技术与精品课程的建设有机地整合在一起，推动信息技术在实践教学中的应用，让更多学校了解信息技术应用在教学中的优点，从而在建设精品课程中提出更好的创意，为完善高职实践教学尽绵薄之力。

第四节　信息技术在评价中的应用

在建立具有时代特征的高等教育质量观和评价体系中，高职高专教育既不能用普通高校的学科标准来衡量，又不能以过时的落后的质量标准来看待。高职高专的教育质量指标评价体系必须考虑高职教育的独特规律、学术规范、就业市场需求以及学习者多样化要求等因素。所以在我们建立高职高专教育评估体系过程中，必须着重考虑用人单位的要求、就业市场的需求，在评价体系中需要增加"用人单位反馈意见"的权重。在评估过程中，应注意评估信息的多样性，确保评估的客观性。

国家层面可尝试开发高等职业教育评估的软件，使评估标准无纸化。通过中国高职高专教育网进行社会声誉的调查，在技术上解决网络评估身份的真实性、客观性和可信性。利用网上的资源对被评估学校进行网上调查，检验学校的社会声誉。

学校层面可将信息技术与评估系统相整合，如建立学生评估系统、教师评估系统、学校评估系统和社会评估系统，使评估的信息多元化和大量化。

第九章 "双三元"职教模式创新创业教育实践论

※ 名家名言

想象力比知识更重要，因为知识是有限的，而想象力概括着世界的一切，推动着进步，并且是知识进化的源泉。严格地说，想象力是科学研究的实在因素。

——［美］爱因斯坦《论科学》

※ 阐述问题

通过阅读本章，你能够了解：

○我国"双创"的新浪潮

○"双三元"在创新创业教育中的应用

○创新创业教育实践的初步成效

习近平总书记、李克强总理等国家领导人曾多次在公开场合提出"大众创业""万众创新"。一系列关于"创新创业"优惠政策也如雨后春笋般涌现，掀起了我国"双创"的新浪潮。习总书记在 2013 年全球创业周中国站中提出"青年是国家和民族的希望，创新是社会进步的灵魂，创业是推动经济社会发展、改善民生的重要途径。希望广大青年学生把自己的人生追求同国家发展进步、人民伟大实践紧密结合起来。刻苦学习，脚踏实地，锐意进取，在创新创业中展现才华、服务社会"。李总理在 2015 年两会《政府工作报告》强调，要充分释放全社会创业创新的潜能，着力实施创新驱动发展战略，提升高校教学水平和创新能力。国务院发布《国务院办公厅关于深化高等学校创新创业教育改革的实施意见》（国办发［2015］36 号）、广东省教育厅发布《关于深化高等学校创新创业教育改革的若干意见》（粤教高［2015］16 号）都强调了创新创业对于国家未来发展的重要意义和实施方向。由此可见，深化高等学校创新创业教育改革是国家实施创新驱动发展战略、促进经济提质增效升级的迫切需要，是高等教育、高等职业教育改革、促进毕业生更高质量创业就业的突破口和重要举措。高校作为人才和创新要素的集聚地，有责任也有能力积极参与国家创新驱动发展战略的实施，并为创新驱动发展贡献力量。

一、"双三元"模式在创新创业教育中的应用

珠海城职院在职业教育中国化道路上率先提出"双三元"办学模式。所谓"双三元"是指"政校企""行校企"协同融合的办学模式，即以政府为主导、以学校为主体、以企业为支撑的"政校企"三元合作，与以行业为指导、以学校为主体、以企业为支撑的"行校企"三元合作的合作办学模式。

第一个三元构建了创新创业教育与经济社会协调发展的平台，政府、学校、企业共同为创新创业教育和区域经济创新发展提供了支持保障，是宏观层面上的合作共建。政府作为主导，要发挥好牵头作用，加强创新创业政策研究，支持创新创业教育改革，同时，积极为创新创业教育搭建交流合作、融资对接、宣传奖励等平台，提升创新创业教育支持服务水平；学校作为开展创新创业教育的主要实践者，要根据相关专业教学质量国家标准和行业标准，结合办学定位、服务方向和创新创业教育目标要求，制定创新创业教育实施方案，将创新创业教育理念、内容、方式方法等融入专业人才培养全过程；企业作为创新创业教育的直接受益者，通过建立校企合作的协同育人机制，打造创新创业教育实践平台，增强学校创新创业教育的现实性。"政校企"协调融合，犹如相互缠绕的螺旋线。三方在完成自身使命即每个螺旋线发展的同时，由于相互联系与作用，支持并促进其他螺旋线创新发展，由此形成持续的创新流，共同推进创新创业教育螺旋上升发展。

第二个三元则结合专业、强化实践，与行业发展、社会生产需求紧密对接，行业、学校、企业共同推动创新创业教育在中、微观层面上深度合作。行业组织作为某一行业或某一专业内的生产者自愿组织起来的非官方组织，最了解本行业领域的技术前沿、内在运作规律等情况，可以对创新创业教育改革提供行业指导，引导学生认知行业环境、把握创业机会、辨别创业风险；学校作为新知识、新技能的来源，通过健全创新创业教育课程体系、改革教学方法、加强教师创新创业教育教学能力建设等措施，提高学生的基本知识、技巧和技能，培养学生创新创业实际运用能力；企业作为进行生产活动的基本单元，通过学生实践活动的开展，帮助学生体验市场评估、企业融资、生产业务流程与风险管理等，提升学生创新创业实践能力。因而，创新创业教育作为一种对学生进行创新思维培养和创业能力锻炼的实用教育，使得"行校企"都成为利益相关者。三方通过紧密的分工合作，从多个维度有效促进人才创新创业能力的提升。

二、珠海城职院学生创新创业教育的主要内容

珠海城职院积极响应国家关于大学生创新创业教育的号召，落实立德树人根本任务，以提高人才培养质量为核心，以创新人才培养机制为重点，以完善条件和政策保障为支撑。坚持"育人为本、专业融合、协同推进、内涵发展"的实施原则，把创新创业教育贯穿于人才培养全过程，促进高等职业教育与区域经济和社会发展的紧密结合。努力为珠海市和区域经济的创新实施驱动发展战略，促进经济提质增效升级，提供更为有力的人才智力支撑。学校把完善创新创业教育体制机制作为深化创新创业教育改革的支撑点，集聚创新创业教育要素与资源，统一领导、齐抓共管、开放合作、全员参与，形成学校与政府、社会资源共同关心支持创新创业教育和学生创新创业的良好生态环境。

主要从 8 个方面开展探索：

（一）体制机制——建立在"双三元"模式下的双创人才培养新机制

完善组织机构。创新创业教育是一个系统工程，涉及学校多个行政部门和二级学院，牵涉多个校领导分工。如何在体制机制上有效整合校内资源、聚合校外资源，形成相互有效支撑、分工协作的机制？珠海城职院成立了"珠海城市职业技术学院创新创业教育改革领导小组"，由党委书记、校长担任组长，相关校领导为副组长，党政办公室、组织人事处、教学科研处、学生工作处、计划财务处、后勤保卫处、校企办公室和各二级学院院长为组员，负责全面指导创新创业教育改革工作。成立大学生创新创业中心，设在教学科研处，配备专职人员，实体化运作，负责协调各个部门，制定建设的方案与计划，筹措相关资金，部署具体工作任务，对各二级学院、各专业创新创业教育进行指导检查。

突破体制机制。学校还积极探索政校企、行校企"双三元"以及国际合作的协同育人新机制，积极吸引政府、行业、企业和国外优质教育资源投入创新创业人才培养。借鉴国内外先进创新创业教育经验，拓展新型人才培养模式，将行业人才需求与教育教学方案精准衔接，人才培养与行业、企业创新研究紧密结合，提升学校的社会服务和创新能力，培养适应行业发展趋势、企业经营需求的技术技能人才。学校已建设 2 个省级协同育人平台项目，4 个校级项目，与珠光汽车、珠海方正、迈科电子等企业共建数所特色学院，实现重点专业有重点典型企业合作办学平台。

创新人才培养机制。以服务珠海地方经济为办学宗旨，以服务社会需求为发展导向，将专业设置与高端产业发展方向紧密衔接，将产学研基地和创新创业基地与珠海国家高新技术产业开发区、横琴自贸区、高栏港经济区特色产业相对接，以专业链、

学科链对接产业链，实现人才培养与产业需求无缝对接，将创新创业、就业教育与专业教学和社会服务紧密对接，形成集政府、行业、企业、学校多方合力，共同探索创新人才培养新模式。建立和完善学分制，以提高创新创业能力为重点，改革教学管理方式，探索在教师指导下，学生自主选择创新课题、创业项目、孝道实践项目、创新创业课程等自主学习模式，开展研究性学习、创新性实验、创业计划大赛，大力促进大学生自主创业。

（二）改进课程体系——构建有针对性和实效性的创新创业教育课程体系

目前单一、传统课程体系已远远不能满足现代职业教育人才培养跨界、整合的需求，必须进行课程改革。珠海城职院将创新创业改革理念要求、建设创新创业课程体系、建设教育优质课程资源等方面做了如下积极尝试。

1.将创新创业教育改革理念及要求落实在人才培养方案中。结合学校办学定位和服务面向，立足创新型技术技能人才培养目标，对接国内外职业教育专业认证标准，将创新精神、创业意识和创新创业能力作为评价人才培养质量的重要指标，制定专业教学质量标准，修订人才培养方案。修订人才培养方案，实现创新创业课程进人才培养方案。设置面向全体学生的创新性思维与研究方法、学科前沿、创业基础、就业创业指导等方面的必修课和选修课，并纳入学分管理。完善创新创业课程体系，构建创新创业梯级课程体系。建设基础启蒙类、兴趣引导类、知识技能类、实践实训类梯级课程体系。建设创新创业教育优秀资源库，把创新课程贯穿教学全过程。面向全体学生重点开设创新创业教育通识课，培养学生善于思考、敏于发现、敢为人先的创新意识，挑战自我、承受挫折、坚持不懈的意志品质，遵纪守法、诚实守信、善于合作的职业操守，以及创造价值、服务国家、服务人民的社会责任感。

2.建设创新创业教育课程体系。推进专业教育与中华优秀传统文化教育、创新创业教育的融合，挖掘和充实专业课程的创新创业教育资源，把专业知识传授与创新创业教育有机融合。除了设置校级平台的就业创业指导与实践课程外，还增设创新创业教育系列讲座必修课，做到在各专业人才培养方案中至少增加一门创新创业教育类必修课。梳理修订专业课程标准，将创新创业教育元素融入专业教学中，利用校内外师资及网络资源，开设多样化、跨专业、跨学科的创新创业选修课程模块，如创新思维及训练、创新科研项目、创业基础、创办企业、企业管理、公益创业、求职与创业、孝道与创业等方面的选修课，满足学生个性化发展需求，提升学生的创新精神、感恩意识、创业意识和创业能力。集中师资力量，开发依次递进、有机衔接、科学合理的创新创业教育专门课程群。把中华优秀传统文化教育、创新创业教育纳入专业教育和文化素质教育教学计划和学分体系。

3. 加快创新创业教育优质课程资源建设。推出一批资源共享的慕课（MOOC）、视频公开课等在线开放课程，建立在线开放课程学习认证和学分认定制度，建成省内一流创新创业教学资源库，组织专业带头人、行业企业优秀人才，联合编写具有科学性、先进性、适用性的创新创业教育教材。

（三）搭建实践平台——搭建分层和多样化的创新创业实践平台

在课程体系改革的基础上，为学生提供实际的创新创业实操平台显得尤为必要和重要，珠海城职院通过建立教育协同机制，建设校内实践基地，利用大学科技园等方式为学生实践提供了专业平台。

1. 建立创新创业教育协同机制。积极推进学校与政府、行业、企业在创新创业人才培养方面的协同，聚集"政校企""行校企"的政策、人才、资本等优势，形成"政校企""行校企"多样合作、交叉培养新机制。

2. 建立校内大学生创新创业实践基地，有步骤地和企业成立学生创新创业学院、创客工作站等，以提供场地、设备、资金条件，为在校生开展创新研究、创业孵化提供实践平台。提供场地、服务、资金外，还能形成有效人才集聚，完全符合创业者起步阶段对"人才、场地和资金"的需求。

3. 支持学生利用大学科技园、大学生创业园、创业孵化基地和小微企业创业基地等创业教育实践平台开展创业实践。

4. 建立健全学生创业指导服务专门机构，做到"机构、人员、场地、经费"四到位，对自主创业学生实行持续帮扶、全程指导、一站式服务。

5. 在传授专业知识过程中，挖掘和充实各类专业课程的创新创业教育资源，将创新思维融入专业教学中。打通与专业群相近专业的基础课程，开设跨专业的交叉课程，探索建立跨院系、跨专业交叉培养创新创业人才的新机制，促进人才培养由专业单一型向融合型转变。

6. 学校设立广东省社会科学院珠海分院（珠海市经济社会发展研究中心）、中科院广州分院珠海协同创新中心、珠海市情与决策基地、珠海社会管理创新研究基地、广东省（珠海）节能降耗培训基地、广东省中小企业培训示范基地、珠海游艇产业技能型人才培养基地等研究和培训机构，这些中心和基地的人员组成、资金来源、设备构成都已突破学校壁垒，涉及珠海市政校行企等方面，这些平台的管理和运作已积累了一定经验，为学校深入开展协同机制创新，尤其是政校行企层面的协同机制创新提供重要借鉴。学校"创新强校工程"支持的协同机制体制创新改革研究与实践项目、8个协同创新中心培育类项目、6个协同育人平台培育类项目，总计经费预算458万元；教育实训基地建设项目16项，预算经费2000万元；大学生校外实践教学基地项目20项，预算经费 13 万元。

（四）师资队伍——组建"双三元"特色的双创师资队伍

有创新创业意识和能力的教师团队才能带出有创新创业才能的学生，因此组建双创教学团队是必然要求。各二级学院由院长负责，组建创新创业教学指导委员会，各专业指定 1 名教师、同时聘请富有创新创业经验的企业人士担任指导教师，负责学生创新创业教学及创新创业活动指导。此外，充分利用"政校企""行校企"的人才资源，共同组建了一支学术与实务相结合、创新与创业相结合、学校与行业企业相结合的双创教师和双创导师团队，促进校内外、专兼职师资在双创教育与实践的结合，推进协同创新培养创业人才。提升教师创新创业教育教学能力，建立专兼结合创新创业教育教师队伍。

1. 加强教师创新创业教育绩效的考核评价。明确全体教师创新创业教育责任，并将其融入专业技术职务评聘和绩效考核制度中。建设创新创业教育与创业就业指导专职教师队伍，并进行定期考核。聘请知名科学家、创业成功者、企业家、风险投资人等各行各业优秀人才，担任专业课、创新创业课授课或指导教师。

2. 加强创新创业指导和导师队伍建设。在二级学院成立创新创业教育指导委员会，研究、探索和指导创新创业教育改革全过程。每个二级学院设置一至两名创新创业专职教师，并承担创新创业指导。采用人才引进、定期培训、科研带动、到企业挂职锻炼、待遇倾斜等办法，提升创新创业导师理论水平和实践经验。成立创新创业研究中心，每年选送一批创业导师参加培训，邀请创业教育专家、创业成功人士来校讲学。每年选送创业导师参加省妇联、省教育厅的创业培训，选送创业导师参加国家人社部的"SYB"创业培训师培训。学校创业园新聘请 50 位企业家或专家兼职担任创业导师并在每年开展评选"优秀创业导师"等活动。同时还建设了校内外创新创业导师专家库。

3. 建立完善学校科技成果处置和收益分配机制，支持教师以对外转让、合作转化、作价入股、自主创业等形式将科技成果产业化；鼓励专业教师带领学生从事创新创业项目研究、参加竞赛，并纳入项目管理和教学工作量。

4. 学校"创新强校工程"支持的"双师结构"教学团队建设工程 7 项，预算经费 179 万元；"双师素质"培育工程 5 项，预算经费 258 万元；"双带头人"建设工程 7 项，经费 109 万元；"双向兼职"建设工程 3 项，经费 75 万元；创新型团队——珠海市经济社会发展研究中心投资预算 105 万元，创新平台建设项目——三大平台整合项目投资预算 90 万元，重大科研项目培养计划类项目、重大科研成果培育计划类项目、哲学社会科学繁荣计划类项目总计 33 项，预算费用 30 万元。

（五）经费保障

积极参与由政府和社会资金扶持大学生创业教育公益培训项目，争取政府专项经费；学校财政单列大学生创新创业基金；促进校企协同创新，争取企业资金扶持；学校科研经费适度向创新创业教育改革倾斜。

（六）健全创新创业考核机制

创新创业教育纳入教学评估体系，纳入"创新强校工程"考核指标

改革教学方式和考核方法，将结果考核向过程考核、能力考核转变调整。优化专业结构布局，每年发布全省专业办学和培养、就业报告，组织专家对新设专业进行申报论证，并提出设置建议加强专业评估、诊断，改善创新创业实践条件。改革教学和学籍管理制度，改进教学方法和考核方式。

1.设置合理的创新创业学分，建立创新创业学分积累与转换制度，改革学生学业考核评价办法，探索将学生开展创新科研、创新实验、学术论文、专利研发和自主创业等成果折算为学分，将学生参与课题研究、项目实验、学科竞赛等活动认定为课堂学习。

2.建立个性化培养教学管理制度，实施弹性学制，放宽学生修业年限，允许调整学业进程、保留学籍休学创新创业，优先支持参与创新创业的学生转入相关专业学习，为有意愿有潜质的学生制定创新创业能力培养计划，建立创新创业档案和成绩单，客观记录并量化评价学生开展创新创业活动情况。

3.设立创新创业奖助学金和种子基金，在现有评优评先项目中拿出一定比例用于表彰优秀创新创业的学生，利用种子基金和创新创业实践基地的条件，支持和培育大学生创新创业优秀项目。

（七）以赛促创

支持举办各类科技创新、创意设计、创业计划等专题竞赛，以赛带训，增强创业教育的实践性和现场感。鼓励师生参加全国、广东省大学生创新创业大赛、职业院校技能大赛。支持大学生成立专业协会、创新创业协会、创业俱乐部等社团。邀请有创新创业成功经验的专家教授到校举办创新创业讲座论坛，开展创新创业实践。

（八）建设校园创新创业文化，营造创新创业氛围

积极培育崇尚学术，探索真理的校园精神，大力弘扬求真务实的学术之风，大力倡导敢于创新、勇于竞争和宽容失败的精神，积极支持师生追求个性，求新求异的创

新行为，积极鼓励师生勇于尝试，勤于实践的作为；营造创新型校园文化环境，包括制度环境、学术环境、人文环境、社会环境在内的创新创业环境；组织开展创新创业为主题的校园文化活动。

三、大学生创新创业教育的实践及初步成效

通过学校创新创业系统教育和培训，增强了学生创新创业的实践能力，学会在与专业相关的创业技能，了解了行业市场发展趋势，锻炼了策划、管理等相关业务能力，大学生创新创业初现成果：

近年来，学校获得十余项省级大学生创新创业训练计划立项。2014 年在学校学生高层公寓专门设立了学生创业基地，有 9 个学生自主创业项目在基地中孵化。

2015 年 6 月举行的全国高职院校技能大赛"船舶主机和轴系安装"赛事中，由城职院选手组成的两支队伍取得突破性成绩，荣获一等奖 1 项、二等奖 1 项，填补了广东省在此项大赛上参赛和获奖的空白。

2014TEMI 单晶片创意暨认证技能国际竞赛上，城职院学生荣获两个项目冠军、两枚金牌以及广东组总冠军等多项荣誉。

2014 年珠海城职院成功承办第六届全国职业院校民政职业技能大赛暨全国第三届高职高专社会工作学生实务能力竞赛，社会工作专业在此次大赛中荣获一等奖。

港口与航运管理专业学生李楠曾获第四届广东省大学生写作比赛一等奖、2014–2015 年度国家励志奖学金等奖项，有一百余篇作品见于《图书馆报》《南方都市报》《羊城晚报》《河南日报》《澳门日报》等十余家刊物。成立了"珠海市高校文化交流中心"，创办《九月报》并担任首任主编。

旅游管理学院学生在第四届全国大学生会展创意大赛上勇夺创意综合组一等奖；计算机网络专业学生在 2014 年"H3C 杯"全国大学生网络技术大赛决赛上取得全国三等奖的成绩；2014 级伍梦妮同学获得 2015 年全国高职高专英语写作大赛广东省赛特等奖，全国总决赛二等奖；2013 级物流专业学生龙锦辉在第 21 届全国大学生击剑锦标赛男子佩剑单项比赛上勇夺亚军，创造了高职院校参赛以来的最好成绩。

2014 年起，学校"创新强校工程"支持的大学生创新创业训练计划 48 项，其中创业实践类项目 14 项，总计经费 14.4 万元。

学校在"十三五"规划中设立了"大学生创新创业教育改革"专项计划。计划于2016 年初步建成有机融合、联动高效的创新创业教育工作机制，形成配套齐备的运行制度体系。2017 年进一步完善创新创业制度，建设一批创新创业教改项目和重点实践项目，培育一批创新创业优秀团队和典型成果，明显提升师生创新创业意识和能力。

到 2020 年形成相对完备的课程教学、自主学习、实践训练、培育孵化、社会服务、文化引领为一体的创新创业教育体系，人才培养质量显著提高，学生的创新精神、创业意识和创新创业能力明显增强，产生一系列高水平的创新创业教育教学成果。

第十章 "双三元"职教模式的探索与实践成果

※ 名家名言

检验真理的标准只能是社会实践，理论与实践的统一是马克思主义的一个最基本的原则，任何理论都要不断接受实践的检验。

——1978 年 5 月 11 日《光明日报》文章《实践是检验真理的唯一标准》

※ 阐述问题

通过阅读本章，你能够了解：
○ 本土化的"双三元"之路的历程
○ "双三元"实践在不同领域中的实用效果
○ 公开发表的"双三元"文章

"双三元"：高职教育的中国化之路

刘华强

借鉴德国校企结合的"双元制"职业教育理念，建立起具有中国特色的"政校企合作"与"行校企合作""双三元"办学格局，在开放式、立体化的合作办学平台上，大力推行工学结合、校企合作和顶岗实习的应用型人才培养模式，是推动我国高职院校改革发展和破解高职教育"瓶颈"的必由之路。

"双元制"：德国职教理念的启示

德国经济腾飞的秘密武器之一，就是德国"双元制"的职业教育体系。主要是指青少年既在企业里接受职业技能和与之相关的专业知识培训，又在职业学校里接受职业专科理论和普通文化知识的教育。这种企业与学校紧密配合，实践与理论相互交融的职业教育制度，为德国培养出了大批具有较高职业素质的专业技术工人。

在德国，由校企合作共建的"双元制"职业教育受到国家的立法支持。在政府的主导下，企业和学校共同担负起了培养技能型人才的任务。职业学校按照企业的人才需求组织教学和岗位培训，据统计，德国制造业中超过八成的人才来自职业教育。目前，在德国适龄青年中，接受过和正在接受"双元制"职业教育的超过七成，拥有职业教育证书的人在德国全部劳动力中占到八成。

"双三元"："双元制"理念的中国化

我国的职业教育实践如果照搬德国的"双元制"，目前还存在着政府政策主导不力、校企合作法律缺失、企业参与职业教育热情不高等方面的制约。珠海城职院在全国率先提出了"政校企""行校企"这样"双三元"协同融合的办学模式，实践证明，这是一项将德国职业教育"双元制"中国化的成功探索。

以政府为主导、以学校为主体、以企业为支撑"政校企"合作的职业教育，能有效构建起高职教育与经济社会协调发展平台，促使职业教育在办学规模、专业设置和人才结构上，与国家经济社会的发展需求相适应；以行业为指导、以学校为主体、以企业为支撑的"行校企"合作，能充分发挥行业组织在职业教育中的指导作用，既推动了企业为职业教育提供不可或缺的实训平台、实践教学、师资力量以及产学研项目的支撑，又使三者实现了在宏观、中观和微观层面的深度融合，为职业教育和区域经济发展提供了有效的制度保障。

"双三元"办学模式的制度设计

在高职院校建立开放式、立体化的"政校企""行校企"合作协调委员会及其实行例会制的学校发展理事会组织，统筹解决职业教育发展与产业发展中急需解决的问题，是"双三元"办学模式制度设计的核心。珠海设立的职业教育校企合作基金，就是学习借鉴德国政府主导下的"双元制"职业教育理念，由珠海市政府牵头，联合教育、经贸、人保、财政等政府职能部门，吸收若干个行业协会和骨干企业，共同为高职院校的发展和职业技能人才的培养制定政策法规，落实合作项目、扩大基金支持，形成制度化的战略合作。

作为高职院校的最高决策机构，"双三元"办学理事会组织本着自愿参加、平等互利、权责相应、双向互动、协同创新、共同发展的原则，侧重在教育资源优化、学科建设、专业规划、人才交流、产学研合作、培训认证等方面建立起优质高效的社会化协同创新机制。

"双三元"办学模式的实践

在"双三元"办学模式下，珠海城职院根据珠江西岸地区的产业规划，重新整合教学资源，重点建设电子信息、机电工程、旅游管理、物流管理、社会工作五大专业群，加强游艇装饰设计与工艺、中德合作等特色项目的建设，筹备开发与海洋工程装备制造，航空、空调制冷等与产业（行业）相关的新专业。珠海城职院和高栏港经济区携手打造"政校企深度合作实验圈"，与高端服务企业合作创办"航空与海洋工程学院"，开设了长隆旅游管理班、格力安全技术员定向培训班、格力实验测试员定向培训班等17个企业"冠名"班。

珠海城职院在创办过程中，始终把行业协会作为高职教育与企业联系的渠道和桥梁，积极探索在"互利互惠，优势互补，利益共享，风险共担"基础上的校企联姻。在这样具有很强针对性和可操作性的大"联姻"过程中，我们承担起了节能技术培训、计算机等级考试培训、社会工作师考前培训、教师资格证考试培训等社会服务工作。我们与阿里巴巴的电子商务培训中心合作，开展电子商务师认证培训；与北大青鸟信息技术培训中心合作，开展信息技术认证培训工作。校内的专业设置、课程改革等方面，先后与一百多家处于行业领先地位的重点企业建立了稳定的合作与协作关系。近年来，依托珠海城职院成立的广东省（珠海）节能降耗培训基地、广东省中小企业培训示范基地和珠海市中小企业培训示范基地和珠海游艇人才培养培训基地，使珠海高职院校的办学方向更加适应区域经济发展和当地支柱产业、新兴产业对技能型人才的需求。实践证明，"双三元"办学模式是德国的"双元制"办学模式的中国化、本土化，具有可操作性和可复制性。

（原载《光明日报》2013 年 4 月 20 日第 10 版）

基于"双三元"办学模式的高职学生就业质量研究

刘华强　蒋庆荣　高晶

一、推行"双三元"办学模式的背景

最早提出"教劳结合"的代表人物是实用主义教育家杜威先生。他指出，学生只

有在社会中才能真正得到磨炼，从实践中得到磨炼才会真正成为对社会有用的人。马克思在《资本论》中也明确提出劳教结合的概念，"它不仅是提高社会生产的一种方法，而且是造就全面发展的人的唯一的方法"。此外，美国辛辛那提大学赫尔曼·施奈德教授曾对经验教育做了进一步补充。他坚信，如果要把一个学生培养成一名工程师，就需要为这个学生提供工程师的实践机会。他创建的第一个合作教育计划就是一种工学交替的模式，这种模式至今仍是世界各国校企合作教育最普遍的模式，那就是"教劳结合"论。推行此论点最为著名的当属美国芝加哥大学福斯特教授的"产学合作论"。福斯特认为，职业教育要废除原有僵化的教学方式，在课程中多设置一些实效的短期课程，另外，他认为学生的课程实习应安排在企业内进行，以使得学生学到的知识是能和社会的需要紧密相结合的。

站在世界性的角度来看，各国在职业教育领域开展校企合作已相当深入。德国校企合作的双元模式已作为一种广为流传的经验在我国盛行。校企合作对于我国高等职业教育来讲具有举足轻重的地位，它是培养应用型人才的不二法门。

高等职业教育具有高等教育和职业教育双重属性，它以培养生产、建设、服务、管理第一线的高端技能型专门人才为主要任务。高职院校在发展过程中应主动适应区域经济社会发展需要，培养经济社会发展急需的高端技能型人才。珠海城市职业技术学院秉持"文化立校，育人为本，质量至上，创办名校，服务特区"的办学思想，打造政校企、行校企"双三元"办学模式，积极开展对外合作办学，现已与德国、中国台湾等多个知名大学及120余家企业建立了稳定的合作关系。学校目前全日制学生5500余人，成人教育在籍学生9000余人。学校重视培养和提高学生职业竞争能力、知识运用能力和可持续发展能力。毕业生深受社会欢迎，历届毕业生就业率均达到96%以上，高于省内同等院校水平。2010年，毕业生总体就业率达99.86%，多个专业初次就业率达100%。

学校以"素质立身，技能立业，求实创新，特色鲜明"的办学理念，以"求精求强求特色，做实做优做品牌"的办学思路，以"在改革中发展，在发展中规范，在规范中创新，在创新中引领"的工作方针，以及"明德，敬业，乐学，善技"的校训，不断适应职业教育的要求，逐步显现出了自有特色。学校进一步明确了基于政校企、行校企"双三元"的办学模式，培养具有创新精神和实践能力的高端技能型人才，提高教育教学质量，加深内涵建设，促进了学校就业质量不断提高。

二、"双三元"办学模式的内涵

面对国家战略性新型产业的发展和"校企合作、工学结合"世界职业教育发展的新形势，培养大批动手能力强、爱岗敬业的创新型高端技能型人才，提高自身产业技术改造、转型升级服务的能力越来越成为职业教育的重要课题。为此，学校紧密结合珠海战略性新型产业建设项目，创新性提出了以政府为主导、以学校为主体、以企业为支撑的"政校企"三元合作，与以行业为纽带、以学校为主体、以企业为支撑的"行校企"三元合作、"双三元"互动、"产学研"协同培养人才的职业教育模式。

政校企、行校企"双三元"办学模式融合了教育教学理念，破解了高职教育面临的两大难题：一是政府主导下的校企合作模式，重点解决校企合作中企业参与度偏低的难题；二是行业指导下的校企合作模式，重点解决高职院校自身为企业、产业服务能力偏低的难题。

政校企、行校企"双三元"办学模式的特点是，以企业为载体，建立项目工作室、"产学研服"研究中心及职教与产业合作网络平台，强化提升高校自身为产业技术改造、转型升级服务的能力，使高校能够成为助推产业发展的动力，能够建立"产学研服"的长效管理机制。

三、"双三元"办学模式提高就业质量案例

（一）瞄准珠海市高栏港经济区建设需求，探索一条"政校企"密切合作的路径

在珠海市高栏港区政府的大力支持下，学校与高栏港经济区联手打造了"高栏港政校企深度合作实验圈"。在港区管委会协调下，学校与港区内三一集团、中海油能源发展股份有限公司石化分公司、珠海港控股集团有限公司等大型企业共同开展人才需求调研，将职业岗位能力进行归纳分类，整合转换为培养目标，再将专业知识、技能和素质细化为具体的培养目标，制定课程标准；经相关专家认证后构建物流管理专业、港口与航运管理专业、报关与国际货运专业、机电一体化技术专业（港口机械方向）等8个专业及方向课程。

（二）以战略性新型产业人才培养为主线，探索一条行校企密切合作的路径

学校电子工程专业群对接珠海市新能源智能电网产业集群，按照行企标准化课程设计方法，构建基础课、专业核心课、专业群平台课、拓展课和培训课五个相互融合的课程体系，提供行企标准化课程设计模式，整合专业知识、技能和素质，系统培养学生个人能力、团队合作能力及支撑新能源智能电网技术应用的能力。

（三）抓好重点合作项目

1. 与珠海市工商业联合会合作项目

珠海市工商业联合会是珠海市政府联系商界人士的桥梁和纽带，近年来该机构抓机遇，积极谋划战略转型，促使会员单位不断发展壮大。作为珠海市属高职院校，学

校拥有优质的教学资源和稳定的省内生源的优势。为深入贯彻落实国家关于高等职业教育教学质量的文件精神，全方位、深层次推进校企合作并落到实处，充分发挥高校人才培养、科学研究和服务社会的功能，加强高校教学、科研及人才培养工作与地方经济社会的发展紧密联系，更好地为地方经济建设和社会发展服务。学校本着"优势互补、资源共享、互惠共赢、共同发展"的原则，与市工商业联合会建立了长期、紧密的合作关系，经友好协商，双方在人才培养、共建实训基地、技术研发及转化、教师或学生就业创业等领域加强合作，建立了长期的战略伙伴关系，并达成了战略合作框架协议。

协议内容包括学校根据会员单位的用人需求，优先推荐优秀毕业生到企业工作，为企业生产经营活动提供人力资源方面的支持；学校可选派优秀教师和业务骨干承担或参与企业科研项目的开发、技术改造、技术援助和学术研讨；学校可为会员单位提供技术讲座、员工职业培训、产品研发等方面的合作机会；以产学结合、工学交替、顶岗实习等人才培养模式，按照企业人才规格要求设置、开发课程、组织教学，保证人才培养质量；学校根据会员单位生产经营的需求，为会员单位提供企业规划、发展、管理、经营和科技信息等方面的咨询和服务。

珠海市工商业联合会所属会员单位均可成为学校的校外实训基地。按照教学计划，会员单位需安排学生实习并进行就业指导，以培养学生的实际操作技能；建立科研成果孵化器基地，为学生就业、创业提供机会；企业可为学生实习及社会实践等活动提供必要的协助；根据教学改革需要，可选派企业里具有学术研究或管理创新能力的企业骨干出任学校客座教授或兼职教师，并为学校举办系列讲座，参与人才培养方案的制定、教学改革、教材编写等工作；企业要及时向学校提供人才资源需求方面的信息，优先录用；根据研究需要，企业可选派技术人员和业务骨干参与学校科研项目开发、技术援助和学术研讨，还可以根据行业和企业的发展，对学校的专业设置、课程设置、人才培养等方面提供建议和咨询。

2. 与台湾高校及台商协会三方合作项目

为促进两岸文化交流，深化校校合作、校企合作，创新教育教学改革，拓展人才培养模式，学校与台湾修平科技大学、珠海市台商投资企业协会达成了合作意向，并签署了合作协议，决定在人才培养、教学科研等领域展开深入的交流与合作。

学校根据会员单位的用人需求，选派优秀学生赴台湾修平科技大学进行研习；根据台商协会要求，学校可选派优秀教师和业务骨干参与科研项目和学术研讨，为会员单位提供技术支持、员工培训等合作。

台湾修平科技大学为学校选派学生赴台研习事宜提供技术支撑，并且开展相应的教学、培训、考证等活动；同时，负责与相关台资企业取得良好沟通，确保赴台学生的研习、培训、实习顺利进行。

台商协会根据会员企业的实际需求，及时向学校提供人才资源需求方面的信息；为选派赴台研习的学生提供奖学金资助；会员单位根据教学计划，优先安排、录用赴台研习学生实习、工作；会员单位也可推荐优秀的专业技术人员、管理人员作为学校的兼职教师，共同承担实践教学任务，共同培养高技能人才。

四、"双三元"办学模式提高就业质量

建立健全学校就业指导管理体制和工作机制，目标明确、落实责任、全员参与，就业实践工作取得了巨大的突破和成果，主要表现为：

（一）学校毕业生就业率逐年攀升

近三年就业率与就业质量均居全省前列，2009 年为 96.17%、2010 年为 99.45%、2011 年为 99.17%。近三年学生初次签约率从 2009 年的初次签约率 26% 上升至 2011 年的 41%，工科类专业，初次签约就业率达 35%。毕业生的签约就业是学校做好毕业生就业指导与管理工作的源泉与动力。

（二）毕业生就业质量达"三高"

学校就业指导工作紧抓毕业生就业质量，根据近三年对毕业生就业质量及用人单位的满意度调查，学生的就业达到了"三高"，即对口率高、薪酬高、留存率高。

毕业生就业对口率从 2009 年的 70% 到 2011 年的 82%，升幅达 12%，各专业就业率平均水平达 99% 以上，基本实现全员就业。

毕业生就业后薪酬逐年升高。学校的毕业生在珠海的就业率是珠海市 10 所高校中最多的一所。学校的珠海市生源毕业生 85% 以上在珠海就业，同时辐射珠三角及港澳地区，平均毕业生薪酬为 2563.52 元。旅游管理学院与澳门五星级酒店签订校企合作协议，毕业生输送到澳门威尼斯人酒店、澳门金沙（中国）有限公司、澳门新永利数码有限公司等多家公司就业，平均月薪在 6500 元以上。

为了办社会满意的学校，学校就业指导工作坚持深化人才培养模式改革，不断增强毕业生就业适应性。为了培养出"下得去、用得上、留得住"的毕业生，就业指导工作对用人单位做了详细的调研分析，了解用人单位除了注重学生综合素质，还希望毕业生能在单位的留存率得到提高，以避免单位对员工的多次培养。学校毕业生在就业单位工作时间从以往的半年到现在的 1 年以上，跳槽率从 42% 下降到 33%。同时，学校毕业生在工作单位晋升机会较大，目前学校 2011 届毕业生已经担任单位项目负责

人的 152 人,区域经理 137 人,总经理 44 人,自主创业 14 人。学校的毕业生就业率的逐年攀升、一次性就业、高薪就业人数的逐年增加等现象,体现出学校就业指导与管理改革达到了预期的效果和目的,证实了学校就业指导工作改革的必要性和重要性,学校将继续为毕业生提供更好的就业指导服务工作。

结束语

总的来说,实施政校企、行校企"双三元"办学模式,突出了人才培养的针对性、灵活性和开放性。根据政府区域经济社会发展和行业、企业需求,开展合作设立定向班、订单班、冠名班,根据就业岗位和岗位能力需要,合作建设学生实训基地,优化设计教学、实训等实践环节,建设一支由政府、行业、企业高管、高技能人才组成的实践教学队伍,合作开发课程资源等措施,保障了人才培养质量,提升了学生就业质量。

(原载《中国职业技术教育》2013 年 6 月第 14 期)

"三元对接"培养高端技能型人才的战略性思考

刘华强

以培养生产、建设、服务、管理第一线的高端技能型人才为主要任务的高职教育,如何以提高教学质量为核心,以合作办学、合作育人、合作就业、合作发展为主线,创新体制机制,深化教育教学改革,提高服务经济社会的能力,是高职教育面临的"大考"。毋庸置疑的是有很多现实原因牵制着职业教育"高端技能型"人才培养的可能,因此,探索高职教育探索与谁合作、如何合作,开展哪些合作,成了破解培养高端技能型人才难题的关键。珠海城市职业技术学院经过多年的实践,探索出一条政校企、行校企"双三元"互动,以"产学研服"助推高技能型人才培养的办学模式。

所谓"政校企""行校企"互动合作,是指建立健全以政府为主导、学校为主体、行业作指导、企业同参与,"双三元"互动的职业教育合作办学的长效机制。

一、高端技能型人才培养战略

所谓"战略",中国古代常称战略为谋、猷、韬略、方略、兵略等。西晋曾出现司马彪以"战略"命名的历史著作。英语中与"战略"相对应的词 strategy,源于希腊语

strategos，原意是"将兵术"或"将道"。在现代"战略"一词被引申至政治和经济领域，其含义演变为泛指统领性、全局性的谋略、方案和对策。《国家中长期教育改革和发展规划纲要》教育部教职成〔2011〕12号对高职教育今后的发展指明了方向，以全面提升人才培养的质量，提升服务经济社会的能力，这成为我国高职教育未来发展的重要战略选择。

二、珠海产业发展需要造就和培养大批高端技能型人才

珠海经济经过30年来不断优化调整，目前呈现出良好快速的发展态势，2010年三大产业的比重为2.7：54.8：42.5，先进制造业、高技术制造业增加值占规模以上工业增加值比重分别达到43.8%、23.4%，现代服务业增加值占服务业增加值比重达到55.4%，初步形成了以先进制造业、高新技术产业和现代服务业为主体的现代产业体系。根据珠海"十二五"规划，珠海经济到2015年全市生产总值比2010年翻一番，年均增长14.9%，产业结构调整取得重大成果，呈现高端发展、错位发展、集聚发展、生态发展局面，初步建成区域性服务业中心、珠三角先进制造业基地和全国战略性新兴产业基地。珠海以高新技术产业为驱动，以现代服务业和先进制造业为车轮的产业结构，必然需要高端技能人才队伍的支撑，必须培养和造就一大批具有精湛技艺、高超技能和较强创新能力的高端技能人才。

三、高端技能人才培养与产业发展要求不相适应

据调查，珠海2010年紧缺的技能人才有4.03万人，占整个从业人员的4.91%，而高技能人才需求却有2.63万人，占技能人才紧缺总量的比重为65.26%，2012年对技能人才需求总量比2010年有大幅度提高，预计全市紧缺技能人才总量为12.29万人，其中高技能人才紧缺2.76万人。说明珠海经济快速发展，特别是向现代服务业、先进制造业和高新技术产业的集聚发展，对技能人才尤其是高技能人才的依赖性明显增大，并引发人才结构的调整，科技人才、管理人才和技能人才呈现更加紧缺的态势。

目前珠海拥有10所高等院校，在校大学生数量位居全省第二，高教优势凸显，高等院校人才培养目标定位也多是实用型、技能型，然而，近些年来在培养符合产业转型升级所需高端技能人才方面，效果并不明显，突出表现为"两难"：企业招聘合适的人才难和大学生就业难。出现高端技能人才培养不对路的深层次原因主要有：一是院校的专业和课程体系虽然按照市场需求设计，但教学理念、课程体系、教学内容

和教学手段方法等仍然保留着传统模式；二是师资结构不合理，缺乏"双师型"骨干教师团队，许多院校教师年龄结构呈"哑铃型"，以60岁以上老教授和刚毕业的年轻硕士居多，实践教学经验不足；三是院校与企业联系不够紧密，校企合作停留在协议之中。

四、高等职业教育必须主动适应区域经济社会发展需要

高等职业教育具有高等教育和职业教育双重属性，以培养生产、建设、服务、管理第一线的高端技能型专门人才为主要任务。必须坚持以服务为宗旨、以就业为导向，走产学研结合发展道路的办学方针，以提高质量为核心，以增强特色为重点，以合作办学、合作育人、合作就业、合作发展为主线，创新体制机制，深化教育教学改革，围绕地方现代产业体系建设，服务地方创造战略规划，加强中高职协调，系统培养技能型人才，求精、求强、求特色，在现代职业教育体系建设中发挥引领作用。

五、推行政校企与行校企"双三元"高等职业教育模式，培养珠海经济社会发展急需的高端技能人才

政校企与行校企"三元"共建模式，就是指地方政府、行业、企业、学校共建高等职业教育，形成政府、学校、企业三方，行业、学校、企业三方，合作办学、合作育人、合作就业、合作发展的长效机制。"双三元"高等职业教育模式的建立与实施，必须依靠政府大力推动、行业、企业积极参与、学校贯彻实行。

（一）政府推动

1. 统筹规划，调控高等职业学校布局和发展规模
教育行政部门及有关部门，应当将高等职业教育纳入珠海经济社会和产业发展规划，明确适应珠海经济社会发展需要的高等职业学校布局和发展规模，推动中等职业教育和高等职业教育协调发展，统筹应用型、复合型、技能型人才培养结构布局，分类指导，引导学校科学定位，支持学校做优、做强、做出特色。

2. 制定优惠政策，鼓励行业、企业参与人才培养过程
政府应对于参加"政校企""行校企"合作，参与学校专业设置、课程建设、课堂教学、教材编写、实验室、实习实践基地建设、学生生产实习活动，开展"产学研"合作，接受学生顶岗实习和应届毕业生的行业、企业，应当在经费、税收、信贷等方面给予优惠。

3. 建立"政校行企"合作运行机制

搭建由政府牵头，行业、企业、学校参加的校企合作协调组织，明确议事规则，形成多方参与、共同建设、多元评价的运行机制。

（二）行业、企业参与

1. 行业、企业参与高等职业教育专业建设指导委员会，发挥政府、行业、企业在高等职业教育专业设置中的指导作用，以利于学校围绕珠海产业发展重点、行业、企业对专业技能人才的需要，合理确定、不断优化专业结构和布局。

2. 行业、企业参与制订专业人才培养方案，实现专业人才培养与行业、企业岗位对接，推行"双证书"制度，实现专业人才培养与职业标准对接，引入企业新技术、新工艺，实现专业课程内容与企业实践对接。校企合作共同开发专业课程和教学资源。

3. 鼓励行业、企业提供设备、技术和师资，学校提供场地和管理，行业、企业和学校联合组织实训，为校内实训提供真实的岗位训练，营造职场氛围和企业文化，鼓励学校将课堂建到产业园区、企业车间等生产一线，安排学生生产实践和顶岗实习，在实践教学方案设计与实施、指导教师配备、协同管理等方面与企业密切合作，提升教学效果。

（三）学校贯彻实行

1. 学校根据政校企与行校企"双三元"教育模式，深化教学管理体制改革，创新教学运行机制，从专业设置、课程体系、师资队伍、教材体系、实验室和实习实践基地建设，教学内容和教学方法，教师业绩考评和学生成绩考核等方面进行全面改革，以适应新的人才培养模式。

2. 学校实验室、图书馆、资料室、研究中心、设计中心和管理咨询中心等优质教学资源向政府、行业、企业开放，密切"产学研"合作，共同开展科学研究，为政府、行业、企业提供智力支持和教育培训。

3. 学校加强职业教育信息化建设，搭建政府、行业、企业和学校互动信息化教学平台，推动优质教学资源共建共享，一方面将学校优秀课程向政府、行业、企业传送，另一方面将企业的生产过程、工作流程等信息实时传送到学校课堂，并可以实现企业兼职教师在生产现场远程开展专业教学。

（原载《珠海城市职业技术学院学报》2012 年第 3 期）

"三元对接"培养高端技能人才

刘华强

政校企与行校企"三元"共建模式，就是指地方政府、行业、企业、学校共建高等职业教育，形成政府、学校、企业三方，行业、学校、企业三方，合作办学、合作育人、合作就业、合作发展的长效机制。

一、珠海产业发展需要造就和培养大批高端技能人才

珠海经济经过 30 年来不断优化调整，目前呈现出良好快速的发展态势，2010 年三次产业的比重为 2.7∶54.8∶42.5，先进制造业、高技术制造业增加值占规模以上工业增加值比重分别达到 43.8%、23.4%，现代服务业增加值占服务业增加值比重达到 55.4%，初步形成了以先进制造业、高新技术产业和现代服务业为主体的现代产业体系。根据珠海"十二五"规划，珠海经济仍将持续较快发展，到 2015 年全市生产总值比 2010 年翻一番，年均增长 14.9%，产业结构调整取得重大成果，呈现高端发展、错位发展、集聚发展、生态发展局面，初步建成区域性服务业中心、珠三角先进制造业基地和全国战略性新兴产业基地。珠海以高新技术产业为驱动，以现代服务业和先进制造业为车轮的产业结构，必然需要高端技能人才队伍的支撑，必须培养和造就一大批具有精湛技艺、高超技能和较强创新能力的高端技能人才。

二、高端技能人才培养与产业发展要求不相适应

据调查，珠海 2010 年紧缺的技能人才有 4.03 万人，占整个从业人员的 4.91%，而高技能人才需求却有 2.63 万人，占技能人才紧缺总量的比重为 65.26%，2012 年对技能人才需求总量比 2010 年有大幅度提高，预计全市紧缺技能人才总量为 12.29 万人，其中高技能人才紧缺 2.76 万人。说明珠海经济快速发展，特别是向现代服务业、先进制造业和高新技术产业的集聚发展，对技能人才尤其是高技能人才结构的调整，科技人才、管理人才和技能人才呈现更加紧缺的态势。

目前珠海拥有 10 所高等院校，在校大学生数量位居全省第二，高考优势凸显，各高等院校人才培养目标定位也多是实用型、技能型，然而，近些年来在培养符合产业转型升级所需高端技能人才方面，效果并不明显，突出表现为"两难"：企业招聘

合适的人才难和大学生就业难。出现高端技能人才培养不对路的深层次原因主要有：一是院校的专业和课程体系虽然按照市场需求设计，但教学理念、课程体系、教学内容和教学手段方法等仍然保留着传统模式；二是师资结构不合理，缺乏"双师型"骨干教师团队，许多院校教师年龄结构呈"哑铃型"，以 60 岁以上老教授和刚毕业的年轻硕士居多，实践教学经验不足；三是院校与企业联系不够紧密，校企合作停留在协议之中。

三、高等职业教育必须主动适应区域经济社会发展需要

高等职业教育具有高等教育和职业教育双重属性，以培养生产、建设、服务、管理第一线的高端技能型专门人才为主要任务。必须坚持以服务为宗旨、以就业为导向，走产学研结合发展道路的办学方针，以提高质量为核心，以增强特色为重点，以合作办学、合作育人、合作就业、合作发展为主线，创新体制机制，深化教育教学改革，围绕地方现代产业体系建设，服务地方创造战略规划，加强中高职协调，系统培养技能型人才，求精、求强、求特色，在现代职业教育体系建设中发挥引领作用。

四、推行"政校企""行校企"双三元高等职业教育模式，培养珠海经济社会发展急需的高端技能人才

"政校企""行校企"三元共建模式，就是指地方政府、行业、企业、学校共建高等职业教育，形成政府、学校、企业三方，行业、学校、企业三方，合作办学、合作育人、合作就业、合作发展的长效机制。"双三元"高等职业教育模式的建立与实施，必须依靠政府大力推动、行业、企业积极参与、学校贯彻实行。

（一）政府推动

1. 统筹规划，调控高等职业学校布局和发展规模

教育行政部门及有关部门，应当将高等职业教育纳入珠海经济社会和产业发展规划，明确适应珠海经济社会发展需要的高等职业学校布局和发展规模，推动中等职业教育和高等职业教育协调发展，统筹应用型、复合型、技能型人才培养结构布局，分类指导，引导学校科学定位，支持学校做优、做强、做出特色。

2. 制定优惠政策，鼓励行业、企业参与人才培养过程

对于参加"政校企""行校企"合作，参与学校专业设置、课程建设、课堂教学、教材编写、实验室、实习实践基地建设、学生生产实习活动，开展产学研合作，接受

学生顶岗实习和应届毕业生的行业、企业，应当在经费、税收、信贷等方面给予优惠。

3. 建立"政校行企"合作运行机制

搭建由政府牵头，行业、企业、学校参加的校企合作协调组织，明确议事规则，形成多方参与、共同建设、多元评价的运行机制。

（二）行业、企业参与

1. 行业、企业参加高等职业教育专业建设指导委员会，发挥政府、行业、企业在高等职业教育专业设置中的指导作用，以利于学校围绕珠海产业发展重点、行业、企业对专业技能人才的需要，合理确定、不断优化专业结构和布局。

2. 行业、企业参与制订专业人才培养方案，实现专业人才培养与行业、企业岗位对接，推行"双证书"制度，实现专业人才培养与职业标准对接，引入企业新技术、新工艺，实现专业课程内容与企业实践对接。校企合作共同开发专业课程和教学资源。

3. 鼓励行业、企业提供设备、技术和师资，学校提供场地和管理，行业、企业和学校联合组织实训，为校内实训提供真实的岗位训练、营造职场氛围和企业文化，鼓励将课堂建到产业园区、企业车间等生产一线，安排学生生产实践和顶岗实习，在实践教学方案设计与实施、指导教师配备、协同管理等方面与企业密切合作，提升教学效果。

（三）学校贯彻实行

1. 学校根据"政校企""行校企"双三元教育模式，深化教学管理体制改革，创新教学运行机制，从专业设置、课程体系、师资队伍、教材体系、实验室和实习实践基地建设，教学内容和教学方法，教师业绩考评和学生成绩考核等进行全面改革，适应新的人才培养模式。

2. 学校实验室、图书馆、资料室、研究中心、设计中心和管理咨询中心等优质教学资源向政府、行业、企业开放，密切产学研合作，共同开展科学研究，为政府、行业、企业提供智力支持和教育培训。

3. 学校加强职业教育信息化建设，搭建政府、行业、企业和学校互动信息化教学平台，推动优质教学资源共建共享，一方面将学校优秀课程向政府、行业、企业传送，另一方面将企业的生产过程、工作流程等信息实时传送到学校课堂，并可以实现企业兼职教师在生产现场未能得远程开展专业教学。

（原载《珠海特区报》2012年1月9日第11版）

校企携手创新协同

刘华强

校企合作教育的产生最早可追溯到 1903 年的英国桑德兰特技术学院在工程和船舶及建筑系中实施的"三明治"教育模式。这种模式要求学生在校学习期间，有很长一段时间要走出校门去参加实际工作，这一安排就像一块肉夹在两片面包中的"三明治"一样，于是被称作"三明治"教育。由于"三明治"教育能使理论与实践紧密结合，提高学生对知识的理解能力，同时也使学生毕业后能很快适应工作，因此受到人们的高度评价。

高等职业教育从其诞生之日起，就与产业部门有着天然、密切的联系，具有明显的校企合作教育的特色；从世界校企合作教育的发展历史看，合作教育也具有鲜明的职业教育特色。在德国的职业教育体系中，又以校企合作作为主体与核心的"双元制"模式最具特色，成功推动了德国职业教育的大发展。所以，以校企合作教育形式发展高等职业教育，能更有效地实现培养目标，并能更进一步促进办学质量和效益的提高。

我国使用校企合作教育一词始于 20 世纪 80 年代中期，普遍认为"校企合作"模式，既能发挥学校和企业的各自优势，又能共同培养社会与市场需要的人才，是高校与企业及社会共赢的模式之一。加强学校与企业的合作，教学与生产的结合，校企双方互相支持、互相渗透、双向介入、优势互补、资源互用、利益共享，是实现高校教育及企业管理现代化、促进生产力发展，实现教育与生产可持续发展的重要途径。由此可见，校企合作办学是促进科技、经济及企业发展的有效手段，是办好高校教育、促进合作企业活力，培养生产、建设、管理、服务第一线专门人才的重要途径。

办学一地，就要造福一方。珠海城市职业技术学院作为珠海市人民政府主办的唯一一所全日制普通高等院校，经过积极的探索与实践，秉持着"求精求强求特色，做实做优做品牌"的办学思路，探索"工学结合、校企合作"的办学模式和为区域经济社会发展服务之路的同时，办学活力与整体实力得到了同步提升。2011 年 7 月，学校顺利通过教育部高职高专人才培养工作评估，学校毕业生深受社会欢迎，历届毕业生就业率均达到 96% 以上，高于省内同等院校水平。2010 年，毕业生总体就业率达 99.86%，多个专业初次就业率达 100%。目前，学校正积极探索、努力推进"高等学校创新能力提升计划"（即"2011 计划"），以"国家急需、世界一流"为根本出发点，培养一流创新人才，加速建立能够冲击世界一流的新优势和新实力。

一、借"2011 计划"东风，促学校发展模式转变

针对"2011 计划"的要求，学校择优选择协同对象，努力开展校校、校所、校企（行业）、校地（区域）和国际的协同创新，主动融入国家和区域经济社会发展的主战场，增强高职创新对区域经济社会发展的支撑力度。

学校以正在开展的广东省教育综合改革试点"政校企合作人才培养模式改革"为切入点和立足点，打造"高栏港政校企深度合作圈"中的成果和合作基础。与省有关科研院所和国家、省市部委办局合作成立的机构，如"广东省社科院珠海分院""广东省中小企业培训基地""广东省节能降耗基地""国家数字化学习中心珠海分中心""珠海社会管理创新研究基地"等资源，是学校开展"2011 计划"的重要平台。学校现已建立和正在建立的与大型企业和企业集团的联盟，如与珠海国家高新区建立智能电网联盟、拟与方正科技集团建立方正协同创新中心、与珠海港控集团建立的战略合作联盟等，是开展"2011 计划"的丰富的载体。学校多年以来进行的高职"双三元"人才培养模式的探索。同近 20 个行业协会建立合作，其运行机制、合作模式、合作科研（联合科研、技术攻关）、合作成果，正是珠海城职学院开展"2011 计划"工作的有力抓手。

二、对接区域产业发展，推进校企深度合作

目前，珠海市抢抓央企新一轮战略布局、民企蓄势待发等重大机遇，引进了一批突破当前、决定未来的龙头项目，投资超过百亿元的项目 17 个。目前，已有 26 家央企在珠海市投资 37 个项目，近三年来与央企签约投资额超 2000 亿元。总投资超过 600 亿元的中海油深水开发基地，投资 100 亿元的三一重工港口机械和海洋工程装备制造，投资 400 多亿的中船集团船舶及海洋工程装备制造，投资 100 亿元的长隆国际海洋度假区等项目已正式动工或顺利推进。

城职院积极对接地方支柱产业发展趋势，大力推进"政府搭台、校企唱戏"的校企合作模式，于 2011 年获批实施广东省教育综合改革试点项目——政校企合作人才培养模式改革。学校毗邻高栏港区，专业设置与港区的企业用工需求比较吻合。为了充分利用地缘优势，抓住发展机遇，学校与珠海高栏港经济区合作，打造"高栏港政校企深度合作实验圈"，积极探索构建基于政校企深度合作，合力助推人才培养全过程与企业发展和产业转型升级需要无缝对接的人才培养模式。打造职业教育改革的"珠海范式"，有效地破除企业"用工荒"和高校毕生"就业难"的瓶颈，破解政校企合作的热点和难点问题。

近年来，城职院与珠海市自动化学会、社会工作协会、进出口商会、旅游协会等

19个行业组织建立了合作；与格力、华发、南光、长隆等100多家企业单位签订了校企合作协议；与企业共同建立了72个深度合作的校外实训基地与15个企业冠名班。学校办学水平和人才培养质量得到明显提升，逐步建立起被社会认可的珠海市高素质技能型人才培养基地。

学校围绕"蓝色珠海，科学崛起"的总要求，进一步深化认识，明确目标，谋划未来，全力破解汪洋书记对珠海科学发展提出的"五道题"。李嘉书记曾提到，珠海市要以构建现代产业体系为核心，积极参与全球经济中高端竞争。坚持先进制造业和现代服务业"双轮驱动"，着力构建高端制造业、高端服务业、高新技术产业、特色海洋经济和生态农业高端制造现代产业体系。学校积极对接珠海产业发展，与高栏港经济区开展政校合作，与格力等高端制造企业和高新技术企业合作，与长隆国际海洋度假区等高端服务企业合作，乘势而上抢抓发展机遇，提升珠海城职学院服务珠海的能力和水平，为珠海市培育与发展高端制造产业提供高素质技能型人才后盾。

三、紧扣产业培养人才，突显高职院校优势

目前，珠海市技能人才总量、结构和整体素质，与打造产业基地、人才高地，建设珠江口西岸核心城市的目标要求，仍然存在一定的差距。2011年9至11月，珠海市人社局针对珠海市企业用工需求进行了调查，结果显示，2012年至2013年全市企业对技术工人的需求总量达12万人；今年7月的人力资源市场资料显示，中级以上技术工人的用人倍率为2.07，高级工用人倍率为2.0，即是1个高级工有两个好岗位在等待他们，缺乏技工已成为制约珠海市企业发展的一大瓶颈。

在"招工难"的困境下，城职院主动走进工业园区，与企业进行人才与专业的对接。2011年5月24、26日，在高栏港经济区组织下，学校与港区企业举行了两场校企合作对接会，多达60余家企业参加，对接交流涵盖了学校电子信息工程、物流管理、数控技术、游艇装饰设计与工艺、电气自动化、社会工作等专业。对接会受到企业热捧，三一重工、中海油、珠海港控股集团、海泉湾、珠江钢管、江龙游艇等众多企业纷纷与学校签署合作协议，展开了深层次的校企合作。

学校重视深入推进校企合作，全面提升技能人才培养质量。早在2010年，学校意识到游艇产业发展的广阔前景，与位于珠海市平沙镇游艇制造基地的江龙游艇共同开设了全国首个"游艇装饰设计与工艺"专业，建立"江龙游艇"冠名班订单人才培养模式，并于当年6月正式招生。之后，江龙船舶还为学校"江龙游艇"冠名班的品学兼优学生颁发奖学金。企业设置奖学金，不仅大大地激励了学生，而且还为职业教育树立了典型的校企合作范例。

2012年，学校先后与中国移动、格力电器、丹田集团、珠海长隆、珠海达讯科技等企业签署了合作协议。珠海长隆国际海洋度假区将在2013年7月于珠海横琴开业，各项筹备工作正不断推进。该企业重视人才培养，于今年上半年在学校提前招聘68名机电一体化、电气自动化、市场营销、文秘等专业优秀学生，组成"旅游管理班"，派到广州长隆旅游度假区学习，拟培养成为未来珠海长隆的骨干力量。5月30日，学校与珠海港控股集团签署校企战略合作协议，同时设立了产学研合作基地，为集团的员工培训、项目拓展、人才本土化等方面提供全方位的服务，集团还将参与学校的课程开发与教学改革。借此契机，学校将在开办港口管理专业的基础上，计划于2013年正式开办港口与航运管理专业，更好地满足珠海港控股集团的用工需求。

四、借助合作加强内涵建设，提升自身竞争实力

学校注重内涵建设，不断加强教学改革力度，深化人才培养改革探索，重视专业结构调整和优势学科培育，实施教育质量和教学改革工程，进一步推进教学管理制度化、规范化和科学化，不断提升教育教学质量。通过与各大企业深入合作，形成校企双方优势互补、资源共享格局，拓展了产学研结合的渠道，推动了改革发展建设的良性循环，提升了自身的整体实力。主要表现为：

一是借助合作推进教学改革，提高人才培养质量。学校重视教学质量，职业教育各项工作改革不断创新。学校校企合作办公室不断加强与珠海市各区各大企业的联络，为各院系搭建桥梁，有效地引进企业资源，促进校企深层次合作。如，工程与信息学院在教学中，积极配合校企合作工作，安排教师到企业进行人才需求信息调研、毕业生就业跟踪调研、行业指导委员会调研等探索，通过一系列调研，确定核心课程后确定专业群平台建设。学校重视调研与实践，重视培养和提高学生职业竞争能力、知识运用能力和可持续发展能力。学校师生获得各类殊荣不胜枚举，例如：艺术设计系学生在第四届中国航空航天博览会门票设计大赛中夺得一等奖；工商企业管理专业学生获第五届全国高职高专实用英语口语大赛广东赛区（非英语专业）一等奖；数控技术专业学生获国家专利奖；电子商务专业、计算机网络技术专业学生在建行"e路通"杯全国大学生网络商务创新应用大赛全国赛区获国家专科单项一等奖；电子信息工程技术专业学生在广东省无线电测向锦标比赛中获省级一等奖；文秘专业学生在广东省首届秘书职业技能大赛中获省级一等奖。

二是开创政校企深度合作，拓宽师资来源渠道。学校现有专任教师236人，其中，副高以上职称近60人，硕士以上学位127人。学校致力于打造"双师素质"和"双师结构"的教学团队。2012年1月4日，"政校企合作新机遇与新思路——珠海城市职

业技术学院首届政校企合作表彰暨签约大会"在学校隆重召开。市政府副市长王庆利，市人大、市政协、市教育局、市科工贸信局、市科协等政府部门领导，以及各行业协会、企业代表共150余人出席大会。会上，学校聘请的板壳结构分析与应用专家、管理专家、中国工程院机械物运载工程部和工程管理学部刘人怀院士为学校名誉院长，聘请校外专家担任政校企合作指导委员会成员，聘请校外专家学者担任专业建设指导委员会成员。学校通过种种"内培外聘，双向交流"的机制，努力"融入产业办专业、面向市场育人才"，及时调整、优化专业设置，加快师资队伍建设和专业教学团队建设。学校还聘请来自政府部门和行业协会的众多顾问和兼职教授、教师，组成了一支专兼结合的教师队伍，与学校教师相互融合，共同指导学生，既提高了实践教学质量，又提高了教师实践能力。

　　校企合作是职业教育发展的必由之路，城职院将继续以人才、学科、科研三位一体的创新能力提升为核心任务，以推行"政校企""行校企"共建的双三元模式为运行机制，各级推动协同创新，进一步积极主动深入行业、企业开展调查研究。积极探索企业文化与校园文化融合的路径，构建校企合作的可持续发展机制，深化产学研结合、创新运行机制，切实使自身人才培养链深度融入产业链。真正把推动行业、企业发展作为学校自身发展的原动力，使职业教育更好更有效地为珠海市及我省优势产业、支柱产业特别是战略性新兴产业发展服务，为产学研科技转化打好基础。

（原载《珠海特区报》2012年11月5日第6版）

以"双三元"模式培训高端技能型人才的实践与思考

刘华强

　　以培养生产、管理第一线高端技能型人才为主要任务的高职教育，如何以提高教学质量为核心，以"合作办学、合作育人、合作就业、合作发展"为主线，创新体制机制，深化教育办学改革，提高服务经济社会的能力，是高职面临的"大考"。毋庸置疑的是有很多现实原因牵制着职业教育"高端技能型"人才培养的可能，因此，探索高职教育与谁合作？如何合作？开展哪些合作？成了破解制约培养高端技能型人才难题的关键。应借鉴德国"双元制"职业教育模式，积极探索"政府—学校—企业"与"行业—学校—企业"这样的"双三元"互动办学模式。

一、德国"双元制"职业教育模式的优势

在德国，"双元制"职业教育是一种国家立法支持、校企合作共建的办学制度，即由企业和学校共同担负培养人才的任务，按照企业对人才的要求组织教学和岗位培训。这一职业教育体系是德国经济长盛不衰的法宝。所谓"双元制"，企业是一元，职业学校是另一元，是指青少年既在企业里接受职业教育和与之相关的专业知识培训，又在职业学校里接受职业专业理论和普通文化知识教育，这是一种企业与学校配合，实践与理论密切联系的职业教育制度，目的是培训具有较高职业素质的专业技术工人。

二战之后德国经济奇迹般地恢复和发展，在一定程度上是要归功于这种独特的职业教育体系的。2010年，作为欧洲职业教育研究领域的资深专家，布莱梅大学教授菲利克斯·劳耐尔在《双元制职业教育：德国经济竞争力提升动力》一文中认为：德国职业教育模式"是德国在第二次世界大战后，经济发展速度异军突起，实现重新崛起的关键力量"。

在近几年的国际金融危机中，德国又率先复苏，在欧元区国家中可谓一枝独秀，其主要原因之一是"双元制"职业教育体系使德国国内工业制造实力雄厚，新兴市场国家对德国产品有稳定增长的需求，2011年，在全球经济形势低迷背景下，德国GDP逆势上扬3%，总量达25708亿欧元，人均GDP为35000余欧元。2012年第一季度，德国对欧元区的出口增长乏力，但对欧盟以外市场的出口猛增11.2%，由此推动了德国的经济增长。

目前，德国每年有超过七成的18岁青年接受"双元制"职业教育，拥有职业教育证书的人在德国全部劳动力中占八成！据菲利克斯教授统计，职业教育为占德国工业总值80%的制造业提供了有力人才支撑，为德国经济崛起提供了源源不断的人力资源保障。

德国的"双元制"职业教育的历史渊源，要追溯到中世纪传统手工业时代，当时的培训在手工作坊中进行，以师傅带徒弟的形式完成培训。职业学校则是从16、17世纪发展起来的，以满足刚开始的工业化生产的要求。"双元制"职业教育是随着历史、社会和经济发展而形成的，涉及社会的多个方面。德国联邦政府规定，已经接受了9年义务教育的青少年，如不继续上高一级的中学，则必须在年满18岁之前接受3年左右职业义务教育，即上职业学校。这些青少年同时接受学校和企业两方面的基本素质培养，使得德国劳动人口的53.2%都有2到3年半的职业培训文凭。而且，培训都规定从锉刀、榔头、焊枪使用开始，最后不仅要掌握该企业最先进的生产设备，还要学会使用电脑，从事一般的软件设计等。由此我们可以知道，德国产品的高质量，来自于企业员工的高素质；而员工的高素质，来自于员工多年的职业培训和实践。

二、珠海产业发展的现实急需借鉴德国经验培养大批高端技能型人才

珠海经济经过 30 年来不断优化调整，目前呈现出良好快速的发展态势，2010 年三次产业的比重为 2.7∶54.8∶42.5，先进制造业、高技术制造业增加值占规模以上工业增加值比重分别达到 43.8%、23.4%，现代服务业增加值占服务业增加值比重达到 55.4%，初步形成了以先进制造业、高新技术产业和现代服务业为主体的现代产业体系。根据珠海"十二五"规划，珠海经济仍将持续较快发展，到 2015 年全市生产总值比 2010 年翻一番，年均增长 14.9%，产业结构调整取得重大成果，呈现高端发展、错位发展、集聚发展、生态发展局面，初步建成区域性服务业中心、珠三角先进制造业基地和全国战略性新兴产业基地。珠海以高新技术产业为驱动，以现代服务业和先进制造业为车轮的产业结构，必然需要高端技能人才队伍的支撑，必须培养和造就一大批具有精湛技艺、高超技能和较强创新能力的高端技能人才。但现实远远不能满足需要。2011 年 9 月，珠海市人力资源与社会保障局对 600 多家企业进行的紧缺技能型人才调查数据显示，2012 年珠海市技能人才紧缺数量达 12 万人。从珠海市人才发展"十二五"规划提出的目标看（表 1），为实现"率先转型升级、建设幸福珠海"的战略目标，必须以满足珠海特色产业发展需要为重点，要着力打造一支门类齐全、技艺精湛的高技能人才队伍，这一任务艰巨而紧迫。

表 2　珠海市人才发展"十二五"规划主要指标

指　标	单　位	2009 年	2015 年
人才总量	万人	31.3	44.9
主要劳动人口受过高等教育的比例	%	21.7	30
每万劳动力中研发人员	人年 / 万劳动力	66	72
高技能人才占技能劳动力比例	%	24.6	30
人才资本投资占国内生产总值比例	%	13.6	18
人力资本对经济增长贡献率	%	28.4	35

据以往调查，珠海 2010 年紧缺的技能人才有 4.03 万人，占整个从业人员的 4.91%，而高技能人才需求却有 2.63 万人，占技能人才紧缺总量的比重为 65.26%，2012 年对技能人才需求总量比 2010 年有大幅度提高，全市紧缺技能人才总量为 12.29 万人，其中高技能人才紧缺 2.76 万人。说明珠海经济快速发展，特别是向现代服务业、先进制造业和高新技术产业的集聚发展，对技能人才尤其是高技能人才的依赖性明显增大，并

引发人才结构的调整，科技人才、管理人才和技能人才呈现更加紧缺的态势。

目前珠海拥有 11 所高等院校，在校大学生数量位居广东省第二，高教优势凸显，但高校专业设置于企业需求脱节，导致专业性人才严重缺失。近些年来在培养符合产业转型升级所需的实用型、技能型高端技能人才方面，欠账很多，突出表现为"两难"：企业招聘合适的人才难和大学生就业难。出来高端技能人才培养不对路的深层次原因主要有：一是院校的专业和课程体系虽然按照市场需求设计，但教学理念、课程体系、教学内容和教学手段方法等仍然保留着传统模式；二是师资结构不合理，缺乏"双师型"骨干教师团队，许多院校教师年龄结构呈"哑铃型"，以年龄大的教师和刚毕业的年轻硕士居多，实践教学的精力和经验不足；三是院校与企业联系不够紧密，校企合作往往只停留在协议的文字上，而未真正落实到实际。

如何借鉴德国职业技术教育的经验？如何培养出深受企业欢迎的各类职业技术人才？需要我们在理论与实践的结合上不断探索，勇于创新。

三、以"双三元"模式培养高端技能人才

结合中国国情来考虑，在借鉴德国"双三制"职业教育时，应引入"政府"和"行业"两个元素。

（一）引入"政府"要素的第一个"三元"

职业技术教育在中国的发展历程很曲折，时断时续，无论企业还是青少年，对职业技术教育重要性、迫切性的认识还没有普遍意识到，全社会尚未形成职业技术教育举足轻重、利国利己的舆论氛围，因此需要政府决策、政府牵头、政府规划，促成企业与院校联谊，形成第一个"三元"互动模式——政府、学校、企业三方互动。

虽然习惯上称德国"双元制"，双元指的是企业和学校，但事实上德国政府的角色也非常关键。比如，政府所属的慕尼黑市劳动局职业信息中心位于市区中心，这是一个服务内容全面、设备完善、方式灵活的便于自行操作、自我服务的信息资料中心。可以向学生或其他有需要的人，提供查询服务。信息的形式有录音带、录像带、电影、幻灯、微缩胶片、图书画册、杂志、电脑数据库，有详细的职业卷宗，其中有对某个职业或专业的概述、条件要求、培训内容、培训地点的分布及各地培训的特色、徒工待遇、劳动力市场对本职业的最新需求情况，甚至有关于本职业的有价值的文章、书籍、简报资料等。由于现在社会里选择职业越来越多地收到个人价值观念、兴趣爱好、性格等因素的影响，职业咨询就变成了一种非常复杂的工作。德国政府为中学生和普通劳动者准备了完备的数据库，人们可以在这里通过多媒体来自由地寻找适合自己的职

业或者是接受职业教育的机会。学校也会组织在校学生参观信息中心，使学生尽早懂得择业的意义和方法，学会运用这里的信息资源。

我们学校积极和政府沟通联系，和政府有关部门制定"政府—企业—学校"互动规划，将培养大批高端职业技术人才的学校目标，提升到地方发展战略的层面来认识。通过实践我们体会到，作为地方职业教育院校，要想得到较好较快的发展，必须取得地方政府的大力支持；而要得到大力支持，就要让地方政府了解学校的性质和能力。要知道政府在想什么？规划什么？需要什么人才？同时，要让政府了解学校能为政府做什么，能为地方培养哪些人才。学校按照政府要求调整院系与专业布局，使之与地方经济发展和产业转型升级相适应，从而更好地为地方提供人才与智力支持。学校和政府的互动体现在：

1. 统筹规划，将职业技术学院的愿景纳入地方经济社会和产业发展规划。为适应地方经济社会发展而打造学校专业布局和发展规模，着力培养特区需要的统筹应用型、复合型、技能型人才，使学校做优、做强、做出特色。根据地方经济与社会发展的需要，学校开设食品营养与安全、应用化工、投资与理财、国际商务、医学文秘等专业。学校拥有的计算机网络技术、电气自动化技术、模拟电子技术与培训等专业，都是在对相关行业及企业深入调研后开设的，每个专业背后都有骨干企业做后盾。

2. 政府制定优惠政策，鼓励行业、企业参与学校的职业人才培养过程。搭建由政府牵头，行业、企业、学校参加的院企合作协调组织，明确议事规则，形成多方参与、共同建设、多元评价的运行机制，对接受学生顶岗实习及应届毕业生的行业、企业，在经费、税收、信贷等方面给予合理优惠。职业技术学院为响应政府节能降耗工作，主动请缨，创造条件，终于在2008年8月被广东省政府正式批准为广东省（珠海）节能降耗培训基地。学校安排校企合作办公室为基地建设的专责部门，任命专职人员负责基地日常工作。择优聘请校内外能源行业专家组建节能降耗讲师团。同年11月，职业技术学院被广东省经信委正式批准为广东省中小企业培训示范基地。针对企业不同层次员工的需求，基地努力打造"培训超市"，精心编制了精品课程供企业自由选择。基地进行了提高珠海成长型企业的管理者领导力的EMBA高端培训、企业中层管理人员的管理创新项目培训、企业基层员工的职业技术培训。全面提高企业员工的素质，打造培训精品。

（二）引入"行业"要素的第二个"三元"

在中国社会现实中，各行业、协会很活跃，官办、民办都有。职业技术学院主动和珠海市乃至广东省的各个专业协会取得经常性联系。这些行业协会囊括众多企业并在平时充当企业与社会交流的窗口，很适合作为学校与企业联系的渠道和桥梁，促成企业与学校联姻，由此形成第二个"三元"互动模式——行业、企业、学校三方互动。

1.行业、企业参加高等职业教育专业建设指导委员会，发挥政府、行业、企业在高等职业教育设置中的指导作用，有利于学校围绕地方产业发展，满足行业、企业对专业技能人才的需要，合理确定、不断优化专业结构和布局。

学校与市工商联签订了校企战略合作协议书，并建立协同创新中心。充分调动行业与学校双方合作办学的积极性，建立起以"互利互惠，优势互补，利益共享，风险共担"为基础的长期、稳定的合作关系。建立起保证学校教学科研活动和企业生产经营活动顺畅、有效运转的机制，把完成教学、科研、生产任务有机地结合起来。目前，学校已与一百多家企业建立了稳定的合作、协作关系，在专业设置、课程改革等方面展开了长效、深度地合作。"广东省（珠海）节能降耗培训基地""广东省中小企业培训示范基地"和"珠海市中小企业培训示范机构""珠海游艇人才培养培训基地"先后在学校挂牌成立。

2.行业、企业参与制订专业人才培养方案，实现专业人才培养与行业、企业岗位对接，推行"双证书"制度，实现专业人才培养与职业标准对接，引入企业新技术、新工艺，实现专业课程内容与企业实践对接。校企合作共同开发专业课程和教学资源。

学校承担了许多全市的行业培训工作，如节能技术培训、计算机等级考试培训、社会工作师考前培训、教师资格证考试培训、公共英语等级考试、普通话等级测试等等。还与阿里巴巴合作设立电子商务培训中心，开展电子商务师认证培训工作；与北大青鸟信息技术培训中心合作，开展认证培训工作。学校形成了与各行业密切联系的高职教育、中职教育、成人教育和职业培训并存的办学格局。

3.鼓励行业、企业提供设备、技术和师资，学校提供场地和管理，行业、企业和学校联合组织实训，为校内实训提供真实的岗位训练，营造职场氛围和企业文化，鼓励将课堂建到产业园区、企业车间等生产一线，安排学生生产实践和顶岗实习。在实践教学方案设计与实施、指导教师配备、协同管理等方面与企业密切合作，提升教学效果。行业专家们对专业人才培养方案进行论证，结合行业、企业实际，就专业课程设置、教学安排、教学内容等提出意见和建议，为进一步修订和完善人才培养方案提供了企业一线资源。专家们还就相关科研项目、校企合作教材、加强"行企校三元"合作、学生顶岗实习的管理、定向培养模式的尝试、安全生产教育的重要性等方面问题进行论证。如模具设计与制造专业建设指导委员会的成立，使得模具专业建设有了来自行业、企业的权威指导，促进人才培养与社会需求的紧密衔接，标志着学校模具设计与制造专业建设迈开了坚实的一步。

（三）借鉴德国"双元模式"，实现三个对接

借鉴德国模式，学校对接地方产业、专业对接行业企业、教师对接职业岗位，应

是切实提高职业教育水平，达到政府、行业、企业和学校多方共赢的关键。

1. 学校对接地方产业

学校和地方产业的关系，应该是一种休戚相关、共荣共损的关系。学校根据地方产业布局而确定学生培养的类别、目标；地方产业从学校成批吸纳契合自身要求、顶岗适用的员工。近些年全国很多地方在酝酿、实施一些具有长远战略意义的建设项目，需要大批具有特殊技术的员工。如果不采用提前定向培养的办法，就不可能在一般性的社会招聘中满足新兴企业的需要。例如，根据《珠江三角洲地区改革发展规划纲要》，珠海在加快建设完善珠海港的现代化功能。其中高栏港工业区、海洋工程装备制造基地均落户在高栏港经济区，从国家战略的层面明确了高栏港经济区的发展战略定位和产业定位。高栏港经济区产业格局显示，海洋装备制造、石化、清洁能源、物流等产业迅猛发展，专业人才需求存在巨大缺口。职业技术学院和高栏港经济区产业发展局都意识到这一双方合作的重大契机，双方携手打造珠海首个"政校企深度合作实验圈"，建立政府、高校、企业合作培养人才的模式，改变港区技能人才短缺现象。产业发展局主持在高栏港举办"校企合作对接会"，为学校与各企业搭建交流平台，促进政校企合作。与企业的对接交流几乎涵盖了学校所有专业。对接会受到企业的欢迎，也使莘莘学子看到就业的愿景。学校还与格力等高端制造企业和高新技术企业合作，与长隆国际海洋度假区等高端服务企业合作，创办"航空与海洋工程学院"，为地方产业提供高素质技能型人才支撑。

2. 专业对接行业企业

职业技术教育在细化专业设置时，也要从地方企业实际需要出发，尽量不搞"大而空""万金油"式的专业。应该做到：企业需要什么专业人才，学校就培养什么专业人才。这样才能学以致用，才能学业专精。学生盯住目标学，学有所用才能学有动力。企业自然也抢这样的毕业生，招来就用，免去培训。

珠海港控股集团有限公司（简称珠海港集团）是 2008 年 7 月 25 日组建成立的国有独资企业，主要从事港口、土地及其配套设施的开发、建设、管理和经营，作为港口建设的具体承担者和"以港兴市"战略的具体推动者，承担着珠海市高栏、万山、香洲、九洲、井岸、洪湾、唐家等 7 大港区的开发建设和经营管理任务。这个企业成立次年就与职业技术学院开始合作，后来双方又签署校企战略合作协议。学校考虑如何为集团的员工培训、项目拓展、人才本土化等方面提供全方位的服务，企业也有意愿参与学校的专业设置、课程开发与教学改革。借此契机，学校开办港口管理与航运管理专业，以满足珠海港控集团的人才需求。

专业与企业对接的一个生动例证就是"订单式"职业教育。"订单式"职业教育是指企业与院校协商确定，由院校根据企业提出的人才需求（包括人才数量、知识水平、职业技能)在规定时间内保质保量地提供的合约式教育方式。这种开放式的教学模式,以企业需求为中心,以专门技术培训为目标,定向培养,定向就业,集中体现了因材施教、学以致用的教学理念。而传统职业教育以课堂灌输为主,以实践教学为辅;教师对企业使用技能不甚了了,学生认为学而无用;因而学生毕业后远未达到岗位技能要求,企业还要再行培训。

珠海市康信精密机械有限公司由于企业产品的高技术特点,对员工的专业技能能力要求较高,为解决招聘难的问题,康信公司和职业技术学院共同投资开设数控机床机械装调实训、数控机床电气装调实训等课程,并建立"康信数控机床装调实训室"。学校对有意愿去康信公司工作的学生开设订单班,专门开设一些符合企业要求的课程,进行有针对性的培训,让学生符合企业需求标准。康信公司每年接收该订单班学生去企业顶岗实习,作为企业的数控机床机械或电气装配员、整机调试员、售后维护员等岗位后备人才。实训室还作为康信公司员工培训基地和数控机床装调生产场地,为企业员工进行培训并承担企业的部分生产任务。学校与德国国际管理与经济学院合作办学,开设工商管理专业;还与国内外著名企业如德国摩天宇(MTU)航空发动机维修公司、哈特公司、德莱公司、万利达电器有限公司、金山软件公司、珠海经济特区恒顺国际货运代理有限公司合作,实行"订单式"教育,直接为企业培养人才。

"订单式"职业教育及企业直接参与专业课程开发,使教学内容能动态地跟踪新技术、新设备的发展,减少了教学中的盲目性,实现了教学与上岗的零距离。

3. 教师对接职业岗位

三个对接的职业教育模式,对教师的素质提出更高的要求。在教与学的互动中,教师处于主导地位。教师不仅要胜任理论教学,更要胜任实践技能教学。在教学方式上,教师要改变课堂上"满堂灌"方式,教师由坐而论道变为教学主持人,给学生更多的技能启蒙与实践空间。而"打铁要先本身硬"教师要对接职业岗位,必须走进企业,将自身掌握的学科理论知识与职业岗位的专门技能融合在一起,实现教师与工程师的零距离。学校在与珠海港控集团等企业的校企战略合作中,选派优秀专业教师赴企业挂职锻炼,顶岗操作。通过强化专业教师的企业工作经历,提高教师教学设计和实践能力。教师对接职业岗位,不仅体现在"走出去",还要体现在"请进来"。学校的各专业聘请相关企业人士担任客座教授和兼职教师,他们必须是行业、企业的专业技术人员或能工巧匠;明确纳入统计的兼职教师,必须在学年内承担专业教学并有一定课时量。有了教师对接职业岗位,学校开设课程由校内"双师型"(理论老师和实践老师)教师和企业能工巧匠型技师共同执教,进行基于真实生产过程的教学,使学生和员工既学习必要的理论知识又掌握企业最实用的技能,为学校培养技能型人才的同时也为企业培养合格的员工。同时一方面将学校优秀课程向政府、行业、企业传送,另一方面将企业的生产过程、工作流程等信息实时传送到学校课堂，实现企业兼职教师在生产现场远程开展专业教学，搭建政府、行业、企业和学校互动信息化教学平台，推动优秀教学资源共建共享。

（原载《中国社会科学院研究生院学报》2013 年第 1 期）

"双三元"联动办学

——探索德国"双元制"职业教育中国本土化之路

刘华强

德国职业教育的科学研究，正如其职业教育对经济的推动力一样，举世瞩目并始终处于世界领先地位。德国的经济迅速腾飞的秘密武器就是德国的"双元制"职业教育。笔者认为，对职业教育的研究，以德国的先进职教观念为主要理论依据，探索中国特色的职业教育现代化之路再合适不过了。

一、先进职教理念是全人类的共同财富

所谓德国"双元制"职业教育，企业是一元，职业学校是另一元，是指青少年既在企业里接受职业技能和与之相关的专业知识培训，又在职业学校里接受职业专业理论和普通文化知识教育，这是一种企业与学校配合，实践与理论密切联系的职业教育制度，目的是培训具有较高职业素质的专业技术工人。在德国，"双元制"职业教育是一种受到国家立法支持、由校企合作共建的一种办学制度。由企业和学校共同担负培养人才的任务，按照企业对人才的要求组织教学和岗位培训，这一职业教育体系是德国经济长盛不衰的法宝。

二战之后德国经济奇迹般地恢复和发展，在一定程度上要归功于这种独特的职业教育体系。2011 年，在全球经济形势低迷背景下，德国 GDP 逆势上扬 3%，总量达 25708 亿欧元，人均 GDP 为 35000 余欧元。2012 年第一季度，德国对欧元区的出口增长乏力，但对欧盟以外市场的出口猛增 11.2%，由此推动了德国的经济增长。目前，德国每年有超过七成的 18 岁青年接受"双元制"职业教育，拥有职业教育证书的人在德国全部劳动力中占八成。据菲利克斯教授统计，职业教育为占德国工业总产值 80% 的制造业提供了有力人才支撑，为德国经济崛起提供了源源不断的人力资源保障。

二、"双元制"办学的中国本土化

我国高职院校推行工学结合、校企合作、顶岗实习的人才培养模式多年，广泛开展了各种形式的校企合作，虽然对德国的"双元制"先进理念认识有了一定的深度，但原封不动地在中国的职业教育实践中施行德国"双元制"，仍然存在着诸多问题。诸如政府政策主导不力，校企合作法律缺失，企业参与职业教育热情不高等问题逐渐浮出水面。为解决目前校企合作中存在的问题，探索出符合中国特色的高职人才培养模式，珠海城职院在全国率先提出了"政校企""行校企"双三元办学模式下的人才培养模式（以下此模式简称为"双三元"），以此破解"双元制"在中国遇到的瓶颈，将其先进性融入中国，成为地地道道的中国化职业教育模式。

（一）"双三元"办学模式的中国特色

"双三元"是指"政校企""行校企"协同融合的办学模式。即以政府为主导、以学校为主体、以企业为支撑的"政校企"三元合作，与以行业为指导、以学校为主体、以企业为支撑的"行校企"三元合作。

"政校企"的紧密合作，旨在发挥政府在职业教育发展中的主导作用，促进政府切实履行发展职业教育的职责，把职业教育纳入经济社会发展和产业发展的规划当中，促使职业教育的规模、专业设置与经济社会的发展需求相适应；"政校企"要解决在政府主导下，确定办学定位、政策导向、办什么样高职的问题。

"行校企"的紧密合作，旨在发挥行业组织在职业教育发展中的指导作用，推动企业为职业教育提供不可或缺的实训平台、实践教学、师资力量以及产学研项目的支撑。

通过"政校企""行校企"协同融合，旨在提升学校专业服务产业发展的能力，促进高职教育质量的全面提高，培养符合区域经济社会发展和企业需求的高端技术技能型专门人才。

珠海城职院正是借鉴德国的"双元制"职教模式，开创了政校企、行校企"双三元"联动的办学模式，促进产学研协同发展，探索高等职业教育办学的新路子。

（二）"双三元"中政府、行业、企业、学校的作用与职责

结合中国国情考虑，在借鉴德国"双元制"职业教育理论时，应引入"政府"和"行业"两个元素。

1. 政府

只有通过政府的决策、牵头与规划，才能促成企业与院校的联姻，从而形成第一个"三元"互动模式，——政府、学校、企业的三方互动。

（1）通过政府对职业教育与地方经济社会和产业的发展进行统筹协调，为职业教育的发展破解难题，为学校发展创造良好环境，为社会、产业的发展提供人力资源保证。

（2）通过政府制定优惠政策，鼓励行业、企业参与学校的人才培养过程，搭建由政府牵头，行业、企业、学校参加的校企合作协调组织，形成多方参与、共同建设、多元评价的运行机制，对接受学生顶岗实习及应届毕业生的行业、企业，在经费、税收、信贷等方面给予合理的优惠政策。

2. 行业、企业

行业协会在对产业发展的引领、组织与协调中发挥着重要的作用，而高职院校正是对接地方产业的发展而确定发展方向的，因此，行业对高职院校的发展发挥着非常重要的指导作用。由此形成第二个"三元"互动模式——行业、学校、企业的三方互动。

（1）行业、企业成为高职专业建设指导委员会成员，发挥行业、企业在高职专业设置中的指导作用，有利于学校围绕地方产业发展，满足行业、企业对专业技术技能人才的需要，并能够不断优化专业结构和布局。

（2）行业、企业参与制订专业人才培养方案，实现专业人才培养与行业、企业岗位对接，校企合作共同开发专业课程和教学资源。

（3）鼓励行业、企业提供设备、技术和师资，学校提供场地和管理，为校内实训提供真实的岗位训练，营造职场氛围和企业文化。

3. 学校

积极谋求政府、行业、企业支持，共同促进地方经济建设。

（1）服务区域经济与社会发展，提高专业设置的针对性。

（2）改革人事管理制度，建立和完善教师评价与激励制度，造就结构合理、能力突出的教学科研和管理团队。

（3）立足教学科研和对外服务，建设校内实践场所，保证设备与技术的应用性、先进性和适度的超前性。

（三）"双三元"办学模式制度设计

1. 建立珠海市校企合作协调委员会，构建"双三元"宏观合作平台

由珠海市政府牵头，分管副市长任主任，教育、经贸、人保、财政等部门联合职业院校、行业协会、骨干企业等统筹校企合作，设立校企合作基金，制定和落实支持校企合作政策、法规及实施细则，促进校企合作制度化。构建"政府、学校、行业、企业"开放式、立体化政校企合作办学组织架构。

2. 构建珠海市校企合作协调委员会领导下的基于"双三元"办学理事会组织结构

本着自愿参加、平等互利、权责相应、双向互动、协同创新共同发展的原则，建

立以下机制：

（1）专业规划建设协调机制。成立由政府、行业、企业、高职院校代表组成的专业指导委员会，指导高职院校的专业规划与建设，协同人才培养，协调政校企、行校企合作。

（2）教育资源优化协调机制。通过政校企、行校企深度合作，促使政府了解和掌握教育现状和需求，规划教育发展战略，以协同创新项目获取政府教育专项经费，争取行业、企业的办学资助。

（3）人才交流机制。学校向政府、行业、企业派出优秀教师挂职，即可获取实际工作经验，又可协助挂职单位开展技术和管理工作；政府、行业、企业向学校派出优秀技术和管理人才开展教学，弥补学校教师实践经验的欠缺。

（4）产学研合作机制。通过产学研深度合作，获取政府对学校实验平台建设的支持，与行业联盟、企业广泛建立起实习实践基地，提升学校对区域经济社会发展、对企业经营的服务能力。

（5）协同创新机制。面向区域经济和社会发展、面向行业、企业，开展"人才、资本、信息、技术"等创新要素的深度合作。

（6）培训认证协同机制。通过与政府技能鉴定中心、培训中心合作，学校提供场地、设施、设备和技术人才，协助政府开展专业技能认定；通过项目合作，为政府、行业、企业、公民提供各式培训及义务教育。

（原载《珠海特区报》2013年4月28日第07版）

职业教育对接产业发展

——珠海"双三元"办学模式的实践探索

刘华强

高等职业教育从其诞生之日起，就与社会各界有着天然、密切的联系，具有明显的合作教育的特色。高职院校办学，必须主动适应区域经济发展，适应优势支柱产业和新兴产业发展的需求。完全照搬德国的"双元制"模式，将会水土不服。"双三元"办学模式是德国的"双元制"办学模式的中国化、本土化，具有可操作性和可复制性。实行"双三元"互动，产学研协同，才能够体现与产业群"六个对接"的要求，即培养目标对接、培养模式对接、课程体系对接、教学内容对接、考核评价方式对接、职业资格证书对接，从而为社会培养"用得上""留得住"的高端技术技能型人才。珠海城市职业技术学院在"双三元"办学模式上进行了大胆的实践：

一、专业规划对接地方产业规划

珠海城职院结合珠海高端服务业、高端制造业、高新技术产业和特色海洋经济和农业产业发展战略定位布局，根据珠海对技术技能型人才的需求，出台了在"双三元"办学模式下的《珠海城市职业技术学院院系及专业设置方案》。在原有工程与信息学院基础上，调整发展为3个工科学院以适应珠海产业发展的需求。以现有的两个中央财政支持重点建设专业、两个省级重点培育专业及校级特色专业为基础，重新整合教学资源，建设电子信息、机电工程、旅游管理、物流管理、社会工作等5大专业群。同时，加强游艇装饰设计与工艺、中德合作等特色项目的建设，筹备开发与海洋工程装备制造，航空、空调制冷等与产业（行业）相关的新专业。

《珠江三角洲地区改革发展规划纲要》中显示，珠海需加快建设完善珠海港的现代化功能，其中高栏港工业区、海洋工程装备制造基地均落户在高栏港经济区，从国家战略的层面明确了高栏港经济区的发展战略定位和产业定位。高栏港经济区产业格局显示，海洋装备制造、石化、清洁能源、物流等产业迅猛发展，专业人才需求存在巨大缺口。珠海城职院和高栏港经济区产业发展局都意识到这一双方合作的重大契机，双方携手打造珠海首个"政校企深度合作实验圈"，建立政府、高校、企业合作培养人才的模式，改变港区技术技能人才短缺现象。产业发展局在高栏港举办"校企合作对接会"，为珠海城职院与各企业搭建交流平台，以促进政校企的合作。与企业的对接交流几乎涵盖了珠海城职院所有专业。对接受到了企业的欢迎，也使莘莘学子看到了就业的愿景。珠海城职院还与格力等高端制造企业和高新技术企业合作，与长隆国际海洋度假区等高端服务企业合作，创办"航空与海洋工程学院"，为地方产业提供高素质技术技能型人才支撑。

二、专业人才培养对接行业企业人才需求

职业技术教育在细化专业设置时，也要从地方企业实际需要出发，尽量不搞"大而空""万金油"式的专业。应该往企业需要什么专业人才，学校就培养什么专业人才的方向发展。珠海港控股集团有限公司是2008年组建成立的国有独资企业，承担着珠海市高栏、万山、香洲、九洲、井岸、洪湾、唐家等7大港区的开发建设和经营管理任务。该企业成立次年就与珠海城职院签署校企战略合作协议开展合作。珠海城职院及时开

办了港口管理与航运管理专业，以满足珠海港控股集团的人才需求。

专业与企业对接的一个生动例证就是"订单式"培养。目前，珠海城职院开设了长隆旅游管理班、格力安全技术员定向培训班、格力实验测试员定向培训班等17个冠名班。企业直接参与专业课程开发，使教学内容动态地跟踪新技术、新设备的发展，减少了教学中的盲目性，实现了教学与上岗的零距离。

三、教师职教能力要求对接职业岗位要求

"双三元"办学模式，对教师的素质提出了更高的要求。在教与学的互动中，教师处于主导地位。教师不仅要胜任理论教学，更要胜任实践技能教学。在教学方法上，教师要改变"满堂灌"的授课方式，由坐而论道变为教学主持人，给学生更多的技术技能启蒙与实践空间。"打铁先要本身硬"，教师要对接职业岗位，必须走进企业，将自身掌握的学科理论知识与职业岗位的专门技术技能融合在一起，实现教师与工程师的零距离。

珠海城职院在与珠海港控股集团等企业的校企战略合作中，选派优秀专业教师赴企业挂职锻炼，顶岗操作。通过强化专业教师的企业工作经历，提高教师教学设计和实践能力对接职业岗位。

四、本土高校对接城市发展的服务定位

珠海城职院谨记城市大学的使命（即培养人才、科学研究、服务社会、传承文化的使命），主动与珠海市乃至广东省的各个专业协会取得经常性联系，把行业协会作为珠海城职院与企业联系的渠道和桥梁，促成企业与珠海城职院的联姻。

在与珠海市工商联的合作中，采取签订校企战略合作协议书，建立协同创新中心的方式，充分调动行业与学校合作办学的积极性，建立起以"互利互惠，优势互补，利益共享，风险共担"为基础的长期、稳定的合作关系。目前，珠海城职院已与一百多家企业建立了稳定的合作、协作关系，在专业设置、课程改革等方面展开了长效并有深度地合作。"广东省（珠海）节能降耗培训基地""广东省中小企业培训示范基地"和"珠海市中小企业培训示范基地""珠海游艇人才培养培训基地"等基地先后在珠海城职院挂牌成立。

主动承担多项社会服务工作，如节能技术培训、计算机等级考试培训、社会工作师考前培训、教师资格证考试培训、公共英语等级考试、普通话等级测试等等。与阿里巴巴合作设立电子商务培训中心，开展电子商务师认证培训工作；与北大青鸟信息技

术培训中心合作，开展认证培训工作。

目前珠海城职院已形成了与各行业密切联系的集高职教育、中职教育、成人教育和职业培训并存，承担职业教育、继续教育、终身教育义务的办学格局。

通过近年来的改革探索，珠海城职院的整体实力明显增强，目前已拥有珠海经济发展研究中心（广东省社会科学院珠海分院）、珠海社会管理创新研究基地、珠海市情与决策基地等7个服务平台；与社会多方建设四个协同创新中心；珠海城职院还聘请刘人怀院士为名誉校长，聘请著名台湾设计师修泽兰女士为特聘教授；多名教师被聘为珠海市咨询委员会委员，以及政府和企业顾问。2012年，珠海城职院科研课题的数量与质量有了较大的提高，横、纵向课题总经费达400余万元。四项成果分别获得广东省科技进步三等奖、珠海市哲学社会科学成果一等奖、珠海市科学技术进步二等奖和珠海市社科优秀成果三等奖。2011年，珠海城职院省级以上获奖学生达87人次。经济管理学院两支学生代表队在全国"用友杯"大学生会计信息化技能大赛上勇夺全国一等奖和二等奖；电子信息工程技术学生代表队在2011年中国教育机器人大赛中获一等奖；击剑队在全国大学生击剑锦标赛上获女子重剑团体第五名，男子佩剑团体第六名的好成绩；2012届毕业生初次就业率达95.77%，高于全省同类院校初次就业率平均水平；机电一体化等5个专业的初次就业率达100%，毕业生就业质量不断提高，2012届毕业生初次就业专业对口率达80%以上。

（原载《珠海特区报》2013年5月5日第08版）

海峡两岸高职教育合作发展的探索与创新

——以职业教育"双三元"模式的珠海实践为例

刘华强，潘沁红

国家和地方的教育政策，为海峡两岸高职教育合作发展确定了具体的方向。《国家中长期教育改革和发展规划纲要》（2010-2020年）提出，加强与台湾的"教育交流与合作。扩展交流内容，创新合作模式，促进教育事业共同发展"。《广东省中长期教育改革和发展规划纲要》提出："加强粤台教育交流与合作。积极创新粤台交流合作机制，拓展交流渠道，广泛开展粤台人才培养合作和学术交流。"尤其是近几年来海峡两岸高职教育的互动交流频繁，不仅实现了"坐而论道"到"起而行"，而且合作的深度、广度也在不断加强。

珠海城市职业技术学院与台湾技职教育的合作始于 2009 年，经过近五年的探索和创新，走出了一条以点连线，由线结网，由简单的"往来参观式"合作，通过职业教育的"双三元"模式，发展成为"全方位立体化"的深度合作。

一、台湾地区技职教育特点

1.起步早。高等职业教育发展，台湾地区是从 20 世纪 60 年代开始发展起步的，大陆的高等职业教育是从 90 年代开始发展。从开始的时间上看，台湾比大陆起步早近 30 年，而且转型成长很快。

2.构建起了完整的技职教育体系。从整体教育架构看，台湾现行学制于初中之上分为普通教育与技职教育两大体系。技职教育体系，则分为中等与高等技职教育体系，中等阶段以高级职业学校为主，尚包含初中阶段的技艺教育学程、普通高级中学附设职业类或综合高中的专门学程。高等阶段涵盖专科（二年制及五年制）、技术学院及科技大学（二年制及四年制学士班；硕士班及博士班）。台湾已经完成技职教育一贯体系的构建，且能与高等普通教育体系相互流通。就招生对象而言，包括一般学制、学校与企业合作的常态专班学制，以及其他特殊培养的学制，整体学制架构非常完整。

3.有明确的务实致用的教育目标。2008 年台湾发布技职教育课程大纲，以能力指标为发展轴线，对课程进行纵向衔接和横向整合，课程内容比较前沿。

4.建立了较为完善的学位授予制度和评鉴制度。台湾已经建立了与普通教育并重并立、结构完整的高等技职体系，形成专科、本科、研究生三个阶段的学程，包括专科学校、技术学院、科技大学、普通大学附设技术学院、科技大学的研究所五种教育机构。

5.师资力量较强，基本都达到博士学位，大多数都有海外留学背景，且要有 5 年教学经验和 4 年产业年资（企业实践）。

6.办学国际化程度较高，在许多领域已与国际接轨，一些专业已经可以颁发国际工程证书；产学合作比较成熟。

技职教育旨在培育务实实用的技术与专业人才，是产业竞争力的重要支撑，但是，即使是曾经为台湾地区的经济腾飞做出过突出贡献的技职教育，也随着经济与社会的变迁，面临诸多发展问题，如由于社会价值观的偏见和台湾地区少子化效应，首当其冲的就是面临严重的生源不足，使台湾的技职体系面临难以为继的重大考验，以此造成学校招生名额远大于学生报考数量，甚至出现"质量失控，7 分考取大学的问题，更已然浮现人才素质的隐忧。"

二、海峡两岸技职教育合作的机遇与挑战

（一）机遇

两岸文教交流自 1992 年开始，但受限于两岸政治等不确定因素影响而进展缓慢。2008 年 5 月 20 日马英九上任以后，两岸关系趋于缓和，两岸交流呈现大幅增加，双方交流的深度与广度不断扩大，质与量大幅提升。在大陆，无论是国家层面，抑或是省市层面，都加大了两岸教育尤其是高等技职教育的进一步交流。大陆地区加快建设现代职业教育体系的战略，不仅使大陆职业教育迎来了发展的春天，也为一方面苦苦寻找生源、另一方面艰难寻求"走出孤岛"的台湾职业教育提供了难得的合作发展机遇。

随着两岸教育合作的进一步深入，台湾原有的法规已不适应，如陆生赴台就学及大陆学历采认接续成为台湾当局必须面对的课题，从 2010 年以来，台湾相应修订和出台了多个相关法案，就"陆生"赴台就学及大陆学历采认政策的《台湾地区与大陆地区人民关系条例》《大学法》《专科学校法》等，使得两岸高等技职教育交流进入了一个新的里程碑。

（二）挑战

即使是两岸的职业教育人都有很好的合作意愿，也付诸了相当的努力，但是，由于两岸在体制机制等方面存在较大差别，使得在深化两岸技职教育合作发展方面仍然存在诸多制约。

以台湾开放对大陆专科生来台攻读学位为例，台湾大部分科技大学或技术学院，都有为技术专科再进修的学士课程，这一直被大陆认为是台湾技职教育的优势。2013 年台湾开放对大陆专科生赴台攻读学位，73 所院校共计 276 系招收 955 名大陆专科生，其报名形式采用"申请制"，除了需要提供在校成绩，还要求必须参加 2013 年专升本考试并取得成绩。台湾规定：与赴台攻读四年制本科以及硕、博士学位的大陆学生一样，专科生赴台攻读学士学位需要遵守"三限六不"等规定，"三限"为限校、限量、限领域，"六不"为不加分、不影响本地招生名额、不能领教育部门奖助学金、不能校外打工、不能考证照、不能在台就业。这些严苛的规定，导致专科生赴台攻读学位的积极性不高。据报道，广东试点的 12 所院校仅有 80 人报名，有 69 人获录取。而台湾 2013 年也就只录取了 276 人，仅为原招收计划的 1/3。对此，在第八届海峡两岸（粤台）高等教育论坛上，不少参会的两岸教育界人士就表示，两岸教育领域的相关交流效果并不尽如人意，其中一大原因就在于台湾有关方面针对在台大陆学生制定的很多政策，并不完全符合"陆生"的实际需求。其次，大陆地区高职院校一路飙升的高就业率，也是对高职生选择就业而弃深造的另一个重要原因。

三、珠台高职教育协同发展分析

1. 珠海台资企业发展的必然要求

从1985年第一家台商企业落户珠海，到2012年珠海市累计批准台资企业近970家，投资总额达31亿美元，台资企业在珠海市经济建设和社会发展中的作用日益显现，成为珠海第三大外资来源地，已是珠海经济发展的一个重要支点。珠海、台湾两地之间的联系日益紧密，合作交流已覆盖至社会、经济的许多领域。

台商在珠海投资涉及领域较广，涵盖电子、机械制造、医疗设备、化工、软件、制衣、制鞋、五金加工、工艺饰品、食品加工、农业、旅游、酒店、餐饮、娱乐、房地产、生物科技、仓储物流、咨询服务等20多个行业。其中制造业、精细化工、精细模具、IC软件、游艇制造以及第三产业为珠海台资企业的主导产业。按行业划分，工业约占80%，农业占2%，第三产业占18%。

从经营状况来看，珠海的台资企业具有以下特点，一是以劳动密集型中小企业为主；二是占90%以上的台资企业选择独资为投资方式；三是经营状况普遍良好，大部分企业不同程度盈利；四是企业逐步向资金密集型和技术密集型发展，自主研发能力增强，科技含量提高；五是逐步形成产业集群，其中电子企业达130多家，金属制品、机械制造业达120多家；六是第三产业领域投资逐步呈现增长态势；七是部分台资企业已实现转型升级。

总体来说，台资企业的竞争力还不是很强，产业发展还存在规模较小，层次不高，产业集群效应较低，主导产业集群与产业链配套能力较弱，科技创新能力不足，升级转型进展缓慢，专业技术人才缺乏等主要问题。台资企业迫切需要专业人才的本地化。

2. 珠海市高端制造产业体系发展需要

构建高端制造产业体系发展需要大量的高端技术技能型人才。据《珠海市人才发展"十二五"规划》显示，到2015年高技能人才需求总量将达到10万人，高技能人才占技能劳动者比例逐年递增，将达到30%，高技能人才的需求缺口十分巨大。而台湾船舶、航空装备制造、电子信息、现代农业等产业处于领先地位，相应的高职专业建设也比较成熟，两岸职业教育协同发展，能更好地优势互补，"借鸡下蛋""借船出海"，事半功倍地培养出符合产业发展需要的高端技术技能型人才。

3. 珠海构建终身教育体系发展的需要

台湾教育分为普通教育与职业教育两大系统。两类教育都有大专、本科、研究生层次的教育，都能培养硕士研究生和博士研究生。科技大学以大学部为主，设有研究所，培养职业教育的硕士研究生和博士研究生。就目前而言，大陆的职业教育只有中职、职业高中和高职层次，没有职业教育的本科和研究生层次，职业教育的毕业生继续深造机会很少，从而使职业教育缺乏吸引力，同时也不利于个人的发展。

所以，推进两岸职业教育协同发展，探索两岸 3+2 本科教育，以及硕士和博士研究生教育，从而建立完整的职业教育体系以及终身教育体系对于职业教育的发展很有必要。

四、珠台高职教育合作的探索与创新

（一）以"三种层次"实现深度合作

1. 通过交流，促进了解

始于 2009 年的珠海和台湾高职教育合作（以下简称"珠台合作"），是从一所学校与另一所学校的校校交流开始的。珠海城市职业技术学院在这一年年末，迎来了台湾修平科技大学的客人，第二年 3 月，珠海高职教育首次踏上了宝岛台湾，至此，两校之间互为窗口，开始了两岸高职教育的交流。基于同根同源的同胞之情，交流的过程是顺畅而友好的。很快，参观考察式的交流，促成了进一步的合作，以对口学习的形式，珠海派出了首批由 10 名骨干教师组成的学习团，到台湾修平科技大学进行为期一个月的访学活动。从校际领导层的互访到专业教师的访学的达成，仅仅只相隔六个月，足见彼此间合作意愿之强烈。

2. 通过互动，达成互信

若缺乏互信，深度合作难以维系，互信是深入合作的基础和保障。由于海峡两岸长达 60 年的分治状态，使两岸在政治、经济、社会、法律等制度层面形成了巨大的差异，也使两岸民众的生活方式有着很大的不同。长期的隔离状态，使两岸民众缺乏了解和互信，特别是岛内民众在很大程度上对大陆存在一定的疑虑心态和不信任感。同样，在两岸高职教育合作中也存在着互信的问题。我们感到，两岸在强调互信时，应该要以认同为基础；如果没有认同，就难有互信可言，即使有所谓的互信，也不可能持久牢靠。在以传统血缘、民族、文化、历史元素作为增进两岸集体认同时，或许更应该思考如何提升、拉近两岸学界、青年界间的距离。我们认为两岸教育的交流合作，最大的意义体现在促进了两岸学界和青年的互信。增强了两岸青年的理解、互信和认同感。

通过校际间频繁的多渠道多形式的互动，珠台两岸院校增进了了解，在许多方面达成共识，逐步建立起互信和合作共赢的机制。以珠海城市职业技术学院为例，短短的四年间，学校派出了三批共 30 位骨干教师赴台进行为期一个月的访学交流学习，有四批学生到台湾修平科技大学进行半年的插班学习。珠海的心理学教授作为交流学者到台湾学习考察并参与该校学生的心理和生理咨询服务，同时，台湾高校的教育信息化博士也穿梭于珠台两地，协助珠海高校数字信息系统的建设。两岸职业院校的人员多渠道多形式的交流互动，增进了互信。

3. 通过合作，获得共赢

两岸的职业教育既存在互补，又面临许多共同的难题。比如职业教育生源不足的问题，今天是台湾技职教育首当其冲的问题，但不容乐观的是，有数据表明，广东也将在2015年迎来高考人数锐减，生源紧张的困境已离我们不远；今天台湾技职科大学生至少手拥几十张证照，但这些"证照达人"往往考完后才发现，很多证照对就业根本没有帮助，这种"拼命考证照，多证也无用"的窘境，在当下的大陆也非常普遍；再比如职业教育的社会认可度和美誉度问题，如此等等，都不容回避地摆在职业教育面前，如何解困，如何突破，如何实现职业教育可持续健康发展，非一己之力能完成，需要两岸职教人携起手来，用我们的智慧开创中华职业教育的发展道路。因为两岸高职教育之间的互补关系，相互合作可以互利互惠，更因为面对许多共同的发展难题，以协同创新合作机制共同应对挑战，可以获得共赢。

（二）以"四大类型"构建网格化的合作平台

一是人员往来。建立了院校领导层的互访、骨干教师赴台访学和学生赴台插班学习的机制。二是信息分享。建立起专业建设、课程建设、师资培养、实习实训等教育教学信息资源的分享机制。三是技术支持。建立了校园信息化、学习导航系统的相关技术支持的机制。四是管理借鉴。在学生管理方面，建立了相互学习借鉴的机制，借助这一机制我校成为首个引入台湾高校服务学习的大陆高职院校。

（三）以"双三元模式"提升合作品质

珠海城市职业技术学院一直致力于探索"双三元"（即"政校企""行校企"）办学模式，政府、行业、企业、学校共建高等职业教育，形成政府、学校、企业三方，行业、学校、企业三方，合作办学、合作育人、合作就业、合作发展的长效机制。

1. 以"政校企""行校企"互动，搭建多元化的两岸交流平台

借助珠海台企、台办等单位，与台湾职教界、企业界多沟通多交流，多搭合作平台。一是成立对台事务研究所，专门研究珠海与台湾在产业结构、社会管理创新以及职业技术教育等方面的对接与合作，成为政府对台事务的决策咨询基地；二是成立珠台职校校长联盟/联谊会，搭建职校校长论坛和校际协作等平台；三是建立职业教师师资人才柔性流动机制。开通珠海市职校师生赴台审批绿色通道，简化审批程序。四是通过珠台社会组织间的交流合作，开创职业教育在专业建设、师资培训、职业证书鉴定、技能竞赛等方面的合作空间，搭建合作平台。如与台湾中华技术人力发展协会、台湾中国青年创业协会总会、台湾职业训练发展研究中心、台湾职业证照学会、台湾中小企业协会等沟通协作，构筑更多珠台职业培训交流合作平台，构建珠台职教合作试验区。

2. 以"双三元"模式的探索实践，提升合作的成效品质

一是人员交流常态化规模化。目前，珠海城市职业技术学院已与珠海台湾企业联合会签订了协同创新协议，推动校企协同发展。2010年3月我校与台湾修平科技大学签订了交流合作协议。根据协议，双方老师可在珠海城市职业技术学院和台湾修平技术学院开展讲课、说课等教研活动，两校可以合作组织骨干教师开展两岸竞赛等活动；学生可作为交流生到对方学校交流学习。

二是专业建设的合作互补化。以台湾技职教育业已成熟的专业资源助推我校新专业建设。为了对接珠海市航空产业，我校与台湾科技大学航空学院签署合作培养航空维修专业高端技术技能型人才框架协议。一方面减少大量航空设备和师资的投入，另一方面缩短专业建设周期，提高人才培养质量。

三是技能竞赛国际化品牌化。以我校对台合作为基础，以行业化国际化的标准为竞赛指标，由广东省教育厅主办的首届粤台高职院校"单片机MCU协同创新"职业技能竞赛，于2013年12月在珠海成功举办，为粤台高职教育交流合作，搭建起互惠共赢的平台。2014年5月，我校组队参加在台湾举办的"2014TEMI单晶片创意暨认证技能国际竞赛"，本次竞赛共有来自大陆和中国台湾地区、泰国、马来西亚、蒙古国的66所院校454支代表队（含个人赛）参赛。我校收获广东组总冠军；无线遥控车踢足球项目冠军、亚军；无线遥控车走迷宫项目冠军、季军，佳作奖3名；电子元件拆焊项目金牌2枚，银牌1枚，铜牌1枚，佳作奖2名，获数位逻辑设计项目银牌1枚。这些成绩的取得得益于高职教育"珠台合作"的不断创新和深化。

当前，以和平发展为主题的两岸关系呈现良好势头，两岸经济合作框架协议的签订，为两岸经济互利发展提供了一定的保证。职业技术教育作为经济发展的重要助推器，对经济社会发展的促进作用愈来愈明显。所以，两岸职业教育的协同发展，不仅是两岸同胞的主观期盼，同时，也是两岸经济合作发展的必然结果。

［原文获第十五届（2014年）全国职业教育优秀论文评选三等奖］

推行"双三元"人才培养模式　提升高职学生就业质量的创新探索

刘华强，蒋庆荣，崔国汉，高晶，周雁嫦，贺颖

高等职业教育具有高等教育和职业教育双重属性，珠海城职学院以培养生产、建设、服务、管理第一线的高端技能型专门人才为主要任务，主动适应区域经济社会发展需要，培养珠海经济社会发展急需的高端技能人才，毕业生深受社会欢迎，多个专

业初次就业率达 100%。

一、办学特色

学校在办学过程中不断改革创新，坚持以高职教育为主体，以继续教育、终身教育、开放教育为补充，按照"政校企、行校企'双三元'互动，产学研协同"的开放式办学模式，努力建设高职特色名校。

二、人才培养模式

（一）创新人才培养模式

面对国家战略性新型产业发展和"校企合作、工学结合"作为世界职业教育发展的新形势，培养大批动手能力强、爱岗敬业的创新型高端技能人才，提高高校自身为产业技术改造、转型升级服务的能力至关重要。为此，珠海城职学院紧密结合珠海战略性新型产业建设项目，创新性地提出了政校企、行校企"双三元"（政校企三元和行校企三元双路径融合）人才培养模式。

（二）构建"双三元"人才培养模式

双路径融合下的"双三元"办学模式的教育教学理念，破解了高职教育面临的两大难题：一是政府主导下的校企合作模式，重点解决校企合作中企业参与度偏低的难题；二是行业指导下的校企合作模式，重点解决高职院校自身为企业、产业服务能力偏低的难题。

"双三元"办学模式下的人才培养模式的特点是，以企业真实项目为载体，建立项目工作室、"产学研服"研究中心及职教与产业合作网络平台，强化提升高校自身为产业技术改造、转型升级服务的能力，成为助推产业发展的动力，建立"产学研服"长效管理机制。

（三）典型实践案例

1. 瞄准珠海市高栏港经济区建设需求，探索政校企密切合作的路径

在珠海市高栏港区政府的大力支持下，学校与高栏港经济区联手打造了"高栏港政校企深度合作实验圈"。在港区管委会协调下，学校与港区内三一集团、中海油能源发展股份有限公司石化分公司、珠海港控股集团有限公司等大型企业共同开展人才需求调研，将职业岗位能力进行归纳分类，整合转换为培养目标，再将专业知识、技能

和素质细化为具体的培养目标，制定课程标准；经相关专家认证后作为构建物流管理专业、港口与航运管理专业、报关与国际货运专业、机电一体化技术专业（港口机械方向）等8个专业及方向课程体系的依据。

2. 以战略性新型产业人才培养为主线，探索一条行校企密切合作的路径

实施电子工程专业群对接珠海市新能源智能电网产业集群，按照行、企标准化课程设计方法，构建基础课、专业核心课、专业群平台课、拓展课和培训课五个相互融合的课程体系，提供行、企标准化课程设计模式，整合专业知识、技能和素质，系统地培养学生支撑新能源智能电网技术应用的能力。

3. 实施与推广项目

项目一：与珠海市工商业联合会合作项目

珠海城职学院与市工商会建立了长期、紧密的合作关系。经友好协商，双方在人才培养、共建实训基地、技术研发及转化、教师或学生就业创业等领域建立了长期战略伙伴关系，并达成战略合作框架协议。

学校根据企业的用人需求，可推荐各类优秀毕业生到企业工作；可选派优秀教师和业务骨干承担或参与科研项目开发、技术改造、技术援助和学术研讨；为企业提供技术讲座、员工职业培训、考证、产品研发等方面的合作机会；按照企业人才规格要求，设置、开发课程、组织教学；根据企业生产经营的需求，提供企业规划、发展、管理、经营和科技信息等方面的咨询和服务。

根据协议，珠海市工商业联合会的所有会员单位均可成为学校校外实训基地。企业培养学生的实际操作技能和职业素质；建立科研成果孵化器基地，为教师或学生就业、创业提供机会，为学生实习及社会实践等活动提供协助；选派具有学术研究或管理创新能力的企业骨干出任学校客座教授或兼职教师，为学校举办系列讲座或参与相关专业授课，并参与人才培养方案的制定、教学改革、教材编写等工作；选派技术人员和业务骨干参与学校科研项目开发、技术援助和学术研讨。

项目二：与台湾高校及台商协会三方合作项目

为促进两岸文化交流，深化校校合作，校企合作，创新教育教学改革，拓展人才培养模式，珠海城职学院与台湾修平科技大学、珠海市台商投资企业协会达成合作协议，决定在人才培养、教学科研等领域展开深入交流与合作。

学校可根据企业的需求，选派优秀学生赴台湾修平进行研习；选派优秀学生进入会员单位工作实习；选派优秀教师和业务骨干参与科研项目和学术研讨，为会员单位提供技术支持、员工培训等合作机会。

台湾修平科技大学可为珠海城职学院选派的学生提供相应的教学、培训、考证等活动；与台资企业沟通，确保赴台学生的研习、培训、实习顺利进行。

台商协会可根据企业需求，及时向学校提供人才资源需求方面的信息；为选派赴台研习的学生提供奖学金资助；企业可成为学校校外实训基地，优先安排、录用赴台研习学生实习、工作；优秀的专业技术人员、管理人员可以作为学校的兼职教师，共同承担实践教学任务，共同培养高技能人才。

三、就业实践效果

在学校领导的高度重视下，在"领导主抓、处室统筹、院系为主、全员参与"的领导体制和工作机制实效性得到不断的增强，就业指导工作"全校动员、全员参与、全力以赴"的良好氛围下，就业实践工作取得了更大的突破和更多的成果，主要表现为：

（一）学校毕业生就业率逐年攀升

近三年就业率与就业质量均居全省前列，2009 年为 96.17%、2010 年为 99.45%、2011 年为 99.17%。近三年学生初次签约率从 2009 年初次签约率 26% 上升到 2011 年的 41%，工科类专业，初次签约就业达 35%。毕业生的签约就业是做好毕业生就业指导与管理工作的源泉动力。

（二）毕业生就业质量达"三高"

珠海城职学院就业指导工作紧抓毕业生就业质量，根据近三年对毕业生就业质量及用人单位的满意度调查，珠海城职学院学生的就业达到"三高"，即对口率高、薪酬高、留存率高。

1. 毕业生就业对口率从 2009 年的 70% 到 2011 年的 82%，升幅达 12%，各专业就业率平均水平达 99 以上，基本实现全员就业。毕业生对口率体现了珠海城职学院专业设置、教学改革及人才培养模式改革适应当地经济社会经济发展的需求。

2. 毕业生就业后薪酬逐年升高。珠海城职学院的毕业生在珠海就业率，是珠海市 11 所高校当中最多的一所，珠海市生源毕业生 85% 以上珠海就业的同时，辐射珠三角及港澳地区，平均毕业生薪酬达 2563.52 元。珠海城职学院旅游管理学院与澳门五星级酒店签订校企合作协议，毕业生输送到澳门威尼斯人酒店、金沙（中国）有限公司、新永利数码有限公司等多家公司，月薪平均在 6500 元以上。如珠海城职学院毕业生高志聪，出生于清远贫困家庭，为完成学业向学校申请国家助学贷款，并多次获得国家励志奖学金。他工作表现突出，现担任珠海市格力地产市场营销部销售兼策划总监一职，月薪高达 12000 元，为珠海城职学院毕业生树立了榜样。毕业生的高薪就业充分体现出珠海城职学院的办学改革适应当地社会区域经济发展的要求。

3. 为办社会满意的学校，珠海城职学院就业指导工作坚持深化人才培养模式改革，不断增强毕业生就业适应性。为培养"下得去、用得上、留得住"的毕业生，就业指导工作对用人单位做详细的调研分析，了解到单位除了注重学生各方面的综合素质，还想毕业生能在单位中留存率高，以避免单位对员工的多次培养。珠海城职学院毕业生在就业单位工作时间从以往的半年到现在的 1 年以上，跳槽率从42% 下降到33%。同时，珠海城职学院毕业生在单位晋升机会较大，目前珠海城职学院毕业生担当单位的项目负责人152 人，区域经理137 人，总经理44 人，自主创业14 人。如珠海城职学院旅游管理毕业生林泽琴同学，毕业后曾担任珠海市公安局指挥中心秘书科科员，通过自己对专业的热爱及对专业技能的运用，现创办珠海市扬洋商务有限公司，兼营销总监，大力支持珠海城职学院的就业指导工作，大量招募母校的毕业生。分配到珠海方正科技集团的毕业生，积极参与企业技术改造和攻关，成为企业骨干工程师和市级科技重点项目攻关组人员。毕业生的全方面发展，高层次就业实现了珠海城职学院为地方经济社会发展提供高技能人才和智力支撑的目标。

珠海城职学院实施"双三元"办学模式下的人才培养模式，突出了人才培养的针对性、灵活性和开放性。根据区域经济社会发展、行业、企业需求，合作设立定向班、订单班、冠名班；根据就业岗位需要，合作建设学生实习实训基地，优化设计教学、实习、实训等实践环节；建设一支由政府、行业、企业高管、高技能人才组成的实践教学队伍；合作开发课程资源等措施，保障了人才培养质量，提升了学生就业质量。珠海城职学院毕业生在企业生产实践中适应能力强，进入工作状态快，许多学生工作后迅速成为企业骨干。学校整体人才培养模式改革取得一定的成果。

（原文获 2012 年《院校毕业生就业指导与管理实践研究》科研成果一等奖）

中国高职教育"双三元" 办学体制机制改革探索与实践

——以珠海城市职业技术学院为案例

刘华强，王宇东，高晶

在我国，高职院校学习和借鉴德国"双元制"思想已多年，各类校企合作、工学结合等人才培养模式广泛开展，但在校企合作的实践中仍存在着诸多问题，如：政府政策主导不够，校企合作法律缺失，企业参与职业教育热情不高，难以满足区域经济对高素质人才的要求。本文依据德国"双元制"等世界先进职业教育理论，以珠海城市职业技术学院"政校企、行校企'双三元'互动，产学研协同的开放式办学模式"之路为实例，探索德国"双元制"等世界先进职教理念中国化的职业教育之路。

一、德国"双元制"及其作用

所谓德国"双元制"职业教育，企业是一元，职业学校是另一元，是指青少年既在企业里接受职业技能和与之相关的专业知识培训，又在职业学校里接受职业专业理论和普通文化知识教育，这是一种企业与学校配合，实践与理论密切联系的职业教育制度，目的是培训具有较高职业素质的专业技术工人。在德国，"双元制"职业教育是一种受到国家立法支持、由校企合作共建的一种办学制度。由企业和学校共同担负培养人才的任务，按照企业对人才的要求组织教学和岗位培训，这一职业教育体系是德国经济长盛不衰的法宝。

二战之后德国经济奇迹般地恢复和发展，在一定程度上要归功于这种独特的职业教育体系。2011年，在全球经济形势低迷背景下，德国GDP逆势上扬3%，总量达25708亿欧元，人均GDP为35000余欧元。2012年第一季度，德国对欧元区的出口增长乏力，但对欧盟以外市场的出口猛增11.2%，由此推动了德国的经济增长。目前，德国每年有超过七成的18岁青年接受"双元制"职业教育，拥有职业教育证书的人在德国全部劳动力中占八成。据菲利克斯教授统计，职业教育为占德国工业总产值80%的制造业提供了有力人才支撑，为德国经济崛起提供了源源不断的人力资源保障。

二、"双元制"办学理念的中国本土化思考

德国在职业教育领域的科学研究，正如其职业教育对经济的推动力一样，举世瞩目并始终处于世界领先地位，其"双元制"职业教育理念，甚至被后世推举为使德国经济迅速腾飞的"秘密武器"。因此，对高等职业教育的研究，选择以德国的先进职教观念为主要理论依据，探索中国特色的职业教育现代化之路再合适不过了。

我国高职院校推行工学结合、校企合作、顶岗实习的人才培养模式多年，广泛开展了各种形式的校企合作，虽然对德国的"双元制"先进理念认识有了一定的深度，但原封不动地在中国的职业教育实践中施行德国"双元制"，仍然存在着诸多问题。诸如政府政策主导不力，校企合作法律缺失，企业参与职业教育热情不高等问题逐渐浮出水面。为解决目前校企合作中存在的问题，探索出符合中国特色的高职人才培养模式，珠海城职院在全国率先提出了"政校企""行校企"双三元办学模式下的人才培养

模式（以下此模式简称为"双三元"），以此破解"双元制"在中国遇到的瓶颈，将其先进性融入中国，成为地地道道的中国化职业教育模式。

（一）"双三元"办学模式的内涵

"双三元"是指"政校企""行校企"协同融合的办学模式。即以政府为主导、以学校为主体、以企业为支撑的"政校企"三元合作，与以行业为指导、以学校为主体、以企业为支撑的"行校企"三元合作（见图11）。

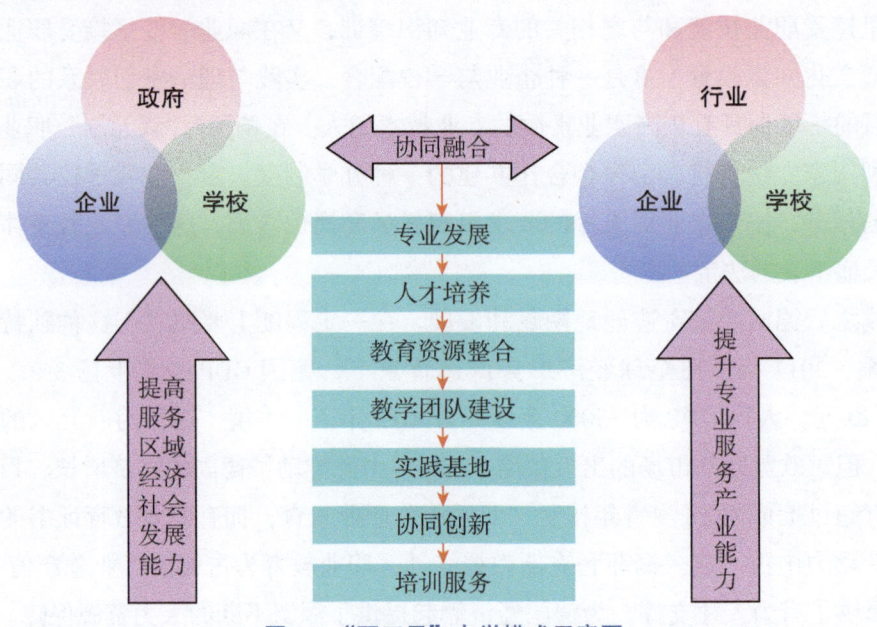

图11 "双三元"办学模式示意图

第一个三元构建了高职教育与经济社会协调发展平台。此三元的有效协同，为职业教育和区域经济发展提供了制度保障，是宏观层面上的合作共建。在第一个三元搭好平台后，第二个三元将在中、微观层面上深度合作。建立这一办学模式可以分层次、按路径以两种组合方式深化校企合作（见图12）。

"政校企"的紧密合作，旨在发挥政府在职业教育发展中的主导作用，促进政府切实履行发展职业教育的职责，把职业教育纳入经济社会发展和产业发展的规划当中，促使职业教育的规模、专业设置与经济社会的发展需求相适应；"行校企"的紧密合作，旨在发挥行业组织在职业教育发展中的指导作用，推动企业为职业教育提供不可或缺的实训平台、实践教学、师资力量以及产学研项目的支撑；通过"政校企""行校企"协同融合，旨在提升学校专业服务产业发展的能力，促进高职教育质量的全面提高，培养符合区域经济社会发展和企业需求的高端技术技能型专门人才。

珠海城职院正是借鉴德国的"双元制"职教模式，开创了政校企、行校企"双三元"联动的办学模式，促进产学研协同发展，探索高等职业教育办学的新路子。

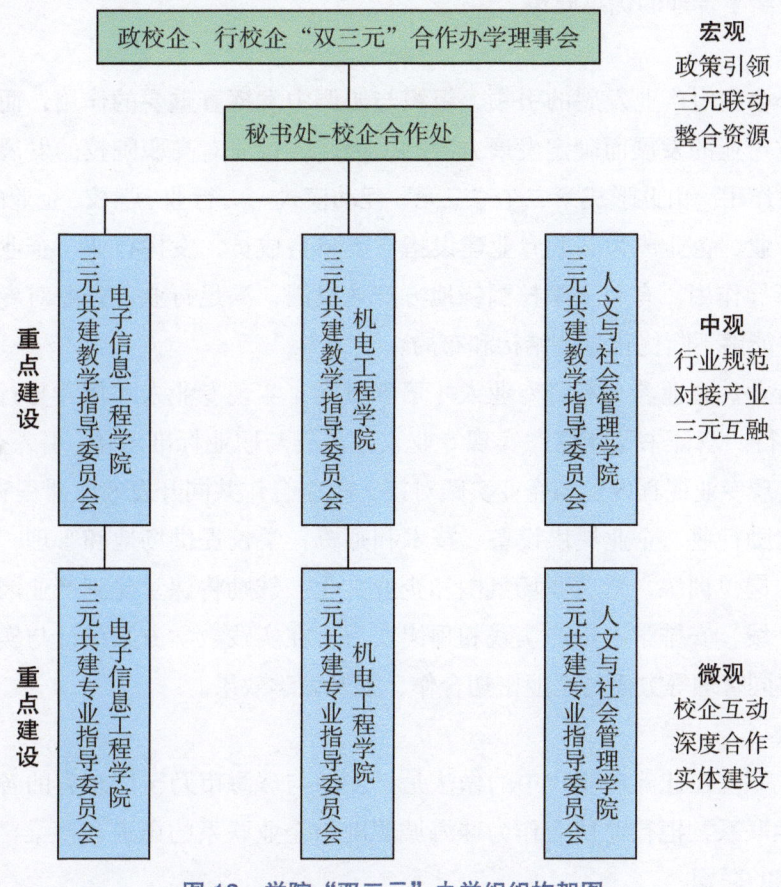

图12 学院"双三元"办学组织构架图

（二）"双三元"中各要素的作用与职责

结合中国国情考虑，在借鉴德国"双元制"职业教育理论时，应引入"政府"和"行业"两个元素。

1. 政府

只有通过政府的决策、牵头与规划，才能促成企业与院校的联姻，从而形成第一个"三元"互动模式——政府、学校、企业的三方互动。

（1）通过政府对职业教育与地方经济社会和产业的发展进行统筹协调，为职业教育的发展破解难题，为学校发展创造良好环境，为社会、产业的发展提供人力资源保证。

（2）通过政府制定优惠政策，鼓励行业、企业参与学校的人才培养过程，搭建由政府牵头，行业、企业、学校参加的校企合作协调组织，形成多方参与、共同建设、多元评价的运行机制，对接受学生顶岗实习及应届毕业生的行业、企业，在经费、税收、信贷等方面给予合理的优惠政策。

2. 行业

行业协会在对产业发展的引领、组织与协调中发挥着重要的作用，而高职院校正是对接地方产业的发展而确定发展方向的，因此，行业对高职院校的发展发挥着非常重要的指导作用。由此形成第二个"三元"互动模式——行业、学校、企业的三方互动。

（1）行业、企业成为高职专业建设指导委员会成员，发挥行业、企业在高职专业设置中的指导作用，有利于学校围绕地方产业发展，满足行业、企业对专业技能人才的需要，并能够不断优化专业结构和布局。

（2）行业、企业参与制订专业人才培养方案，实现专业人才培养与行业、企业岗位对接；推行"双证书"制度，实现专业人才培养与职业标准对接；引入企业新技术、新工艺，实现专业课程内容与企业实践对接，校企合作共同开发专业课程和教学资源。

（3）鼓励行业、企业提供设备、技术和师资，学校提供场地和管理，为校内实训提供真实的岗位训练，营造职场氛围和企业文化。鼓励将课堂建到产业园区、企业车间等生产一线，安排学生生产实践和顶岗实习。在实践教学方案设计与实施、指导教师配备、协同管理等方面与企业密切合作，提升教学效果。

3. 学校

珠海城职院在此互动模式中的做法是，主动与珠海市乃至广东省的各个专业协会取得经常性联系，把行业协会作为珠海城职院与企业联系的渠道和桥梁，促成企业与珠海城职院的联姻。

在与珠海市工商联的合作中，采取签订校企战略合作协议书，建立协同创新中心的方式，充分调动行业与学校合作办学的积极性，建立起以"互利互惠，优势互补，利益共享，风险共担"为基础的长期、稳定的合作关系。目前，珠海城职院已与一百多家企业建立了稳定的合作、协作关系，在专业设置、课程改革等方面展开了长效并有深度的合作。"广东省（珠海）节能降耗培训基地""广东省中小企业培训示范基地"和"珠海市中小企业培训示范基地""珠海游艇人才培养培训基地"等基地先后在珠海城职院挂牌成立。

主动承担多项社会服务工作，如节能技术培训、计算机等级考试培训、社会工作师考前培训、教师资格证考试培训、公共英语等级考试、普通话等级测试等等。与阿里巴巴合作设立电子商务培训中心，开展电子商务师认证培训工作；与北大青鸟信息技术培训中心合作，开展认证培训工作。

目前珠海城职院已形成了与各行业密切联系的集高职教育、中职教育、成人教育和职业培训并存的办学格局。

三、"双三元"办学模式的制度创新

（一）人大立法，建立人才培养共育共管的保障机制

政府、行业、企业、学校共同培育人才，共同参与过程管理，形成"利益共同体"，保证人才培养目标的实现。

通过"政校企、行校企"深度合作，促使政府了解和掌握教育现状和需求，影响政府教育发展战略，以协同创新项目积极获取政府教育专项经费，争取行业、企业的办学资助。

充分发挥"政校企"合作办学理事会在政策推动、资源整合、规划指导等方面的作用，推动珠海特区人大立法出台《珠海市职业教育促进条例》（暂定名），主要内容包括：每年筹措不低于 200 万元的校企合作资金，专项支持学校与企业开展校企合作办学；市财政确保城市教育费附加 35% 用于职业教育，职业教育经费增长比例高于同期市财政收入增长比例，高职教育经费占职业教育经费比例不低于 40%。推行兼职教师教学补贴制度，吸引企业一线专业技术人才、能工巧匠担任兼职教师；建立顶岗实习工伤保险及补贴制度、实习待遇及补助制度，保障实习生人身安全及获取合理报酬；建立实训耗损补贴制度，根据接受学生的数量和实习实训耗材费，对企业实行税收减免政策和财政信贷资助；制定学校引企入校共建校内生产性实训基地、技术应用中心、大学生创业基地等优惠政策。出台鼓励学校参与区域产业规划、人才队伍建设规划及社会发展规划的政策，使学校的专业结构和人才培养目标规格适应区域产业结构优化升级和社会发展的需要。

（二）专业规划建设协调机制

通过政校企、行校企"双三元"合作办学理事会及教指委和专指委，指导学校专业规划与建设，协同人才培养，协调政校企、行校企合作。

（三）人才培养合作机制

通过政府、行业、企业、学校的定期交流，根据区域经济社会发展和行业、企业需求，合作设立定向班、订单班、冠名班，共建实习实训基地，合作开发课程资源，开展理论和实践教学。

（四）教育资源优化协调机制

通过政校企、行校企深度合作，实现整合资源、优化结构、优势互补、提高效益，形成"政府统筹领导，教育部门协调，多渠道联办，一中心多功能"的职业教育格局。

（五）人才交流机制

学校向政府、行业、企业选派优秀教师挂职既可获取实际工作经验，又可协助挂职单位开展技术和管理工作；政府、行业、企业向学校派出优秀技术和管理人才开展教学，弥补学校教师实践经验的欠缺。

（六）产学研合作机制

通过产学研深度合作，获取政府对学校实验平台建设的支持，与行业联盟、企业广泛建立起实习实践基地，提升学校对区域经济社会发展、对企业经营的服务能力，使各方在合作中获得收益。

（七）协同创新机制

面向区域经济和社会发展、面向行业、企业，开展"人才、资本、信息、技术"等创新要素的深度合作。通过与政府共建经济、社会发展创新研究基地，为政府战略决策、社会服务提供智力支持，通过与政府、行业、企业共同建立创新中心、开发中心、推广中心、营销中心等，为区域发展和行业、企业发展提供技术和管理支持。

（八）培训认证协同机制

通过与政府技能鉴定中心、培训中心合作，学校提供场地、设施、设备和技术人才，协助政府开展专业技能认定，通过项目合作，为政府、行业、企业、公民提供各式培训及义务教育。

（九）建立互利双赢成果共享的激励机制

制定相关制度，确定合同管理与实施办法，明确校企联合办学各方责任、义务和权利，寻求校企合作双赢的利益结合点，建立利益驱动、成果共享机制，激励企业积极参与学校人才培养。

（十）建立管理风险社会责任共担的约束机制

针对合作过程中可能出现的顶岗实习学生安全与待遇得不到保障，以及确保人才培养质量、促进学生就业、维护学生合法权益等社会责任，通过法律、制度和道德三个层面对合作各方进行约束，为校企合作健康发展提供持续性保障。

（十一）建立适应工学结合的教学组织与运行机制

在现有学分制基础上，进一步深化教学管理制度改革，建立适应行业企业生产实际的教学组织与运行机制，实现学习与工作的有机融合。

四、"双三元"办学模式的创新实践

（一）专业规划对接地方产业规划

珠海城职院结合珠海高端制造产业发展战略定位布局，根据珠海对技能型人才的需求，出台了在"双三元"办学模式下的《珠海城职院院系及专业设置方案》。在原有工程与信息学院基础上，调整发展为3个工科学院以适应珠海产业发展的需求。以现有的2个中央财政支持重点建设专业、2个省级重点培育专业及校级特色专业为基础，重新整合教学资源，建设电子信息、机电工程、旅游管理、物流管理、社会工作等5大专业群。同时，加强游艇装饰设计与工艺、中德合作等特色项目的建设，筹备开发与海洋工程装备制造，航空、空调制冷等产业（行业）相关的新专业（见图13）。

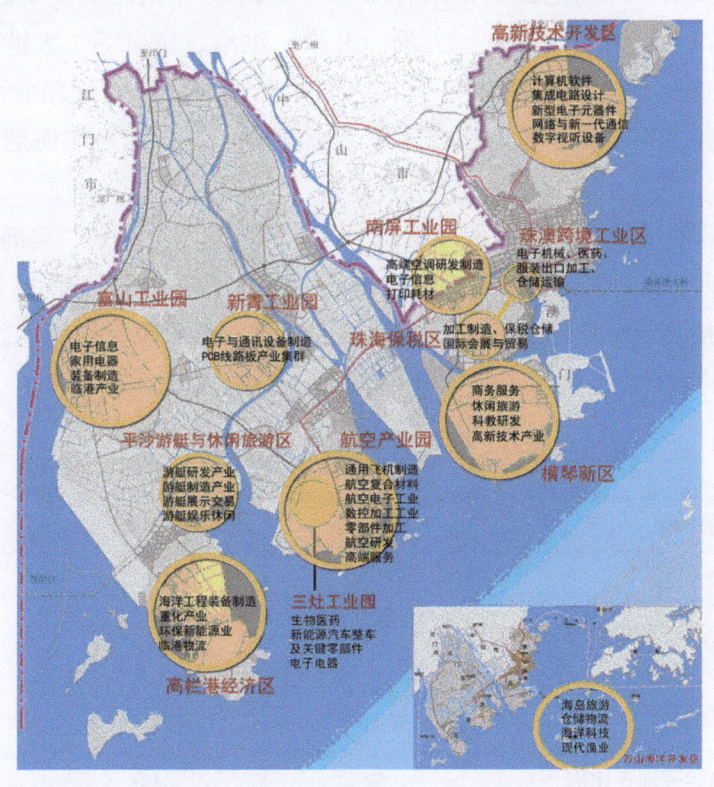

图 13

《珠江三角洲地区改革发展规划纲要》中显示，珠海需加快建设完善珠海港的现代化功能，其中高栏港工业区、海洋工程装备制造基地均落户在高栏港经济区，从国家战略的层面明确了高栏港经济区的发展战略定位和产业定位。高栏港经济区产业格局显

示，海洋装备制造、石化、清洁能源、物流等产业迅猛发展，专业人才需求存在巨大缺口。珠海城职院和高栏港经济区产业发展局都意识到这一双方合作的重大契机，双方携手打造珠海首个"政校企深度合作实验圈"，建立政府、高校、企业合作培养人才的模式，改变港区技术技能人才短缺现象。产业发展局在高栏港举办"校企合作对接会"，为珠海城职院与各企业搭建交流平台，以促进政校企的合作。与企业的对接交流几乎涵盖了珠海城职院所有专业，对接受到了企业的欢迎，也使莘莘学子看到了就业的愿景。珠海城职院还与格力等高端制造企业和高新技术企业合作，与长隆国际海洋度假区等高端服务企业合作，创办"航空与海洋工程学院"，为地方产业提供高素质技能型人才支撑。

（二）专业人才培养对接行业企业人才需求

职业技术教育在细化专业设置时，也要从地方企业实际需要出发，尽量不搞"大而空""万金油"式的专业。应该往企业需要什么专业人才，学校就培养什么专业人才的方向发展。珠海港控股集团有限公司是 2008 年组建成立的国有独资企业，承担着珠海市高栏、万山、香洲、九洲、井岸、洪湾、唐家等 7 大港区的开发建设和经营管理任务。该企业成立次年就与珠海城职院签署校企战略合作协议开展合作。珠海城职院及时开办了港口管理与航运管理专业，以满足珠海港控股集团的人才需求。

专业与企业对接的一个生动例证就是"订单式"培养。目前，珠海城职院开设了长隆旅游管理班、格力安全技术员定向培训班、格力实验测试员定向培训班等 17 个冠名班。企业直接参与专业课程开发，使教学内容动态地跟踪新技术、新设备的发展，减少了教学中的盲目性，实现了教学与上岗的零距离（见表 3）。

表 3　珠海市人才发展"十二五"规划主要指标

指　标	单　位	2009 年	2015 年
人才总量	万人	31.3	44.9
主要劳动人口受过高等教育的比例	%	21.7	30
每万劳动力中研发人员	人年 / 万劳动力	66	72
高技能人才占技能劳动者比例	%	24.6	30
人力资本投资占国内生产总值比例	%	13.6	18
人力资本对经济增长贡献率	%	28.4	35

（三）教师职教能力要求对接职业岗位要求

"双三元"办学模式，对教师的素质提出了更高的要求。在教与学的互动中，教师处于主导地位。教师不仅要胜任理论教学，更要胜任实践技能教学。在教学方法上，教师要改变"满堂灌"的授课方式，由坐而论道变为教学主持人，给学生更多的技能启蒙与实践空间。"打铁先要本身硬"，教师要对接职业岗位，必须走进企业，将自身掌握的学科理论知识与职业岗位的专门技能融合在一起，实现教师与工程师的零距离。

珠海城职院在与珠海港控股集团等企业的校企战略合作中，选派优秀专业教师赴企业挂职锻炼，顶岗操作。通过强化专业教师的企业工作经历，提高教师教学设计和实践能力对接职业岗位。

五、"双三元"合作办学模式成效初显

（一）社会服务能力不断增强

两年来的改革探索，珠海城职院的整体实力明显增强，目前已拥有珠海经济社会发展研究中心（广东省社会科学院珠海分院）、珠海社会管理创新研究基地、珠海市情与决策基地等7个服务平台；与社会多方建设四个协同创新中心；珠海城职院还聘请刘人怀院士为名誉校长，聘请著名台湾设计师修泽兰女士为特聘教授；多名教师被聘为珠海市咨询委员会委员，以及政府和企业顾问。

（二）教研科研工作取得新突破

2012年，珠海城职院科研课题的数量与质量有了较大的提高，横、纵向课题总经费达400余万元。四项成果分别获得广东省科技进步三等奖、珠海市哲学社会科学成果一等奖、珠海市科学技术进步二等奖和珠海市社科优秀成果三等奖。

（三）校企合作不断深化

珠海城职院与市工商联合会签订了协同创新战略合作协议；电子信息专业群实现了与国家重点战略性新型产业——珠海市新能源智能电网产业联盟对接，与联盟下的5家公司进行了深度合作；"高栏港区政校企深度合作实验圈"项目进展顺利；与台湾修平科技大学、市台商投资企业协会签署《三方交流合作备忘录》。

（四）学生竞争力不断增强

去年，珠海城职院省级以上获奖学生达 87 人次。经济管理学院两支学生代表队在全国"用友杯"大学生会计信息化技能大赛上勇夺全国一等奖和二等奖；电子信息工程技术学生代表队在 2011 年中国教育机器人大赛中获一等奖；击剑队在全国大学生击剑锦标赛上获女子重剑团体第五名，男子佩剑团体第六名的好成绩；2012 届毕业生初次就业率达 95.77%，高于全省同类院校初次就业率平均水平；机电一体化等 5 个专业的初次就业率达 100%，毕业生就业质量不断提高，2012 届毕业生初次就业专业对口率达 80% 以上，2013 届毕业生就业率达 96.8%。

高等职业教育从其诞生之日起，就与社会各界有着天然、密切的联系，具有明显的合作教育的特色。高职院校办学，必须主动适应区域经济发展，适应优势支柱产业和新兴产业发展的需求。实践证明，完全照搬德国的"双元制"模式，将会水土不服。"双三元"办学模式是德国的"双元制"办学模式的中国化、本土化，具有可操作性和可复制性。实行"双三元"互动，产学研协同，才能够体现与产业群"六个对接"的要求，即培养目标对接、培养模式对接、课程体系对接、教学内容对接、考核评价方式对接、职业资格证书对接，从而为社会培养"用得上""留得住"的高端技术技能型人才。

（原文获 2013 年"中国教育实践与研究论坛"征文评比大奖赛一等奖）

第二部分

"双三元"成功案例

案例一：工业与艺术设计学院 "工作室制"教学企业案例

珠海城市职业技术学院工业与艺术设计学院在学校"双三元"办学理念指导下，以学校"双三元"办学模式为核心，实施了校、行、企合作的"教学企业制"教学改革，创新性的深化了"政、校、行、企"多向互动人才培养合作模式，提高了高职人才培养质量，加强了校企合作师资队伍建设，提升了高校面向社会的技术服务能力，带动了艺术设计专业群建设。

一、项目基本情况

本项目建设理念是：联合政府行政部门，结合行业企业，围绕着珠海市政府将休闲建筑业、游艇制造业列为珠江西岸重点发展的产业调整思路，以服务区域产业发展和珠海产业结构转型为目标，与政府行政部门（珠海平沙游艇产业园）和珠海行业企业（珠海室内设计协会、珠海会展设计协会）合作，以"双三元"合作模式改革高职人才培养模式，共同培养艺术设计、游艇装饰设计、室内设计的高素质技术技能型人才。

具体实施方式是：基于"双三元"合作模式，依托"珠海平沙游艇产业园"和"珠海室内设计协会"，以及产业园的游艇制造企业，创造性的进行"教学企业制"人才培养模式改革，将行业标准融入课程标准，通过企业化教学管理、项目化任务驱动、企业专家参与教学等手段，并且通过政府举办竞赛促进教学，合作建设艺术设计人才培养基地，提高毕业生质量，满足本地区设计人才需求，形成"双三元"良性互动，建设特色鲜明的示范性改革样板。

本项目通过几年的建设，已经建设成为"中央财政支持"重点专业，并且顺利通过验收，同时，本项目组教学改革获得一系列成果，其中"教学企业制"教学改革获省教育厅"广东省第七届教学质量奖"二等奖；"游艇专业江龙校企合作实训基地"获省教育厅"省级质量工程基地"立项；精品资源课"3DS MAX 游艇装饰设计"获省教育厅"省级精品资源课"省级立项；校企合作实践项目"创意设计节"校园文化项目获省教育厅"校园文化优秀成果奖"二等奖；学生管理工作改革课题"二元一体工作室制"改革获省教育厅"学生管理精品项目"精品项目奖，见图1。

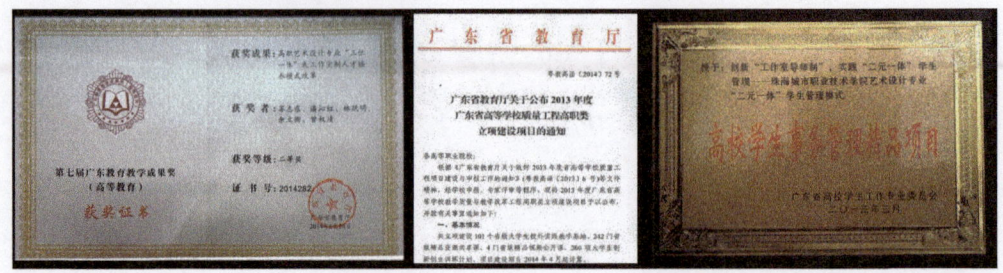

图1　广东省教学成果奖等奖项

除以上成果外，本项目还以校企合作"大师工作室"形式获得了一系列技术服务成果，如2012年参与合作伙伴广东江龙船舶制造有限公司研发"钢—玻璃钢复合游艇（实用新型）"获国家核心技术专利；合作设计"穗港之星"号豪华游艇获"第二届广东室内设计大赛优秀奖"；参与设计私人游艇"青花"号装饰设计获"环境艺术学年奖"。另外，近三年获国家级设计奖的学生有13人，其中包括"2012中国建筑艺术青年设计师大赛"金奖，见图2；10人次获省级奖，其中二等奖以上6人次；学生参与企业项目研发8项，被企业采用6项。

实践证明，通过项目建设的作用，以"双三元"合作模式进行教学改革，不但能够提高人才培养质量，还能够积极促进高职院校参与行业技术研发的社会服务能力。

图2　中国建筑艺术"青年设计师奖"

二、项目实施方法

在"双三元"办学模式指导下，实施"教学企业制"教学改革，具体改革实践主要体现在以下几方面：

（一）建立政、校、企，行、校、企"双三元"创新机制

与珠海有影响力的游艇企业、珠海平沙游艇休闲管委会、珠海设计行业协会、澳门设计行业协会联合成立了"珠海游艇设计制造联盟"，将联盟的秘书处设立在本校，形成促进珠海行业与澳门行业、产业良性互动机制，促进了行业为地方经济的重点产业——游艇制造业服务的能力，并且在此基础上成立了专业指导委员会。

（二）成立行业秘书长，促进珠海—澳门行业合作

为真正实现"双三元"良性互动的合作模式，积极与"澳门会展产业联合商会""澳门 RYB 建筑设计咨询有限公司"等澳门行业企业，"珠海市会议展览业协会""珠海三原色建筑装饰设计院有限公司"等珠海行业企业合作建立了"珠澳装饰设计联盟"，两个行业协会的秘书长均设立在珠海城职学院，与澳门行业协会建立了良性互动合作，承接和参与澳门设计项目 8 项，促进和推动了珠海和港澳地区设计技术服务互动。

（三）建立"教学企业制"人才培养模式

创建"教学企业制"人才培养模式改革，将教学管理、学生管理、企业化训练一体化整合，打破传统的班级建制，教学过程模拟企业的工作流程和技术平台，以工作项目为载体，实行基于工作情境和生产流程的学习，教学过程就是完成项目过程，改变了传统的书、本、纸、黑板的课堂教学方法，改变了教学管理、学生管理、就业教育各自为政的局面，既提高了教学效果，又使学生在学习过程中认识未来岗位角色。该模式获省级精品项目奖 1 项，省级课题立项 1 项，现正在申报省级教学质量奖。

（四）建立校内"大师工作室"校外"教授工作室"双向机制

本项目按"校中厂"理念在校内设"大师工作室"，引进企业专家和校内名师，在校内组建服务社会的设计工作室，选派校内专业技能过关、德艺兼优的"双师型"骨干教师协助主持，学校和企业共同投入软硬件资源，在学校开展技术服务和业务服务，选拔校内优秀学生参与研发工作；另外，还向校外企业派驻"教授工作室"，安排学校名师、教授在企业挂职，开展技术服务和培训，两年来完成企业培训超过 1000 人次，完成企业技术研发 10 项。

（五）校企合作实施"三段式"实践教学改革

本项目以"双三元"校企合作模式开展课程建设和教学改革，改革取得较好成效，

成为省级特色专业。与行业企业合作初步开发建设了全国第一个游艇装饰设计教学资源库，其中《3D MAX游艇装饰设计》精品资源课建设获得省级精品资源课立项，同时，与企业专家合作编写了校企合作教材10部，完成了基础课和专业核心课程等所有课程的课程标准修订，全面实施项目化教学。同时，本项目全面进行"三段式"实践教学改革，以校企合作"三三制"课程编制体系和"三递进"式实践教学体系，全面实施"项目报告书"方式的项目过程考核机制，以项目过程考核替代传统的学期课程考核，以项目和实训带动基础课和专业课的教学。

（六）校企合作建设"双师素质"的优秀教学团队

本项目引进1名国家行业高水平专家担任专业带头人，实行"双带头人制"，与校内专业带头人共同带动专业建设；聘请15名企业技术骨干担任兼职教师，专任与兼职教师比例超过1：1；积极培养青年教师赴海外培训或者参加省级以上培训，现在教师队伍从6人增加到15人，并且在基数加大的情况下，高级职称教师比例为60%，"双师素质教师"从60%增加到90%。教学团队两年内公开发表论文12篇，获省级教学项目奖2项，主持省级课题1项。

（七）校企合作进行实训基地建设

本项目积极引进行业企业资金进行校企合作实践基地建设，两年内吸引企业资金70万，加上本项目专项资金投入，新建了实训游艇及游艇码头实训区，扩建了游艇设计实训室，增加建设了游艇工艺实训室、游艇家具实训室等5个校内实训室，特别是与国家工信部课题组的横向课题，接纳了校外游艇企业投入50万元课题资金，与本项目共同建设了300平方米的校企合作"游艇邮轮样板房"实训基地，实训条件完全满足学生的技能训练和社会培训需求，见图3。本项目的"江龙游艇装饰校外实训基地"建设获得"省级校外实习实训基地"立项。

图3　学校游艇及码头实习基地外景

三、项目实践内容

本项目的实践内容围绕三方面展开，即"教学企业制"人才培养模式改革、"大师工作室"实践教学改革、"双三元"教学团队建设三个方面。

（一）项目实践之一——"教学企业制"人才培养模式改革

"教学企业制"人才培养模式改革，是以"双三元"的方式，结合行业、企业和政府行政部门，以模拟企业运作方式的"教学企业"（也称为"工作室"）形式，执行"导师责任制"的一体化高职艺术设计专业人才培养模式改革，将教学管理、学生管理、企业化训练一体化整合。

"教学企业制"人才培养模式改革改变了传统大学教育中"三脱节"顽疾，即教学管理、学生管理、就业教育各自为政的"三脱节"现象，特别是上下游"课程链"脱节的各自为政的顽疾，不但提高了课程效益和教学效果，同时融入企业化的岗位管理机制，实现教学岗位与教学"零距离"对接，实现"入校即入职"的理念，增强了教师责任感，提高了教学质量。

1."教学企业制"解决了高职教育长期存在的以下问题：

（1）改变教学"课程链"脱节现象，实现课程上下游服务

传统高校教学是完成独立课程教学，希望以课程之间的关系形成教学体系，但产生了以下问题：第一，部分教师长期只承担一两门课程，教学缺乏整体观念；第二，各个课程为保证各自学科的体系完整，各自为政，弱化了为上下游课程服务的任务；第三，基础课被认为是铺垫课程，忽视深入与企业与行业技术接轨，难以实现"课程链"上下游协同服务，部分课程知识更新缓慢，教学体系与行业脱节，难以适应行业技术更新。

（2）改变传统的"教"与"育"脱节现象，将学生管理融入专业教学

散漫是艺术类学生的顽疾，传统管理理念认为"重病需下猛药"，以严治散，从严治学。但艺术类学生是复杂而特殊的群体，采取简单或单一的"严格管理"方式效果不好，甚至容易形成学生与管理者的反叛和对立的局面。最有效的方法是将学生管理融入专业教育，利用学生对专业学习的热情与依赖，结合专业教育、就业教育等环节，采取"专业渗透法"进行教育和管理，发挥专业教师队伍的特殊作用，将学生思想教育融入专业教学全过程，实现专业教育与学生管理协同。

（3）改变"校"与"行"脱节现象，将岗位管理机制引入课堂

目前设计行业招聘选才标准提高，专业技能不再是第一标准，岗位团队合作、企业忠诚度等人才标准上移，就业教育面临新的挑战。如果将企业管理机制引入课堂，从学生入学到毕业，教师和学生全过程模拟企业角色进行教学和管理运作，师生关系

不再是"管与被管"的关系，而是企业内部的岗位管理机制的管理方式，实现教学岗位与教学"零距离"对接，实现"入校即入职"的理念。

2. "教学企业制"人才培养模式的具体运作方式，见图4。

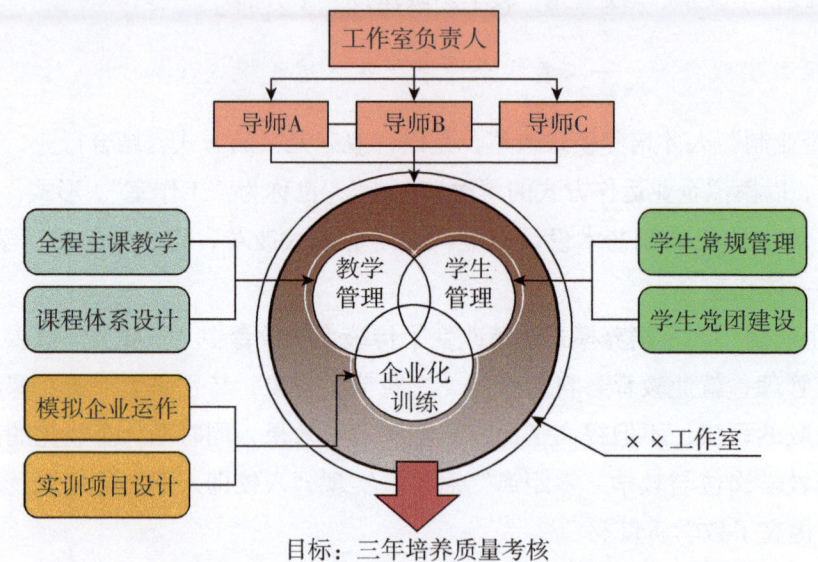

目标：三年培养质量考核

图4 "三位一体工作室制"动作示意图

（1）"三位一体"之一：教学管理

打破传统的自然班教学建制，由模拟企业运作的"工作室"替代，三年所有教学任务由一个"导师团队"全程一体化执行，"导师团队"不但负责所有专业课程教学，还负责三年课程体系设计、教学资源管理、项目实训执行等，保证"课程链"上下游相互服务，保证课程内容与行业发展变化以及技术更新紧密联系。

"导师团队"的具体职责如下：

①"导师"职责之一，独立承担三年专业课全程教学

专业课改变以前不同类型教师分科目完成教学的方式，由"导师团队"一体化执行三年全程教学，实行三年就业责任制考核。由于以就业为考核目标，同时由于是特定教学团队一体化教学，保证了上下游课程相互服务，改变了以往教师不自觉以各自课程为核心的教学弊端。

②"导师"职责之二，自主调整三年课程体系设计

传统情况下，教师只负责完成自己的教学任务，而三年课程体系设计由上级负责，这种弊端是：一线教师发现行业技术更新，但更新教学体系的权限在负责制定课程体系的部门，这就有可能导致无法紧密跟踪企业发展。"教学企业制"是"导师团队"按照就业目标设计三年课程体系，上级只制定平台课标准等指导性要求，有利于课程体系

实时更新，保正与行业岗位对接。

③"导师"职责之三，项目制考核三年项目实训设计

"教学企业制"要求在三年教学中模拟企业生产方式运作，教师不再是传统意义上的单纯"教书匠"，而是模拟企业的各个部门管理者角色，促使"导师团队"切实熟悉行业生产流程，熟悉企业管理方式，使传统的教师迅速成长为"双师素质"教师，不但可以完成全流程教学，还是行业专家。

（2）"三位一体"之二：学生管理

"教学企业制"的管理者是三年一贯制的"导师团队"，导师团队不但要执行三年的教学任务，还要完成三年的学生管理工作，为保证高效地执行教学任务，导师团队必然增强学生管理效率，有效地将专业学习、学生思想教育、学生管理结合起来，解决了"教与育"两张皮脱节的问题。

①"导师制"要求成功践行"寓育于教"

"教学企业制"利用学生信赖、仰慕专业教师的有利条件，由专业老师负责学生管理工作，特别是运用了模拟企业的运作机制，使学生在学习过程自然接受职业品德教育，把学生管理落实到每一节课，落实到每一个项目任务，学生常规思想教育与行为管理已经成为常规教学的组成部分，改变传统的"严管"，有效践行了"寓育于教"。

②"导师制"与班主任身份合一

"教学企业制"实行"导师"与班主任身份合一，"导师"为保证学生通过三年就业考核，在教学的同时必然加强学习纪律和学习习惯管理，自觉加强学生就业观教育，使学生管理平和又亲切，却又无时不在，改变传统的学生管理队伍和教学队伍各司其职的管理方法，在潜移默化之中改变学生观念和品质。

③"导师制"全面延伸学生事务管理

"教学企业制"要求教师不仅负责学生常规事务管理，还要延伸学生事务的管理，包括承担"教学企业制"的学生党团建设、班级建设、奖助贷学、义工服务、学生心理健康、评优评先等工作，提高了学生管理工作的针对性、实效性，使学生管理真正落到实处。

（3）"三位一体"之三：企业化管理

"教学企业制"同时以模拟企业工作流程的方式进行教学。每个工作室负责人模拟公司设计总监，"工作室"的学生模拟公司员工，学生小组模拟企业岗位的协作，训练学生的岗位技能的同时，也提高团队合作能力，实现"入校即入职"管理理念，使学生在校就体验岗位角色。

①"模拟企业"实现了教、学、做一体化

"教学企业制"其实可以看作一个模拟的设计公司，学生除了公共课程的学习，所

有的专业课程将在"工作室"完成。对学生们而言,"工作室"教室也是公司,教室即是学生们校内的职训工场,专业教学以基于生产流程任务驱动的方式进行,三年全程进行校内的岗位化训练,实现校企"零距离"对接。

②"模拟企业"执行了学习任务、工作任务一体化

"教学企业制"是每学期由一个总项目整合若干基础课、专业课,传统独立的课程演化成生产项目中的一个个生产任务,让学生以小组为单位,一边完成项目工作一边学习专业技能,用项目带动课程教学,用项目的社会评价标准完成课程标准,学生在工作过程中既学习了专业技能,又了解和熟悉生产流程和工序,同时积累项目经验和岗位经验。

③"模拟企业"达成了学生、员工角色一体化

"教学企业制"以模拟企业角色的方式进行教学和管理,教师不再是传统意义上的教师,学生干部不再是传统意义上的学生干部,而是模拟企业的不同部门负责人角色,教师与学生、学生干部与普通学生的管理关系转化为企业内部的岗位管理关系,有利于学生接受管理,有效地软化了学生干部与普通学生的学生管理关系。

3."教学企业制"的特色及创新点

(1)"教学企业制"成为一体化管理和训练的载体

常规的"教学企业制"是以工作室为载体进行生产实践,或者面向社会提供技术研发服务。而"教学企业制"将教学、管理、企业化训练融为一体,突破了"教学企业制"片面强调完成生产项目,导致教学过程不完整和教学难易度分配不合理的瓶颈,特别是改变了以前专业教学、学生管理、项目实训各自为政的弊端,成为教学、管理和训练一体化的载体。

(2)"教学企业制"成为课程体系整合的黏合剂

传统学科式教学的顽疾,是各个课程之间各自为政,缺乏"课程链"上下游服务协同,教学缺乏整体系统,特别是基础课几乎游离于职业教育理念之外,部分学科和课程长期与行业的技术更新脱节,形成高职教学知识更新缓慢,难以适应行业不断变化的局面。"教学企业制"由于执行一体化教学和管理,行业标准明确,就业目标明确,有效地成为课程体系整合的黏合剂。

(3)"教学企业制"成为学生企业化训练的平台

由于模拟企业运作的方式进行教学和管理,"工作室"其实演化为一个模拟的企业公司,每个工作室负责人执行公司总监的职责,"工作室"的学生模拟公司员工,教师不再是传统意义上的教师,学生不再是传统意义上的学生,学生小组模拟企业岗位的上下游协作,训练学生的岗位技能,训练学生的团队合作能力,实现"入校即入职"管理理念,使学生在校就体验岗位角色,缩短了学校与企业的距离,有效成为高职学

生进行真实企业化训练的平台，见图5。

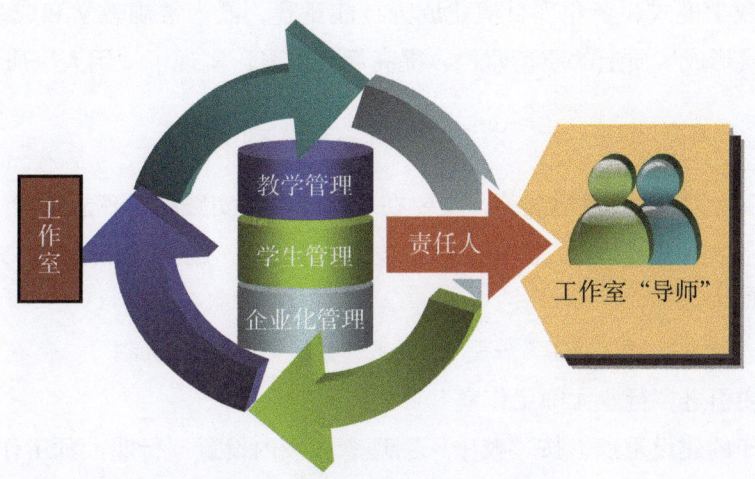

图5 "工作室"责任目示意图

4."教学企业制"的实践效果

（1）实现了"师"与"生"共同成长

以"教学企业制"为助力，教师以行业需求为导向，为保证三年就业的目标，自觉深入企业，自觉实现动态化转型，实现教学能力、行业能力、科研能力、管理能力、协同能力全面提升，在一体化教学中成长，从传统的单纯"教书匠"，自觉转型成长为"行业专家"。学生以"教学企业制"为平台，在企业化训练中成长。同时，学生通过模拟企业的"教学企业制"的岗位训练，以岗位需求为导向，实现学习能力、合作能力、实践能力、创新能力、交流能力、社会适应能力的全面成长。

（2）学生"技"与"德"同步成长

首先，教师的"育人"责任心增强，"三位一体"的责任目标改变了以前职责不清现象，"导师"团队要达到企业考核人才标准，自觉加强职业品德教育，自觉管理学生，改变了以前教师"上完课走人"的现象，实现了"技"与"德"共同提高。其次，学生主动接受职业品德教育，"教学企业制"以模拟企业角色的方式实施教育，改变了就业教育"说教化"现象，改变了学生干部与普通学生之间"管与被管"的角色关系，在企业化当中，较好训练了学生团队合作能力、企业忠诚度，使职业生涯教育具体化、专业化。

（3）实现了"育人"和"用人"双度增值

首先，由于"教学企业制"模拟企业运行的机制可以有效吸引企业参与项目教学，在真实项目的教学过程中，实现了高校"育人"的品质增值，学生不但专业技能和技术有本质性提高，团队合作等职业品质也由于有了切身体会，而实现了实质性改变，教学效果实现了效应增值；另外，企业介入项目教学形成校企深度合作，发展成为"竞赛嵌入式"教学模式，企业项目演化成为技能竞赛，嵌入常规教学和成绩考核，企业全程指导项目形成实质上的质量监控，提高用人质量，实现了"用人"质量增值。

（二）项目实践之二——"大师工作室"实践教学改革

"大师工作室"实践教学改革，主要在"双三元"实践教学理念指导下，围绕着校内建设"行业大师工作室"、校外派驻"教授工作室"、建设"三递进"式实践教学体系等方面。具体如下：

1. 实践"行业大师工作室"—"教授工作室"双向互动机制

（1）校内引进"行业大师工作室"

校企合作的建设重点，按"校中厂"理念在校内设置"行业大师工作室"，与珠海三原色装饰设计有限公司、珠海江龙船舶制造有限公司等企业合作，引进珠海著名企业的设计室在学校开展业务。本项目在"行业大师工作室"投入硬件资源，再选派校内专业技能过关、德艺兼优的"双师型"骨干教师协助主持，制定与市场同步的工作室教学管理规程，引进与教学内容相关的社会设计项目，选拔校内优秀学生参与研发工作。

"行业大师工作室"功能是完善"教学企业制"有效教学的运行机制，既能培养学生掌握职业岗位技能，使学生较快完成向职业人的转变，又能实施专业教学和项目技能实训，同时还能扩展本项目为社会服务的开发产品和研发项目设计。"行业大师工作室"是将企业研发工作环境与学生实训环境的有机结合，既有利于教学也便于教师的科研与职业实践活动有效结合。

（2）建立校外派驻企业"教授工作室"

本项目的社会服务职能包括开展环境艺术项目设计、环境艺术工程咨询等技术服务。因此，本项目将重点建设派出企业的"教授工作室"，派出本项目学校级名师、教授为龙头组建科研团队，赴企业挂职，参与企业申报环境艺术科技计划项目，开展艺术设计行业新技术、新材料等项目研究，参与社会行业招标，依托珠海室内设计协会面向社会和市场进行工程设计和工程施工工艺咨询等技术服务，解决生产技术难题。

派出企业的"教授工作室"采用项目运作模式，由学校专业指导教师、学生和企业技术人员共同组建项目组，在教师指导下由学生完成项目，交企业技术人员校核和审查，参与人员在报告和图纸上签字，盖企业资质章，成果为学校和企业共同拥有。同时，学校为企业提供技术支持和员工培训，企业为学校教师提供锻炼平台，学校兼职教师结合企业人力资源的实际情况，为企业员工量身定制培训计划，并且开展职业培训和工种鉴定。

（3）实施"大师工作室"课程考核机制

本项目"大师工作室"课程考核机制的主要方式是，放弃传统的学期考试的考核模式，建立"实训项目报告"的过程考核形式，课程评价主体在"大师工作室"统一调配下，由"校、行、企"共同组成专家团队，以网络评价和项目答辩形式执行考核。本项目课程考核不再以一次考试作为学生成绩的评价标准，注重完成任务过程中的每一次记录，过程中所有工作任务的完成情况将积累为课程成绩，评价考核的目标以理论知识与实践技能的结合度为标准，邀请行业、企业专家评价实践教学成果，通过对每门课程和教学过程的系统分析，把评价的着眼点和落脚点转移到以职业能力为核心的轨道上来，并逐步实现评教分离。

另外，"大师工作室"课程考核机制建立"双三元"多方监控质量管理机制。在专业教学指导委员会统一指导下，"校、行、企"合作共同成立专业教学质量管理小组和二级学院教学督导组，聘请校外的"校企合作实训基地"管理人员做校外兼职督导员，实现教学质量的全程监控和全面管理，监控教师备课上课、教学考核等各环节，监控校外实习基地的运行机制。"大师工作室"组织专家定期开展学生座谈、评教活动，建立毕业生跟踪制度，收集毕业生半年就业相关信息，到用人单位了解毕业生信息，填写毕业生调查表等，及时跟踪处理，以利于对教学做出客观的评价和科学的决策。

同时，"大师工作室"考核机制建立了第三方评价结构与体系，委托行业协会和职业技能鉴定中心，建立第三方评价机构，分析来自第三方评价专业教育评估机构的质量评估报告，并对人才培养方案等教学文件修订改进提出建设性意见，同时协同第三方机构完善《学生学习成长经历档案管理制度》，主要包括：新生信息采集、各阶段学生成长目标、学生各阶段职业能力考核成绩、学生各阶段服务学习学分、学生各阶段企业实训经历等，反映学生成长及职业素质培养过程，指导学生健康成长。

2. 建立"三递进"校企合作实践教学体系

艺术设计类教学有与其他传统大学不同的特殊性，本项目经过多年的摸索，已经构建了"三三制"课程编制体系和"三段式"实践教学体系，本项目将在此基础上，完成"三递进"式实践教学模式建设。所谓"三递进"实践教学模式，是由"三三制"课程、"三段式"教学和"三递进"式项目三个部分组成。

（1）"三三制"课程编制方式

本项目协同珠海室内设计协会、珠海职业技能鉴定中心和珠海平沙游艇产业园，共同对艺术设计行业、游艇装饰设计行业的主要岗位典型工作任务进行了分析，认识艺术设计行业的岗位技能标准是以技术操作、新技术制作为特征的，合格的技术操作标准是在熟练的基础上进行创造性运用，而传统的"学期制"平行推进课程体系难以满足这种特殊要求，甚至容易形成"水过地皮湿"的状态，同样的课时却降低了教学效率，因此，本项目建立了以"分段集中""分类递进"的集合递进的"三递进"课程编制方式形成"三三制"课程体系，即每学期课时集中分为三个段落，每个段落大约6周，每个段落对应一门课程，每门课程在6周集中完成，按照从简单到复杂，从易到难，逐层递进的课程方式，以及"知识——技能——岗位"的先后次序方式，形成"边教边做""半学半做"的教学方法，满足设计行业强调操作性、技能性、实践性的工作任务要求，同时引入设计师、制图员、效果图表现员、施工指导员、施工管理员等职业技能标准，将艺术设计岗位核心能力以及技能等级证书的考核标准与教学内容相结合，按照"以项目任务为载体，以工作过程为主线"的课程体系的要求，将基于专业岗位工作过程行动领域认知规律重构形成专业课程体系。

（2）"三段式"实践教学设置

所谓"三段式"教学，即："课堂练基础——实训练技能——岗位练角色"，具体见图6。

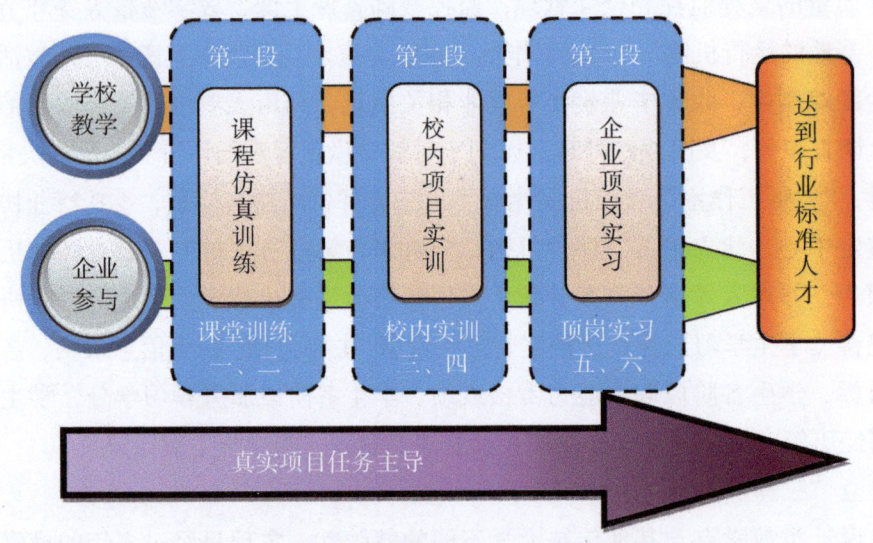

图6 "三段式"教学示意图

第一段：课堂练基础——课程仿真训练

这个阶段的实践训练主要针对基础课，运用在低年级。传统教学模式中，有很多人认为低年级新生很难开展项目教学，而通过"教学企业制"人才培养模式改革，从低年级新生开始，基础课程教学通过仿真练习，提高了掌握基础知识和基础操作技能的教学效率。

第二段：实训练技能——校内项目实训

这个阶段主要针对专业核心课程，运用在二年级和三年级。在核心课程教学中，大量开展技能竞赛活动，通过真实项目带动的技能竞赛（有时候也可以开展模拟项目的技能竞赛），在学校学习完成项目任务的过程，体验真实工作流程和工作角色，促进掌握技能和提高职业品质。

第三段：岗位练角色——企业顶岗实习

这个阶段是高职教育的规定动作，事实上也是最容易被忽视而形成"走过场"的阶段。本项目特别要求"工作室导师"在这个阶段真正深入企业指导学生，并且形成考核机制，促使学生完成在真实的企业环境中参与实际项目开发和设计学习，完成职业能力和职业素质的培养，最终成为一个符合行业需求的技能型人才。这个阶段运用在"校企"合作的岗位实习和顶岗实习阶段。

（3）"三递进式"项目教学

所谓"三递进式"项目教学的递进方式是：一年级项目虚作——二年级项目跟作——三年级项目实作。

在项目教学层面，本项目的实践教学采取"一年级项目虚作，二年级项目跟作，三年级项目实作"的项目实训形式，要求所有课程要以项目为载体，不允许独立理论课程或独立技法课程的教学，要求包括一年级的基础课在内，将课程融入项目实践中，由仿真训练或项目实训带动基础课和专业课的教学。

第一段：一年级项目虚作

由于一年级学生入校时间不长，在一年级开发真实的项目不现实，因此，在一年级我们采用"项目虚作"的方式，目的不是要求开发项目，其目的是通过项目的仿真训练，促进学生应用性地掌握技能。

第二段：二年级项目跟作

二年级学生虽然基本掌握了完成项目需要的技能，但完全达到岗位职业标准还需要一个过程，特别是对生产环节中其他部门的合作比较生疏，这造成完成项目的时间延长，在时效性上不能达到甲方要求，因此，在二年级教学中，我们采用"项目跟作"的方式。

第三段：三年级项目实作

三年级学生在工作技能、生产流程各个方面已基本达到岗位的职业要求，因此三年级的实践课程我们采用"项目实作"的方式，在完整性、准确性、时间性等各个方面以客户标准要求学生，训练学生尽可能达到客户要求，同时争取优秀的设计作业能够可以被企业采用。

（三）项目实践之三——建设"双三元"技术服务团队

本项目是"双三元"校企合作成功的重要标志，要提升高职院校服务区域产业的技术服务能力，具体地说就是提升服务珠海重点产业"珠海游艇产业园"的技术研发能力，并且成为面对区域游艇制造产业、建筑产业的"双三元"校企合作人才培养基地。针对这个目标，本项目主要实践内容是：

1. 促进珠海、澳门行业技术服务互动

本项目已经有比较好的珠海、澳门技术服务互动机制，每年毕业生赴澳门就业人数不断上升，近五年承接和参与设计澳门社会的设计项目也有11项，示范性建设期间将进一步积极利用珠海行业协会秘书处的职责，利用本项目现有的澳门艺术设计行业资源，建立"珠澳艺术设计联盟"，积极促进和推动珠海和澳门地区设计技术服务互动，促进珠海、澳门设计技术双向服务，同时，以本项目的课程资源库、专业技术服务平台为支撑，积极承担澳门设计咨询、社区环境设计、职业技能培训服务等工作，加强对澳门地区的艺术设计服务、职业资格培训和专业项目的合作开发服务。经过项目建设，本项目已经初步具备面对澳门和本地区的社会服务能力。近几年利用内地高校的知识与人才资源，参与为澳门行业和企业提供专业的设计服务，承接和参与设计澳门社会的设计项目有11项，每年为澳门社区、机构开展咨询讲座一次；本项目毕业生持续被澳门设计企业录用，澳门企业每年接受的毕业生超过毕业生总数的10%；另外，本项目主动为珠海各个行业和社区提供专业的设计服务，近五年承接社会室内装饰项目12项，被企业采用9项。

2. "行、校、企"合作开展技能竞赛和社会培训

本项目长期与珠海技能鉴定中心合作，具有多次举办大规模技能竞赛的经验，目前又与中国船艇设计协会游艇分会、珠海平沙游艇产业基地初步达成协议，依助珠海游艇产业基地的资源和地方政府的支持，利用本项目带头人在全国和广东省行业、高校的影响力，举办"全国大学生游艇设计双年展"，集中大学生设计才智为区域产业发展服务，为区域行业企业选拔优秀人才实现四方惠利。比如，本项目长期依托珠海人事社会保障局，与珠海职业技能鉴定中心合作多次举办"会展设计师技能大赛"，另外，还积极与行业专家合作，建设校企合作实践教学培训基地，依托培训基地为企业提供室内装饰设计员三、四级等职业技能鉴定培训。目前已经完成3期企业培训近1000人次，充分体现了高职院校服务本地经济和产业发展的目标。

另外，本项目投入5万元初步建设了行业终身学习网络平台和技术服务互动平台，并且申报了"珠海市重点实验室、实践基地建设"项目，不但对行业技术交流提供了互动平台，还满足了学生实习的远程教学和跟踪服务。

四、项目建设成效

本项目通过建设，不但对本学校人才培养质量和水平有极大的促进和提升，还提升了高职院校技术转化为服务社会的能力，形成了能够为本地区产业结构调整服务的

特色专业群，体现了高职院校专业发展对本地区产业和区域经济发展的贡献度，起到了对校内其他专业和其他学校同类专业的辐射和示范作用。

（一）建立了"行、校、企"三元共建专业的创新机制

本专业牵头与珠海室内设计协会、珠海平沙游艇休闲管委会和若干游艇企业成立了"珠海游艇设计制造联盟"，将联盟的秘书处设立在本校，形成行业、学校、企业合作的三元共建专业的创新机制，工作的重点放在促进行业为地方经济的重点产业——游艇制造业服务，提升了校、行、企三方的职能，进一步发挥了高职院校服务本地经济和产业发展的职能作用。如本专业每年定期开展中小企业岗位技术培训、下岗职工再就业培训、农村劳动力转移培训，建设期共计培训1000人次。2013年参与中国船舶总公司重点课题，引进校企合作建设资金50万元；2013年12月底将与广东省游艇协会共同举办"首届中国大学生游艇设计展"，连同9月份承办的"2013年珠海市游艇会展珠海技能竞赛"，已经逐步凸显本专业作为社会服务和专业服务平台的作用。

（二）提高了高职院校校企合作服务社会能力

本专业的校企合作的建设重点，按"校中厂"理念，在校内设置"行业大师工作室"，在校外建立派驻企业的"教授工作室"，积极开展行业、学校、企业三方融合的合作机制，高职院校服务社会能力明显提高。"大师工作室"的功能既能培养学生掌握职业岗位技能，使学生较快完成向职业人的转变，又能实施专业教学和项目技能实训，同时还能够扩展本专业为社会服务的开发产品和研发项目设计领域，是将企业研发工作环境与学生实训环境的有机结合，是既有利于教学也便于教师的科研与职业实践活动的有效机制。仅2013年，"大师工作室"就参与澳门设计技术研发3项，参与省内外游艇设计机构技术服务4项。

（三）提高了高职院校专业内涵建设

本专业创新实践的"教学企业制"人才培养模式改革，打破传统的班级建制，三年全程导入"双三元"企业管理机制执行教学，三年的教学和学生管理目标化、责任化，三年的职责权利落实到"导师制"团队，三年执行，教学过程模拟企业的工作流程和技术平台，以工作项目为载体，实行基于工作情境和生产流程的学习，教学过程就是完成项目过程，既提高了教学效果，又使学生在学习过程中认识到未来岗位角色，师生关系不再是"管与被管"的关系，而是企业内部的岗位管理机制的管理方式，实现教学岗位与教学"零距离"对接，实现"入校即入职"的理念。同时，"三递进"式实践教学方式使每学期由一个总项目整合若干基础课、专业课，传统独立的课程演化成

生产项目中的一个个生产任务,用行业的社会评价标准完成课程标准,学生在工作过程中既学习了专业技能,又了解和熟悉生产流程和工序,同时积累项目经验和岗位经验,改变了"校"与"职"脱节现象,达成了学生、员工角色一体化。

(四)学生积极参与真实项目能力明显提高

本专业派出企业的"教授工作室"赴企业挂职,参与企业申报环境艺术科技计划项目,依托珠海室内设计协会面向社会和市场进行工程设计和工程施工工艺咨询等技术服务。由于建立了校内"大师工作室"和派驻企业的"教授工作室"双向互动机制,教学过程引进真实项目效果明显增加,学生参与真实项目研发明显增多。项目建设期本专业学生参与企业游艇装饰项目引入课程8项,被企业采用5项,学生参与人数达120%;另外,获国家级设计奖的学生有13人次,其中包括"2012中国建筑艺术青年设计师大赛"金奖;学生获省级奖10人次,其中二等奖以上6人次。2010级本专业98%以上的毕业生取得了职业资格证书,毕业生初次就业率达99%以上,专业对口率达80%以上。

案例二：旅游管理学院
"服务学习，实践育人"案例

一、开展服务学习的目的

高职院校组织开展服务学习，将意志、品德教育和知识、技能教育融入实际活动中，有利于学生在反思中深化课堂内容学习，培养职业核心能力，养成爱岗敬业的职业道德与良好的合作和团队精神，树立服务社会的人生观；有利于创建温馨、和谐的富有人文关怀的校园环境，建设和谐社区和培育合格公民。同时，与社区机构的合作，有助于高职院校建立政校合作育人的有效机制，促进高等职业教育质量提升。

二、项目实施背景

珠海城市职业技术学院是由珠海市人民政府举办的全日制普通高等院校，建校伊始，就以"明德、敬业、乐学、善技"作为学校校训，广大教职员工始终以培养积极服务社会、企业的应用型高技能人才为目标而不断努力，致力于培养学生明辨是非的能力，诚实守信的品质，遵守公德的意识，孝敬父母长辈的爱心，鼓励学生热爱学习，自我砥砺。2011年，学校以顺利通过教育部高职院校人才培养工作评估为契机，秉持"三元互动、协同创新、求精求强、服务特区"的办学理念，锐意改革，进一步提升办学水平，迎来学校新一轮大发展。2012年，学校确定下属二级学院旅游管理学院为综合改革试点单位，在校企合作、课程体系、珠澳合作、学生工作等四个方面进行试点改革。其中在学生工作方面，旅游管理学院率先引入源自美国的服务学习理念，借鉴港台地区先进经验，开展服务学习，探索合作育人、实践育人工作。

在践行、推广服务学习过程中，旅游管理学院注重吸纳先进理念，加强与其他高校的联系，学习先进做法。院长到台湾修平科技大学访学，拜访该校服务研习工作负责人，探讨在高职院校开展服务学习的可行性和开展的具体步骤，获得了宝贵的经验。

随后，旅游管理学院成立学生服务发展工作室，由主管学生工作的副院长亲自担任工作室负责人，全体辅导员、班主任为工作室成员，统筹旅游管理学院服务学习工作。工作室成立伊始，全体成员就通过走访华南师范大学、香港岭南大学，参加学校服务学习研讨会，参与香港岭南大学举办的服务研习培训工作坊，积极学习其他高校成熟的服务学习推广模式经验，并且参加香港岭南大学服务研习推广计划，接受香港岭南大学督导。这一系列的学习、研讨，进一步提升校校合作水平。

三、项目推进概述

在吸纳港台高校开展服务学习的先进经验基础之上，学生服务发展工作室根据学校旅游管理专业、酒店管理专业、会展策划与管理专业的服务特色，结合学生经常在校内外从事志愿服务工作的特点，试点开设服务学习选修课，并且积极与周边社区、机构联系，调查社区、机构的需求，多方筹划，成功实施三板小学携幼出游项目。

在服务学习选修课程里融入三板小学携幼出游项目，为使授课目的、项目达到预期效果，工作室老师从规划、培训、服务、反思、评估等几个环节进行了精心准备和部署，逐步完成。

第一，在规划阶段，为更好保护学生服务热情，传播服务理念，达到预期效果，老师根据学生平时参加社会志愿服务的情况，限定开设的服务学习课程先由义工队成员选修；学校领导与工作室成员一起组成备课小组，共同讨论、制定教学计划，设计授课内容，探讨授课方式；工作室老师多次联系校外相关社区、机构，确定三板小学作为校外合作机构，并与合作机构协商，聘请合作机构人员担任课程督导，商定课程考核方案；组织学生走访、调查社会机构——三板小学。

经过与三板小学多次沟通及到校调查、访问得知，三板小学的就读学生70%以上为周边厂区外来务工子女，这些学生的家庭具有中国外来务工家庭的共性特点：①家庭经济基础薄弱、文化水平低。绝大部分的家庭来自农村，为了家庭生计外出谋生，在各个工厂、企业就业，由于客观因素，家庭成员的文化水平不高，对子女的教育很难兼顾，对子女的诉求较难满足。②家庭较难融入城市生活。由于常年在外工作，家庭成员流动性大，对家庭的正常生活造成一定的影响，而由于城乡二元结构的客观存在，不少家庭难以融入城市生活。

总之，由于三板小学的很多学生家长经常需要在厂区加班，甚至周六日也很少有时间陪伴自己的小孩，更不用说与自己的小孩一起出游，让小孩进一步了解社会，增长见识。即使有个别家长能抽出些微时间陪伴小孩，但由于对珠海的历史、著名景点等不熟悉，也很难满足小孩外出旅游的愿望。

基于此，工作室老师与课程督导结合讲授的服务学习课程，积极引导学生从自身专业角度出发，设计符合三板小学学生需求的服务学习项目——携幼出游，准备带领小学生到珠海著名的景点珠海渔女、农科奇观、博物馆等地方游览，增长见识，开阔视野。

第二，在培训阶段，工作室老师逐步引导学生认识、了解、树立服务学习理念，掌握专业服务能力。在课堂上，老师首先播放《让爱传出去》启蒙电影，组织大家分享观后感，学生纷纷表示有很大体会，懂得助人的快乐和意义。接着，组织学生观看香港岭南大学服务学习宣传视频，并结合同学们平时常见的志愿服务案例，引导大家讨论志愿服务工作与服务学习的区别。随后，老师再进行服务学习发展历程及高校推广情况介绍，通过这种方式，同学们基本了解了服务学习的概念及相关内容。在课程开展期间，同学们还接受了《广东导游基础知识》《导游业务》《旅游心理学》等专业课程学习，《广东导游基础知识》课程让学生熟悉广东的各个旅游景点的知识，要求学生掌握常见的景点历史故事、历史渊源；《导游业务》课程，教授学生针对不同游客团的特点，满足游客团的不同旅游诉求，并且懂得熟练撰写导游词；《旅游心理学》教授学生从心理层面去把握游客的情绪变化，并依此做出恰当的旅游安排。通过这些课程的学习，学生掌握了基本的服务技能。工作室老师还邀请沟通与交流课程老师专门与服务学习学生进行专题培训，提高学生沟通能力。此外，工作室老师还宣讲了大学生未成年人医疗保险，帮助学生树立安全防范意识。

第三，在服务阶段，出于安全因素考虑，活动要求一对一服务，即一名学生带领一名三板小学的小学生参加出游。在出游过程中，服务学习学生中有人担任专职导游，他们提前进行踩点，查阅相关旅游景点的资料，拟好导游词，负责整个活动的餐饮安排、游览路线设计等。有人担任活动卫生员，提前准备好晕车贴、清凉油等物品，以备需要。有人担任租车联络员，负责与租车公司、司机联系，确保出游顺利。有人担任保险购买员，负责出游投保事宜，保证大家安心出游。有人担任游戏设计员，负责在出游空隙组织小学生玩游戏。有人担任摄影员，负责全程拍摄，记录出游点滴。其他人担任专职携幼员，负责带好小学生，并在服务过程中，解答小学生的疑问。每个人都按照出游前老师给予的具体工作任务，各司其职。而工作室老师和课程督导在出游过程中，扮演观察者，及时掌握、了解学生的服务动态。

第四，在反思阶段，老师及时组织学生进行总结。在反思会上，每位同学结合自己的工作任务进行了详细的汇报和反馈，大家既谈到了自己的收获，例如沟通能力提高了，服务意识提升了，也提到了自己的不足：①旅游知识储备不够，不能完全解答小学生的疑问。由于自己开展服务前准备不充分，掌握的旅游知识不够，导致旅游过程中对于小学生提出的问题不能完全解答；②不熟悉小学生的心理特征。个别学生在引导旅游过程中,以成年人的思维惯性对待小学生,忽略了小学生真正的旅游心理诉求。③带团经验不足。平时缺乏社会实践,当真正面对团客的时候,容易手足无措,导致服务质量下降。同学们希望以后能在专业知识、社会实践方面有能多的储备和实践。

此外,学生还表示,以往他们参与志愿服务工作,服务前没有组织专业的培训,服务后也没有组织反馈和讨论,本次参加服务学习,既能得到专业培训,也得以参加分享,大家畅所欲言,收获很大。而工作室老师和课程督导作为整个活动的参与者与监控者,也参与了他们的反思,帮助他们进行梳理,引导他们从为社会服务的角度来分享活动的意义,进而帮助他们达到提升自我的目的。

第五,在评估阶段,老师给三板小学校方、出游学生家长、出游学生等参与者发放了问卷调查,了解各参与者对本次活动的评价。根据回收问卷的统计,三板小学校方觉得本次活动是一次多赢的机会。对于参加出游的小学生而言,是一个增长见识、开拓视野的好机会,对于服务学习的学生而言,是一次了解小学生、接触小学生的机会。校方认为服务学习课程成员的沟通技巧很好,解决问题的能力强,组织能力好,对于本次活动,他们认为给小学生带来了很大的影响。而在学生家长的评估方面,家长们认为本次活动,服务学习的学生、三板小学校方及家长们之间的沟通很顺畅,活动对于小朋友了解珠海的历史、景点有良好的帮助,开阔了小孩的视野。家长评价本次活动做得较好的环节是组织部分。小学生的问卷中,绝大部分都觉得参加本次活动很开心,认识了不少哥哥姐姐和同学,了解了珠海的景点,希望以后能有更多的机会参加类似的活动。

另外,在整个活动开始之前,为确保家长知情及支持,服务学习学生到三板小学与参加出游的小学生的家长见面,讲解本次出游活动的具体情况,解答家长的疑惑。通过宣传和解释,家长们纷纷表示支持这项活动,他们全部签订出游同意书。随后,服务学习学生还与小学生进行了面对面沟通,确定一对一的服务对象。为保证出游安全性,服务学习学生还开展出游保险投保工作,给所有出游的师生购买旅游意外险。

四、项目达到的目的

从整体上来看,三板小学携幼出游项目较为顺利地开展,课程也较为顺利地进行,基本达到以下的预期目的:

(一)培养学生公民意识,提高学生社会责任感,促使学生参与更多社会服务

据统计,学生在课程结束后,还组织阳光书角、藏南地区爱心义捐、社区五点半小学堂等社会服务活动3次,开展社会调查1次,参与各班级开展慰问环卫工人、旅

游景点安全宣讲、膳食宝塔进社区、探访井岸社会福利中心等活动 5 次，参与人次达 100 余人。

（二）推进课程改革，丰富人才培养方案

服务学习有别于普通的义工服务，它要求社区服务与学术课程相结合，满足社区服务需求，促进学生发展。从课程角度突破，践行服务学习是一个新的举措。旅游管理学院于 2012 年大力推行课程体系改革，并以此为突破口，在人才培养方案中着力打造学生服务素质。现已完成富有旅游行业特色的"微笑"的人才培养方案，构建了基于工作过程的鸡尾酒课程体系，全面推行"2+1"人才培养模式。服务学习课程的顺利开设，使得全院各专业均开设服务学习专业选修课，设置 2 个限选学分，并写入各专业人才培养方案。接下来，在其他的专业科目上，将尝试引入服务学习元素，设置服务学习教学环节，引导学生参与社会服务，检验专业知识，提高社会关注度和责任感。

（三）探索育人新途径，构建育人新模式

新时期的大学生，他们渴望在做中学，喜欢实践，乐于沟通交流，传统的课堂育人模式并不能完全适应新时代的大学生特点，所以我们借助服务学习，以推进大学生公民教育与素质教育，让学生在广阔的社会服务中提升自我，增强可持续发展能力；另外，高校协同社区、机构，构建共同育人新模式，借助社区、机构的社会力量，对学生的道德情操养成、社会责任感培养、技能素质锻炼，均能取到较好的提升效果。

（四）传播服务学习理念

据了解，近年来服务学习理念在国内仅有个别本科院校试点推行，高职院校尚未尝试。珠海城职学院开展服务学习工作，开创高职院校先例。珠海城职学院加入岭南大学 2012-2013 服务学习推广计划，并邀请岭南大学教师到校进行督导，提升校校合作水平；建立服务学习专门网站；课程学生作为学校代表参加珠海市青年志愿者联合会第二次代表大会；以服务—学习在珠海高职院校的研究与实践为题，申请珠海市教育科研"十二五"规划课题和校级课题；南方都市报、珠海特区报、金湾电视台等新闻媒体密集报道，引起社会广泛关注，理念得到初步传播，初具影响力。

五、后续工作的思考

星星之火，可以燎原，虽然目前内地开展服务学习的高校不多，但作为一种先进的育人理念，必定会得到进一步的传播、践行，在促进学生全面发展方面起到良好导

航作用。为更好推广服务学习工作，建议可从以下几个方面进行深化拓展：

第一，学校设立专门服务学习机构，统筹、推广服务学习工作，配备相关工作人员，落实专项经费。高校服务学习的开展，涉及人才培养方案的修订，涉及教务、学工、财务、教学院系等职能部门，单纯由学生工作处或教学院系等某一部门负责，很难协调。建议从学校层面上设置专职机构统筹，便于协调各方，也有利于对外联系社区、公益机构、企业等单位，同时配备专职人员，配合各学院（系）开展服务学习并加以推广，辅以专项经费，助力服务学习。

第二，广泛开展师资培训。开展服务学习工作，需要教师进行培训，学习理念、掌握方法、了解推广模式，在课堂上才能对学生进行引导，促进师生共进。高校可以组织教师走访国内这方面开展成熟的高校，也可以向境外高校取经，或者参加工作坊，加入推广计划，接受先行者的督导。

第三，建立稳定的社区、机构合作关系。服务学习强调实践，必须有实践载体才能顺利开展，这要求高校在践行服务学习过程中，要通过校企合作、政校合作等方式，甄选、建立一批稳定的合作机构，沟通双方需求，满足教学、实践、服务要求，促进学生成长。例如酒店专业可以与一些星级酒店合作，选拔优秀学生赴酒店完成课程见习任务，既可以缓解酒店运营高峰期人手不足的状况，又可以让学生了解酒店一线服务的具体内容，锻炼实践动手能力；旅游专业可以携手景区景点，分批派遣学生到景区景点开展课程实践活动，在景区景点担任志愿导游，为到访的游客讲解景点景区的历史等内容，同时锤炼自己的专业技能，达到双赢的局面。

第四，深化课程改革，创新教学方式。服务学习可以作为一门课程来开发、建设，各高校可以根据各自具体情况，以公共选修课的方式开设，也可以以专业选修课开设，甚至以专业必修课开设，辅以相应的学分，要求学生研修；服务学习也可以作为一种教学方法，运用在任何一门课程上，创新教师教学方式，提高教学质量。例如在具体的课程上，融入服务学习元素，设计相关的社会实践环节，以课程考核方式，引导学生将自己的专业知识融入社会服务，检验知识，既完成教学环节，又能提高学生对社会的关注，探讨社会实践问题。

第五，重视安全问题。服务学习工作，要求在安全有保障的条件下开展，安全是第一要素。这就要求教师、参与者、社区合作机构必须树立安全意识，重视安全防范，做好充分准备，通过风险评估掌握活动危险性，开展安全培训，购买相关保险，降低风险度。因此，建议学校、任课老师在开展服务学习初期，活动地点尽量选择接近校园的居委会、幼儿园，或者学生居住的社区，降低活动的危险性。设计项目时候，建议初期为一些安全系数高的活动，后续再循序渐进安排，这样会更稳妥。

案例三：电子信息工程技术专业
"行校企"三元共建案例

职业教育其目的就是为社会培养实用型的专业技能人才。评价职业教育的成功与否，其标准就是看所培养的学生是否适应当地社会经济发展的需求，是否符合当地企事业单位对技术人才的实际需要。电子信息工程学院电子信息工程技术专业多年来始终坚持与社会经济发展的现状尤其是与区域经济的特点相适应，与用人单位对技能人才的现实需求相匹配，在培养学生的过程中，专业教学与生产紧密结合，学校和行业、企业密切合作，率先在全校提出了"行校企"三元共建办学模式。几年来依托"行校企"三元共建，与珠海市智能电网产业联盟合作搭建了智能电网技术协同创新平台，与台湾 TEMI 协会合作搭建了粤台协同创新技能竞赛平台，取得了一定的成效。

通过实践，表明"行校企"合作教育模式是实现职业教育人才培养的有效途径，是职业教育发展的必由之路，也是企业自身发展和参与市场竞争的必然要求。

一、电子信息工程技术专业简介

电子信息工程技术专业遵循学校"双三元"（"政校企""行校企"）互动，"产学研"协同的开放式办学模式，秉持"明德敬业、乐学善技"的院训和为区域电子信息工程领域打造一条提供高素质技术技能人才、助推产业发展的服务链以及"行校企"共建的职教理念。电子信息工程技术专业群重点对接国家重点战略性新兴产业——珠海市高端制造高新技术产业链。

电子信息工程技术专业是省示范性高职院校建设重点专业和省重点建设培育专业。现有校内专任教师核心成员 8 人，专业群参与教师 7 人，专职实训指导教师 2 人。专任教师中教授 8 人、副教授 5 人、讲师 6 人，高、中级职称所占比例分别为 52%、35%。专任教师中 35 岁以下 4 人，35–50 岁 8 人，50 岁以上 4 人，年龄结构合理；获得博士、硕士学位以上教师 13 人，所占比例为 76%。具有工程师、技师、高级工等职业资格的教师 15 人，"双师"素质教师所占比例达到 88%；具有行业企业生产一线工作经历的教师 12 人，所占比例为 70%；队伍中既有德高望重的学科带头人，又有经验丰富的骨干教师，也有干劲十足的青年教师。

本专业现有校外兼职教师 12 人，其中行业企业专家 3 人，能工巧匠 5 人，指导学生顶岗实习 4 人，专兼职教师数量超过专任核心教师。

专任教师行业企业影响力强，其中担任广东省高职教育电子信息类专业教学指导会委员 1 人，广东省自动化协会理事 1 人，珠海市自动化协会副理事长 1 人、理事 2 人，珠海市智能电网产业联盟协会理事 2 人，南粤先进教师 1 名，校级教学名师 1 名。

专任教师中有 1 人入选珠海市技术标准战略专家库，有 3 人为珠海职业技能鉴定中心高级工考评员，有 1 人为珠海市安全生产培训师。

专业教师教研成果丰富，获得省高职教育教学改革项目 3 项、省级精品课程 1 门、省自然科学基金课题 1 项、省远端教育基金专业 1 项；在中文核心期刊《中国职业技术教育》《职教论坛》《高等职业教育》等期刊上发表教育科研论文 100 余篇；公开出版的全国高职教育规划教材 13 部、校本教材 9 部，其中《电路分析》和《数字电路》获全国高职教育规划教材一等奖。专业教师承担企业横向科研项目 4 项，授权国家实用新型专利 6 项。

学校十分重视教改科研工作，已经取得国家、省、市科研成果近 10 项，省级、院级精品课程 7 门。出版国家规划和自编教材共 35 部，获得国家专利 10 项，发表学术论文 200 多篇。

专业拥有省级"高职高专教育电工电子实训基地" 1 个，包括 7 个实训室：电子技术基础实训室、电子技术应用实训室、电子维修技能实训室、电子测量技术实训室、嵌入式技术应用实训室、传感器与检测实训室、教师（学生）项目工作室；校内生产性实训基地（校中厂） 1 个，包括 3 个实训室：电子产品生产实习车间、电子焊接技术实训室、PCB 制作实训室。仪器设备总价值 703.9 万元，场地建筑面积 2156 平方米。

电子信息工程技术专业在学校近年来积极倡导并实践的"双三元"（"政校企""行校企"）办学模式下，重视并充分发挥行业协会的交流桥梁、政府咨询、行业指导作用，依托珠海市新能源智能电网联盟协会、珠海市电力行业协会组建专业建设指导委员会，更加有针对性地在实训室建设、课程体系设置、兼职教师聘请、订单班等方面进行改革创新，取得了一系列成绩。

中国职业教育与成人教育网发布了《第十四届（2012 年）全国职业教育优秀论文评选活动的获奖名单及组织奖名单》。珠海城职学院刘辉珞教授的《基于行业学会的"三元制"高职办学模式的实践研究》喜获二等奖。

二、电子信息工程技术专业开展"行校企"共建的必要性

21世纪是知识经济时代，电子信息产业的发展已成为衡量一个国家现代化和综合国力的重要标志之一。广东省也已将电子信息产业作为优先发展的三大支柱产业之一。《珠海市高端制造现代产业体系规划》中提到：珠海将发展壮大以软件、集成电路设计、移动互联网、智能电网、物联网、生物医药、新材料等为主的高新技术产业，加快高新技术产业与制造、信息化与服务化融合，提高自主研发实力，完善产业链关键环节，促进高新技术产业集群内生增长，大力打造以"珠海创造"为特征的国家综合性高技术产业基地。

新能源和智能电网产业属于高新技术产业，是珠海大力打造的产业方向。目前珠海市已经成立"珠海市新能源智能电网产业联盟"，整合"政资产学界"五方资源助推产业发展。珠海市新能源智能电网产业已经形成比较完整的产业链。据统计，珠海市新能源和智能电网装备制造产业约有企业100余家，其中不乏优特、许继、长园、兴业太阳能等龙头企业，已经初步形成完整的产业链，产业集群升级的优势明显。产业联盟在智能电网继电保护、装备制造、电力电源、新能源等领域拥有一大批掌握核心技术、引领行业发展的企业。2014年产业联盟获评珠海市4A级行业协会，并承接了市政府多项授权和课题任务。

产业的发展需要大量的专业技术人才，而珠海市新能源智能电网产业技能型人才相对缺乏。通过市科工贸信局下发的《珠海市智能电网产业规划实施方案（2013-2020）》可以看出，制约产业发展的重要因素就是技术技能型人才缺乏，特别是具有技师以上资格的高技能人才十分匮乏。因此，通过行业协会、职业院校、龙头企业的协同合作，创新新能源智能电网相关技术领域技术技能型人才培养模式，是十分重要的。

在高等教育逐步进入深度改革的情况下，高职教育提升教育水平，提高教育层次已经势在必行。近年来，广东不断加强与台湾的两岸教育交流，各种交流、合作活动日趋频繁而深入，成果不断显现。台湾在电子信息行业已发展很成熟，在某些方面要领先于国内厂家。台湾嵌入式暨单晶片系统发展协会（TEMI）（以下简称"台湾TEMI协会"）与当地的企业和高校之间具有紧密的联系。电子信息工程技术专业加强与台湾协会和高校的联系，吸收其成功的经验，拓展合作的范围，不仅有利于加强两岸之间的联系，而且也提高了本专业"行校企"办学模式的建设水平。

三、电子信息工程技术专业"行校企"建设目标和主要建设内容

（一）建设目标

电子信息工程技术专业在"行校企"办学模式的指引下，通过建立与智能电网产业联盟、台湾嵌入式暨单晶片系统发展协会以及其他电子信息类相关协会和企业之间良好的协作关系，共同制订科学的专业发展规划和人才培养方案，教师和企业通过企业项目实践，提高教师的专业水平，保持课程和教材内容与企业的生产实践相结合，与职业岗位的工作任务相适应。面向智能家居、移动平台、智能电网等应用，开展横向课题研究，并取得一些横向和纵向研究项目。实训室和实习基地的建设不断完善。充分利用教师、实验实训条件，为社会提供多方位的服务。专业毕业生职业素养好，技能水平高，用人单位欢迎，社会认可度高。

（二）建设内容

1. 人才培养模式建设与改革

组建"行校企"三元共建专业指导委员会，确定成员及分工，并开展工作，制定、完善专指委章程及其他相关的运行机制，探索和总结校企双方在教学（实习）、科研、学生管理等方面的组织机构和运行办法；每年召开一次专业指导委员会会议，专业指导委员会审核、研讨发展规划、人才培养方案、教学计划、课程建设、实训室建设等，讨论人才培养模式运行中的问题与整改方案。审核专业发展规划、人才培养方案等专业教学文件，指导课程建设、师资队伍建设、实习基地建设和社会服务。

在行业协会的帮助下，开展社会和企业用工调查，分析专业职业岗位及典型工作任务，结合专业技术发展动向，编写专业发展规划。经专业指导委员会审核，发布专业发展规划。完成专业发展规划初稿，为今后若干年的专业发展提出明确方向。广泛调研，结合区域经济发展特点，总结往届人才培养方案的经验和不足，编写新一级人才培养方案。然后召开专指委会议，论证专业人才培养模式及人才培养方案，最终构建基于项目的工作过程系统化课程体系。

积极开展与企业的交流合作，与符合珠三角产业定位，有技术、肯创新的企业签订校企合作协议书，探索和建立"行校企联动、项目导向、工学交替"人才培养运行机制，完善并完成专业人才培养方案。

通过开展说课、说专业，贯彻和落实"行校企"办学模式。鼓励教师通过对外交流合作、企业顶岗实践、企业文化学习等多种方式，提高其职业素养。并联合行业和企业，开展职业素养和企业文化专题讲座，促进教师教学理念的转变，逐步转变传统

的以教师为中心的教学模式，探索以学生为中心的多种创新性教学方法，提高课堂教学的效果和吸引力。

开展职业教育发展状况交流讨论活动、聘请专家开展职教改革讲座、教学方法和教学理念改革创新调研报告，促进教师关注教学方法和教学理念的改革创新，按照国家和广东省对职业教育的发展规划和建设意见，研究本领域的研究动态，认真分析本专业在职业教育方面的经验和不足，提出切实可行的教学方法和教学理念创新办法，并认真总结优秀的教学方法和教学理念，公开发表教学方法和教学理念改革论文。

2. 课程与教学资源建设

鼓励和支持教师与行业紧密沟通，深入企业顶岗实践，将企业的研发项目、生产项目精炼提升，融入课堂教学，创新实训、案例等教学模式，及时更新课程教学大纲，努力构建科学合理的课程体系。

以职业能力培养为重点，与重点行业企业合作，根据工作过程，开发和设计相关课程，实现理论与实践的一体化，体现职业性、实践性和开放性。

根据行业、企业发展需要和完成职业岗位实际工作任务所需要的知识、能力、素质要求，结合具体岗位和典型工作任务，选取和合理安排教学内容，为学生可持续发展奠定良好的基础。

结合专业人才培养定位，以"校企合作、工学交替"为指导思想，开展课程体系、教学内容和教学方法、考核方法和教学评价等方面的研究，促进专业、课程建设，巩固、提高教育教学质量。

鼓励教师积极承担各级教材建设项目，编写新案例、新教材。加大力量，做好精品资源课程建设。按照省级重点专业的建设标准，制定专业核心课程的课程标准，建设专业核心课程的数字化资源和学习网站。

3. 校内外实习实训条件建设

以"项目导向、工学交替"作为实训室建设的指导思想。建设具有高新的技术内涵、逼真的实训环境、完备的设备配置、配套的实训教材、科学的组织管理的校内实训室，作为组织实践教学、强化技能培养、实现人才培养目标的重要基地。完成扩建电子技术基础实训室、嵌入式技术应用实训室、电子测量技术实训室、教师（学生）项目工作室、电子维修技能实训室的工作，完成新建智能用电终端技术实训室的工作。做好实习实训教学记录。在条件允许的情况下，对外开展技术服务、技能培训，实现资源共享，建立资源共享的长效机制。

通过加强"行校企"联动，发挥行业的引领作用，调动企业的积极性，加大校外实习实训基地建设的力度，注重实训基地的内涵建设，提高现有实习实训基地的建设水平，并开拓新的基地。在专业指导委员会的领导下，总结校外实习实训基地建设、运行经验，制定一定时期内的校外实习实训基地规划建设方案，做好实训室建设规划、产学结合，并树立清醒的投入意识，促进专业实践教学的健康发展。总结以往顶岗实习管理的经验和不足，修订学生顶岗实习管理办法，为学生实习就业提供良好的环境，保证顶岗实习环节的有效实施。

4. 师资队伍建设

在"行校企"办学模式指引下，发挥专业指导委员会中行业和企业代表的作用，落实教师到行业和企业挂职及顶岗实践。并做好师资队伍培养和梯队建设工作，及时提出队伍培养、调整、补充的意见和建议，形成合理的队伍结构。

专业带头人要具有自我提升的压力和动力，去行业和企业挂职，及时跟踪产业发展趋势和行业动态，准确把握专业建设与教学改革方向，完成相关教学科研课题，保持专业建设的领先水平。专业带头人还要善于整合与利用社会资源，为专业团队的建设营造良好的发展环境，通过有效的团队管理，形成强大的团队凝聚力和创造力。

有计划地开展骨干教师到企业顶岗实践，参与企业研发项目，参加行业、学会、企业举办的高级进修和技能培训，并提供充足的经费支持，保持骨干教师队伍的稳定。鼓励和引导骨干教师承担和参与校企合作教学科研课题的研究，开展教学改革和课程开发。提高骨干教师承担核心课程的建设、教学改革和社会服务能力，使其具有扎实的专业理论知识和丰富的现场实践经验。

提高"双师"素质教师的数量。采用分批安排教师去企业实践的制度，提高现有"双师"素质教师的水平，同时安排中青年教师到企业实践，承担专业课程教学，参与项目教学改革或精品课程建设，补充新的"双师"素质教师。

提高企业兼职教师的数量。建设兼职教师资源库，制定兼职教师队伍建设计划，建立兼职教师培训、考核、聘用等管理办法。安排兼职教师承担实践性比较强的实践类课程教学任务，充分发挥他们在技能训练、项目管理、品质保障方面的经验，提高学生的专业技能水平和职业素养。

5. 社会服务能力培育与提升

以"行校企"相互支撑为指导思想，建立技术服务管理办法和保障措施，提高专业服务产业能力，开展面向行业和企业的技术服务工作。

以嵌入式单片机应用开发为着手，面向智能家居、移动平台和智能电网应用，开展横向课题前期研究，并争取校级研究项目；开展横向课题研究，与企业签署项目合作开发协议，并争取省市级项目立项，共同开展技术服务。依托专业团队人力资源和技术优势，开展职业培训、技能鉴定等社会服务，为合作企业在岗员工进行文化、专业基本知识培训，行校企共同开展再就业培训，营造良好的社会声誉。

6. 学生培养

围绕"行校企联动、工学交替、项目导向"的人才培养模式，在实施工学结合人才培养过程中，团队成为校企合作的纽带，将学校教学管理覆盖学生培养的全过程，保障学生半年顶岗实习的效果；通过学校文化与企业文化的融合、教学与生产劳动及社会实践的结合，实现高技能人才的校企共育。

营造电子行业企业文化氛围，培养学生的职业素养，树立良好的职业道德。提高学生对企业的认同感，提前适应企业对工作人员的职业要求。通过校内外的生产环境和氛围，有意识的引导和培养学生。设计合理的考评机制，使学生养成合作意识、团队协作意识、竞争意识、吃苦耐劳意识等职业素养。关注高职学生的价值体系，注重提高学生的思想道德修养，强化职业生涯规划教育，培育高职学生的职业理想。做好职业技能和职业道德素养课程建设和评价方案，特别是和企业一起合作，开展实习期间对学生的职业素质评价，促进学生更好地适应企业对员工的职业素养要求。

四、电子信息工程技术专业"行校企"建设的重点任务

按照教育部《关于充分发挥行业指导作用，推进职业教育改革发展的意见》（教职成〔2011〕6号）的要求，发挥行业的连接教育与产业的桥梁和纽带作用，企业的产业支撑和技术需求导向作用，以及学校的师资和实训条件优势，推进产教结合与校企一体办学，实现专业与产业、企业、岗位对接，共同支撑产业和教育的可持续发展。促进人才培养模式建设与改革、课程与教学资源建设、校内外实习实训条件建设、师资队伍建设、社会服务能力培育、学生培养。围绕这6个核心建设内容，电子信息工程技术专业"行校企"办学模式工作重点是建设好以下三个平台。

（一）依托珠海市智能电网产业联盟，搭建"行校企"对接平台——智能电网技术协同创新平台

依托智能电网应用技术协同创新中心，整合"行校企"三方面资源，构建校企互通的人才培养通道。通过构建若干研发工作室，与智能电网联盟协会及相关企业共同开展技术创新，共同承担横向和纵向课题，合作开发新课程，引进和自主培养高级技术人才。通过该平台，在为企业提供技术支持的同时培养技术技能型人才，在培养学生的同时实现技能等级鉴定。通过对企业实践专家＋校内责任教授为主导的研发工作室的软硬件建设，以及引进高端人才，把人才培养置于产学研服各个环节，形成课题驱动、项目任务驱动。面向珠海电力行业企业和学校开展智能电网技术信息交流，并做好信息交流平台的需求分析和功能界面设计，建成高效的信息交流平台网站，提供

行业发展状况、技术创新、人才培养、技术服务、技术交流等信息。

（二）依托台湾 TEMI 协会，搭建教产对接协同育人平台——粤台协同创新技能竞赛平台

2013 年我校会同广东省高职教育信息技术类专业教学指导委员会、台湾 TEMI 协会、台湾修平科技大学成功主办了首届粤台高职院校"单晶片 MCU"职业技能大赛，并以之为平台和载体，实现了在办学理念、师资培训、校际握手上的进一步交流和合作。2014 年电子信息工程技术专业学生赴台参加"台湾嵌入式暨单晶片系统发展协会（TEMI）单晶片创意暨认证技能国际竞赛"，参与 3 项竞赛赛事。2015 年协同广东省教育厅、台湾 TEMI 协会共同在本院举办 2015 年度的相关赛事，拟开赛项目 6 项，邀请台湾高校参赛，并成立"两岸行校企合作交流委员会"，与台湾 TEMI 协会共建相关实训室两间，开展"电子元器件拆焊""单晶片""数位逻辑"骨干教师省级培训项目 2-3 次，开展学生认证培训项目 2-3 次。并拟于 2016 年学习和借鉴台湾 TEMI 协会和修平科技大学在各类创新大赛、职业技能大赛的策划和组织方面的经验和优秀做法，将该大赛项目常规化、国际化，成为两岸甚至东南亚地区的品牌大赛。

（三）依托企业和高校，搭建技术创新和服务平台——智能社区"云管端控"协同创新中心

为了推动珠海高端制造产业发展，加快城市化发展步伐及建设智慧城市的需要，更有力地提升珠海市电子信息类专业技能型人才培养水平，助推产业转型升级，珠海城市职业技术学院联合珠海迈科智能科技股份有限公司、广东兆邦智能科技有限公司、珠海太川云社区技术股份有限公司、广东宝莱特医用科技股份有限公司和澳门科技大学资讯科技学院，各方经协商决定共同组建——智慧社区"云管端控"技术协同创新中心。中心根据产业和技术特点，分为智慧社区云服务平台技术、家庭健康医疗技术、智慧社区安防系统、数字家庭智能融合终端及服务平台、智慧社区综合管理系统等六个研究领域。力争将协同创新中心建设成为具有"研发力量集聚、产学研一体、产业链完整、科技创新协同"的研发、生产、服务的综合体。

五、电子信息工程技术专业"行校企"建设的主要举措

（一）深化"双三元"培养模式建设

通过组建"政校企""行校企"办学理事会，形成政府主导、行业指导、学校主体、企业支撑的职业教育创新发展体制。按照这种体制，电子信息工程学院组建并召开了

智能电网应用技术协同创新中心理事会。协同创新中心由理事会进行决策和管理。理事会下设秘书处、学术委员会和监督委员会，对中心的技术创新活动进行管理。由理事会任命中心主任。建立了协同中心财务管理办法、人力资源管理办法等制度，建立日常办公机构，进行常态化运作。

在理事会的领导下，按照产业发展方向组建研发工作室，在灵活的人事制度下引进3-4名高层次人才，以项目促服务，以项目促育人，实现多层次多门类项目的汇聚。研发工作室作为承担技术创新任务的职业教育新型载体，由企业、学校两方面共同组建，采用企业专家＋责任教授的方式领导，承担具体研究任务和相关课程的教学。研发工作在两个方面发挥育人职能：一是让部分学生参与技术开发，二是研发工作室的工程师、老师对外承担相关横向课题。珠海城市职业技术学院负责协调研发工作室的教学安排，并授权电子信息工程技术专业及智能电网应用技术协同创新中心进行人事、财务管理等，协同创新中心秘书处负责日常联络，中心研发组人员负责对研发工作室进行课题选择、进度控制等。泰坦、兴业等企业负责提供部分研发费用、派驻研发技术人员，同时分享研发与人才培养成果。

在当前智能电网应用技术协同创新中心建设的基础上，通过深化与联盟和核心企业的合作，以标准制定为切入点，以实训基地和师资队伍建设为保障，以实用型合作项目为服务企业和育人载体，以构建基于产业联盟的"校企融通"技能型人才培养——监督——鉴定体系为主要任务，循序渐进，达到或接近中期发展目标。

（二）系统推进，形成"行校企"合作的长效机制

建立"深度融合、互利共赢"的长效合作机制是校企合作的基本保障。通过不断完善"行校企"三元共建专业建设指导委员会，重视并充分发挥行业协会的交流桥梁、政府咨询、行业指导作用，加强校内外实训基地建设，鼓励教师企业挂职锻炼、主动为企业提供技术、培训、宣传服务，积极推进电子信息产业集群与专业群对接，从而实现教学过程与生产过程相结合的长效机制。

依托珠海市新能源智能电网联盟协会、珠海市电力行业协会组建专业指导委员会，更加有针对性地建设实训基地、规划和完善课程体系。通过校企合作，改善校内实训基地建设的办学条件、彰显办学特色、提高教学质量。学校主动联系行业企业，探索校内生产性实训基地建设的校企组合新模式，由学校提供场地和管理，企业提供设备、技术和师资支持，以企业为主组建校内实训基地和开展实训教学。校内实训基地的原材料部分来自企业，实训项目按照企业要求进行设计，效益由校企双方共享，特别是学生实际动手能力得到了更好地培养。在校外生产性实训基地建设方面，专业出人，企业出物，为学生参与实际生产，培养实用技能提供条件。专业还要依托"行校企"

产学研合作的不断升级和创新驱动的助力，进一步加大对创新点的吸收消化力度，将现实应用的知识，分解转化到实训课堂上来，着力推动课程体系建设，不断完善具有产业对接效应的"行校企"三元共建的人才培养模式。

鼓励教师参与企业项目或教师企业兼职，把握行业技术发展方向和劳动力市场实时需求信息，为学校人才培养方案改革、新课程开发、教学目标调整等提供准确的第一手资料，将企业技术和项目凝练成相关课程和实践项目，实现教学内容与企业技术零对接，学生学有所用，成长为企业真正需要的人才。

强化为企业服务的能力，主动为企业创造价值。举办企业产品技术及文化专题讲座，通过学生使企业的生产经营状况和产品技术信息得以传播，为企业打造另一条社会宣传途径，同时也拓展了学生对专业技术的了解，有利于激发学生学习兴趣，为培养企业认可的人才打下良好的基础。在社会实践教育环节中增设企业产品营销内容，在对外交流和成果展示活动中，邀请合作企业共同出席，借此大力展示企业相关信息和校企合作业绩，扩大企业社会影响。通过网络媒体，积极宣传企业文化及企业信息，实现校园文化和企业文化深度融合。

聘请企业领军人物和技术能手共同参与教学和课程设计，校企双方发挥各自优势共同承担人才培养任务。企业兼职教师工作重点是参与专业建设、制定职业岗位标准、开发实践训练课程、主持校内外实训基地建设及指导学生实践性训练，同时还为专职教师开办系列专题技术讲座，介绍行业技术发展方向、提供人才需求信息等。企业兼职教师为学校带来的技术发展动态和人才需求信息，也对高等职业教育人才培养方向有着非常重要的指导意义。

校企双向培训，改造企业人力资源，提升教师"双师"素质。电子信息技术发展迅速，产品换代速度较快，企业员工知识素质的更新速度将可能跟不上技术发展的节奏。特别是知识储备相对薄弱的一线员工，他们对技术更新和新产品换代的适应能力存在明显局限，这是限制企业发展的一个显著瓶颈。对此充分发挥学校教育职能，为企业员工进行技术培训，提升知识水平，帮助企业解决发展过程中的人力资源改造问题。另一方面，职业院校的青年教师大多都来自于本科院校，他们的职业生涯缺少企业工作环节，对企业的实际生产及技术更新了解不够深入，实际动手能力普遍欠缺，这种情况明显不适合职业教育的基本要求。通过安排青年教师企业实践，在企业研发人员的指导下进行充分实践锻炼，对提升青年教师的专业素质提供重要保障。

协同育人基地还将继续探索与实践灵活有序的人事保障制度，创新人才队伍的引进和提升机制。

（三）先行先试，探索和深化粤台"行校"合作交流新机制

在学校"双三元"合作办学的理念下，联合台湾 TEMI 协会、珠海台商协会、台湾修平科技大学等优秀台湾高职院校、珠海部分台资企业共同组建"两岸行校企合作交流指导委员会"（简称合作交流委员会）。依托"合作交流委员会"，搭建粤台协同育人平台，突出台湾行业、企业和高校在珠海城职学院人才培养模式改革、相关课程建设、实训室建设、职业认证培训、师资培训、创新竞赛策划和组织等各方面的指导和示范作用，深化人才培养模式的国际化改革，推动专业建设的各方面工作。

在"合作交流委员会"的指导下，加强学校与台湾优秀高校、台湾相关行业协会、优秀台湾企业或台资企业之间的合作交流，制定"电子专业与 TEMI 协会的合作实施方案""学校与 TEMI 协会共同开发推广认证项目管理办法""学校与 TEMI 协会共同组织培训项目管理办法"等。

兼收并蓄，推动职业教育的国际化改革进程。在"交流合作委员会"的指导下，引入台湾电子行业部分先进的行业标准，完善相关课程标准建设，改革部分课程教学内容与教学形式；借鉴台湾 TEMI 行业协会的职业认证体系，与台湾 TEMI 协会共建相关实训室 2-3 个，逐步引入"电子元器件拆焊"（实用级、专业级）、"单晶片（实用级、专业级）"、"数位逻辑（实用级、专业级）"能力认证；借鉴台湾 TEMI 协会的职业培训体系，开展"电子元器件拆焊""单晶片""数位逻辑"骨干教师省培项目 2-3 次，开展学生认证培训项目 2-3 次；借鉴台湾修平科技大学的优质教学资源，充实专业教学资源库。

培育具有视野广阔、理实兼修的新型职业人才。与台湾 TEMI 协会和台湾修平科技大学合作，办好"珠海粤台嵌入式技能竞赛基地"，定期举办两岸高职院校职业技能大赛、创新大赛；搭建两岸师生交流平台，组织学生赴台参赛、赴台参观、交流学习、论坛沙龙等形式的定期常规交流。

六、电子信息工程技术专业"行校企"建设的成效

（一）"行校企"三元协同创新中心建设规范化和内容多元化

珠海城市职业技术学院目前建立了协同创新中心培育组建领导小组，由学校、企业、行业和政府共同组建，负责组织机构规划、统筹协调、经费投入、保障措施、创新机制体制等重大事项。珠海城职院为协同创新中心理事长单位。由院级领导担任理事长。2012 年由理事会任命在二级学院电子信息工程技术专业成立了"智能电网应用

技术协同创新中心",该中心设立主任一名。珠海市新能源智能电网产业联盟是联合牵头单位之一。成员单位有中国泰坦新动力电子有限公司、珠海兴业新能源科技有限公司、珠海国测电能仪表科技有限公司、珠海瓦特电力设备有限公司、珠海康晋电气有限公司、珠海华而美照明有限公司等。协同创新中心下设研发工作室、实习实训基地、秘书处等机构,协同创新中心人员动态划分为课程组、竞赛组、项目开发组、调研组、技能鉴定组、实习实训基地建设管理组等。

协同创新中心秘书处设立专职人员 1 名,兼职人员 5-8 名。学校已出台《珠海城市职业技术学院省级示范性高等职业院校建设项目管理办法》《珠海城市职业技术学院省级示范性高等职业院校建设项目设备管理办法》《珠海城市职业技术学院省级示范性高等职业院校建设项目专项资金管理办法》《行校企三元共建电子信息工程技术专业指导委员会活动章程》等多项规章制度,保证了建设的规范化。

智能电网应用技术协同创新中心自成立以来,开展了多项技术创新和技术服务。比如:

- 开展光伏系统安装调试工等新工种职业资格地方标准的调研与起草;
- 开展珠海市新能源智能电网产业紧缺型技能人才的调研与分析;
- 搭建"珠海市新能源智能电网技能人才培养评价体系",涵盖定期人才需求发布、培养状态评估等;
- 研发工作室协助会员单位开展实用型、技术改造型项目合作。参与成员单位珠海兴业新能源科技有限公司筹建了首个国家级 BIPV 光伏建筑一体化应用示范基地建设,以及包括"863 计划"在内的多项国家、省、市级科研项目和多项国家和地方标准的编写工作;
- 各成员单位协助电子信息工程技术专业培养智能电网装备产业的优秀产业蓝领。

由于对珠海市新能源智能电网产业联盟起了重要作用,珠海城市职业技术学院成为联盟名誉理事单位。而泰坦新能源集团有限公司、珠海兴业新能源科技有限公司均是联盟副理事长单位。2013 年智能电网应用技术协同创新中心被纳入广东省高等职业示范校建设任务之中,给予一定经费支持,前期已投入经费 308 万元。在两年多的运作中,中心承担了广东省自然科学基金、珠海市智能电网产业规划实施方案等一批省市级项目,为泰坦、瓦特、康晋等企业输送了大批技能型人才。

智能电网应用技术协同创新中心将继续依托珠海智能电网产业联盟协会,对行业指导下的校企合作新模式进行有益探索,发挥自身优势为珠海智能电网产业发展壮大做出新的贡献。

（二）"行校企"教学指导委员会工作成效显著

教学指导委员会的召开是学校创示范建设的一项重要工作,通过教学指导委员会加强对人才培养工作的宏观指导与管理，推动学校的教学改革和教学建设，进一步提高人才培养质量。电子信息工程学院每年都召开"行校企"三元共建教学指导委员会会议。委员会的成员包括了珠海新能源智能电网联盟协会副理事长麦伯强和秘书长周文瑜，并且麦伯强还担任了电子信息工程技术专业教学指导委员会主任委员的职务，电力行业协会副秘书长何加坤高级工程师担任了电气自动化技术专业（智能电网方向）的专业建设指导委员会主任。

每次教学指导委员会上，专家委员们首先听取各专业主任对专业建设、人才培养方案及行校企合作等方面的报告，对电子信息产业发展动态、社会需求进行分析，就突显专业特色、强化应用能力培养、完善专业建设方案等方面提出许多宝贵的意见和建议，为学校今后的发展和建设奠定了基础。

教学指导委员会会议的成功举办，有效地推动了专业教学改革和提高教学质量，培养适应企业和社会发展所需的高素质技术技能型人才，更好地为企业服务，也为地方经济发展做出有价值的指导。

（三）"行校企"共建的工作室已经步入轨道，取得显著成效

通过构建具备一定自主性和灵活度的研发工作室，签订相关项目合作和课程开发合同，引企入校。

在新能源研发工作室里，赵艳玲教授主持、董威、方明清、赵新宽、刘星等教师参与的由珠海城职学院与泰坦科技联合申报的"长寿命快充式电池管理系统"获得广东省自然科学基金立项，立项经费5万元，现已结项。2014年3月由赵新宽老师牵头与联盟共同完成了《珠海市智能电网产业中长期规划（2013–2020）实施方案》（以下简称《实施方案》）的任务。通过进一步深化调研，对珠海智能电网产业近三十家核心企业进行全方位了解，同时与政府各部门、行业协会进行充分沟通，从而完成《实施方案》，为市政府落实智能电网产业中长期规划提供参考。2015年又与联盟签署《2014年珠海市智能配电网装备产业链培育情况调研》《2014年珠海智能配电网装备产业链调研填报软件开发与数据录入》两项协议，两年共获得横向课题经费13万元。

在诚开研发工作室里，姜源老师与军安数码有限公司产学研合作的"数码防盗锁"的设计项目、"基于IC卡与物联网技术排污及污染物总量控制系统"项目等荣获国家3项实用新型专利。该项目以全新的理念，创新设计了一款有别于当前流行和常见的数码锁芯系统，该系统别出心裁，另辟蹊径，不仅增加了数码识别、电子身份认证等多重防护功能，并且通过独特的可控性锁匙注册和锁匙删除等特殊管理功能，创造了防止锁匙丢失的方法，解决了当前电子和传统机械锁均无法解决的难题。该产品于2014年3月获评"广东省高新技术产品"，已投入量产，助推了企业结构改造、技术升级。

协同创新中心还将继续紧密配合珠海市新能源智能电网联盟协会，做好光伏安装调试人才职业资格标准实施情况的调研，继续深度介入珠海市智能电网产业规划实施方案调研与撰写，继续从行业协会、企业取得横向课题，提高服务地方产业发展的能力、提高人才培养的针对性。

（四）两岸的合作交流机制初步建成，各类交流互访活动深入而有成效

电子信息工程技术专业与台湾行业协会、优秀台资企业、台湾优秀高职院校之间的合作交流活动常规化、深入化，专业教师、学生均从交流活动中有所收获。与台湾TEMI协会共同组织举办两岸创新大赛，建设"粤台协同创新技能竞赛"平台，合作开发比赛项目，激发学生的协同创新潜力，为两岸协同育人提供新的舞台。平台承担了面向海峡两岸的粤台单片机技能大赛，并承担了面向全省的师资培训，在省内具有一定影响力。创新大赛参与度与认可度全面提升，成为珠海城职学院粤台合作的亮点。2013年在珠海城职学院举办了"2013两岸单片机MCU协同创新职业技能竞赛"，2014年5月在台湾举办了"2014 TEMI单芯片创意暨认证技能国际竞赛"。

建立海峡两岸高等学校之间的交流与合作机制和模式，提升海峡两岸高等教育理论研究、政策研究和现实问题研究的水平，是广东省教育创新的重要举措。2013年5月，以广东省教育厅、广东省人民政府台湾事务办公室为指导单位，由广东省高等教育学会、财团法人东莞台商育苗教育基金会、台湾私立科技大学校院协进会等机构主办的第八届海峡两岸（粤台）高等教育论坛，在华南理工大学广州学院隆重举行。来自台湾40多所科技大学的校长、专家共71人和来自广东省60余所本科和高职院校的150多名嘉宾齐聚一堂，共话海峡两岸高等教育合作。论坛的主题为：构建两岸高等教育合作办学机制。珠海城职学院院长刘华强出席论坛，并应邀在论坛上对开展两岸高职教育合作做主题演讲。他以珠海与台湾高职教育的合作发展为例，分析了珠台高职教育协同发展的必要性和可能性，并对如何进一步开展合作提出了对策与建议。精彩的演讲在与会嘉宾中产生了积极的共鸣和好评。本次论坛突出的成果之一是成立了粤台技职教育合作联盟，刘华强院长荣幸地被邀请上台，作为联盟签约的12位粤台双方见证人之一，一同见证联盟的成立。

2013年10月，珠海城职学院与台湾修平科技大学、台湾TEMI协会共同承办了高职院校骨干教师省级培训"单片机实用技术与技能认证"项目。本次培训为期4天，设置了"单片机实用级技术培训"和"电子元件拆焊实用级与专业级培训"两个项目。见图10-11，特邀台湾修平科技大学谢承达教授、台湾TEMI协会陈宏升秘书长、黄胜源副理等师资为本次培训的讲师。通过培训的考核者获得了由广东省教育厅颁发的骨干教师培训证书和TEMI颁发的技能等级证书。此次培训搭建了两岸技能人才展示技艺

技能、相互学习交流的平台，推动了两岸在师资培训与技能认证方面的合作。在广东省教育厅的支持下，今后这样的培训还将继续举办。

通过与台湾修平科技大学开展双向教育交流活动，不仅为不同区域间的教育联系搭建了桥梁，拉近了珠海和台湾之间的距离，同时促进了彼此之间的业务发展，拓宽了"珠—台"未来教育合作空间。自 2010 年 3 月签订了交流合作协议以来，专业已派出三批师生前往修平科技大学进行交流。教师开展为期一个月的访学交流，学生参加为期半年的插班学习。

（五）"教、学、做"一体化的课程与教学资源建设

核心课程建设更上台阶，人才培养质量显著提高。依据电子信息、智能电网产业对相关职业岗位（群）的能力要求，融入行业企业技术标准和相关国家职业标准，初步构建了"行校企联动、项目导向、工学交替"的人才培养模式和基于工作过程系统化项目的课程体系，积极探索以项目为载体的教学模式，逐步开展"教、学、做"一体化课程建设。充分利用现代信息技术，加强师生交流互动，建有网络课程 7 门，其中省级精品课程 1 门、校级精品课程 2 门。

校企共同开发课程、实训教材，与珠海伟创力合作开发《电子测试技术》课程、与珠海宇威电子有限公司合作开发《安防工程实训指导书》、与珠海雷鸣达通信有限公司合作开发教材《手机维修实训指导书》等，除满足学生实践教学外，还可用作企业员工培训。

引入台湾电子行业的先进行业标准，参照台湾 TEMI 协会各类能力认证标准，完成 3 门核心课程的改革和建设，对相关职业能力的训练做到"高标准，严要求"，学生的基本职业能力和素养显著提高。

（六）实习实训基地建设特色突出

实训室建设更具针对性，面向行业的特色更加突出。与台湾 TEMI 协会共建实习实训基地，基地的器材采购和实训项目的选取更加具有实践性和针对性；同时实训室还将满足认证考试、认证培训的各种需要。

基地充分整合了学校和企业的资源，供学生顶岗实习、技能鉴定、企业员工培训及项目研发等工作的开展。目前，电子信息工程技术专业拥有省级"高职高专教育电工电子实训基地"1 个，包括 7 个实训室：电子技术基础实训室、电子技术应用实训室、电子维修技能实训室、电子测量技术实训室、嵌入式技术应用实训室、传感器与检测实训室、教师（学生）项目工作室；校内生产性实训基地（校中厂）1 个，包括 3 个实训室：电子产品生产实习车间、电子焊接技术实训室、PCB 制作实训室。其仪器设备总

价值 800 多万元，场地建筑面积 2000 多平方米。

（七）校企关系更加紧密

学校与珠海格力电器、伟创力、珠海元盛电子科技股份有限公司、珠海倍健电子科技有限公司、珠海威瀚科技有限公司等 20 家企业建立了良好的合作关系，形成了 5 家稳固的校外实习实训基地。

企业积极支持学校的教学工作。目前泰坦新能源集团有限公司受聘学院客座教授 1 人，支持学校兼职教师 3 人，专业建设指导委员会委员 1 人；瓦特电力、诚开电子分别支持我校兼职教师若干。

企业结合单位实际情况，接受学校到企业开展调研实践，并安排适当岗位，为"双师型"教师队伍建设提供支持。学校根据专业建设与学生培养的需要，负责安排企业教师进课堂对冠名班学生进行授课或听课工作。双方互相提交人员实践方案，明确参加实践的人数、实践岗位与实践时间。

学校和企业的交流也进一步得到加强，以下是校企双方的一些互访报道。

• 电子信息工程技术专业全体教师走访了智能电网产业联盟企业——珠海康晋电气有限公司。双方就智能电网产业发展趋势、电子信息工程技术专业对接智能电网联盟、学生顶岗实习、毕业生就业等方面进行了探讨和交流，并达成初步合作意向。

• 教师应邀走访了珠海新能源与智能电网联盟协会会员单位——珠海万利达电气股份有限公司。公司负责人做了有关电力电子产品的市场现状、技术瓶颈等方面的报告，并组织技术人员配合专业教师进行人才需求调研，为准确把握课程体系改革方向提供了重要参考。双方还就兼职教师、实训室建设坦诚地交换了意见。深入开展人才需求调研。

• 电子信息工程技术专业一直致力于与国内知名企业加强校企合作。中国兴业太阳能技术控股有限公司来校与电子信息工程技术专业教师进行交流。专业负责人就专业建设、师资队伍建设和科研项目情况进行了汇报，公司也重点介绍了产品研发和人才需求等方面的情况。通过此次交流，双方增进了了解，为今后进一步的校企合作打下了坚实的基础。

电子信息工程技术专业还与合作密切的企业开展了"订单班"式的人才培养。专业结合企业所提出的用人标准及要求，适当调整专业培养方案，按需设置专业方向，科学制订教学进度计划，并组织教学工作，以适应"订单式"人才培养的需要。企业根据自身的发展、经营状况提出人力资源中、长期规划，制订出企业未来 5 年的专业人才需求计划。负责提出所需求专业的用人标准和要求（含专业选修课程、职业技能课程的设置、外语水平以及岗位所要求的特殊技能要求），参与学校制订相关专业的专业选修课程、职业技能课程的设置。根据企业发展需求，确定专业方向、专业培养目标和学生数量。在校学习期满，企业对学生进行综合考核，并安排综合考核合格的学生到企业顶岗实习或预就业，顶岗实习或预就业期间学生享受企业所规定的待遇。企业负责学生在企业顶岗实习或预就业期间的考核工作和安全管理工作。企业须为经培养考核合格的所有冠名班学生安排就业岗位，签订劳动合同。

（八）专业服务社会的能力不断提高

电子信息工程技术专业主动适应珠海市区域经济发展、主动寻求珠海市政府的支持、主动对接产业并融入其中全心全意为其提供服务。在"双三元"办学理念指引下，珠海城职学院主要通过两种方式对接智能电网产业：一是电子信息工程专业群为珠海智能电网产业的转型、结构调整、技术改造培养复合型创新型技术技能型人才；二是利用师资通过课题、项目等形式与企业展开深度产学研合作，使珠海城职学院师资成为助推智能电网产业发展的助推器，为行校企协同创新创造条件。

2013年参加了由珠海市科工贸信局组织的珠海市智能电网产业规划研讨会，并建言献策。研讨会对《珠海市智能电网产业规划》做了进一步细化和补充。

2013年12月珠海新能源智能电网产业联盟协会"产学研"论坛12月13日在北京理工大学珠海学院隆重召开。珠海城职学院院长刘华强，副院长宫峰，电子信息工程技术专业全部领导，校企办负责人，电气自动化技术专业、电子信息工程技术等专业主任和专业方向负责人，科工贸信局、供电局负责人，联盟企业代表，高校代表等近150人参加论坛交流。论坛交流中，政府部门领导、高校代表、企业代表分别作主题发言。我校刘华强院长做了"走'产学研'合作之路，打造协同创新平台"的主题发言，他从协同创新的必要性和学校已经取得的成绩两个方面阐述了我校协同创新的发展思路。交流发言完毕后，举行了授牌和签约仪式。联盟授予我校及暨南大学、中山大学、吉林大学珠海学院、北理工珠海学院"产学研协同创新基地"牌匾。我校副院长宫峰代表学校与瓦特电力、康晋电气签订了校企合作协议。

2012年10月首届国际节能减排大会暨第二届低碳科技大会在广州白云国际会议中心召开，电子信息工程技术专业院长刘辉珞、书记陈东群以及电子专业教师等应邀参加了此次会议，并参与了大会报告。

此外，充分发挥学校的师资和实训条件，使职业资格认证和培训工作常态化，品牌效应初显。通过与台湾嵌入式暨单晶片系统协会（TEMI）共同开发和开展职业资格认证和培训项目，开展常态化的认证和培训工作，提升认证证书在大陆台资企业及电子行业内部的认可度，初步建立认证和培训项目的品牌度。

社会服务能力逐步提升。近三年内专业教师为珠海市社会、企业职工和农村劳动力转移提供培训共 1179 人次。学生社团"电子协会"在专业教师指导下义务为市民维修家电 800 余件。

（九）学生参加竞赛取得佳绩

2013 年成功举办首届粤台高职院校"单晶片 MCU"职业技能大赛，该次竞赛由省教育厅主办，省高职教育信息技术类教育指导委员会和台湾 TEMI 协会协办，珠海城市职业技术学院与台湾修平科技大学共同承办。2014 年我校师生 16 人在校长刘华强的带领下，赴台湾修平科技大学参加"2014 TEMI 单晶片"创意暨认证技能国际竞赛，取得了优异的成绩：获广东组总冠军；无线遥控车踢足球项目获冠军、亚军；无线遥控车走迷宫项目获冠军、季军，佳作奖 3 名；电子元件拆焊项目获金牌 2 枚，银牌 1 枚，铜牌 1 枚，佳作奖 2 名；数位逻辑设计项目获银牌 1 枚。

案例四：机电工程学院"三岗递进育人才"案例

一、项目背景

工学结合教育的模式由来已久，它可以追溯到 20 世纪初英国的"三明治"教育模式、美国的"合作教育"教育模式以及后来风靡世界的"双元制"德国教育模式。20 世纪 90 年代以来，随着教育与实践相结合的理论研究及相关职业教育观念的引进，我国职业教育关于"工学结合"培养模式的探索逐渐深入。工学结合是高职教育人才培养模式的显著特征，也是高职教育的核心理念。"教育部关于全面提高高等职业教育教学质量的若干意见"（教高［2006］16 号）文件中明确提出："要大力推行工学结合，突出实践能力培养，改革人才培养模式"。随着我国高等职业教育的进一步发展，高职院校目前已将推行工学结合人才培养模式作为改革发展的新突破，其中"校中厂"是工学结合人才培养模式实施的重要平台，2011 年颁布的《教育部关于推进高等职业教育改革创新引领职业教育科学发展的若干意见》［教职成［2011］12 号］要求高职院校要积极探索建立"校中厂""厂中校"等形式的实践教学基地，极大地肯定了"校中厂"的重要性。

高职教育职业特色突出，因此实践要求较高。所以注重在教授理论知识的同时，突出学生实践能力的锻炼和提高，实施工学结合的教学模式对促进学生综合职业能力的形成有着极其重要的意义。高职工学结合是一种学生学习与工作相结合的一种教育形式，是高等职业教育人才培养模式的重大创新和深刻变革。

实施工学结合对于高职学生来说，它意味着走出纯理论讲授的教室，以"职业人"的身份参与实际工作，在工作实践中学习成长。一边有企业师傅指导，一边有院校教师协助企业对学生的组织和管理，使学习生涯与将要进入的职业生涯尽早连接起来，实现学生角色向职业人角色的转变。实施工学结合对企业来说，它可以借助院校教育把自己的用人要求贯穿到学生教育培养的过程之中，从而能够接收到自己所需的实用人才，为企业的发展提供高质量的人力资源，同时也可以利用学校教授对企业员工进行培训，提升企业员工的文化素质。实施工学结合对高职院校来说，可以充分利用企业生产条件和职业氛围强化对学生的职业技能和职业道德培养，把教育培养的课堂扩展到生产现场，实现生产育人的目的。同时把学生的就业工作关口前移，使就业与教育紧密联系在一起，充分体现高职院校"以服务为宗旨，以就业为导向"的办学方针。可以说，工学结合的教学模式，能够实现企业、学生、高职院校和社会的多赢，是新世纪我国高等职业教育的必然选择。

我校数控技术专业对现有实际情况进行分析，以如何构建数控加工真实工作环境、怎么样进行工学结合教学模式实践、优化教学内容等核心问题为中心，按照高职教育人才培养模式核心理念，推行工学结合，突出实践能力培养，改革人才培养模式，开发基于真实生产的数控加工工厂将工作环境与生产过程相结合，为优化专业的人才培养模式和人才培养质量提供良好的保障条件。

二、"校中厂"模式特点

我校数控技术专业在广东省职业技术教育综合改革推进计划项目基金和学校的大力支持下，开展数控加工真实生产及相关过程的工学结合教学模式实践研究，该项目组与企业合作，以在校内建立基于数控加工真实工作环境与生产过程的生产型数控加工工厂为切入点，引入合作企业的设备、生产一线技术人员、技师等，建立"校中厂"。学生在基本理论和基本技能训练、专项技能训练的基础上，到基于数控加工真实工作环境与生产过程的生产型数控加工工厂进行综合能力训练，按企业的生产模式组织学习，由技师亲手教授技艺，按企业化管理，从接订单到出产品全过程由学生参与，达到毕业时能零距离就业。以数控技术专业的模具设计、数控加工、安装、调试的生产过程为主，并延伸到相关企业管理过程，包括生产运作管理、质量管理、供应链管理、财务管理、人力资源与行政管理等，甚至工业产品造型设计，学生均可参与全部过程。项目实施过程中，项目组始终坚持以下几个重点方面：

（一）强调工学结合的可持续发展

工学结合教学模式离不开企业的参与，而企业作为市场主体，谋求利益最大化，不愿意主动为社会培养技能性人才；另外企业有自己的生产目标及生产计划，学生的实习会影响其生产，为了保证工学结合的可持续发展，项目组一直强调学校、企业、学生三方共赢，三者缺一不可，这是工学结合模式能否顺利进行的关键。

（二）强调工学结合理论的导向性

注重学习与工作相结合的教学模式，以职业为导向，充分利用学校项目基金建立的"校中厂"，将课堂教学和直接获取实际经验有机结合起来，给学校和学生带来更多利益。

（三）工学结合教学目标突出高职生成才的有效性

技术应用性人才必须具有的如爱岗敬业、吃苦奉献、质量意识、品质意识、效益意识、竞争意识等职业素质，这些素质的培养离不开企业环境、企业文化的熏陶。因此，学校同企业结合，面向职业岗位进行轮岗实训教学，旨在充分利用企业资源，实现对高职人才的有效培养。

（四）工学结合教学内容突出职业性

高等职业教育的人才培养是以某一技术领域或职业岗位（岗位群）的能力培养为核心。而工学结合实践教学内容就是满足以就业为导向的岗位技术或技术领域的需要，另外还有助于学生在整个职业生涯中谋求个性发展。

（五）工学结合教学模式突出情境真实性

工学结合实践教学的形式多种多样，建立"校中厂"，提供了一个真实的职业环境，在其中生产性实训，形成有助于能力培养和素质内化的情境氛围，最终达到培养职业核心技能和职业素质的目标。

（六）教学评估监控突出教学的功效性

加大对工学结合实践教学工作的评估和检查力度，建立科学的评估与激励机制。在教学质量监控机制中，切实加强对工学结合实践教学的评估、检查，把提高实践教学的功效性作为评估的重要内容，促进工学结合实践教学质量得到稳步提升。

三、"校中厂"平台构建

在学校大力支持下，数控专业进行的数控加工真实生产及相关实践探索项目平台的构建，主要包含硬件平台构建和内涵建设两方面。

（一）校企合作建立数控加工"校中厂"

高等职业教育以培养技术型人才为主要的功能目标特征，而要实现这一目标，实训条件的建设必不可少，因此，建设实训基地应该围绕着培养高等技术应用性人才的目标来实现其功能，要突出学生的实践动手环节，让学生在参与生产中掌握实际操作技能。

"校中厂"是通过引进企业的资金、设备、技术、管理和文化，对外承接"订单"——生产任务或技术服务。在专业教师和企业师傅的指导、监控下，以学生为主体，通过分工协作和有序轮岗，完成"订单"的任务，其质量接受客户检验；其生产和管理成本（包含支付顶岗实习学生一定的薪酬）独立核算，在提升学生技能、职业素养和完成教学任务的同时，获得一定的利润，实现基地的可持续发展。

目前许多国内高等职业院校积极引入企业合作机制，建设"校中厂"，组合形式有多种，根据双方在共建的过程中参与投资和管理的比例不同，可以分成"企业主导型""企业管理型""校企融合型"三类。其中，"企业主导型"组合模式的主要内容是由学校提供厂房，企业提供设备、技术，企业自主经营和管理，建设生产性实训基地。其优点是资金投入、设备投入有保障，实践师资有保障、企业管理水平高、权责明晰。在项目基金和学校专项配套资金的支持下，学校根据其自身的特点选用了"企业主导型"组合模式，择优引入珠海某金属制品有限公司。学校投资了近400万建设了厂房和购置加工中心、雕铣机、三坐标测量设备等生产性设备给予企业免费使用。企业投入设备273万校企合作共同建立了基于真实数控加工的数控技术"校中厂"，基地实行企业自主经营、自主管理模式。从人员配备到工作流程、工作标准以及工作考核办法均严格按照企业内部的管理制度执行。目前数控技术专业已有500多名同学在基地里进行了基于真实生产的轮岗实训，提高了同学们的实践动手能力，培养了一定的独立生产能力。

（二）"校中厂"运行保障体系构建与运行

1. "校中厂"顺利运行保障分析

由于学校和企业自身的运行规律各不相同，双方各自追求的目标和利益存在客观上的差异。在合作的过程中，企业关注的是生产成本降低带来的经济效益，在基地建设过程中偏重自身的生产经营，缺乏将基地建设成集教学改革、应用技术研究、生产为一体的意识，故合作项目缺乏深度和广度，特别是企业主导型"校中厂"是由企业自身日常运行和管理，如果基地运行过程中如果没有形成有效的联系和必要的约束机制，缺少完善的保障机制，甚至会出现企业对合作项目停留在表层的应付行为。

学校追求的是培养社会人才，目的是通过与企业的交流合作，使得专业教学团队加深对行业与社会需求的了解，及时调整工学结合的专业教学体系，实现专业教学与市场的紧密结合，从而培养出对社会有用的技术型人才。因此，"校中厂"的运行过程中学校和企业的利益博弈和矛盾冲突可能长期存在，在合作中如何协调校企利益的冲突，实现基地的可持续发展，构建一个求同存异保障体系就显得很重要。

2. "校中厂"的运行保障体系的构建

为了保障基地顺利运行，保证企业有发展，学校高收益，学生能成长，实现"学校、企业、学生"三方共赢，效益保障是关键，所以我校在项目实践过程中，积极探索新思路，初步形成了一系列的运行保障机制。

（1）建立校企合作利益保障机制

"校中厂"构建过程中合作企业的引入尤为重要。由于目前很多企业缺乏一定的社会责任感，不会主动去承担人才培养的社会责任，因此我校事前构建好一个良好的生产性实训基地平台来吸引企业，让企业可以减少经营投入，获得可持续的盈利，因此学校花重金购买生产性设备给予企业免费使用。为了保证基地校企合作的后期顺利开展，学校也必须根据企业的规模、生产设备、管理模式是否满足相关专业发展的需要来选择优质企业。

企业在"校中厂"中生产经营时，学校除不收取厂房租金和设备使用费用外，学校也不从企业的盈利中获取任何经济利益，这些都是学校为降低企业的生产运行成本，弥补企业教学性生产带来的损失采取的一些优惠措施，从而使企业进驻学校生产经营的利益得到保障。目前我校选择了中等规模的集数控加工、模具设计与制造、逆向工程设计于一体的珠海某金属制品有限公司，企业所提供的岗位齐全，基本能够满足学校生产性实训，为企业和学校之间打下了良好的初期合作基础。

（2）建立执行力强的校企基地共管机构

我校成立由校企双方相关人员共同组成的管理机构，负责基地建设的组织、管理和实施工作，为校企合作提供组织保障，机构流程如图7所示：

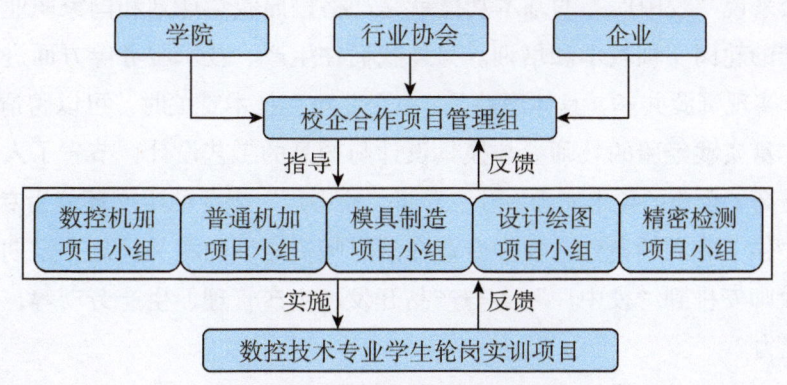

图7　校企基地共管机构示意图

我校数控技术"校中厂"建设，通过签订校企合作基地协议，与企业共同成立了基地校企合作项目管理组，由学校宫峰副院长任组长、专业主任，企业总经理任副组长，下设数控机加、特种加工、普通加工、设计与制图等项目小组，项目小组由企业相关工程师和对应的专业老师负责实施，项目管理组动态指导合作方向，企业工程师与专业教师的全程参与实施项目工作，发现问题并解决问题，及时向管理组反馈。

（3）建立齐全的运行管理机制

我校还借鉴其他院校的成功经验建设全方位的基地管理机制，为基地顺利进行提供制度保障。

①建立有利于"双赢"管理制度

在校企合作管理组的指导下，把握"校中厂"的建设方向，在保障双方权益的前提下，签订详细的合作协议以确定约束机制，明确双方合作过程中需要承当的权利和义务，特别是违约所需要承当的具体责任，保证各项工作落实到位，但是在违约的认定以及所需要承当的具体责任方面不是很完善，补充协议已经完善。

②建立有利于"校中厂"顺利运行激励制度

"校中厂"能够顺利进行，除了有约束机制的保障，还需要一些激励制度来调动基地工作人员和师生的积极性，保证基地的轮岗实训项目顺利、高效的实施，较好的完成企业的生产任务，实现学校的高技能人才的培养目标。具体思路主要有几方面：第一，企业对参与学生轮岗实训教学的员工给予额外的补贴，专业的实践课程的教师尽量从合作企业中聘请，其课酬按照学校教师标准计算，提高企业工作人员的工作积极性。第二，学生参与轮岗实训的过程中，凡是产生的产品利润，以助学金或奖学金的形式部分返还给学生，以激励学生主动参与基地的轮岗实训。第三，鼓励教师参与企业的产品研发和工艺设计，参与学生生产实训的管理，参照校内的课酬标准给予补助。

③建立校企资源共享机制，实现校企双方在合作过程中的效益最大化

对学校来说"校中厂"的基本功能就是严格按照教学计划和国家职业标准完成基于真实生产的轮岗实训教学和培训。另外我们在生产、技术服务等方面进一步挖掘功能扩展点，实现资源共享。具体思路是：在企业攻克技术难关时，可以聘请数控技术专业有企业丰富实践经验的教师参与模具设计与产品的工艺设计，节省了人力资源成本的同时，提高了企业的技术实力；另一方面"校中厂"企业的生产环境为专业"双师素质"培养提供了有利的条件，数控专业在制定师资培训的相关计划，定期将专业理论教师或新教师安排到"校中厂"参与产品开发、生产管理、生产劳动等，提高教师的实践操作能力。

④建立"校中厂"顺利运行的反馈推动制度

由于学校和企业各自追求的目标和利益存在客观上的差异，所以在合作中难免出现矛盾与偏差，因此建立一个切实有效的反馈机制来及时发现问题并解决问题显得尤

为重要。具体思路是：第一，建立"校中厂"项目小组定期例会制度，参会人员主要是校企合作项目小组的负责老师、企业工作人员和实训学生，原则上一周一次，会议主题是反映"校中厂"项目上一周运行过程中出现的问题，以及上次例会中提出的问题的解决情况；第二，建立良好的问题反馈通道，"校中厂"项目小组例会反映的问题、项目小组不能解决的，立即反馈到校企合作管理组，由学校领导、企业总经理协商，共同推进问题的解决，使"校中厂"校企合作方向始终朝向共同的目标推进。

⑤建立"校中厂"校企合作长远发展制度

随着高职教育的发展，对"校中厂"校企合作的要求会越来越高，赋予"校中厂"的功能越来越完善，所以要建立一个校企合作的发展机制：随着形势的发展调整合作内容，随着合作的深入使合作走向更高层次。

（4）"校中厂"效益评判体系的构建

为了评判"校中厂"运行过程中学校的投入回报率，评定合作企业的工作绩效是否满足学校的要求，需要构建一个合理的效益评判体系。"校中厂"的最终的目的是实现人才培养的目标，培养一批高职专业综合技能强，高素质的人才，因此"校中厂"的学校效益评判体系要以此为核心内容，而不仅仅是通过统计进入"校中厂"实训的学生人数、实训时间长短等来衡量效益，所以说效益评判体系内容应该主要包含专业建设成效指标、学生能力培养评价指标二大部分，具体结构图内容如图 8 所示：

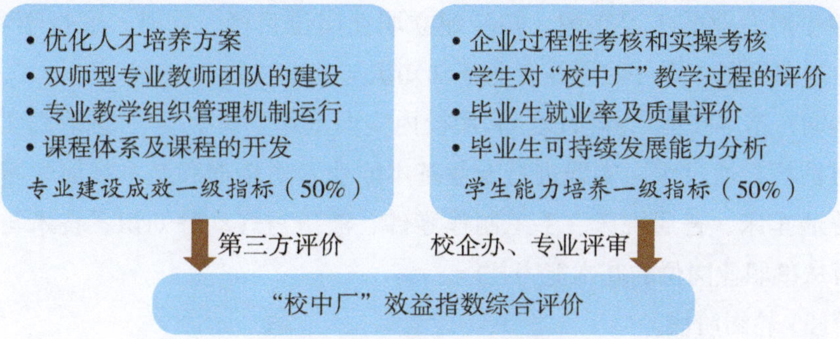

- 优化人才培养方案
- 双师型专业教师团队的建设
- 专业教学组织管理机制运行
- 课程体系及课程的开发

专业建设成效一级指标（50%）

第三方评价

- 企业过程性考核和实操考核
- 学生对"校中厂"教学过程的评价
- 毕业生就业率及质量评价
- 毕业生可持续发展能力分析

学生能力培养一级指标（50%）

校企办、专业评审

"校中厂"效益指数综合评价

图 8 效益评判体系结构图

为了保证"校中厂"综合效益指数评价能真实的反映"校中厂"的运行成效，学校每学期末对"校中厂"效益进行考核，评议由第三方专家介入，通过考核"校中厂"运行记录资料和专业建设成果，评议"校中厂"建设与运行的效益。而学生能力培养一级指标主要是由校企办、专业老师组成考核小组，对学生的综合能力进行考核分析，考核分为学生技能现场考核和毕业生信息数据分析。目前由于"校中厂"运行时间不长，在毕业生信息数据分析暂时还未见成效，所以主要集中在学生实训项目过程性考核和实操考核两方面。如果综合指标评价出现不合格现象，学校应立即组织相关工作人员进行相关调研，找出问题原因，按照协议追究相关协议方的责任，以促进"校中厂"的可持续健康发展。

四、人才培养模式改革与实践

（一）构建"三岗递进、学做合一"的工学结合人才培养模式

以高职院校为代表的职业教育正面临着新的突破发展，人才培养模式的改革和创新是高职发展的一个热点，也是最核心、最重要的问题。珠海城市职业技术学院数控技术专业以"校中厂"多功能平台基础为切入点，根据人才培养目标定位，开展数控技术专业"三岗递进、学做合一"人才培养模式改革，使以岗位能力培养为核心的知识、技能、素质培养融会贯通到每个学习环节，通过跟岗、轮岗和顶岗三个阶段的岗位训练，使学习过程与生产过程有效对接。

"三岗递进、学做合一"的工学结合人才培养模式的实施分为三个阶段：

第一阶段：跟岗阶段。

第1学期，专业岗位认知阶段。利用校内"校中厂"和校外"实习基地"资源，通过跟岗见习进行基本职业素质培养和专业基础学习，到生产企业认知岗位，提高学生对专业的认知度，使新生对将来所从事的职业、岗位能力及职业素质有了初步的认识，激发学生对专业的学习兴趣，初步建立职业岗位目标。同时，通过学习和训练，培养学生的制图识图、零件检测等专业基础知识与基本技能。

第2学期，基本技能培养阶段。利用校内实训室和"校中厂"，选取真实的生产任务作为学习情境，通过跟岗实践进行专业基本职业素质培养和基本技能学习。本阶段学生学习普通车床、普通铣床、手工制作零件、液压与气动等知识、技术与技能，使学生掌握所从事职业岗位的基本能力技能。

第二阶段：轮岗阶段。

第3学期，核心技能培养阶段。利用校内实训室和"校中厂"，通过轮岗进行专业岗位职业素质的培养和岗位核心技能的学习。本阶段学生学习数控车床、数控铣床、加工中心、机床电气控制等知识、技术、技能，使学生掌握所从事职业岗位的核心技能。

第4学期，核心技能和拓展技能培养阶段。利用校内实训室和"校中厂"，通过轮岗进行专业职业素质培养与岗位核心技能学习。本阶段主要培养学生多轴加工机床、数控设备装配调试、数控加工工艺等能力，使学生掌握所从事职业岗位的核心能力、拓展能力。

第三阶段：顶岗阶段。

第5学期，综合能力培养阶段。利用校外实习基地或校内"校中厂"，通过顶岗进行企业文化意识培养和综合生产性项目实训。本阶段主要培养学生专业领域岗位的综合技能和综合职业素质，熟悉企业文化、企业精神等。

第6学期，综合能力提升阶段。利用校外实习基地或"校中厂"，通过顶岗进行专业综合职业素质与综合技能的提升培养。本阶段主要培养学生的综合技能、自学能力、创新能力、预测决策能力以及企业管理、职业精神等知识，全面提升学生知识、技术、技能的综合应用满足企业对技术技能人才的要求。

工学结合优化专业人才培养方案，进一步改革课程体系和课程内容，使学生的专业理论学习和跟岗、轮岗和顶岗实习、实训交替进行，在"两个阵地"（学校与企业），依托"两支队伍"（校内教师与企业专业技术人员），运用"两种资源"（学校资源与企业资源），使专业人才培养做到"两个结合"（教学与生产结合，学习与工作结合），使学生的学习和工作（或生产性实训）在时间与空间上交替循环，职业能力和职业素质培养的进阶提升，具体人才培养模式如图9所示。

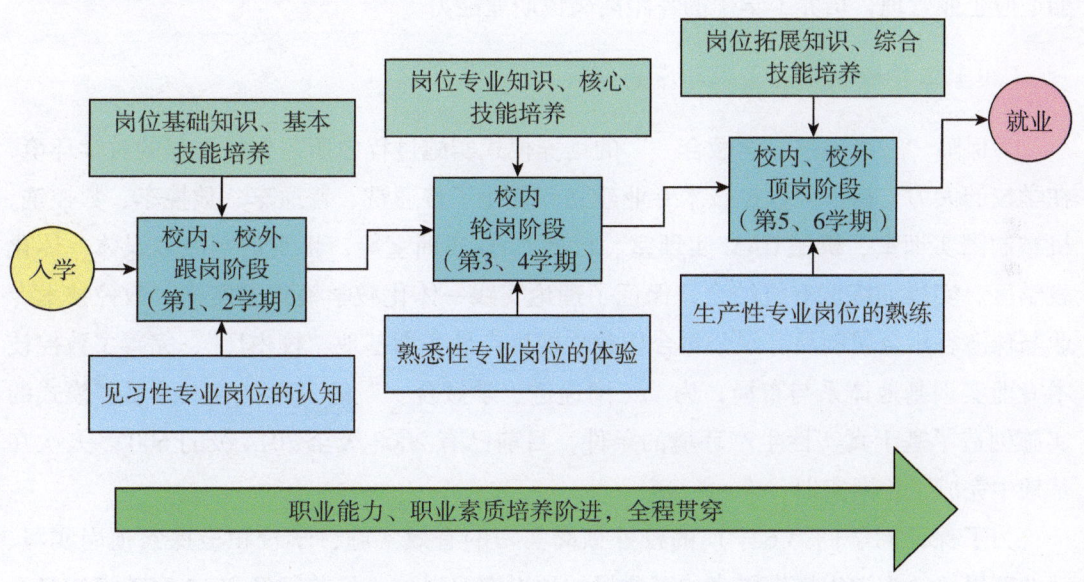

图9 "三岗递进、学做合一"工学结合人才培养模式

（二）工学结合推进课程体系和课程建设

"三岗递进、学做合一"的工学结合人才培养模式为双证书课程建设提供了良好的师资和教学环境平台。目前数控技术专业核心职业技能考证纳入了双证书课程建设，取得了良好的效果。目前优质核心双证课程有：机械制图与CAD（计算机辅助设计绘图员）、零件的数控铣削加工（数控铣床操作工）、零件的数控车削加工（数控车床操作工）。

积极探索基于"行校企"三元合作的工学结合课程体系开发，与珠海谷田金属制品有限公司、珠海三江源五金有限公司共同开发实训课程《零件的数控铣削加工》，校企合作开发教材《数控车削技术与实训》，已确定为十二五规划教材，该教材由高等教育出版社正式出版；与珠海市谷田金属制品有限公司共同制定了"三岗递进、学做合一"的三个人才培养阶段所需要的实训教学大纲和轮岗实训指导书。

（三）工学结合提升学生零距离岗位职业能力水平

"三岗递进、学做合一"的工学结合人才培养模式三个阶段的人才培养过程中，实践课程与生产性实训基地"校中厂"的生产过程对接，利用"校中厂"中的教学项目的"工位轮换实践法""分组教学实践法"，分配学生到数控加工、模具制造的数十个工位上轮岗工作、实习，接受企业的主导工程师的岗位职责培训、上岗操机培训，合格后参与真实生产过程并接受公司生产管理，以使其熟悉实际生产过程，并在校内就能适应企业管理，培养了学生的零距离岗位职业能力。

（四）工学结合完善实践环境的建设

为保障"三岗递进、学做合一"的培养模式实施过程中所需要的课程的教学环境，在学校的大力支持下，数控技术专业建立和优化了普通铣、普通车、数控车、数控铣、机械制图实训室、机械 CAM 实训室、机械 CAD 实训室等，将实训室中多媒体一体化教学区、实操训练区有机结合，保证了理论实践一体化教学模式的实施，数控技术专业与珠海谷田金属制品有限公司合作建立的生产性实训基地"校中厂"，完善了数控技术专业实训基地体系与布局，为"三岗递进、学做合一"的工学结合人才培养模式的实施创造了基于真实性生产环境的条件，目前已有 2008 级至 2014 级的 600 多人次在基地中完成了轮岗实训。

为了保证同学们第 6 学期的校外顶岗实习的有效实施，学校积极探索顶岗实习、就业新思路。为学生提供更多的高质量的顶岗实习岗位，目前已经和 13 家珠海知名企业建立了长期有效的合作关系，并签订了相关的实习基地协议。

（五）工学结合加强"双师型"教师队伍建设

为有效促进工学结合人才培养模式的实施，学校专业首先以教师师资为突破口进行建设，为满足每一阶段的教学需要，数控技术专业采用基于"双师型"高学历教师，承担校内基础理论课程的教学，由具有丰富企业工作经验的"能工巧匠型"校内技师对学生进行普通机械加工技能培养和数控加工基本能力培养，目前数控技术专业具有研究生学历的老师6人，所占比例为54.5%，技师10人（高级技师3人），所占比例为91%。另外，"校中厂"教学项目中配套的工程师，均是企业中各岗位中的技术生产骨干或生产管理骨干，具有丰富的企业生产经验和相当高的业务水平，为"三岗递进、学做合一"的工学结合人才培养教学提供了良好的师资。

（六）工学结合打造了技术精良的专业社会服务平台

"三岗递进、学做合一"的工学结合人才培养模式促进了数控技术专业师资建设优化和实训基地的建设，提供了技术精良的硬件平台和软件平台。

目前该专业积极开展珠海市农民工培训，达500余人次；承担暨南大学珠海校区电子工程专业的金工实习教学；为珠海市康信精密机械公司、珠海龙丰精密铜管有限公司等企业开展了数控机床、机械制图员工培训项目，为珠海相关企业开展初级安全工程师累计培训达到300人次。

五、项目成效

数控加工"校中厂"运行以来，在和企业的深入合作的过程中，项目成员老师在"校中厂"的运行机制、实训方案、生产技术方面和企业工程师积极探索和实践，不断总结经验，编写实训教程3本，发表相关论文6篇，其中论文《校内生产性实训基地的运行保障机制探索与实践》获得珠海城市职业技术学院首届校企合作研讨会征文比赛二等奖，参加广东省高等职业技术教育研究会2012年学术论文评选获得三等奖，并在组委会所在学校的学报中公开发表。

该项目的实施最重要的目的和作用就是实现了校、企、学生三方共赢，体现如下：

（一）学校赢利体现

在项目的研究和实施过程中，学校在数控专业实训室建设、师资培养、课程建设、教材开发方面取得了优异成绩，奠定了学校赢利的基础。项目支持建设的数控加工"校中厂"完善了数控技术专业的实训基地的建设，彰显了"校中厂"的实训室建设特色。

项目支持建设的数控加工"校中厂"数控加工、数控装调方面的教师职业资格证书的实操考试训练提供了一个良好的培训平台。数控技术专业教职11人中已取得技师资格7人、高级技师资格3人，目前数控技术专业具备双师资格的（机械工程讲师 + 技师/高级技师）的教师有7人，大幅度地提高了数控技术专业的"双师"比例；数控加工"校中厂"为专业老师下企业实践提供了非常便利的条件，教师在真实工作岗位上实践提高了自身实践工作能力的同时，也为教师进行实践课程内容和教学能力改革提供了实战性的素材，目的使学生得到了真实生产中的有效的技能和方法，得到了企业的肯定；专业老师带领学生进行模具设计开发，提高老师的模具设计与制造的实践能力。降低数控技术专业的实训成本（含耗材和教学工作量）每学期约5万多元。企业帮助学校实训室建设，捐赠6万多元建设费用。

通过本项目的研究和实施，有力地促进了数控技术专业的建设，还为学校其他专业的工学结合教学模式的研究和实施提供了一个科学有效的方法和思路。目前机电学院模具设计与制造专业、机电一体化专业开始介入数控加工"校中厂"的相关岗位工学结合教学模式实践，积极探索基于各专业真实生产岗位的工学结合教学模式研究，推进了学校的专业基于工学结合的建设和发展。

（二）学生赢利体现

目前经过轮岗实训的同学有4届毕业生，相比以前的毕业生，同学们在吃苦耐劳、动手实践、工作思路、工作态度方面有显著的改善和提高，因此备受企业欢迎，初次就业率一直处于学校前列；在对2011届毕业生起薪抽查中，平均月工资2797元，远高于2011年广东省高职毕业生平均月薪；数控加工校内生产性实训基地为培养同学们的动手实践、工作实践能力提供了一个良好的实践平台，企业指导老师也为同学们传授了真实生产的工作经验。在企业指导老师和专业老师的共同努力下，数控技术专业学生参加全国职业院校技能大赛高职组广东选拔赛中获得了优异的成绩，展现了我校学生的良好的技能水平。

经珠海城市职业技术学院数控技术专业与珠海谷田金属制品有限公司协商，公司每年为数控技术专业同学提供人民币1-2万元的奖助学金，数控技术专业本着公平、公正、择优原则，制定详细的评比办法，开展谷田奖、助学金评比工作，部分申请谷田助学金未成功的，对优秀同学另由数控技术专业互助基金给予资助。

（三）企业赢利体现

数控加工"校中厂"的学校师资设备为其员工培训提供了一个良好的平台，节省了企业基本技能培训成本，降低了企业的运营成本，学校已累计为数控加工"校中厂"合作企业珠海谷田金属制品有限公司培训了53人；企业在学校免费使用场地，节省了企业的厂房成本。另外企业在学生轮岗实训时，将一些对精度要求不高的零件，或是结构简单的模具让学生制作。虽然生产效率不高，但企业在订单繁忙时、学校实训间隙时可以租用学校设备进行轮岗实训生产，因此在学校和企业的共同努力、合理安排下，实训不仅不会影响企业正常生产，还为企业产生了一定的效益。

自实施以来，本项目一直备受各级领导的关注，广东省教育工委副书记、广东省教育厅党组副书记景李虎、广东教育发展研究与评估中心主任曹志超、广东省教育厅高等教育处副处长吴念香、珠海市政协主席钱芳莉、珠海王庆利副市长等领导亲自来"校中厂"视察和指导。

广东省科学技术职业学院数控技术专业主任袁金城、中山职业技术学院数控技术专业主任周敏专门来我校与项目组主要参与成员廖桂波主任共同探讨基于数控加工真实生产的工学结合实践的相关问题。新会中等职业技术学校、国家示范校梁銶琚职业技术学校的领导和老师专门来我校数控加工"校中厂"进行调研和学习。

六、项目小结

本项目的研究和实施过程中得到了学校的大力支持，并且也取得了一些实效，使学校、学生、企业都获得了切实的利益，小结如下:

（一）本项目成果在我校机电工程学院数控技术专业推广应用，已受益学生达到600余人，项目成果起到了促进机电工程学院模具设计与制造、机电一体化技术专业建设和工学结合教学改革的作用，为其他专业培养高素质技能型人才提供经验借鉴。

（二）开展"三岗递进、学做合一"的工学结合人才培养模式改革，实现了学生到企业员工的"零适应"角色的自然转换，提高了学生的就业能力；人才培养全过程实施校企合作、工学结合，让毕业生的知识、能力、素养对接企业需要。

（三）通过"三岗递进、学做合一"的工学结合人才培养模式实施，促进实训基地体系建设完善，推进课程体系和课程内容改革，提高专业的人才培养质量和专业服务能力，强化工学结合教学模式的内涵建设。

（四）校企合作构建数控加工校内生产性实训基地"校中厂"，积极探索"校中厂"运营保障机制，保证在校企合作、工学结合教学过程中的可持续发展，时刻保证学校、学生、企业三方共赢。

案例五：机电工程学院粤德合作
"工业机械工"专业建设案例

一、粤德合作"工业机械工"专业建设介绍

（一）专业建设背景

2013 年 6 月，广东省教育厅与德国驻广州总领事馆和德国工商大会代表共同签订了《粤德职业教育合作备忘录》，同年 8 月，珠海市人民政府与德国工商大会（AHK）驻上海代表处和广州代表处签署《开展职业教育培训战略合作框架备忘录》。根据协议，双方将在珠海城市职业技术学院成立粤德职业教育与培训基地，作为粤德合作的重要组成内容。2013 年 11 月，珠海城市职院作为珠海市政府与德国工商大会（AHK）合作考点，已经通过考察评估，顺利挂牌。

为贯彻落实广东省教育厅和珠海市人民政府关于粤德合作的文件精神，学习引进德国"双元制"职业教育办学理念，推动广东企业和德国企业在先进制造技术和管理等领域加强合作共赢发展，为珠海高端制造现代产业体系和广东经济社会提供发展型、复合型、创新型技术技能人才支撑，建立粤德合作珠海职业教育与培训基地，基地选址在珠海城市职院校园内。

德国有着深厚的工业基础，其工业有 170 年的历史，工业制造业占 GDP 的 29%，是经济的"脊梁"。始于 2010 年的欧洲债务危机使欧洲失业率居高不下，贸易逆差和财政赤字不断攀升，经济陷入衰退。但是德国受欧债危机影响甚微，专家分析，德国制造业发达，非常注重的技术研发、改造和创新，是其经济迅速摆脱困境的一个重要因素。

德国的精密机械、制药、工程机械、汽车制造、环保产业闻名于世，产品以质量可靠著称，"德国制造"在中国消费者中颇受青睐。广东目前正积极致力于从廉价工业品生产到高技术附加值企业经营的产业升级换代的发展。《广东省科技发展"十二五"

规划》指出，要以科学发展为主题，以加快转变经济发展方式为主线，抓住加快转型升级、建设幸福广东为核心。根据这一新的经济转型方针，广东对德国企业来说将具有更大的吸引力，为他们提供更多贸易及投资机会。尤其在全球经济危机爆发期间，广东的德资企业没有一家撤资，这也是德资企业总体经营状况良好的最佳证明。

基于上述原因，我们选择了"双元制"基础较好的装备制造行业中的机电工、工业机械工、模具工、金属切削工等几个专业（工种）作为开展"双三元"试点专业，其中，工业机械工、机电工两个专业（工种）是珠海城职学院首批试点专业。

（二）粤德合作"工业机械工"专业硬件建设

为了更好进行教学管理和提高设备的利用率，将几个专业统一考虑布局，分步建设。

硬件建设项目主要包括"一楼"和"五区"，即"粤德合作培训大楼"和"基础培训区""工业机械工综合培训区""模具综合培训区""数控综合培训区""机电综合培训区"。

根据德国"双元制"对工业机械工、模具机械工、金属切削工（数控专业）、机电一体化机械工四个工种的职业能力要求，我校按照德国专业技术人才培养过程与标准，与德资企业合作建设校内实训中心，改扩建机械设计实训室、液压与气动技术实训室、数控车、数控铣实训室、数控装调实训室、特种加工实训室等专业技能实训室以及适应德国职业证书考试训练、模拟企业真实工作环境的跨企业校内综合培训中心。

五区，即五个培训区（见下表1）。

表 1　五大培训区的培训项目及主要功能

序号	培训区	培训项目	功　能
1	基础培训区	钳工、车工、铣工、磨工、CNC 车床、数控编程、气动、测量、电气焊和机床维护 10 个项目	培训通用职业工种岗位技能
2	工业机械工综合培训区	装配钳工，车床、铣床、磨床加工综合应用 2 个项目	培训各类普通机床、装配钳工综合加工技能
3	模具综合培训区	模具加工、装配、调试 3 个项目	培训模具加工、装配、调试综合加工技能
4	数控综合培训区	3 轴加工中心、5 轴加工中心 2 个项目	培训加工中心岗位技能
5	机电综合培训区	电工与电子、机电钳工装配、PLC 实训 3 个项目	培训机电岗位综合技能

（三）粤德合作"工业机械工"等专业软件建设

与德国工商大会驻上海代表处密切合作，按照德国标准职业学校审核的7个质量领域要求和项目建设流程，建立基于德国"双元制"标准的粤德合作职业教育与培训基地，构建德国"双元制"职业培训体系。

（1）组织建设

基地成立理事会，为非法人机构。实行理事会领导下的双主体负责制，日常管理由基地秘书处负责。基地下设粤德合作职业技术培训中心、德国"双元制"师资培训中心、粤德合作机电技术协同创新中心、职业技术考试委员会、"双元制"本土化研究所等五个部门。基地组织架构如下图10所示。

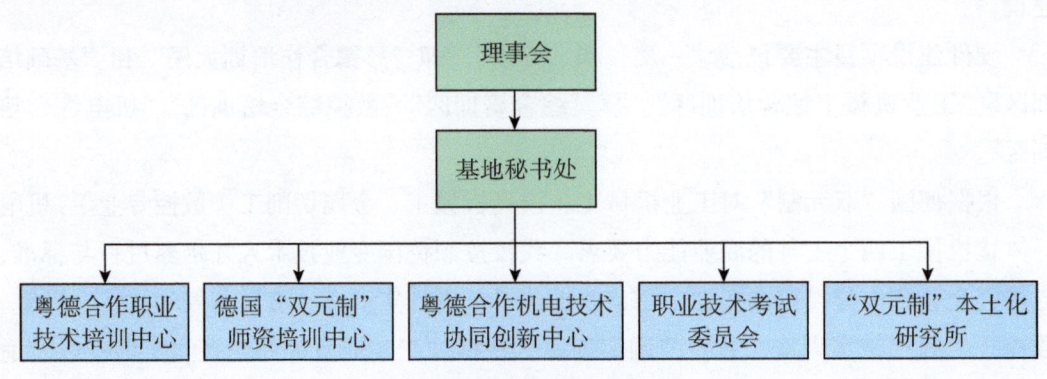

图10　基地组织架构示意图

理事会由广东省教育厅相关部门、珠海市人民政府相关部门、德国工商大会驻上海代表处、珠海城市职业技术学院、德资企业等选派负责人共同组成。基地理事会的主要职责是：对基地的运行体制、机制及运行中的相关事项进行决策，聘任基地各部门的负责人等。

基地秘书处由秘书长和若干名副秘书长组成。秘书长由珠海城市职业技术学院主管副院长和德国工商大会上海代表处相关负责人担任，副秘书长由珠海城市职业技术学院机电学院院长和德资企业派员担任。基地秘书处的主要职责是：贯彻执行理事会的决定，负责基地的日常工作，向基地理事会负责等。

（2）管理制度建设

按照"双元制"职业培训体系要求，建立健全各项教学培训管理制度，主要包括人才培养方案制定与审核制度、教学质量监督与考核制度、实训教学管理制度、人才培养质量评价制度、教学信息反馈制度等，形成一整套符合德国"双元制"模式和标准要求的制度体系和运行机制，实现过程管理与目标管理并行，保障人才培养的质量。

（3）专业建设

按照立足当前、放眼长远的要求，经学院充分论证，在 AHK 专家的指导下，拟设立四个专业，培养工业机械工、模具工、机电工、金属切削工，分别按年均 80 人、80 人、80 人、40 人的规模来开展职业教育与培训。

在广泛的市场调研基础上，我校依据珠海市企业专业人才的社会需求、专业岗位需求、岗位能力和素质要求等，学院通过与 AHK、德资企业召开专题研讨会等形式，别定符合市场需求的人才培养方案，推动专业建设和专业人才的培养。

（4）课程开发与建设

在德国工商大会上海代表处的组织下，学院引进和解读德国相关职业标准，明确德国"双元制"职业培训体系要求、德国专业技术人才培养过程与标准、德国职业证书考证要求以及德国课程模块标准等，制定符合本地区要求的人才培养方案、课程体系、课程标准、学校（企业）"双元制"教学计划等。

（5）校企合作基地建设

以珠海市德资企业为主要合作对象，建立 5-8 个校企合作实训基地，学院按照德国"双元制"模式，与企业共同开发企业生产性实训项目，共同制定企业"双元制"教学计划，与 AHK 合作培训企业培训师，在企业中聘请一部分经验丰富的专业人员担任学院专业核心课程及实训课程教师。

（6）德国"双元制"师资培训中心

根据广东省高职院校建设和粤德合作职业教育培训的需要规划培训项目，学院与AHK 合作，引进和借鉴德国先进的职业教育模式和机制、课程体系和教材，组建一支由德国专家、专兼职教师、职业教育领域专家、学者组成的师资培训队伍，面向全省中高职院校教师、德资企业培训师开展"双元制"师资培训，经考核合格后颁发 AHK培训师证书，满足广东省推广"双元制"办学模式及职业教育发展的需要。

（7）职业技术考试委员会

基地设立若干个职业技术考试委员会，目的在于开展职业培训、进修培训的各项考试。各职业技术考试委员会由至少 5 名委员组成，成员包括 AHK 代表、企业人员及职业学校教师。每个职业技术考试委员会设一名主席，一名副主席。职业技术考试委员会每届任期 3 年。

职业技术考试委员会主要职责是领导考试的整个过程，职业技术考试委员会根据AHK 的要求—协商考试内容，负责监考和记录考试情况，完成考试的评分，决定考生是否通过考试等。

（8）"双元制"本土化研究所

德国"双元制"是世界著名职业教育模式之一。由于制度、文化等诸多差异，在引进过程中，不能全盘照搬。设立研究所的目的是探索人才培养模式改革，从办学思路、培养机构、学生身份、教师组成、教学内容、课程时间、培养经费来源等方面把握德国"双元制"的本质特征，根据国情、省情、市情、校情，对德国"双元制"本土化的改进。

研究所人员聘请广东省教育厅、广东省教育研究院、珠海市政府政策研究室、广东社科院珠海分院、AHK上海代表处和广州代表处、德资企业和学院职教研究所等机构研究人员共同组成。

研究所主要工作职责有：研究德国"双元制"模式与文化，探索适合本土化的多元办学方式；收集相关的德文资料并翻译成中文供中国师生使用；制定校内双元办学的培训条例和相关制度章程（如管理制度、评价制度、实施制度等）；与AHK沟通与联络；定期举办中德职业教育论坛，并邀请德国工商大会、中资企业、在粤德资企业的代表参加，帮助德资企业了解职业教育现状，寻求合作机会等。

二、粤德合作"工业机械工"专业建设进展与管理

（一）建立了"工业机械工"标准车间

表2是工业机械工专业必须配置的设备清单和功能布局，这些设备可以同时用于其他机械、机电类专业学生的培训。

表2　工业机械工专业配备设备清单和功能布局览表

功能区	名　称
设备区	钻床、立式钻床、攻丝机、砂轮机、六角钳工台、划线平台、划线尺、评分桌、钻床工作台、平面磨床、手摇小磨床、普车、万能回转头铣床、立式升降台铣床、全功能数控车、三轴高速立式加工中心
液体仓库	抽油器、油品柜、油箱架
备料区	卧锯、物料箱、物料架
工量具仓库	工具总柜、铁柜、物料整理架双面、物料整理架单面、物料架
更衣室	九门更衣柜
卫生环保室	清洁车及工具、物料架、矮柜、拖把柜、铁屑桶、铁屑车、垃圾桶
其他	电源、气路、内装、机床托盘

（二）建立了一套完善的实训车间管理标准

（1）工装要求

1）着装统一：冬夏服装着装时间统一，颜色与样式统一。

2）服装整洁，每星期清洗一次。

3）工装穿着要点：衣扣必须扣好，特别是袖口与下摆。

4）在车间必须佩戴工作帽，尤其男女生留长发者，必须用安全帽把长发扣好以防被机器缠住。

5）工作鞋必须要有绝缘效果，禁止穿短裤拖鞋，女生禁止穿裙装。

6）操作机器和使用手锤时绝不能戴手套，以防发生事故。

（2）安全生产

1）上机操作前，必须根据每台机器的检查清单快速检查机器以确保电线完好无损，开关使用正常。

2）所有的电动工具及机器设备，都有可能漏电。操作时必须穿绝缘工作鞋。

3）工装穿着应按标准，操作机床及砂轮机时必须戴防护眼镜。

4）操作电动工具时，必须注意仔细观察周围不要伤到别人。例如砂轮溅出的火花及沙尘等。

5）车制工件如果需要用沙布抛光时，必须借助工具，绝不能徒手操作。

6）机床电路出现故障时，必须及时切断电源，必须请指导老师及专业电工来修理。在没掌握专业知识前绝不要擅自处理，以免造成更大事故及人身伤害。

7）在工作场所必须严禁打闹以防止发生意外事故。

（3）文明生产

1）实训教师要公平对待每名学生，态度和气、真诚。

2）学生应尊重老师，服从老师的安排与教导。

3）同学之间要相互关心与帮助，在工作上相互交流。

4）车间内严禁吸烟，严禁吃零食，上班时间不准玩手机、闲聊、争吵，更不允许打架斗殴。

（4）实训教师守则

1）实训教师应办事公道、作风正派、说话和气、待人礼貌。

2）因事外出要请假，不准迟到早退及无故旷工。

3）认真备课、严格教学，对学生要关心、注意学生的思想变化及安全。

4）对所带班组的卫生、机床维护、产品质量、工作纪律等进行指导监督。

5）指导学生要有爱心、耐心，不能歧视学生，必须公平对待每一位学生。如果确有歧视学生情况发生，学生有权要求培训师道歉。

6）真实对待每个学生的考评记录，做到公平、公正。

7）认真贯彻 6S 管理，以身作则。

（5）设备维护与清扫

1）设备保养

操作前低速空车运行 10 分钟，检查油位、滑动部位注油。下班前 30 分钟，对机床进行清理保养。检验标准：漆见本色、铁见光，目视不能有铁屑等杂物，白布擦拭不见黑色污渍。

2）清扫。地面保持整洁、工作区域及时清扫，不能有铁屑等杂物。

3）清理。把不用的工具、工装及原材料清理出工作区，放在指定位置。

4）整顿。工具盒、工具箱的整顿按标准。刀具、量具及工装按标准规定的位置摆放。

（三）"工业机械工"职业学校的学习领域和教学大纲

表 3 "工业机械工"职业学校课程与学习领域一览

序号	学习领域	第 1 年	第 2 年	第 3 年	第 4 年
1	用手动工具加工零部件	80			
2	用机械设备加工零部件	80			
3	制造简单的组件	80			
4	技术系统的保养	80			
5	用机床加工零件		80		
6	控制技术系统的安装与调试		60		
7	子系统（辅助系统）的装配		40		
8	在数控机床上加工		60		
9	技术系统的修理		40		
10	技术系统的制造与调试			80	
11	产品质量与工艺质量的监控			60	
12	技术系统的维修			60	
13	保证自动化系统的运行能力			80	
14	技术系统项目任务的计划与落实				80
15	技术系统的优化				60
	合计	320	280	280	140

表 4 "工业机械工"职业学校课程与学习领域的教学大纲

学习领域 1　使用手动工具加工零件	80 课时 专业实践 24 课时

目的描述：

学生能够对使用手动工具加工本专业典型的零件做好准备工作。对此要求学生能分析利用布置图和简单的技术图纸。

学生能够制作和修改功能装置和简单组件之零件的零件图及简图，也能够借助应用程序对零件表和工艺计划进行编制和补充。

学生能够在掌握需要应用的工艺理论基础上制定工作步骤计划，工作步骤计划中包含必需的工具、材料、半成品和辅助手段。学生能够确定必要的工艺数据并进行必要的计算。

学生能够选择合适的检测器具并进行应用、能够制作相应的检测记录。

进行试验，在试验中试用所选的工作步骤，对工作结果进行评估，粗略计算加工成本。

学生能够记录和展示工作结果。

学生能够注意遵守劳动保护与环保相关规定。

内容：

零件图、装配图、技术资料，信息来源、功能描述、加工计划、铁族金属与非铁金属、金属材料性能、塑料、自由公差、半成品与标准件、钳工工具，电动工具、辅材、分割与成形的基础与方法、检测 / 检验、材料成本，人工成本，工具成本、零部件尺寸，件数计算、展示技巧、标准。

学习领域 2　使用机械设备加工零件	80 课时 专业实践 24 课时

目的描述：

学生能够对用机械设备加工本专业典型的零件做好准备工作。为此学生要能够应用装配图、布置图和零件表。学生也能够借助应用程序制作、修改零件图和相应的工艺表。

学生能够根据材料特定性能正确选出材料，并按产品分组归类。

学生能够制定加工流程计划，查找工艺数据，并做必要的计算。

学生能够理解机械设备的基本结构和工作原理，根据工作任务要求及功能、工艺及经济性标准选择所需机械设备及相应的工具，并将设备准备好等待使用。

学生能够编写评定标准、选择检测器具并应用之，能够制作和解释检测记录。

学生能够展示工作结果、优化工作流程、制定备用方案。为此学生能使用现代媒体与现代展示形式。

进行试验，在试验中试用所选的工作步骤和备用方案，评估工作结果。

学生能够认识加工工艺对尺寸和表面质量的影响，彼此讨论对加工工艺有影响的因素，讨论时注意考虑产品质量的重要性。

学生能够注意遵守劳动保护与环保规定。

内容：

技术图纸和信息来源、加工计划、功能描述、检测器具的选择标准及其应用、ISO 公差、表面说明（数据）、测量误差、钻孔、锪孔、铰孔、铣削、车削、机械设备的各个功能单元及其工作原理、刀具的使用寿命、加工数据及其计算、冷却润滑液、质量管理的基础、刀具费用和机械设备费用，材料消耗，工作时间

学习领域 3　制造简单的组件	80 课时 专业实践 24 课时

目的描述：

学生能够为制造简单的组件做好准备工作。为此学生要能够识读本专业典型的总装图和装配图、布置图和简单的电路图，并且能够描述和解释各个组件的功能关系。

学生能够制作和修改零件图、装配图和零件表，应用技术资料中的信息。也能够使用学习程序制定简单的控制计划并选择相应的部件。

学生能够应用专业概念与英文概念描述如何按专业要求装配组件并比较各种装配建议方案。能够系统地按标准要求对零部件进行标识。能够使用装配说明，能够在考虑采用装配辅助手段和客户特定要求的情况下制定装配计划。

学生能够按作用原理来区分不同的连接方法并按应用情况归类。

学生能够按制造产品要求选择必要的刀具、标准件、夹具，组织简单的团队装配工作。

学生能够编写功能检测用的检测标准、制定检测计划、制作检测记录并进行展示。能够评价检测结果、消除质量缺陷、优化装配流程并考虑到流程的经济性。

学生能够遵守劳动保护与环保规定。

内容：

零件图、装配图、总装图，布置图、技术信息来源、功能描述、零件表与装配计划、装配说明、工具（刀具），夹具、材料，辅材，附加材料、摩擦式连接、键销连接、材料连接的基础、标准件、质量管理基础、功能检测、力矩与扭矩计算、控制技术基础、工作组织与工艺设计、装配费用

学习领域 4　技术系统的保养	80 课时 专业实践 24 课时

目的描述：

学生能对技术系统尤其是企业设备的保养做准备工作，能够调查保养对设备运行待机状态的影响。同时要求学生从安全、可用性和经济性角度对这种维修措施的意义进行评价。

学生能够识读布置图、保养计划和操作说明。学生能够制定保养工作计划并确定需要的工具和辅助材料。学生能够应用电工技术与控制技术基础知识、解释各种设备技术的简单电路图。

学生能够注意遵守劳动保护与环保规定，这里特别要遵守电气设备的安全规范。学生能够测量和计算电气与物理量值。学生能够对其工作结果进行评估、讨论及表述。

内容：

维修的基本概念、保养计划、布置图、操作说明、企业组织、磨损原因、故障原因、润滑材料，冷却润滑液，防腐与防锈剂、功能检测、维修费用，停机损失费用，故障损失费用、损失分析、电路中的量（值），欧姆定律、电流危险，电气安全、标准和规定

学习领域 5　用机床加工零件	80 课时 专业实践 24 课时

目的描述：

学生按照任务要求并在考虑劳动保护与环保的情况下在机床上加工各种材料的工件。

学生能够从装配图、零件图、简图和零件表中查找出需要的信息，亦能利用应用程序制作和修改简图与零件图。学生从工艺角度选择合适的加工方法。学生能够决定是否必须在切屑加工之前采取

什么方法来改变材料性能。学生能够确定需要的工艺数据、选择必要的辅助材料。针对选用的加工方法制定工艺表、选择工件夹具与刀具、调整机床准备加工。

学生能够根据质量管理规定制定检测计划、选择检测器具、作检测记录并进行解释。学生能够记录工作结果并进行展示和评价,制定备用方案。

学生能够调查加工工艺对尺寸、表面质量和形状的影响。能够计算加工成本、评估所选加工方法的经济性。

学生能够说明其所做决定之理由、依据事实回应批评意见。

内容:
技术信息来源、切屑加工方法、加工参数、切削刃材料、材料标准化、退火方法、有效切削时间、冷却润滑液、检验(检测)指导书、检测器具选用与检查、属性检测特征(好/坏特征)与可变检测特征(可测特征)、形状与位置公差。

学习领域 6　控制技术系统的安装与调试	60 课时 专业实践 24 课时

目的描述:
学生能够安装控制技术系统并进行调试。

学生能够针对不同设备技术中的控制系统从线路图和其他文件查找出需要使用的控制技术元件和功能流程。查找时使用生产厂家资料(也包括英文的厂家资料)。

学生能够制定安装控制系统的计划并实施,然后在注意劳动保护的情况下对控制技术系统进行调试。能够制定故障查找和优化控制技术系统的策略并进行应用。

学生也能够使用合适的应用程序记录并展示结果。

内容:
工艺示意图、气动与液压动力元件、供给装置(气动供气,液压供油)、传感器、物质流,能量流,信息流、线路图、压力介质、压力,力,速度,体积流量、运行方式(工作方式)、设备安全

学习领域 7　技术子系统(辅助系统)的装配	40 课时 专业实践 12 课时

目的描述:
学生能够制定技术子系统(辅助系统)装配计划,能够借助于技术图纸、布置图和零件表做功能分析。

能够根据零部件的功能和性能制定装配计划。

学生能够查出装配需要的特性数值、选择必要的工具与辅具,然后装配组件。

学生能够做功能检查、做检验记录,能够评价检验结果、优化装配流程(过程)并考虑到装配流程的经济性。

学生能够记录和展示工作结果,展示时能够采用各种形式的可视化方式。

内容:
轴、滑动轴承、滚动轴承、导轨、密封垫、摩擦,热膨胀、轴毂连接、单位面积压力、强度特性参数、配合类型、配合体系

续表

学习领域 8　在数控机床上加工	60 课时 专业实践 12 课时

目的描述：

学生能够在数控机床上采用单件加工和批量加工方式加工零部件，能够识读和制作简图与零件图并从中选择数控加工需要的信息。

学生能够查出加工用的工艺与几何数据、制定工艺表与刀具表。能够制定工件与刀具装夹计划、调整机床。也能够经由图形编程方法编写出数控程序并通过模拟进行检查。

学生能够应用所选的质量管理要素制定单件加工与批量加工的检验表。能够选择检验器具、评价检验结果、并在此基础上优化加工工艺，具体做法是考虑加工参数对尺寸、表面质量和生产力的影响。

学生能够注意遵守在数控机床旁的劳动保护规定。

内容：

坐标尺寸标注、工艺表、刀具表、机床调整表、数控机床的结构与功能、坐标系、参考点、几何数据、工艺数据、程序结构、刀具修正、属性检测特征（好／坏特征）与可变检测特征（可测特征）

学习领域 9　技术系统的修理	40 课时 专业实践 12 课时

目的描述：

学生能够修理技术系统，能够根据企业要求和经济性要求计划技术系统修理措施，对此需要搜集各种必要的技术信息。

学生能够将子系统（辅助系统）拆解成组件和零部件，并且拆解时能考虑好各个连接点（接口）、选择必要的工具与辅具。

学生能够分析并记录故障，查出需要更换的零部件，制定备件采购计划，选择合适的辅材与工作材料。学生能够更换坏的零部件和装配系统。

在修理过程中能够决定是否需要及需要哪些其他专业部门支持。

学生能够检测功能并做好验收准备工作。

学生能够计划按专业要求处理坏的零部件和消耗的辅材。

学生能够应用劳动劳动保护与环保规定。

内容：

总装图、电路图、根据系统状态和故障具体情况进行修理、停机时间，故障损失费用、磨损余量、磨损、润滑材料、故障分析、修理规定、检查报告、备件表、拆／装计划、验收记录

学习领域 10　技术系统的制造与调试	80 课时 专业实践 28 课时

目的描述：

学生能够制造技术系统并进行调试，能够根据总装图描述零部件与组件的功能关系。能够承接改动任务、制作简图、做需要的计算、选择合适的加工方法。学生能够按功能或规定选择零部件与组件。

学生能够从人类工程学角度计划工作流程。

学生能够确定装配用辅助器具，然后将零部件汇集到一起供装配用。学生能够决定是否需要请专业科室参与。

学生能够将子系统组装成总系统并进行调试，能够对要求的参数进行设定、检验和记录，能够编写操作说明，能够记录将技术系统交给客户的过程。

学生能够注意遵守劳动保护与环保规定，能够注意经济因素。

内容：
订单承接人制定的实施规范、减速箱、联轴器、泵、电力传动、机械与电气特征参数和特性曲线、焊接，粘接、起重装置、负荷防串动固定/定位、安全装置、客户会谈。

学习领域 11　产品质量与工艺质量的监控	60 课时 专业实践 12 课时

目的描述：
学生能够监控产品质量与工艺质量、根据订单和检验指导书调查机械设备与工艺。能够制定实施计划、记录工艺参数，也能借助图形评价查找出特性参数。能够将系统性的影响参数与偶发影响参数区分开来，能够根据因果关系查出所选工艺的系统性影响参数。

学生也能够使用应用软件并在生产过程中应用质量控制统计方法，能够按客户要求记录工艺质量与产品质量的情况。能够用大量加工与批量加工中的质量控制方法监控生产工艺。监控中能够记录属性检测特征（好/坏特征）与可变检测特征（可测特征）的工艺特征参数、采用工艺控制图并解释之。能够记录工艺随着时间变化的走向并根据质量数据对工艺进行修正。

学生能够展示质量数据、讨论生产工艺的最后情况、保存结果。

内容：
质量标准、工艺控制统计、质量控制图、因果图、机器能力指数、正态分布、直方图、标准偏差，算术平均值，中值、跨距、检验指导书

学习领域 12　技术系统的维修	60 课时 专业实践 14 课时

目的描述：
学生能够对技术系统进行维修，具体做法是制定提高技术系统之可用性与可靠性的措施计划并实施。能够接待客户，接受其对技术系统进行维修的任务。

学生能够从判断故障的原因入手对系统进行检查分析，能利用相关技术资料（包括英文资料在内）作出分析。能够分清各个子系统（辅助系统）所处范围，确定输入量与输出量。

学生能够选择合适的检验方法和检验器具并应用之。能够从故障原因和故障发生的频率入手查出薄弱环节，对其进行分析，并且采用合适的方法从负载和磨损角度对薄弱环节进行评估。能够为客户提供咨询服务，提出可以采取的提高措施，并为此整理出需要的资料和制定需要的计划。

学生能够采购需要的零部件，恢复技术系统的功能并记录结果。维修结束后将技术系统交给客户。

学生能够考虑到维修工作的经济性和法律后果、考虑这些后果对生产与产品质量要求的影响。

学生能够注意遵守劳动保护与环保规定。

内容：
维修类型：因停机/故障决定的维修，因设备状态要求的维修，预防性质的维修、损失分析、材

料检验方法、热处理方法、故障统计分析、帕累托分析法、成本预算（费用估算）、停工/停机损失时间、维修费用、注意质量管理情况下的产品侵权责任。

学习领域 13　保证自动化系统的运行能力	80 课时 专业实践 28 课时

目的描述：
学生能够保证自动化系统的运行能力。为此学生能够使用技术文件资料（也包括英文资料）来分析自动化的系统。
对于各个子系统（辅助系统）学生能够根据规定的工艺流程和生产厂家资料制定出优化工艺的解决办法。
学生能够制定出故障查找策略，供排除运行故障之用，并且能够加以应用，能从经济性角度出发排除故障。
学生能够对系统进行修改、测试、做文件记录并展示解决办法。在使用加工系统和传送系统时能够考虑到采取必要的劳动保护措施。
学生能够从经济和社会角度对自动化技术系统进行评估。

内容：
电气动与电液压功能装置、控制、调节、可编程控制器、工作方式、顺序功能图，功能块图、柔性传送系统、接口（连接点）、维修规定、安装装置。

学习领域 14　技术系统项目任务的计划与落实	80 课时 专业实践 28 课时

目的描述：
学生能够对技术系统项目任务进行计划和落实，能够从可行性角度分析项目任务并确定目标。
学生能够承担项目组织工作、记录项目进展情况、分析和评估项目进展走向、开展必要措施。能够注意遵守质量管理规定并以此保证产品和工艺的质量。
学生能够制作记录文件、展示记录结果，为此能够使用当前信息媒体与交流媒体手段。
学生能够从学习组织与工作组织上、技术上、生态与经济的角度评估项目结果和行动过程。

内容：
客户要求规范，订单承接人制定的实施规范、工作任务分解结构、评估。

学习领域 15　技术系统的优化	60 课时 专业实践 14 课时

目的描述：
学生能够优化技术系统。优化时能够从人类工程学、健康保护、环保与经济性这些方面优化的可能性来检查无故障工作的系统和生产流程。
学生能够从工艺开发及新材料与新辅材角度提出改善建议。学生能够展示改善建议，分工作小组讨论并做出决定、估算经济效益、决定将优化建议转给企业员工建议制度管理部门。
学生能够制定优化措施计划、决定是否实施，能够记录实施的工作。

内容：
工作组织、员工建议制度、知识管理。

三、粤德合作"工业机械工"等专业建设成效

（一）为学生建立一个全新的、良好的出口

广东省毗邻港澳，是全国最早实行对外开放的省份之一，深圳、珠海、汕头等3个城市早在1980年就成为试办经济特区。在珠三角地区的广大居民，他们开放意识早，家庭经济状况相对较好，对子女的就业与发展的期望较高。但由于我国职业教育体系尚未完善，高职生继续就读本科的道路比较狭窄，他们希望能打通子女进一步发展、深造的通道。

通过为期3年的德国"双元制"职业技术培训，学员成为企业中所需的机电一体化，工业机械，模具制造等专业范围内拥有德国标准的专业技术员工。德国工商总会所颁发的"德国双元制职业技术培训毕业证书"被德国国内工商行会认可，培训考试符合德国的有关要求和规定。

通过建立粤德合作职业教育与培训基地，学生的就业、发展通道将会进一步拓宽。对于获得AHK资格证书的学生，他们不仅可以在国内德资企业就业，也可以到德国就业和深造。

（二）理论教学特色鲜明

基础理论模块化教学是师生围绕实施一个完整的项目工作而进行的教学活动。教学上，以教师为中心转变为以学生为中心；以课本为中心转变为以项目为中心，以课堂为中心转变为以实际经验为中心。表现出以下几个特点：

（1）实践性：项目的主题与实际机械制造生产密切联系，学生的能力培养有针对性和实用性。

（2）自主性：为学生提供各种决策机会，他们可根据自己的兴趣选择内容和展示形式，他们能够自主、自由地进行学习，从而有效地促进学生创造能力的发展。

（3）发展性：长期项目与阶段项目相结合，构成学生职业能力培养的全过程。

（4）开放性：学生围绕主题以探索的方式方法参与，意在培养学生决策及解决问题的能力。

（5）评价：注重学生在项目活动中能力的发展，测评内容包括学生参与活动各环节的表现以及作业质量。

（三）教学方法科学、高效

在教学方法上，采用"四步教学法"，克服了目前高职院校学生上理论课精力不集中、上实践课与理论脱节的现象。"四步教学法"主要步骤如下：

第1步：准备（培训师与培训生）

a. 建立培训师与培训生之间的联系，让培训生克服拘束感（导入学习）。

讲解要学的工作并描述之。

点出学习目的。

确定相关基础知识。

b. 唤起培训生对具体工作的兴趣，解释工作的意义，指出对个人有会益处（激励）。

正确布置（工位策划，比如伸手取用范围、座位高度）。

准备好工具、材料等。

事先安排实操指导教学能在安静、不受干扰的环境下情况下进行。

第2步：示范与讲解（培训师）

刻意放缓示范、讲解（说、指给看、让培训生摸）整个工作。提示培训生注意观察和认真听！

解释分过程并说明理由（做什么、怎么做、用什么、为什么这么做），必要时指出可能会出现的错误及应对方法。

指出"技巧、诀窍"。

积极引导培训生，比如，问：现在你们想自己试一下吗？

第3步：示范与解释（培训生）

第一次（试做）：培训师只看不说，发现错误立马纠正。

第二次（正式做）：边做边解释并说明理由（做什么、怎么做、用什么、为什么这么做）

第三次（正式做）：要求培训生说出分过程并解释核心要点。

当培训生不知道怎么模仿时给予帮助（帮助记录）。

认可培训生的进步，并加以表扬。

第4步：让培训生练习到没有错误、心中有把握为止，检查。

让培训生独自操作。

告知培训生遇到突发问题时可向谁求助（比如临时代课/代替照应的其他老师）。

让培训生提出在操作过程中遇到的疑惑或问题，并加以解答。

指导如何自检（明确告知评价标准）。

注意观察练习进展，给予肯定（必要时加以纠正）

结束本节/单元课指导教学。

（四）实行"双元制"办学、适应提高办学水平的需要

多年来，虽然我国的职业院校都一直在进行教学探索与改革，积累了许多经验，取得了大量教学成果。但绝大部分高职院校在校企深度合作方面仍做得不够，学生学

非所用的情况仍然十分普遍。德国"双元制"是一种以实用为本位的模式，强调技能和实践能力的培养，旨在培养学生将来在社会上就业、适应、竞争和发展的能力，在具体工作中发现、分析、解决和总结问题的能力及其操作、应用、维护和维修能力，以及独立、协作、交往、自学等一系列关键能力。在这一思想的指导下，德国"双元制"职教体系无论在教育和实践训练时间的分配上，还是在培训的运行机制等方面都体现了较强的实用性。

通过粤德职教合作，引入德国"双元制"办学理念，结合国情省情，引进、消化、吸收、创新德国"双元制"职业教育模式，对办学理念、招生制度、人才培养方案、课程体系、教学硬件的配置、师资建设、考评制度、就业制度等方面进行全面改革，不断积累经验，推动专业建设，从而提高办学水平。

案例六：人文与社会管理学院
"社会工作专业建设"实践案例

珠海城市职业技术学院人文与社会管理学院社会工作专业在学校"双三元"办学理念指导下，以培养适应城乡基层社会管理和公共服务体系建设需要的专业人才为目标，按照"政校企，行校企"双三元办学模式，与珠海市社会工作协会合作，创新"行校企"合作机制；实施"项目导向，服务学习"的人才培养模式，探索"三二分段"中高职衔接人才培养模式的改革；构建基于就业核心竞争力和岗位适应能力的课程体系；打造了一支"专兼结合、优势互补"的优秀教学团队；提升常态化社会服务能力，为珠海创建社会建设示范市提供了专业人才，将本专业建设成为在全省高职院校和社会工作领域具有辐射和引领作用的重点专业。

一、项目基本情况

本项目建设理念是：联合政府民政部门，结合社会工作与社会服务行业，围绕珠海市政府发展高端制造的产业调整思路，以服务区域经济发展和社会服务为目的，满足基层群众对社区服务的需求为目标，与珠海市民政局及各区民政部门、珠海市社会工作协会合作，以"双三元"合作模式改革高职人才培养模式，推动"政行企"三方参与合作，共同培养满足城乡基层社会管理创新与公共服务需要的高素质技术技能型人才。

本项目建设方式是：依托学校"校企合作办学理事会"和"珠海经济社会发展与社会管理协同创新中心"，与珠海市社工协会共建融城乡基层社会以管理创新、人才培养、项目研发及服务为一体的"珠海社会创新基地"和"广东省社会工作专业人才培育基地"。深入进行社会工作专业毕业生就业岗位调研，系统分析就业所需职业能力，制定能够使社会工作价值理念和实务能力相融合、满足城乡基层社会管理创新与公共服务需要的人才培养方案；实施适合本专业的"项目导向，服务学习"人才培养模式改革；对接珠海高端制造产业布局的高端服务业，将社会工作一线行业的岗位标准融入课程教学，以"双师"制提升学生的社会工作服务技能，并通过与基层社区、街道、社工机构合作共建实践基地，共同培养社会工作专业人才，提高毕业生质量，形成"双三元"良性互动，建设成特色鲜明的示范性专业。

经过建设与发展，社会工作专业已经成为中央财政支持重点专业，并且顺利通过验收。同时由社会工作专业牵头，珠海城职学院已经是珠海市社会工作协会的发起者、法人单位以及常务副会长单位，也是中国社工教育协会高职高专委员会的副秘书长单位，全国职业院校民政行指委社会工作专业教学指导委员会副主任委员单位，第六届全国职业院校民政职业（社会工作者）技能大赛 2015 年承办单位，广东省社会工作专业人才培育基地。专业教师熊俊超当选为"2012 年度中国十大社工人物"；何永根荣获首届"珠海市十大优秀社工"称号；袁荣珊获得"2011 年度珠海市十大杰出志愿者"荣誉称号。近三年社会工作专业学生在全国职业院校民政职业技能大赛中获得奖项和证书近 25 项，教师获大赛优秀指导教师 10 个，其中 2014 年的第五届全国职业院校民政职业（社会工作者）技能大赛中，珠海城职学院社会工作专业学生 4 人参赛，获得个人特等奖 2 个，一等奖 1 个，二等奖 1 个，同时还获得团队一等奖，优秀指导教师 3 个。毕业生初次就业率达到 100%，双证书率达 95%，历届毕业生质量获得就业单位的一致肯定。

二、项目实施过程

本项目按照"政校企""行校企"双三元办学模式，实施"项目导向，服务学习"人才培养模式改革及与之相适应的一系列教学改革，具体改革实践主要体现在以下几方面：

（一）创新政行校企合作运行体制机制建设

完善了由行校企三方人员组成的社会工作专业建设指导委员会（以下简称专指委）。依托学校"校企合作办学理事会"和"珠海经济社会发展与社会管理协同创新中心"，与珠海市社工协会共建融城乡基层社会以管理创新、人才培养、项目研发及服务为一体的"珠海社会创新基地"和"广东省社会工作专业人才培育基地"。根据学校有关制度文件，结合社会工作专业的实际情况，从专业层面制订系列规章制度和管理细则，进行制度和运行机制建设，保障校企合作双方的互利共赢。

（二）开展人才培养模式改革与课程建设

在深入调研社会工作专业毕业生就业岗位、系统分析岗位所需职业能力的基础上，制定了能够使社会工作价值理念和实务能力相融合，满足城乡基层社会管理创新与公共服务需要的人才培养方案；实施适合本专业的"项目导向，服务学习"人才培养模式。并构建专业核心课程体系，建设校级及省级精品资源共享课程。

（三）打造优秀教学团队

通过校外引进和校内学历提升等方式培养了专业带头人2名，其中1名为校外具有行业影响力的专家；培养了骨干教师3名、双师素质教师6名；建立了由30人组成的兼职教师资源库，打造了一支"专兼结合、优势互补"的优秀教学团队。

（四）校企合作共建教学实验实训基地

改、扩建校内现有7个实训室，组建成立了社会工作专业基础技能实训中心和养老康复实训中心，建成了集学生实训、行业培训和职业技能鉴定为一体的社会工作实训基地。与港澳及内地知名社会服务机构，如香港协青社共建了服务型实习基地，完善了实习实训管理制度和"双督导"制度。

（五）进行常态化社会服务能力建设

与珠海市社会工作协会合作完成各类培训不少于1000人次，获得省部级及以上纵向科研课题12项，校企合作横向课题5项，开展各类技术服务项目5项，定期开展与同类职业院校的交流与合作，建立了与港澳社会工作服务机构的定期联系，对口支援茂名职业技术学院社会工作专业的建设。

（六）积极探索中高职衔接人才培养

社会工作专业与广东省民政职业技术学校的社会工作专业和珠海市卫生学校的康复技术专业联合办学，在课程体系、课程标准等方面建立了中、高职纵向衔接的机制，构建了人才成长的"立交桥"。

（七）开展专业群建设

为增强专业的核心竞争力，以社会工作专业为龙头，带动社会组织管理、儿童工作等专业建设发展，完成了专业群建设初步规划。在专业群平台课程建设、共享实训室建设、师资队伍建设等方面取得了初步成效。

三、项目实践内容

本项目的实践内容围绕四方面展开，即"政校行企"合作体制机制创新改革、"项目导向，服务—学习"人才培养模式改革和常态化社会服务能力提升实践三个方面。

（一）"政校行企"合作体制机制创新改革

依托学校"校企合作办学理事会"和"珠海经济社会发展与社会管理协同创新中心"，与珠海市社工协会共建融城乡基层社会管理创新、人才培养、项目研发及服务为一体的"珠海社会创新基地"和"广东省社会工作专业人才培育基地"。珠海社会创新基地下设"社会工作专业建设指导委员会""社会工作应用研究中心"和"社会服务工作室"，如图11。

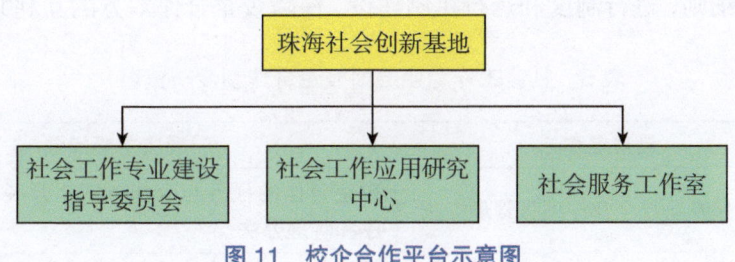

图 11　校企合作平台示意图

1."政行校企"专指委的组建

社会工作专业建设指导委员会（以下简称专指委）的主任、委员由政府、行业及学校三方人员构成，邀请珠海市社会管理工作部、市民政局、市社会组织管理局等政府部门管理人员，以及香港协青社、澳门明爱社会服务中心、广州启创社会工作服务中心、珠海市晴朗天空社工服务社等实力较为雄厚的社会服务机构负责人和知名专家担任。专指委的成员同时兼任社会工作应用研究中心和社会服务工作室的顾问。专指委每学期举行一次全体成员会议，分析社会工作专业市场需求和岗位能力要求，及时调整专业结构或方向，并就专业定位、专业发展的重大问题提供政策支持及行业动向信息，同时指导社会工作应用研究中心和社会服务工作室的工作。

（1）建立和指导社会工作应用研究中心。聘请专指委中的政府部门管理人员作为社会工作应用研究中心顾问、社会工作专家作为兼职研究员，组建专兼职人员相结合的研究队伍。与香港无国界社工、澳门明爱社会服务中心、广东绿耕社会工作发展中心密切合作，开展基层社会管理创新、中国农村社区发展、社会化养老服务体系建设等社会工作理论与实务研究；为珠海市红旗镇建立社区综合服务中心，平沙镇建设省级居家养老示范中心和村居社工服务中心提供技术咨询；为开展各类社工培训提供师资；为珠海创建社会建设示范市提供智力支持。

（2）建立和指导社会服务工作室（以下简称工作室）。工作室由专业教师组成，聘请专指委成员为顾问，指导社会工作专业师生在基层社会工作服务领域，为城乡社区老年人、残疾人、外来人员、农村留守儿童等提供社会工作专业服务。工作室同时负责校企共建集学生顶岗实习、课程教学、职业培训与职业技能鉴定于一体的"厂中校"，设一名专职人员参与管理。工作室负责与专业社工机构共同制订学生实习实训、课程教学方案，确定教学内容和技能要求，共同开发工学结合教材与专业教学资源库。同时，通过工作室的运作，积极寻求校企更多的利益结合点，搭建起双向服务与交流的桥梁，促进校企良性运行，逐步构建校企深度合作长效运行机制。

2. 创新"政行校企"合作运行机制

根据学校有关制度文件，结合社会工作专业的实际情况，从专业层面制订系列规章制度和管理细则，进行制度和运行机制建设，保障校企合作双方的互利共赢。见表5。

表5　社会工作专业层面校企合作制度一览表

序号	制度名称	解决主要问题
1	社会工作专业校企合作项目管理办法	校企合作的任务与合作方式，开展合作项目的程序和管理办法
2	社会服务工作室任职人员管理办法	任职人员的岗位职责、工作范围
3	社会工作专业弹性教学计划实施细则	学生顶岗实习时间与教学计划不符时的教学管理问题
4	社会工作专业顶岗实习行为规范	顶岗实习期间的教学管理和学生行为管理

3. 创建了"广东省社会工作专业人才培育基地"（以下简称培育基地）

培育基地的职责是：（1）受市级职能部门委托，为党政领导提供社会工作专题培训；为已取得社会工作者职业水平证书的人员提供社会工作继续教育培训；为未取得社会工作者职业水平证书但从事社会工作相关工作的人员提供培训。（2）为区级培育基地提供师资培训、课程体系建设等方面支持。（3）开展社会工作专业人才培养体系相关课题研究。（4）向有关部门提出社会工作专业人才培养方面政策建议。

培育基地的组建是社工界在更大范围、更高层次参与珠海市社工人才队伍建设，推动珠海市社会建设示范市建设的具体行动，是加强政校、政社合作，实现互利互补、共赢发展的有益尝试。培育基地有力地探索了社会工作专业人才培养基本规律，为全市社会工作专业人才培训基地建设和规模化培训社会工作专业人才积累培养模式、课程设置、师资配备、能力评价、组织管理等方面经验。

（二）"项目导向，服务—学习"人才培养模式改革

1. 社会工作专业职业岗位（群）分析

我国社会工作者主要分布在：社会救助、社会慈善、残疾康复、优抚安置、社区建

设、司法矫正、教育卫生等领域，专门从事困难救助、矛盾调处、权益维护、心理疏导、行为矫治等社会管理和社会服务工作。具体包括：一是政府相关管理领域，如民政、劳动和社会保障、教育、卫生、司法等职能部门中从事社会政策制定、执行等有关工作岗位；二是 NGO（非政府组织）管理岗位，主要从事机构统筹、规划、督导、评估工作；三是与社会保障和社会福利相关的管理和服务领域，如各类福利院、救助站、收养服务机构以及各类学校、医院、社区等机构开展社会服务的岗位；四是社会团体中与社会保障和社会福利相关的领域，如工、青、妇、残联等为特殊或困难群体提供专业社会服务的岗位。按照错位发展的思路，专科层次的社会工作专业所对应的职业岗位群管理岗位和服务岗位，重点发展方向是服务岗位（见图 12）。

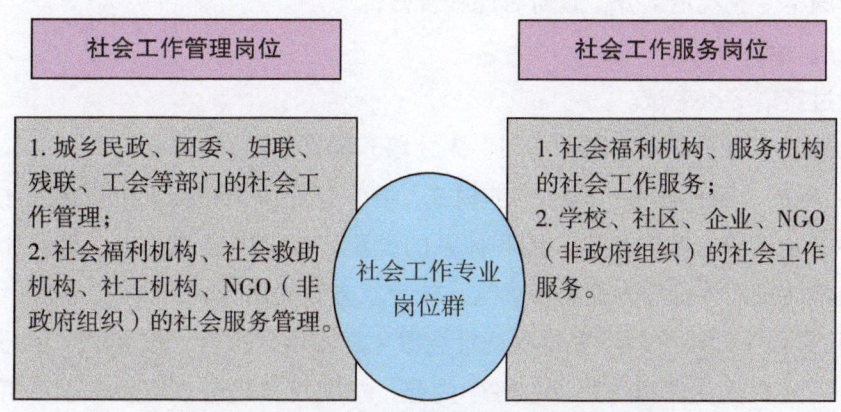

图 12　社会工作专业就业岗位（群）示意图

2. 根据专业毕业生对口工作岗位分析确定人才培养目标

通过调研和毕业生跟踪调查，社会工作专业毕业生主要对口就业单位是社工机构、社会福利机构、社会救助机构、社区服务中心及社区居委会等。在社工机构、社会福利机构、社会救助机构主要从事社会工作服务或行政管理，毕业生就业岗位是专业社会工作者或行政社工，约占 75%；在社区主要从事社区事务性工作，毕业生就业岗位是社区工作者，约占 5%。这两类岗位的工作内容主要以开展专业服务为主，要求在岗人员能以个案工作、小组工作、社区工作等专业方法为有需要的个人、家庭、群体或社区提供专业化服务，为其解决问题、化解危机、恢复社会功能。据此，本专业培养目标确定为：培养具备"以人为本、助人自助"价值理念；热爱社会工作事业，具有良好的思想品德、社会公德和职业道德，爱岗敬业，掌握个案工作、小组工作、社区工作、社会工作行政等基本专业技能，能在街道、乡镇和社区从事基层社会管理与服务的复合型、发展型、创新型的技术技能型社会工作人才。见图 13。

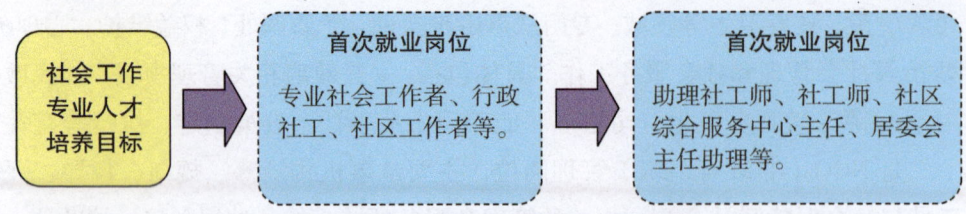

图13 社会工作专业培养目标示意图

同时在人才培养的质量标准上，要求学生：

①至少获得1-2个国家职业资格证书或技术等级证书；

②具备半年以上顶岗实习经历；

③修满本专业规定学分，且所有课程合格；

④通过计算机等级考试；

⑤通过英语等级考试。

3. 实施了"项目导向，服务学习"人才培养模式改革

"项目导向，服务学习"人才培养模式，要求行业协会和社工机构在人才培养的整个过程中，从培养方案的制定、课程体系的设置、教学内容的选择、教学计划的安排确定、教学质量的评价等方面全程参与，校企双方共同培养。

"项目导向"即整个教学安排围绕社会服务真实项目进行，按完成项目任务所需知识能力，确定和优化课程体系课程教学内容，按项目实施流程组织教学。第一、二学年的学期进行专业领域的单一项目实践，在老师的指导下完成，第三学年进行社工服务综合项目实践和毕业实践，由学生自主完成，老师定期检查，并及时给出评价，见图14。

社会工作专业的"服务学习"要求服务理念符合社会工作价值观，服务内容与专业相关，按照专业实习的标准配备督导资源，推动学生进行专业反思。注重课堂教学与专业实践相结合，感性认识与环境熏陶相结合，价值内化和实务训练相结合，以社会服务带动教学，服务与学习相互促进，逐步建立循序渐进、科学合理的专业人才培养过程。

"项目导向，服务学习"人才培养模式的实施，深度依托了学院与金湾区红旗镇政府、高栏港区平沙镇政府、市社会工作协会以及珠海市香洲区梅华社工服务中心、珠海市慈爱社会服务院等部门或机构合作共建的实习基地，以社会服务项目为载体，校企联合开发了适用于教学的社区居家养老服务流程和农村社区服务步骤，并围绕职业能力培养和职业素养提升，将"服务学习"理念贯穿专业人才培养全过程，强化学生的"爱心、责任、服务、奉献"的专业品质。

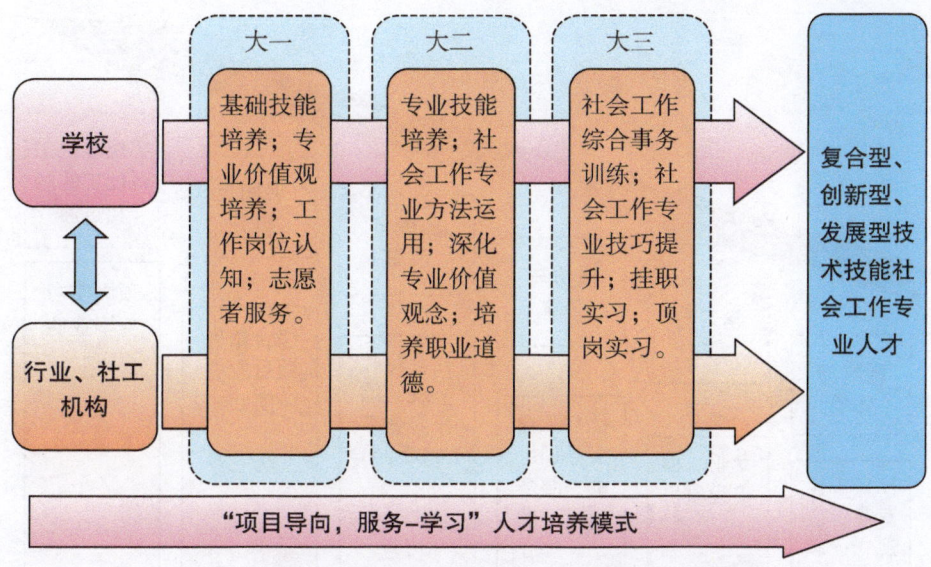

图14 "项目导向，服务—学习"人才培养模式框架图

4. 以培养专业价值、实务能力与创新能力为重点的教学模式改革

依托"珠海市社会创新基地"平台，联合珠海金湾区红旗镇政府、高栏港区平沙镇政府、珠海市社会工作协会以及珠海市香洲区梅华社工服务中心、珠海市慈爱社会服务院等，以社会服务项目为载体，采用项目导向教学法，按学期层层推进，在项目教学中逐步引导学生观察与体验、学习与尝试、模仿与分享、训练与反思、巩固与提升，最终通过顶岗实习实现从"准社工"到"社工"的顺利过渡，见图15。同时在人才培养过程中，突出专业价值和创新能力培养，以价值教育为核心，以学生创新能力为终极目标，将服务—学习理念贯穿专业人才培养全过程，强化学生的"爱心、责任、服务、奉献"的专业品质，挖掘和发挥学生创新潜能，最终实现人才培养目标。

依托社区服务创新项目，社会工作专业技能竞赛和合作社区及机构资源，充分发挥社工协会、社区服务项目开发等社会服务创新小组积极作用，构建并逐步完善社会工作专业创新能力培养模式，如图16所示。在所有专业课程中设置创新能力拓展训练项目，开设"社会工作服务项目策划与管理"课程，同时又要注意到学生的个性发展，开展各类课外公益项目创新小组活动、技能竞赛、项目策划等。通过课内课外有机结合，把创新能力教育纳入人才培养方案，逐步普及创新教育，提高学生的创新意识与创新能力。在人才培养方案中，设立创新学分，要求所有学生都参加校级或以上技能大赛、社会实践等活动获得学籍规定的创新学分，对有潜力、有兴趣的学生进行选拔、专项培训，参加大赛等进一步提高其创新意识和创新能力。

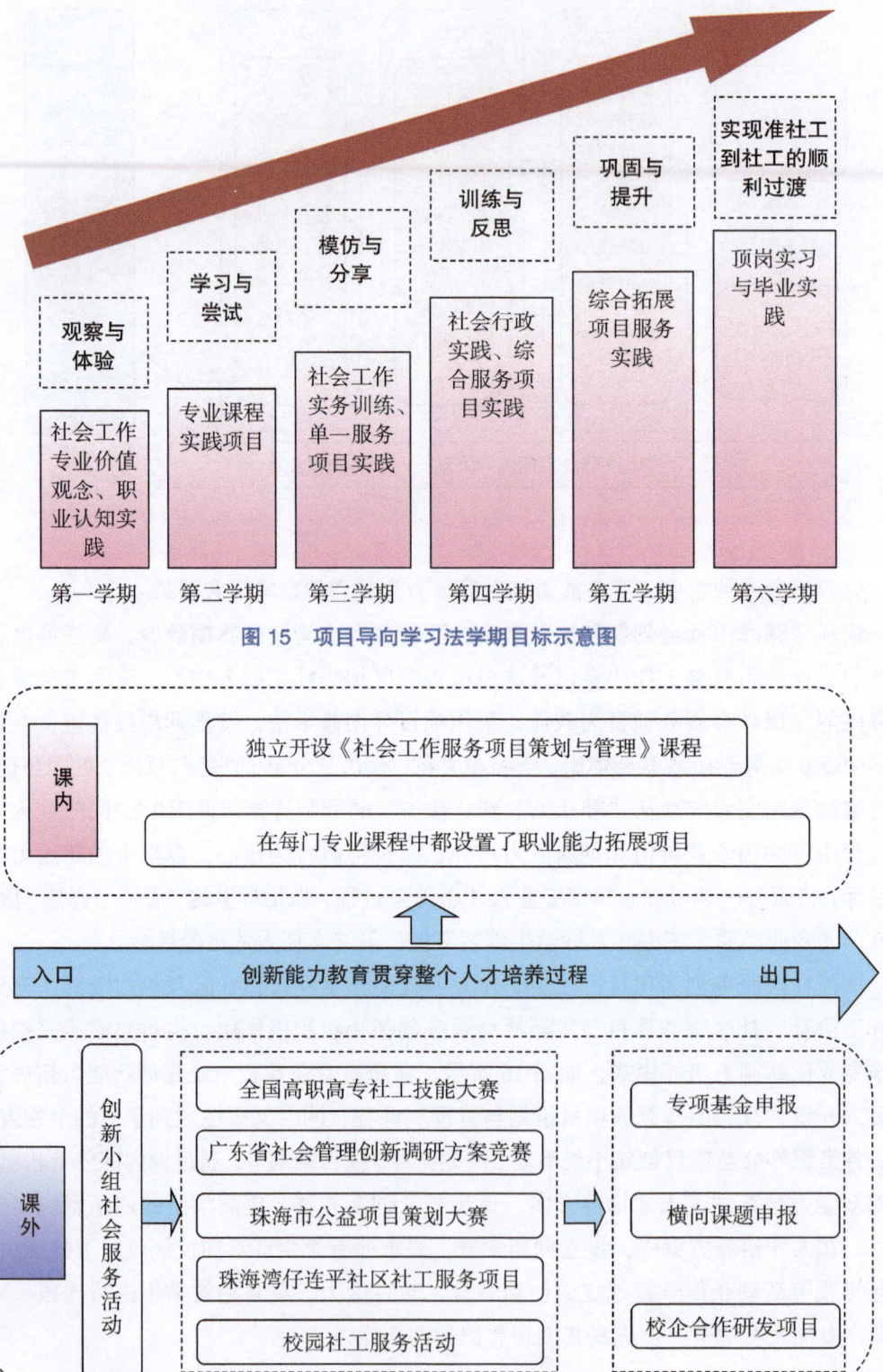

图 15　项目导向学习法学期目标示意图

图 16　社会工作创新培养模式示意图

5. 构建以社会服务工作室为依托的"项目导向，服务学习"实践教学体系

社会工作专业在"项目导向，服务学习"人才培养模式的实施中大大强化了实践教学体系，教学过程尝试采取"2+1"模式，即2年为校内课程学习，1年为校外实践。本专业的实践教学环节包括：

（1）校内仿真性实践教学

校内仿真性实践将依托本专业有利的校内实训条件，授课教师将教学模块项目化，以情景模拟、案例演练、人物雕塑等方式，训练学生的专业专项技能。

（2）校外实践教学

社会工作专业校外实践以真实服务或根据项目进行，分成三个梯度：

第一梯度：服务学习类实践。以服务学习的理念引导学生对外开展义务服务，在教学计划中设计服务学习类课程，比如"志愿者服务与实践"课程，学生根据课程要求和考核方案，在校外进行志愿者服务实践，累积一定的时数并按要求递交相应总结报告，即可兑换该门课程的学分，从而将学生志愿者服务实践以课程形式固定下来。既培养了社会工作专业学生的服务意识，又能激发学生参与志愿者服务的兴趣。

第二梯度：校外项目实践。依托社会服务工作室承接社会服务项目，在第五学期开展项目实践教学，由工作室负责教师带领学生参与社会工作服务项目，专项训练学生有关老年人服务、青少年服务、妇女儿童服务、农村社会工作服务等工作手法和专业技能，娴熟运用各领域和各专业方法，为第六学期的毕业顶岗实践作准备。

第三梯度：校外顶岗实践。依托社会工作专业校外实践基地，以真正岗位的工作内容为主要训练目标，要求学生在第六学期完成毕业顶岗实践，并在学期结束时作实践汇报。

（三）常态化社会服务能力提升实践

社会工作专业依托学校"校企合作办学理事会"和"珠海经济社会发展与社会管理协同创新中心"，面向基层，从社会培训、技术服务、继续教育、对口支援与对外交流等方面来提升社会工作专业及专业群的社会服务能力，主要做法如下：

1. 发起成立了珠海市社会工作协会，孵化3家专业社工机构

2009年7月，受珠海市委、市政府委托，学校依托社工专业发起成立了珠海市社会工作协会，协会的法人、常务副会长由学院党委副书记担任，秘书长则由人文与社会管理学院党总支书记担任，协会的成立，有力推动了珠海的社会工作职业化、专业化进程。协会成立至今，负责每年的社会工作师考前培训、社会工作者继续教育培训、社会工作服务项目评估等服务，珠海社会工作协会已经成为珠海社会工作服务项目评估、考前培训、服务指导、监督及社会工作者的注册登记与管理的主要实施组织之一。

2009 年至 2011 年，学院先后培育了由社工专业教师担任法人代表的三家非营利社工机构：珠海市晴朗天空社工服务社、珠海市慈爱社会服务院、珠海市香洲区梅华社工服务中心，并为其承接由政府购买服务项目，为其深入社区开展社会工作专业服务提供技术支持。到目前为止，三家社工机构都持续地承接来自政府购买的社会工作服务项目，其管理经验不断增强，实务能力不断提升，机构规模也不断壮大，这些大大推动了珠海城职学院社会工作专业实践教学的开展。

2. 提供社会工作专业技术服务

珠海城职学院社会工作专业团队协助政府部门出台了系列有关社会工作的政策，承担了多项课题调研任务。2008-2011 年先后参与起草了《中共珠海市委珠海市人民政府关于加快社会工作发展的意见》《珠海市加强社会工作人才队伍建设的实施意见》《珠海市财政支持社会工作购买服务》等相关文件。承担了全市社会工作人才队伍建设、湾仔街道公共服务等任务以及香洲区社区划分调整的课题调研，同时，也为珠海市民政局、珠海各区民政局及街道办事处提供了大量的技术咨询服务。2012 年开始我院专业教师与政府部门、专业社工机构共同申报课题，为政府部门提供社会工作专业服务项目调查与策划等方面的服务，为专业社工机构提供实务督导服务、业务管理咨询服务。截至目前已经完成 5 项课题研究，指导 1 个省级居家养老示范中心建设、1 个社区长者服务中心和 3 个社区综合服务中心的建设。2015 年珠海城职学院还成为第六届全国职业院校民政职业（社会工作者）技能大赛的承办单位，为全国 38 所参赛院校提供赛事服务，得到了参赛院校教师与学生代表的一致好评。

3. 行业培训规模扩大

2008 年以来，珠海城职学院社会工作专业联合社工协会开展了多期社会工作师考前培训、民政系统党政干部培训、社工专业人才继续教育培训、社会工作相关职能部门的社会管理创新及社会工作发展专题培训、香洲区新聘专职社区工作者培训。2011 年以来，与民政部社会工作师委员会合作，开办了多期全国社会工作骨干班，社会工作初级督导班、社会工作高级研修班，培训人员近 5000 人次。2013 年以来，为社区和社会工作行业开展社会工作师考前培训、社会工作知识普及培训、社会工作者继续教育培训、养老护理员等职业资格培训和鉴定等服务，已经完成社区工作人员培训 500 人次，社会工作师考前培训 800 人次，养老护理员等职业资格鉴定 200 人次以上。

4. 交流与合作频繁

在学生方面，组织专业学生赴香港协青社、路德会、澳门街坊总会等社会服务机构进行交流、参观、培训、学习。自 2012 年至今，珠海城职学院社会工作专业每年选拔 22 名学习成绩优秀、专业认同感强的学生前往香港协青社、路德会进行为期 7 天的学习、培训、交流，截至目前，有四届学生共计 90 名学生获得了赴港学习培训证书。

同时也组织了 45 名学生赴澳门街坊总会进行交流与参观，学习港澳社工先进的服务技术和理念。

在教师方面，定期开展与长沙民政职业技术学院等国内同类职业院校社会工作专业教师的交流与访问，近三年内已经完成互访 10 余次，2014-2015 年，珠海城职学院社会工作专业 1 名教师获得广东省访问学者进修项目的经费支持，前往中山大学进修 1 年。2015 年，派遣 1 名专业教师赴美国开展社会工作与社会服务的交流与访问。

5. 对口支援有声有色

珠海城职学院社会工作专业主动对口支援茂名职业技术学院，为其社会工作专业在专业建设、师资队伍、实训基地建设开展实质性合作和对口支援。自 2013 年至今，已经协助其完成新生教育迎新活动 1 次、教师座谈与交流 4 次、教师团队互访 2 次、接待其教师短期访问 2 人、长期挂职锻炼 1 人、完成教师培训 3 人，大大地带动了其社会工作专业的发展。

四、项目建设成效

珠海城职学院社会工作专业通过这几年的建设，人才培养质量和水平有极大的促进和提升，社会服务能力也大大加强，形成了专业培养特色，凸显了社会工作专业满足基层群众需求的发展目标，体现了高职院校专业发展对本地区产业和区域经济发展的贡献，同时起到了对校内其他专业和其他学校同类专业的辐射和示范作用。

（一）创新了"政行校企"双三元合作运行体制与机制

珠海城职学院社会工作专业牵头与珠海市民政局、珠海市社会工作协会共建融城乡基层社会管理创新、人才培养、项目研发及服务为一体的"珠海社会创新基地"和"广东省社会工作专业人才培育基地"。两个基地目前都设在本校，形成政府、高校、行业、企业合作的"双三元"创新机制，工作的重点放在促进行业为地方经济的重点产业——高端服务业提供人力支撑和人才配备，提升了"政、校、行、企"四方的职能，进一步发挥了高职院校服务本地经济和产业发展的职能作用。自 2013 年底以来，珠海市香洲区委组织部每年在珠海城职学院社会工作专业大二学生中面试选拔一定比例的珠海户籍学生，纳入"香洲区后备人才培养"计划，派驻这些学生入香洲区基层社区实习 6-10 个月，最终考核通过将录取 60% 的毕业生正式上岗为专职社区工作者，基层政府既参与社会工作专业人才培养的过程，也接收社会工作专业毕业生，有力地表明珠海城职学院培养的社会工作学生的在服务地方经济与社会发展方面的重要作用。

（二）形成了鲜明、稳定的人才培养特色

珠海城职学院社会工作专业人才模式经过改革，形成了"项目导向，服务学习"的人才培养模式。该模式的特色是将"服务学习"的理念以专业培养的形式固定下来，把社会工作专业价值观与伦理的培养融入在"服务学习"的理念贯彻中，采用"2+1"模式，利用大三阶段一年的时间将服务实践强化，并在服务实践中，利用"服务学习"的操作形式培养学生的社会工作理念与服务技能。该模式要求行业协会和社工机构在人才培养的整个过程中，从培养方案的制定、课程体系的设置、教学内容的选择、教学计划的安排确定、教学质量的评价等全程参与，由校企双方共同培养。"项目导向"即整个教学安排围绕社会服务项目进行，按完成项目任务所需各种能力，确定和优化课程体系课程教学内容，按项目实施流程组织教学。

该模式既解决了社会工作理念培养与技能学习难以同时并重的难题，又解决了理论学习与实践之间相互脱节的矛盾，还将"政行校企"双三元合作机制与体制的内涵实实在在地贯彻于人才培养的全过程，可谓是一举三得。近几年来，中山、广州、江门、佛山、清远、茂名等市的同类职业院校社会工作专业教师团队都前后来珠海城职学院社会工作专业交流学习专业建设与人才培养的经验，表明珠海城职学院社会工作专业人才培养的特色已经声名远扬。

（三）提升了珠海城职学院常态化社会服务能力

珠海城职学院社会工作专业发起成立了珠海市社会工作协会，又孵化了3家专业社工机构，在这些组织的发展及培育中，珠海城职学院社会工作专业对推动和促进珠海市社会工作服务专业的发展发挥了积极的作用。我院不仅为珠海市社会服务市场输送人才，还亲自参与社会服务项目的承接与运营。同时从社会培训、技术服务、继续教育、对口支援与对外交流等方面提供社会服务，也大大提升了专业自身的社会服务能力。如2014年珠海城职学院社会工作专业教师团队获得来自珠海市高栏港区横向课题研究近10万元的经费支持，2015年5月珠海城职学院承办第六届全国职业院校民政职业（社会工作者）技能大赛。

（四）毕业生培养质量明显提高

通过近几年的发展，珠海城职学院社会工作专业毕业生质量大为提高，广受基层社区、街道、社会工作服务机构及其他社会组织的欢迎和好评，毕业生广泛分布在珠海、广州、深圳、中山、东莞、惠州等珠三角城市。近三年社会工作专业学生在全国职业院校民政职业技能大赛中获得奖项和证书近25项，其中2014年的第五届全国职

业院校民政职业(社会工作者)技能大赛中,珠海城职学院社会工作专业学生4人参赛,获得个人特等奖2个,一等奖1个,二等奖1个,同时还获得团队一等奖,优秀指导教师3个。毕业生初次就业率达到100%,对口就业率达到76%,双证书率达95%,历届毕业生质量获得了就业单位的一致肯定。

案例七：珠光汽车公司"现代学徒制"案例

珠海城市职业技术学院作为第三批广东省示范性高等职业院校立项建设单位，一直致力于办学体制机制的创新、人才培养模式创新的实践。学校与珠海市珠光汽车有限公司合作共建珠光汽车学院（设在珠光汽车公司内），目的就是使企业从校企联合育人发展到联合办学，充分发挥企业在办学中的主体地位，丰富和创新"双三元"模式，以汽车技术服务与营销专业为重点，实现学校和企业联合招生招工、联合培养，探索和实践符合自身发展的现代学徒制。2014-2015学年已有60名学生在珠光汽车学院进行工学交替学习。

珠海市珠光汽车有限公司成立于1988年，是由市国有企业改制而来的民营企业，注册资金8000万人民币，总占地面积12万平方米，总经营面积达10万平方米。旗下代理七大汽车品牌，拥有12家子公司，员工1300余人，总资产达8.6亿，是一家集整车销售、售后服务、备件供应、信息反馈于一体，并汇集驾驶培训、汽车精品、车辆上牌、汽车金融、汽车保险、汽车租赁、二手车等一站式服务，拥有完整产业链的现代化汽车流通企业，平均年销售汽车近万辆，维修汽车达15万台次。2014年获得全国五一劳动奖状。珠光汽车旗下七大汽车品牌4S销售服务店经营包括奥迪、一汽丰田、一汽大众、一汽马自达、东南三菱、一汽奔腾品牌系列轿车及解放商用车的销售和售后维修服务，销售区域覆盖珠江三角洲及粤西、广西地区。除在广西首府南宁市设立4S销售服务店之外，在桂林、柳州等中心城市开设了销售网点。1996年4月，全国第一辆国产汽车捷达行驶60万公里无大修纪录在珠光汽车诞生。与一汽集团十几年的合作过程中，珠光汽车多次获得一汽集团"A级服务站""优秀代理商""A级特许经销商"等荣誉称号。2000年1月28日，一汽集团总裁竺延风授予劳建荣董事长"一汽集团3S经销商"牌匾。珠光汽车公司先后于2001年2月、2003年8月通过了ISO9002质量保证体系和ISO9001：2000质量管理体系认证。

一、合作方式

（一）机构建设

校企双方签订校企深度合作办学协议，成立珠光汽车学院，完成"双三元"办学模式下现代学徒制研究的载体建设。成立汽车营销和汽车维修专业建设指导委员会。2015年依托学校相关专业群，设立了汽车技术服务与营销专业，通过广东省教育厅新增专业检查。

（二）硬件建设

珠光汽车学院在珠光汽车公司内，现有学生宿舍床位数120个，完成必备的教学条件、实训实习条件和生活条件等硬件建设。

（三）专业建设

制定汽车营销和汽车维修专业人才培养方案，建立符合现代学徒制的课程体系。开发课程和教材，设计实施教学、组织考核评价，开展教学研究。建设行校企布局合理、结构优化的高素质师资队伍，形成"双导师"制。建设适应现代学徒制人才培养的实训实习条件。珠光汽车公司是珠海市汽摩协会理事长单位，珠光汽车学院依托珠海市汽摩协会大力推进社会服务能力建设，为珠海市汽车行业提供了人员培训等技术服务，为珠海市汽车产业结构优化升级做出了贡献。

二、研究成果

（一）"双三元"办学模式下现代学徒制的实现形式——办学模式创新

以政校企、行校企"双三元"办学模式为保证，在宏观上创新办学体制机制，充分发挥学校和企业在办学育人中的双主体地位，特别是企业的主体地位，校企共建珠光汽车学院，形成学校和企业联合招生、联合培养、一体化育人的长效机制，切实提高了生产、服务一线劳动者的综合素质，人才培养针对性强，解决了合作企业招工难问题。

（二）课程体系的重构、课程内容的重组——重建学习载体

现代学徒制培养的是高技能人才，课程在校外"基地"进行及"基地"兼职教师承担课程教学成为常态的教学安排。将高职教育的"高等性"和"职业性"有机融合，

从宏观层面为破解目前高职院校普遍面临的难题提供了具体途径。在微观上，将行、校、企资源深度融合，引进汽车行业中奥迪、大众和丰田等业界顶级企业资源，利用企业的生产环境和资源，融合学校教育资源，以现代学徒制为抓手，深化汽车营销和汽车维修专业人才培养模式改革、课程体系与教学内容改革，加强"双师"结构专业教学团队建设、实训条件建设、教学质量管理与保障体系建设和社会服务能力建设等内容。

（三）"工"与"学"的交替——常规化制度化

在教学管理运行中，参与主体的多元化要求做到工学衔接合理紧密，在教学管理中充分体现一切为了学生更好发展的教育理念。实行校企共同参与的"柔性化"的教学管理模式，校企共同实施课程管理、共同评价课程实施效果和评估高技能人才培养绩效，为现代学徒制培养高技能人才提供管理上的支撑。

（四）专兼结合教学团队的协作和互补——"双导师"制

珠光汽车学院中教学任务由学校教师和企业师傅共同承担，形成"双导师"制。打破现有教师编制和用工制度的束缚，探索建立教师流动编制和兼职教师岗位，在学校与企业之间人员实行互聘共用、双向挂职锻炼、横向联合技术研发和专业建设方面，进行了探索实践，并形成了一套切实可行、效果良好的机制。

（五）针对性与发展性相协同的学习评价——可持续发展的价值取向

在现代学徒制的框架下，学生对于产业文化、行业文化、企业文化的领悟能力，对职业规范的理解，对职业风范的把握，以及对创新创业的认识，都将有其独特优势。珠光汽车学院建立了以目标考核和发展性评价为核心的学习评价机制，有利于促进学生成长、成才。

（六）建立和完善"现代学徒制"下的校企运行机制——体制机制创新

建立招生与招工一体化制度、动态专业管理制度，实现教产协同柔性管理，创新和完善教学管理与运行机制。建立和完善教学运行与质量监控体系，校企共同加强过程管理。完成配套教学管理制度、校企融合文化制度建设。

三、职业发展参考

汽车检测与维修技术、汽车技术服务与营销专业的职业发展方向如表6所示。

表6　汽车检测与维修技术、汽车技术服务与营销职业发展方向一览表

专业方向	就业岗位	职业资格 （名称、等级、颁证单位）
汽车检测与维修技术	汽车机电维修 性能检测	汽车维修工（三级） 汽车维修电工（三级）
	服务顾问 技术总监助理 服务总监助理	
汽车技术服务与营销	汽车销售 汽车保险与理赔	奥迪销售认证 汽车及配件营销员（三级） 保险从业资格

四、岗位具体任务

该专业的设立在于锻炼学生专业基本能力、核心能力及拓展能力的发展，具体见图17。

学生在该专业的职业岗位和工作任务见表7。

表7　汽车检测与维修、汽车技术服务与营销专业的职业营位和工作任务一览

专业方向	职业岗位	工作任务
汽车检测与维修	汽车维修工	按工单要求进行工作，完成汽车及其各系统机械、电气及电控部分的维护、检查、故障诊断与修复工作，并对工作质量承担责任。
	维修业务接待员	了解客户的维修要求，检查汽车并确认维修内容，签订维修合同并得到客户认可，安排汽车维修并监控维修进度，及时通报维修进度。
	汽车配件管理员	根据车间生产规模制定年度配件采购计划并实施，按维修需要及时采购配件，对配件进行质量鉴定，配件的库存管理和发放，旧件的环保处理。
汽车技术服务与营销	汽车销售员	负责销售或租赁新车，运用展厅规范流程，达成毛利、销售量和顾客满意标准的目标。帮助顾客确定车辆需求和完成信贷的文书工作。
	汽车配件销售员	负责销售汽车相关配件，运用展厅规范流程，达成毛利、销售量和顾客满意标准的目标。帮助顾客确定车辆需求，跟踪协助装配工作。
	汽车保险服务顾问	负责各个保险公司的理赔手续，定期督促保险公司赔款，对于公司投保车辆受损后的业务接待，完成相关业务处置。

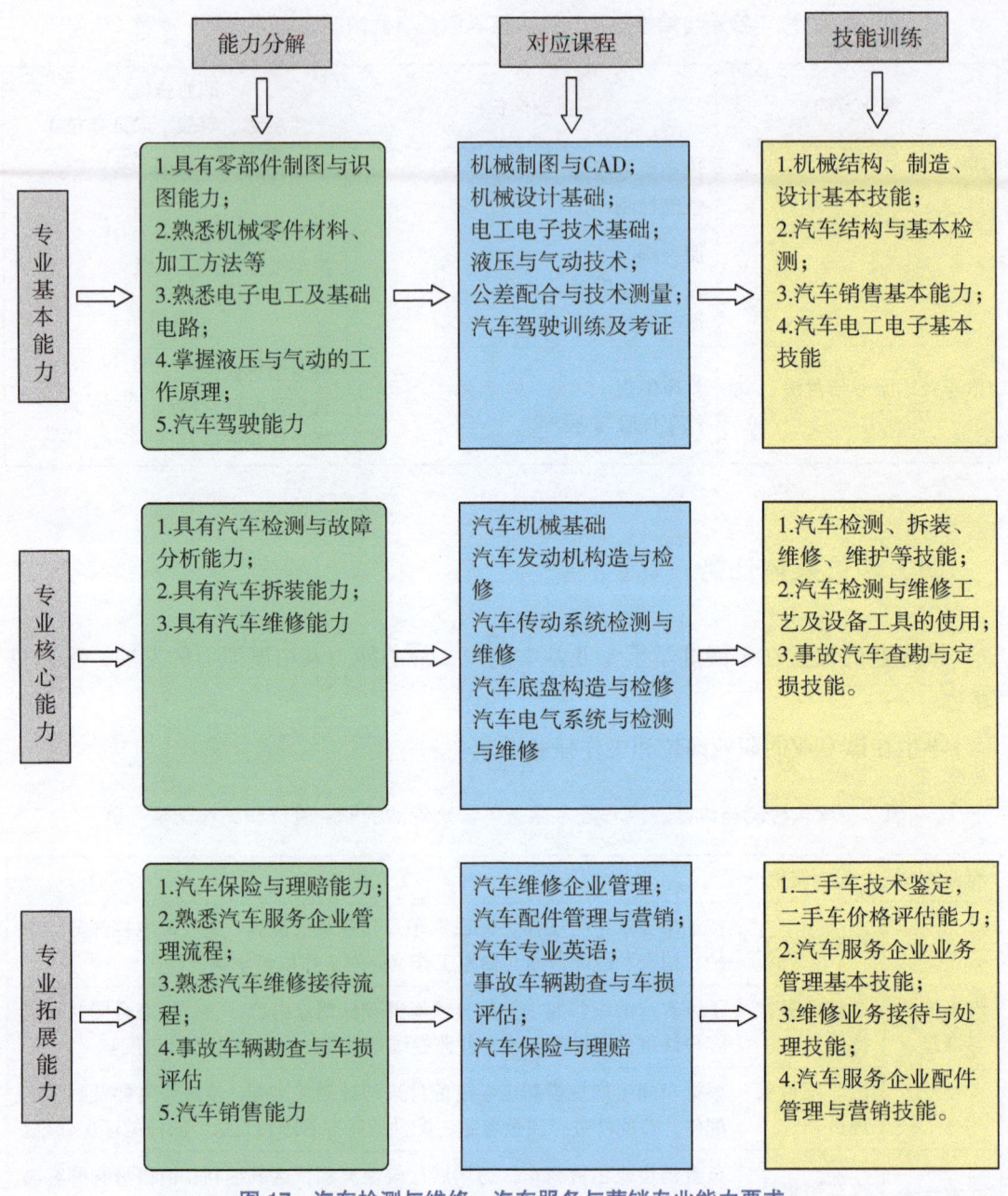

图17 汽车检测与维修、汽车服务与营销专业能力要求

1. 课程体系

类别	序号	课 程	基准学时	学时分配						教学实施场所
				第一学年		第二学年		第三学年		
				第1学期	第2学期	第3学期	第4学期	第5学期	第6学期	
基本素质课程	1	入学教育、军训	56	28*2						学院
	2	社会实践	16	4	4	4	4			学院/珠光
	3	职业发展与就业指导	38			18	20			学院/珠光
	4	思想道德修养与法律基础、廉政修身	30	2*15						学院
	5	思想道德修养与法律基础、廉政修身	32		2*16					学院
	6	毛泽东思想和中国特色社会主义理论体系	32			2*16				学院/珠光
	7	毛泽东思想和中国特色社会主义理论体系	32				2*16			学院/珠光
	8	形势与政策	16	4	4	4	4			学院/珠光
	9	大学生心理健康教育	16	2*8						学院
	10	体育一	30	2*15						学院
	11	体育二	32		2*16					学院
	12	大学语文	30	2*15						学院
	13	应用文写作	32		2*16					学院
	14	职业英语（一）	60	4*15						学院
	15	职业英语（二）	64		4*16					学院
		小计	516							
职业通用能力课程	1	公差配合与技术测量	48	4*12						学院
	2	汽车机械基础	48		48					学院
	3	液压与气动技术	48		48					学院
	4	机械制图与CAD	112	48	64					学院
	5	钳加工实训	16	16*2						学院
	6	电工电子基础	48		48					学院
		小计	320							

续表

类别	序号	课　　程	基准学时	学时分配						教学实施场所
				第一学年		第二学年		第三学年		
				第1学期	第2学期	第3学期	第4学期	第5学期	第6学期	
职业核心能力课程	1	汽车认识实习	26			26				珠光
	2	汽车维修基础与保养	28			28				珠光
	3	汽车发动机构造与维修★	103			80	23			珠光
	4	汽车传动系统检测与维修	106			106				珠光
	5	汽车底盘构造与检修	48			48				珠光
	6	汽车电气系统检测与维修★	144			144				珠光
		小计	455							
职业拓展课程	1	汽车保险与理赔	40				40			珠光
	2	汽车及配件营销	40				40			珠光
	3	汽车自动变速器检修	40				40			珠光
	4	汽车综合性故障分析与诊断	40				40			珠光
	5	事故车辆勘查与车损评估	40				40			珠光
	6	汽车维修企业管理	40				40			珠光
	7	汽车美容与装饰	40				40			珠光
	8	汽车专业英语	40				40			珠光
	9	汽车驾驶训练及考证	200	120			80			珠光
		小计	520							
顶岗实习与毕业实践		毕业顶岗实习						16周	16周	

2.专业核心课程

序号	学习领域	学习项目	学习目标	学时	备注
1	汽车发动机构造与检修	发动机本体 进气系统 燃油系统 润滑系统 冷却系统 排气系统 柴油发动机	1. 了解常见发动机工作原理； 2. 了解现代轿车配气机构原理及故障检修； 3. 了解自然吸气、涡轮增压、相关传感器、可变进气工作原理及故障检修； 4. 了解现代轿车燃油系统工作原理及故障检修； 5. 掌握润滑系统原理及故障检修； 6. 掌握冷却系统原理及故障检修； 7. 了解现代发动机如何控制排放及故障检修； 8. 了解现代柴油发动机工作原理。	103	珠光汽车
2	汽车传动系统检测与维修	离合器 变速器 驱动轴 车桥	1. 了解传动系统构造、手动变速器及自动变速器； 2. 掌握离合器原理及故障维修； 3. 掌握手动变速器原理，会拆装手动变速器； 4. 掌握自动变速器原理，会拆装自动变速器； 5. 熟悉驱动轴构造及常见故障维修。	106	珠光汽车
3	汽车底盘构造与检修	悬架 转向机构 制动系统 轮胎和轮盘	1. 会对悬架部分进行拆装及调整； 2. 会进行转向机构检查与维修； 3. 了解现代汽车转向系、悬架、制动系； 4. 了解现代汽车轮胎使用及参数。	48	珠光汽车
4	汽车电气系统检测与维修	蓄电池 起动机（起动系统） 发电机（充电系统） 点火线圈（点火系统） 传感器 线束 开关和继电器 照明系统 组合式仪表和计量表 刮水器和喷洗器 空调	1. 蓄电池检查及故障判断； 2. 起动系统故障与诊断； 3. 充电系统故障与诊断； 4. 点火系统故障与诊断； 5. 了解发动机电器部件的原理与检测； 6. 线束构造与检查； 7. 会进行各开关的检测与判断； 8. 了解汽车照明系统的种类与故障诊断； 9. 了解仪表故障诊断； 10. 了解刮水器工作原理与故障诊断； 11. 熟悉车身电器工作原理及检测运用。	144	珠光汽车

续表

序号	学习领域	学习项目	学习目标	学时	备注
5	汽车基本结构	车辆组成及分类	1. 了解车辆组成、结构、功能、分类； 2. 了解燃油的分类及润滑剂的分类； 3. 了解车身结构与安全； 4. 了解座椅构造与维修； 5. 玻璃升降器工作原理及故障维修； 6. 遥控及门锁系统的故障检测与维修； 7. 了解安全防护各部件名称及检测。	26	珠光汽车
		汽车构造			
		燃油和润滑剂			
		车身结构			
		座椅			
		玻璃升降器			
		遥控及门锁系统			
		安全带及安全气囊			
6	汽车维修基础与保养	车辆维修常用信息	1. 了解日常维修我们需要获得的信息； 2. 了解什么是新车交付前检测及实际演练； 3. 了解作为一个技术员的基本要求； 4. 了解维修的基本操作流程； 5. 了解工作中存在的安全隐患； 6. 什么是5S，它在我们工作中起到什么作用； 7. 如何正确选择、使用维修工具； 8. 了解车辆所使用的螺丝； 9. 了解为什么车辆要定期保养； 10. 了解定期保养都做些什么。	28	珠光汽车
		新车交车前的检验			
		维修技术员是怎样的			
		基本的维修操作			
		工作安全			
		5S管理			
		工具和测量			
		螺母和螺栓			
		定期保养的目的			
		定期保养的基本知识			
合计				455	

3. 职能岗位技能要求

通过就业职业岗位的技能要求，专业确定《消费行为分析》《产品推销》《市场调研与分析》《营销策划》和《客户关系管理》等5门课程为职业核心能力课程，具体分别见表8、表9、表10、表11和表12。

表 8　消费行为分析

课程名称	消费行为分析					
实施学期	第 2 学期	总学时	64	讲授学时	32	实训学时	32
教学目标	帮助学生了解消费者行为并对其影响因素进行分析					
课程内容	1. 消费者行为的影响因素； 2. 消费者的心理活动过程； 3. 消费者的动机； 4. 消费者的学习过程； 5. 消费者的态度； 6. 消费者的个性心理； 7. 消费者行为的社会环境因素； 8. 消费者行为的经济与文化因素； 9. 消费者行为的情境因素； 10. 消费者群体心理与行为； 11. 消费者购买行为与购买决策； 12. 消费者购后行为。					
学习重点	1. 消费者的心理活动过程； 2. 消费者的动机； 3. 消费者的个性心理； 4. 消费者行为的社会环境因素； 5. 消费者购买行为与购买决策。					
教学方法和手段	讲授法 案例分析法 讨论法 任务驱动法					
教学组织	课时分配：本课程共计 64 课时，计划 16 个教学周，每周 4 课时；其中教学 60 课时，复习 4 课时；学习重点部分占 30 学时，每部分安排一次实训任务，其余部分占 30 学时。 分组学习：5-6 名学生为一小组，确定一名组长组织本小组的讨论及任务的实施。 教学模式：自学—辅导式结合探究式教学模式，充分调动学生的学习主动性，培养学生的独立思考能力。 学业考核：对学生的课程学习考核分为平时考核和期末考核两部分，平时以单项实训任务完成结果为考核依据，期末以综合实训任务为考核依据；成绩评定以小组成绩为主，再结合小组成员的具体表现进行调整。					

表 9　产品推销

课程名称	
实施学期	第 2 学期

教学目标	知识目标：1.熟悉推销的内容；2.熟悉推销的基本流程；3.掌握推销的方法和技巧。 专业能力：1.寻找顾客方法；2.约见和接近顾客方法；3.推销洽谈方法与技巧；4.顾客异议处理及成交方法。 通用能力：1.沟通和合作能力；2.管理和完成任务能力；3.耐劳和耐挫能力；4.应急和应变能力。 素质目标：1.良好的道德素质；2.过硬的职业素质；3.高尚的人文素质。
课程内容	模块一　推销准备 　1.1　心态准备 　1.2　推销理论模式 　1.3　心态实训——自信心实战 模块二　寻找顾客 　2.1　寻找顾客的方法 　2.2　潜在顾客的资格鉴定 　2.3　实训——如何寻找潜在的顾客 模块三　约见和接近顾客 　3.1　约见顾客的方法和技巧 　3.2　实训——模拟电话约见顾客 　3.3　接近顾客的方法和技巧 　3.4　实训——模拟初次拜访顾客 模块四　推销洽谈 　4.1　推销洽谈的步骤与内容 　4.2　实战——肢体语言的识别 　4.3　推销洽谈的技巧 　4.4　实训——讨价还价 　4.5　推销洽谈的策略 模块五　顾客异议处理 　5.1　顾客异议的识别 　5.2　顾客异议处理的技巧 　5.3　观摩实训——门店导购员如何处理顾客异议 模块六　促成交易 　6.1　成交信号的识别和把握 　6.2　促成交易的技巧 　6.3　签订合同与售后管理 综合实践：上门推销
学习重点	1.如何进行潜在顾客的寻找； 2.电话约见顾客的技巧； 3.接近顾客的方法与技巧——如何设计开场白； 4.挖掘客户需求的方法——提问的技巧； 5.如何处理顾客的异议； 6.如何让顾客更快成交的方法和技巧。

右上角：续表

教学方法和手段	案例教学、角色扮演与模拟和销售技能竞赛
教学组织	每5-7人组成1个销售团队，全班分成6个销售团队参与实训和竞赛。

表10　市场调研与分析

课程名称		市场调研与分析					
实施学期	第3学期	总学时	64	讲授学时	32	实训学时	32
教学目标	知识目标：学生掌握市场信息概述、市场调查方式、市场信息收集方法、问卷设计、市场信息收集的实施与督导、信息资料整理、信息资料的静态分析和动态分析、市场调查报告的相关知识。 能力目标：通过该课程学习，培养学生掌握市场调研工作六大核心职业能力：方案设计能力、问卷设计能力、信息收集能力、信息整理能力、信息分析能力、撰写调研报告能力，为学生搭建市场调研工作平台，让学生能够胜任市场调研员、助理市场调查师、助理营销师等工作岗位。 素质目标：1.培养岗位职业道德；2.培养团队合作精神；3.培养创新能力；4.培养自我管理、自我培养的能力。						
课程内容	项目一：市场调研准备 　　任务一：组建调研团队 　　任务二：市场调研认知 项目二：市场调研方案设计 　　任务一：市场调研方案步骤 　　任务二：样本选取 　　任务三：市场调研方法确定 　　任务四：问卷设计 项目三：市场调研实施 　　任务一：调研人员培训 　　任务二：实地调研 　　任务三：资料整理统计 项目四：市场调研总结 　　任务一：撰写调研报告 　　任务二：项目汇报						
学习重点	市场调查方案设计 问卷设计 样本选取 数据分析 调研报告撰写						
教学方法和手段	知识讲授、项目实训和项目汇报						
教学组织	每5-7人组成项目小组，全班分成6个项目组，人手一台电脑						

表 11　营销策划

课程名称	营销策划					
实施学期	第 3 学期	总学时	64	讲授学时	16	实训学时	48

教学目标	知识目标：1. 熟悉策划的要素；2. 熟悉策划的基本流程；3. 掌握策划的技能。 能力目标：1. 能够搜集市场信息，对营销环境进行评析；2. 能够对营销策划进行规划；3. 能够针对某产品或服务进行营销策划；4. 能够策划出好的营销创意；5. 能够对营销策划书进行撰写和评价 素质目标：1. 良好的道德素质；2. 过硬的职业素质；3. 高尚的人文素质。
课程内容	项目一：营销策划的流程和内容 　1. 营销策划概述 　2. 营销策划的内容 　3. 营销策划的流程 　4. 营销策划方案的撰写 项目二：战略性市场营销策划 　1. 战略性营销策划的内容 　2. SWOT 分析和营销战略策划 　3. 营销策划创意 项目三：新产品上市策划 　1. 新产品上市策划的内容和流程 　2. STP 策划 　3. 新产品上市推广策划 项目四：促销策划 　1. 促销策划概述 　2. 营业推广策划 　3. 公共关系策划
学习重点	1. 如何进行 SWOT 分析以及形成营销战略； 2. 营销策划创意产生的科学操作； 3. 如何对新产品进行市场细分、目标市场选择和市场定位的策划； 4. 如何针对零售终端进行营业推广策划。
教学方法和手段	案例教学、项目实训和技能竞赛
教学组织	每 5-7 人组成项目小组，全班分成 6 个项目组，人手一台电脑

表 12 客户关系管理

课程名称		客户关系管理				
实施学期	第 5 学期	总学时	48	讲授学时	16	实训学时	32

教学目标	知识目标：1. 客户管理理念；2. 客户关系建立；3. 客户关系加强；4. 客户关系维护；5. 客户关系恢复。 能力目标：1. 能够掌握客户管理的理念；2. 能够开拓客户及维护好现有客户。 素质目标：1. 良好的道德素质；2. 良好的服务心态；3. 掌握服务技巧。
课程内容	项目一：客户关系建立阶段 　　1. 寻找客户 　　2. 客户信息管理 项目二：客户关系加强阶段 　　1. 客户服务能力提升 　　2. 大客户管理 　　3. 客户服务质量管理 项目三：客户关系维护阶段 　　1. 客户日常交往管理 　　2. 客户服务承诺管理 　　3. 售后服务管理 项目四：客户关系恢复阶段 　　1. 客户投诉处理 　　2. 客户流失的预防与管理
学习重点	1. 如何寻找客户并建立客户档案库； 2. 如何提升客户服务能力； 3. 如何维护好现有客户。
教学方法和手段	案例教学、项目实训和客户服务技能竞赛
教学组织	每 5–7 人组成项目小组，全班分成 6 个项目组，人手一台电脑

4. 珠光汽车教学团队一览表

序号	部门（销售/服务）	姓名	岗位	证书全称
1	服务部	傅浩超	技术经理	诊断技师（四级）、一般维修内训导师、C1 实操教练员证
2	三菱服务	何亚勇	车间主任	技师证
3	服务部	刘德文	车间主任	诊断技术员（三级）、维修技师证、质检员证
4	服务部	刘将	服务总监	高级技师、考评员证、二手车评估师、教练证、质检员
5	车间部	杨华	技术经理	汽车维修高级证、汽车驾驶教练员证、中级检验员证

5.珠海城市职业学院教学团队

序号	部门	姓名	岗位	是否双师	是否骨干教师
1	机电工程学院	龙海团	机电专业主任	是	是
2	机电工程学院	李耀熙	教师	是	是
3	机电工程学院	熊劲松	教师	是	是
4	机电工程学院	谷智英	教师	否	否
5	机电工程学院	梁生龙	教师	是	是

6.珠光现代汽车学院实践车间一览表

序号	实训室名称	实训项目	主要设备
1	汽车发动机实训室	1.汽车发动机总体结构认识； 2.曲柄连杆机构拆装与检修； 3.配气机构拆装与检修； 4.燃油供给系统拆装与检修； 5.润滑系统、冷却系统拆装与检修； 6.点火系统拆装与检修。	详见（七、设施设备）
2	汽车底盘实训室	1.离合器拆装与检测； 2.变速器拆装与检测； 3.驱动桥拆装与检测； 4.转向系统拆装与检测； 5.制动系统拆装与检测。	同上
3	汽车电子检测室	1.电子控制发动机综合检测； 2.传感器检测； 3.故障诊断与排除。	同上
4	汽车构造一体化实训室	1.汽车总体构造； 2.发动机构造与检修； 3.底盘构造与检修。	同上

五、保障体系

（一）制度保障

1.实行理事会领导下的院长负责制。借鉴现代企业投资和管理机制，由校企双方共同组建理事会。

2.成立专业指导委员会。对专业、课程、师资建设及教学培训等提供指导。

3.珠光汽车学院院长由学校分管副校长兼任，管理团队成员按需由学校、企业推荐并由理事会聘任。

（二）物质保障

1. 经费保障：学校办学经费以企业为主、学校为辅筹集。学校按学生在合作学校学习年限对应的学费为基准进行分成，划拨日常教学经费。

2. 硬件保障：企业负责建设2000平方米教学基地及其他配套设施，基地内设各类课程教学主题教室、配套多媒体教学设备、各类实习实训室、文化展示区等，生产区域与教学区域深度融合，增强学生职场体验。

3. 师资保障：企业和学校共同组建专业教学双师团队，企业专业教师经教学能力培训合格后上岗，其来源一是管理者，包括总经理、总监和经理等，二是技术专家、工程师和专业技师，三是业务骨干、技能专家。

（三）平台保障

1. 双重身份、双元育人：学习者以学生和学徒两重身份、学校和企业以两种不同的教育环境和教育资源，共同完成对学生（学徒）的培养。

2. 重构课程、重组内容：按企业实际岗位要求和学生发展需要，遵循认知规律及职业成长规律，形成融合学生人文素养、专业知识、职业技能、职业态度和职业素养的课程体系和教学内容。

3. 企业师傅、教学主体：企业师傅是实施现代学徒培养的主体，带徒工作是企业工作的一部分，学校和企业为师傅开展工作创造良好环境，学校定期加强对师傅的培训和指导，使其成为德艺双馨的"双师"型教师。

4. 柔性管理、绩效评价：教学管理贯彻一切为了学生更好发展的理念，依据培养过程中学生发展的共性和个性需求选择教学组织方式，实行校企共同参与的柔性化教学管理模式，校企共同实施课程管理、共同评价课程实施效果和评估技术技能人才培养绩效。

六、师资

（一）师资团队的基本要求

1. 具备本专业本科或研究生以上学历，接受过职业教育教学方法论的培训，具有"双师"素质，具有开发职业课程的能力的教师；

2. 从事实践教学的主讲教师应具备汽车维修工职业资格证书（含高级工）或"双师型"教师；从事辅助教学的实训指导教师要具有5年以上企业工作经历，熟悉设备操作；

3. 本专业"双师型"教师（具备中级以上专业技术职称或5年以上企业经历）的比例要达到95%以上；

4. 师生比不超过1：20，企业兼职教师占教师总数的比例不低于50%；

5. 师资梯队中专业带头人、骨干教师、一般教师比例基本达到1：4：7。

（二）目前师资团队的基本情况

专任教师9人：其中教授1人、副教授2人、高级工程师1人、讲师5人；具有研究生及以上学历7人；5人具有五年以上行业企业从业经历；1人被聘为国际钣喷工业协会专家委员会委员，6人被企业聘为兼职工程师，5人获得汽车维修高级技师资格。

七、设施设备

实训室名称	实训项目	主要设备名称	数量（台套）
汽车发动机实训室	1. 汽车发动机总体结构认识； 2. 曲柄连杆机构拆装与检修； 3. 配气机构拆装与检修； 4. 燃油供给系统拆装与检修； 5. 润滑系统、冷却系统拆装与检修； 6. 点火系统拆装与检修。	发动机 工具、量具 拆装台	15
汽车底盘实训室	1. 离合器拆装与检测； 2. 变速器拆装与检测； 3. 驱动桥拆装与检测； 4. 转向系统拆装与检测； 5. 制动系统拆装与检测。	离合器、变速器、驱动桥等。	8
汽车电子检测室	1. 电子控制发动机综合检测； 2. 传感器检测； 3. 故障诊断与排除。	检测仪、示波器、万用表等；	15
汽车构造一体化实训室	1. 汽车总体构造； 2. 发动机构造与检修； 3. 底盘构造与检修。	解剖车、发动机拆装台、变速器拆装台、驱动桥拆装台、检测量具等。	20
汽车整形一体化实训室	1. 汽车钣金修复； 2. 汽车涂装修复。	整形机、焊机、无尘干磨系统、压缩空气供应系统、喷漆调漆设备等。	15

实训室名称	实训项目	主要设备名称	数量（台套）
事故汽车修复技术	1. 汽车钣金修复； 2. 汽车涂装修复； 3. 汽车机电检测维修。	整形机、焊机、无尘干磨系统、压缩空气供应系统、喷漆调漆设备、机电检测设备。	30

八、学生工作

（一）学生激励政策

1. 建立考评标准：对学生日常言行举止、学习表现进行量化评比。以德、能、勤、绩四个方面按照 3：3：2：2 的权重对学生进行德育打分，从多角度锻炼、考察学生的综合素质。

2. 设立珠光汽车奖学金。奖励比例为综合测评班级前 25%。

3. 评选优秀学徒。按月评选 1 名优秀珠光学徒，给予奖励。

4. 发放工服与购车优惠。享受珠光公司正式员工待遇，享受珠光汽车出厂价格优惠。

5. 勤工俭学与困难补助。经审核确认，对品学兼优、家庭困难的学生提供各项兼职工作予以帮扶。

6. 就业保障与培训晋升。凡在校期间，无不良记录、综合考核合格，均安排目标岗位就业，并提供持续培训与晋升机会。

（二）学生约束政策

1. 签订就业协议：凡进入珠光汽车学院的学生，均需签订学徒工作协议。拒绝接收被末位淘汰、不认同企业文化与员工行为准则、散布有损企业声誉与形象的言论的学生为正式员工。

2. 实行末位淘汰：凡连续两学期综合成绩排名均为班级最后 3 名、在校期间有记过以上处分的学生将被末位淘汰。被淘汰的学生可留在学院继续完成学业，但不再享受合作学院各项奖励与补助政策。

案例八："政校企""推动人大立法，建立校企合作长效机制"案例

珠海城市职业技术学院创新"双三元"办学模式，积极推动珠海市人大立法，出台《珠海经济特区校企合作促进条例》（以下简称《条例》）。推动建立校企合作长效机制，包括人才培养共育共管的保障机制、专业规划建设协调机制、人才培养合作机制、教育资源优化协调机制、人才交流机制、产学研合作机制、协同创新机制、培训认证协同机制、互利双赢成果共享的激励机制、管理风险社会责任共担的约束机制、适应工学结合的教学组织与运行机制等，实现高职院校人才培养、科学研究、社会服务水平的持续提升。

一、牵头并负责《珠海市人民政府关于深入推进职业教育校企合作的意见》的调研、起草和修改工作

为实践"双三元"办学模式，促进产学研紧密合作、共谋发展，增强学校办学能力和活力，学校牵头，全程负责了调研、起草和修改工作。

（一）调研

首先学校和市教育局对珠海市职业教育校企合作的基本情况进行了摸底，全面了解珠海市中高职教育校企合作的基本情况。其次，先后赴厦门、常州、苏州、杭州、宁波、沈阳等地学习考察，对国内职业教育地方立法的基本情况进行了实地调研。

（二）起草

调研结束后，开始起草《意见》（讨论稿），主要依据有四：一是国家颁布的关于职业教育的法律文件以及国务院、教育部、广东省、珠海市等颁布的有关职业教育的政策性文件，尤其深入贯彻落实最新颁布的《国务院出台加快发展现代职业教育的决定》（国发〔2014〕19号）文件精神；二是借鉴其他省市有关职业教育法规中的条款，三是

参考了国外，主要是德国职业教育法（2005年4月11日版）的部分条款；四是根据珠海市构建高端制造现代产业体系、实施"蓝色珠海，科学崛起"发展战略对技术技能人才培养的需要，来整体确定章节和条款。

《意见》（讨论稿）最初的着眼点放在职业教育本身，命名为《珠海职业教育促进条例》，校企合作只是作为其中的一个重要部分单独列出。完稿后学校经过充分讨论，认为这样立法无法突出校企合作这一主题，于是参照宁波等地的做法，改名为《珠海职业教育校企合作促进条例》，所有条款都围绕校企合作展开，明确政府、职业院校、企业、行业等各方在校企合作的权利和义务。《国务院出台加快发展现代职业教育的决定》（国发〔2014〕19号）颁布后，学校又依据文件精神，对《条例》（讨论稿）进行了修改。这一文件中牢牢把握服务发展，促进就业的办学方向，深化体制机制改革，创新分层次分类职教模式，坚持产教融合、校企合作、坚持工学结合、知行合一，引导社会各界，特别是行业、企业积极支持职教，努力建设珠海特色现代职教体系。

（三）修改和意见征集

《意见》（讨论稿）形成后，2014年6月27日，学校召集珠海各中高职院校领导专家、行业协会、知名企业代表召开了《意见》（讨论稿）征求意见会，与会代表提出了许多中肯的意见。同时，学校通过电子邮件把《意见》（讨论稿）发送给国内职教名家和广东省职教专家审阅，专家提出了许多富有建设性的建议。依据意见和建议，学校又做了相应修改。7月初，修改后的《意见》（讨论稿）呈交市教育局，市教育局向相关部门征求意见后，再做修改后提交给市法制局。9月，法制局再次召集珠海相关政府部门、各中高职院校领导专家、行业协会、知名企业代表召开了《意见》（讨论稿）专家论证会。并按照立法程序征求了各区、各相关部门的意见，经反复论证、修改，形成了《意见》草案。

（四）改为出台相关政策性文件

10月，法制局向市人民政府常务会议提交了《〈关于珠海经济特区职业教育校企合作促进条例（草案）〉的审查报告》，认为草案经过反复论证、修改，征求了相关单位的意见，内容遵循国家法律、行政法规的基本原则，符合珠海实际情况和具体需要，报送程序合法，建议市人民政府常务会议审议通过后，以议案的形式提请市人大常委会审议。11月，市人民政府常务会议审议认为，先出台相关政策性文件，待时机成熟后，再出台《意见》法规。法制局依据市人民政府常务会议意见做了相应修改，学校配合法制局，就《意见》的出台背景、制定过程、政策亮点等做了政策解读。2015年2月，珠海市人民政府正式出台《关于深入推进职业教育校企合作的意见》（珠府〔2015〕18号）。

（五）学校负责为《珠海市人民政府关于深入推进职业教育校企合作的意见》（以下简称《意见》）作政策解读

1. 解读《意见》的主要内容和政策亮点

《意见》共分六大部分，第一部分表明推进校企合作的重要意义，第二至第五部分则分别明确政府、行业、企业、职业院校在校企合作中的职责和作用，第六部分重点落实保障措施。《意见》充分体现珠海地方特色，侧重解决珠海职业教育校企合作发展中的瓶颈问题。

（1）服务珠海高端制造产业发展，深入推进职业教育校企合作

《意见》指出，深入推进职业教育校企合作的重要意义在于重点培养适应珠海高端制造业、高新技术产业、高端服务业以及特色海洋经济和生态农业所需的高级技术技能人才，为建设全国高等教育科技创新和人才培养的示范基地与政产学研资合作的典范区域，提供人才保障。

（2）成立专项资金，为职业教育校企合作发展保驾护航

《意见》提出"设立校企合作发展专项资金"，专门用于扶持建立跨企业培训中心等公共实训基地；职业院校聘请企业管理人员、技术技能人员等任教；建立新型人才培养模式；企业接纳职业院校学生实习的物耗能耗；职业院校联合企业进行技术改造、产品研发、科技创新和成果转化；职业院校办理学生实习意外伤害保险以及其他与校企合作有关的事项。

（3）鼓励行业协会、企业发展或参与发展职业教育，促进产教深度融合。

《意见》提出：政府相关部门支持行业协会、企业、职业院校共同成立校企合作指导委员会，发挥行业优势，发布和预测本行业用人信息、向职业院校推荐合作企业，引导、协调、指导本行业开展校企合作工作。《意见》支持企业举办职业院校，企业可以通过参股、入股等多种形式，与职业院校联合组建办学或独立举办职业院校。对举办职业院校的企业，其办学符合职业教育发展规划要求的，政府可通过购买其服务等多种方式给予支持。

《意见》鼓励职业院校和行业、企业进行全方位的深度合作，共同建设"双师"结构的教师队伍，共同打造实习培训平台。积极推动专业设置与产业需求对接，课程内容与职业标准对接，教学过程与生产过程对接，毕业证书与职业资格证书对接，职业教育与终身学习对接。

（4）建立预防和妥善处理实习学生发生意外伤害机制

针对该问题，《意见》从两个方面做出了规定，一是明确企业和职业院校的安全义务；二是提出设立职业教育校企合作发展专项资金，用这一资金为实习学生统一购买意外伤害的保险，在意外伤害发生时可以有序处理。

2. 解读《意见》对各方的利好

《条例》虽然暂时没有出台，但《意见》保留了《条例》的大部分内容，对职业教育校企合作的各方都有多重利好。对于推动珠海行校企各方紧密合作、促进珠海职业教育又好又快发展起到重要作用。

（1）对行业的利好

《意见》指出：充分发挥行业协会在资源、技术、信息等方面的优势以及沟通、协调作用，引导企业开展校企合作。而市、区人民政府，横琴新区和经济功能区管理机构通过向行业协会购买服务等方式，支持校企合作。

（2）对企业的利好

《意见》指出：企业可以通过参股、入股等多种形式，与职业院校联合组建办学实体或独立举办职业院校。对举办职业院校的企业，其办学符合职业教育发展规划要求的，政府可通过购买服务等方式给予支持。

（3）对职业院校的利好

职业院校是最大的受益者，珠海市所有职业院校都可借力《意见》的出台，科学合理设置专业，健全专业机制，重点提升面向高端制造等领域的人才培养能力。同时加强职业院校的合作力度，尽快形成适应发展需求、产教深度融合、中职高职应用型本科衔接、职业教育与普通教育相互沟通、体现终身教育理念，具有珠海特色、国际先进水平的现代职业教育体系。

珠海市人民政府虽已出台《关于深入推进职业教育校企合作的意见》，学校将继续推进职教立法工作。并和市人大、法制局保持有效沟通，争取《条例》的出台，推动珠海形成产教融合、校企合作共同推进职教发展的长效机制，为职业教育提供法制保障。

二、联合相关部门共同调研、起草和修改《珠海市人民政府关于加快发展现代职业教育的实施意见》

进入新时期以来，珠海面临横琴新区的建设、港珠澳大桥的建设和通车、国家海洋开发战略的制定和实施等三大发展机遇，正在努力实施"蓝色珠海，科学崛起"的发展战略，着力推进经济结构战略性调整，加快打造以高端制造为重点，结构优化、功能完善、附加值高、竞争力强的现代产业体系。作为改革开放的前沿，珠海高等职业教育的发展水平和人力资源开发的程度，对珠海及珠三角区域经济发展具有举足轻重作用。

李克强总理在 2015 年 2 月 26 日的国务院常务会议上对加快发展现代职业教育提

出了要"创新职业教育模式，打通从中职、专科、本科到研究生的上升通道"的目标及要求。同年 6 月，国务院又出台了《关于加快发展现代职业教育的决定》，教育部等六部门印发了《现代职业教育体系建设规划》（2014-2020 年），一系列的举措均对职教的发展进行了部署，全国正在积极实施构建从中职、专科、本科到专业学位研究生各个层次的技术技能人才培养体系。反观珠海市的高校现状，珠海市尚未建全完善的本科、研究生层次的高职培养体系，且珠海市现有的 10 所院校中，70%-80% 高校都属于应用技术类大学，均属应当转型范畴。对于珠海而言，高端制造发展战略的部署恰恰急需高级职业类的技术技能人才支撑。

（一）在珠高校及职业教育基本情况

1. 在珠高校情况

1999 年 9 月，珠海市政府与中山大学签订协议，由珠海市无偿提供土地在珠海开办中山大学珠海校区，落户珠海的第一所大学拔地而起。

随后，暨南大学珠海学院、北京师范大学珠海分校、北京理工大学珠海分校等高校，以及清华科技园、北大教育科学园等共 17 个项目先后落户珠海。目前，珠海的全日制在校大学生人数已达 12 万人，在校人数在广东省内仅次于广州，居第二位。

2. 珠海近邻高校情况

港珠澳大桥已于 2009 年 12 月 15 日开工建设，2017 年竣工通车后，珠海将成为内地唯一与香港、澳门陆路相连的城市，港珠澳大桥的建成对香港、澳门、珠海三地经济社会一体化影响深远。

香港有 12 所颁授学位证书的高等教育院校，学术成果丰硕。澳门大学已在珠海建立横琴校区。

3. 在珠职业类院校情况

珠海市现有 3 所高职院校，11 所中职学校（含技工类学校），且已打通中高职人才培养的衔接通道，形成了中、高职衔接"三二分段"的办学模式。

珠海市的 3 所高职类院校的基本情况：广东科学技术职业学院成立于 1985 年，2002 年在珠海建立分校，全院共有 8 个二级学院及 3 个教学部，开设 49 个专业，全日制在校高职生 2 万余人。2010 年，被教育部、财政部确定为"国家示范性高职院校建设计划"骨干高职院校立项建设单位。珠海城市职业技术学院成立于 2004 年，全院共有 11 个院部，开设了 39 个专业，全日制高职在校生 6 千余人，2013 年 11 月，被广东省教育厅确定为"第三批广东省示范性高职院校建设"立项建设单位。珠海艺术职业学院是由加拿大佳毅国际教育集团和国内知名企业家合资兴建的私立职业院校，全院共有 21 个专业，开设 29 个专业方向。三所高职均重视内涵建设，人才培养质量不断提高，毕业生初次就业率和总体就业率均居广东省同类院校前列，呈现出"出口畅，进口旺"的良好发展局面。

珠海市的 11 所中等职业类院校（含技工类学校）的基本情况：11 所中职在校生共 2.8 万余人，其中有 4 所国家级重点中职学校。2011 年，市一职、市理工、市高级技工学校纳入国家中职教育改革发展示范学校建设工程，2013 年，市理工通过了国家中职改革发展示范性学校评估。2014 年 7 月，市一职通过了国家中职改革发展示范性初期评估。全市中职毕业生一次性就业率高达 98% 以上，呈现出体系日趋完整、体制不断创新、规模逐步扩大、质量全面提升和服务经济社会能力日益凸显的良好态势。

（二）在珠高校及职业类院校发挥的作用

历经 15 年的探索与发展，珠海完成了由一座从零起步的海滨小城，到现已拥有 10 所全日制大学的初建期，珠海的高校建校初创阶段基本结束，形成了研究型大学、应用型本科院校、技术技能型专科院校全方位发展、相互促进的高等教育新格局。在珠的这些大学校区和园区也在积极地发挥着高等教育的先导性、全局性和基础性作用，为珠海实施"科教兴市"和"文化盛市"战略，提高城市核心竞争力和率先基本实现社会主义现代化提供了智力支撑和人才保障。

但是，在珠的 10 所高校及研究机构虽多，却仍处于成长起步期，多数处于"各自为政"的分离状态，院校、企业、研究机构、研发机构未能充分融合、统一布局，为珠海区域发展服务的优势尚未充分发挥。大学校区和园区之间也同时存在体制多元、教育质量参差不齐，与经济社会发展之间缺乏有效的协同机制，人才培养目标也不能满足珠海产业发展的迫切需要等现象。

珠海市现有的 3 所职业院校——广东科学技术职业学院、珠海城市职业技术学院、珠海艺术职业学院虽在金湾互为邻居，但目前各高职院校之间仍处于各自谋发展阶段，未能形成师资、实训基地等教育资源的共享与统筹发展。

（三）在珠高校与职业类院校发展形势分析

1. 缺少协调机制和政策引导，政府未能充分发挥统筹高校资源的功能

（1）缺少强有力的协调机构。珠海市高等学校数量较多、分布较为分散，之前曾设置了大学园区工作委员会作为政府与高校的联系和协调机构。但 2008 年全市机构改革将大学园区工委撤销，职能归入市教育局高等教育科，政府对高校的引导、协调和服务工作力度减弱。高等教育在珠海的发展仍缺乏制度建设和互动平台，对城市经济社会发展的贡献能力不足。

（2）财政支持方式有待改变。珠海市目前的产业规模和经济实力还难以摆脱"小

财政支撑大教育"的窘境，有限的财政补贴与 10 所高校服务地方的能力建设之间还存在着较大的差距。对于高等教育发展而言，最好的财政资助方式当然是生均拨款加专项资助，既能维持高校的正常运转，又能激发高校办出特色。对高校的财政补贴方式较为分散，按照生师比 10：1 发放财政补贴，这种平均用力的财政资助方式虽然有利于高校扩大办学规模，但过于简单化，没有突出重点，缺乏有效的激励效应，财政投入引导与放大效益明显不足，未能在发展导向上有效引导高校自觉服务于珠海市经济社会各项事业，对高校办学来说也是杯水车薪。

2. 高校服务地方的动力不足，对珠海城市发展的影响力较弱

（1）高校主动服务地方经济社会紧迫性不强，合作层次较低；

（2）高校与政府的联系不够紧密、对城市的依存度不高；

（3）珠海高校尚未充分发挥校本部"母体"拥有的资源优势；

（4）高校办学深度、办学内涵、研发能力、服务社会能力尚不成熟；

（5）学科或专业与珠海的产业对接度不高，人才培养支撑地方经济转型、产业升级的能力较弱；

（6）高校现有科研成果中可供地方、企业转化的很少，科技成果对行业企业提升经营水平的贡献能力明显不足。

3. 高校办学缺少珠海特色，支撑珠海产业发展的优势学科不明显

（1）现阶段的办学形式主要为普通专科、本科，硕士、博士等研究生教育尚处于起步阶段，高校教育教学方式、专业设置与珠海社会需求之间缺乏明显的导向。10 所高校在专业设置上多有雷同，与珠海支柱产业和先导性高新技术产业缺少明显的对应，没有明显的珠海特色。

（2）多数珠海高校在招生方面对本地生源没有完整的优惠政策，大多数高校对珠海市生源的招生计划过少，导致本市生源在珠海高校的录取分数还高于广东省其他地市生源和部分省外生源，珠海市民没有享受到本地办大学所带来的优惠。因此，市民对珠海高校办学并不支持，乃至反对高校占用珠海市公共资源。

4. 未能充分发挥职业类院校特征，教育类别与作用混淆

（1）珠海的高教政策，谈学科建设的多，专业建设的少。对高职院校而言，专业对产业的影响是最直接和最重要的，而珠海目前的高教政策中，专业建设未能涵盖高等职业类院校的特征。

（2）实训基地是高职院校办学水平的一个重要指标，它的重要性与实验室之于本科院校的意义是一样的。目前珠海的高教政策中，提及重点实验室建设的多，未能全面到涵盖高职院校实训基地（中心）的建设。

（3）职业类院校中，校企合作为重头戏。但目前校企合作相关法律法规不健全，绝大部分是凭"关系"和企业的需求，而企业的需求与学校的教学安排会有一定的冲突。

（四）珠海职业教育亟需解决的问题

珠海的职业教育现状与我国的职业教育发展中存在的难题类似，需要通过深化改革加以解决。针对以上现状，如何促进职业教育发展，破解职教发展中的瓶颈，已成为珠海市必须深入思考、探讨、研究的课题。现提出珠海市需要解决的几大职业教育问题：

一是重普教、轻职教的问题；

二是多头管理、政出多门，资源难以整合的问题；

三是办学资源有限，教育经费紧张的问题；

四是教师队伍缺编严重，结构不合理的问题；

五是产教融合、校企合作缺乏制度保障，缺少动力与活力的问题；

六是中等和高等职业教育衔接、职业教育和普通教育沟通不畅的问题。

针对这些问题，为实现珠海市职业教育强市目标，建立顺畅的产教融合、校企合作环境，使珠海市的职业教育发展更加明确、任务更具可实施性，市政府从珠海市的发展目标和任务、职业教育改革的工作思路和措施以及实施职教改革的保障机制等方面，有针对性的对症下药，制定了独具特色的《珠海市人民政府关于加快发展现代职业教育的实施意见》，以使珠海市职业教育发展思路和措施更加明晰，使职业教育服务区域发展的任务更加顺利的推进。

目前，正值我国职业教育大发展时期，习总书记对职教会议的批示以及系列会议和文件的出台，把我国职业教育的发展地位提到了前所未有的高度，将职业教育纳入到了国民经济领域和人力资源开发的重要组成部分。珠海市高度重视职业教育的发展，正在积极努力建设符合现代职业教育的发展体系。我们将面对问题，迎难而上，为珠海现代职业教育发展把脉问诊，积极探索和发展国际化的现代职业教育之路。

案例九："金湾电子商务产业联盟" 案例

一、项目背景

（一）经济背景

2015 年 5 月 4 日，国务院印发《关于大力发展电子商务加快培育经济新动力的意见》（简称《意见》），《意见》提出，近年来我国电子商务发展迅猛，不仅创造了新的消费需求，引发了新的投资热潮，开辟了就业增收新渠道，为大众创业、万众创新提供了新空间，而且电子商务正加速与制造业融合，推动服务业转型升级，催生新兴业态，成为提供公共产品、公共服务的新力量，成为我国经济发展新的原动力。目标到 2020 年，基本建成统一开放、竞争有序、诚信守法、安全可靠的电子商务大市场。

广东作为经济大省，制造业发达、经济贸易活跃、信息化基础良好，是全国电子商务发展的桥头堡。2012 年广东启动了"广货网上行"工程，两年多的时间里，广货在阿里销售平台上的年销售额已经实现了从十亿级到千亿级别的猛增。2015 年广东省政府与阿里巴巴集团在广州签署战略合作框架协议，力图建设面向世界、服务全国的跨境服务平台。据广东省统计局发布的数据显示，2014 年广东省电子商务交易总额达到 2.63 万亿元，遥遥领先其他省份。2014 年全省电子商务交易额增长 30%，全省网上零售额增长 70.7%，增速远高于全国的 56.2%，相当于社会消费品零售总额的 2.3%，拉动社会消费品零售总额增长约 1.1 个百分点。另外据阿里巴巴数据显示，2014 年末阿里巴巴零售平台为广东省提供的直接就业机会约为 270.6 万，占全国第一位。

珠海市在 2013 年印发了《珠海市加快发展电子商务的若干政策》，力求加快本市电子商务发展，着力打造全省电子商务示范城市，在培育壮大电子商务经营主体、普及和深化电子商务应用、完善电子商务发展支撑体系、推动电子商务产业集聚发展等方面强力政策支持，每年对电子商务产业发展政策扶持 3 千万元。2014 年以来，按照国家和广东省的工作部署，珠海把发展跨境电子商务作为加快经济结构调整、促进转型升级的新举措，加快形成开放型经济发展的新优势。近年来珠海电商企业迅速增长，去年中国电子商务发展百佳城市（网商发展指数）珠海居全国第 7 位，广东省排名第 3 位。

2014 年 12 月，金湾区主要经济指标如表 13 所示。根据表 13 中数据可以看出，金湾区第一、二、三产业分类产值正呈逐年增长的良好态势。尤其是社会消费品零售总额和外贸进出口总值这两项对电子商务产业起到直接拉动的经济指标数据更是增速喜人，势必对拉动电子商务行业企业的发展起到重要作用，同时也相应带来电商人才培养与培训的极大需求。

表 13　金湾区主要经济运行指标

指标名称	计量单位	本年累计	同比增长（%）
本地生产总值（GDP）	亿元	200.36	11.7
其中：第一产业增加值	亿元	4.93	2.6
第二产业增加值	亿元	146.86	13.8
第三产业增加值	亿元	48.58	5.8
规模以上工业总产值	亿元	521.01	9.1
规模以上工业增加值	亿元	148.14	13.5
工业产品销售率	%	93.99	−0.1
全社会固定资产投资额	亿元	108.65	21.8
社会消费品零售总额	亿元	28.82	20.5
外贸进出口总值	亿美元	48.86	35.2
其中：出口总额	亿美元	39.83	43.9
其中：进口总额	亿美元	9.03	6.9
新批利用外资项目数	个	21	−25
实际吸收外商直接投资	亿美元	1.51	11.8
公共财政预算收入	亿元	18.66	17
珠海机场旅客吞吐量	万人	407.59	40.8
珠海机场货邮吞吐量	万吨	2.21	−2.4

（二）行业需求分析

经联合金湾区工商联、工商局等政府职能部门细致调研，以及网络、企业数据等调研信息来源表明，金湾区电子商务各类人才需求量极大。根据 2014 年金湾区工商局提供数据，金湾企业分类如表 14 所示：

表 14　金湾区企业注册分类

企业总数	4417
生产制造类企业	1239
商贸物流类企业（含电子商务、网络销售等）	2224
信息技术类企业（含网站维护等）	103
服务类企业（含线上服务营销等）	700
金融类企业（含网络金融、国际结算等）	126
旅游类企业	25

来源：金湾工商局统计数据

其中，金湾区以天章等企业为龙头企业的电子商务、网络金融和商贸物流等相关企业已近 1000 家。随着金湾区"十三五"规划的推进，初步估计，未来 3-5 年内对电子商务人才的需求每年约 2000 人，而珠海市目前包括各类本科高校、职业院校和各类培训机构在内每年输出的人才数量不到 1000 人。人才总量不足已成为制约金湾区电子商务产业发展的瓶颈。随着电子商务行业的快速发展，一些岗位所需的高素质技术能型毕业生变得丰富抢手。主要包括以下几类：

1. 电商平台运营、电商美工、网络客服岗位

据相关部门统计，截至 2013 年底，注册地在珠海的淘宝店家为 2096 家，其中天猫店为 234 家，分布在旅游、家具、首饰、电子产品等品类。阿里巴巴 B2B 电子商务平台注册企业总计为 4.09 万家。除此之外还有一些公司在移动电子商务平台、O2O 等平台开展电子商务业务。这些电子商务企业或传统企业的电子商务部门都需要有电商平台运营、电商美工、网络客服人员去开展业务。扩展到珠三角地区，这些人才需求量就更多。

2. 外贸电商岗位

跨境电商正成为中国外贸进出口新的增长点。外向型贸易在珠海占有重要比重，珠海凭借港珠澳大桥建设的机遇和横琴自贸区的区位优势，以及跨境出口电商渠道的打通，将进一步推动珠海企业发展全新的外贸业态，也为珠海打造"一带一路"贸易出口的关键节点注入新动力。2015 年 5 月 18 日，阿里巴巴与珠海保税区正式签约合作共建电商平台，打造实现"综合服务、统一标准、优化流程、孵化器"四位一体的、具有珠海特色的电商集聚园区。但在相应的人才供应方面，目前珠海只有一家专门跨

境电商人才输出基地，人才紧缺已成为限制外贸企业向跨境电商转型发展的关键问题。

3. 电商创业岗位

据预测 2015 年全国应届毕业生数达 749 万，今年在广东省求职的大学毕业生数达 80 万，超过全国总量的 1/10。广东省政府关于高校毕业生就业的首要对策就是深入实施大学生创业引领计划，目的使大学生创业规模有所扩大，创业比例提高。2015 年 6 月国务院常务会议对推动"大众创业、万众创新"，又做出新部署：鼓励地方设立创业基金；创新投贷联动、股权众筹等融资方式；取消妨碍人才自由流动的户籍、学历等限制。由于电子商务行业的特色，电商创业的门槛低，适当引导学生创业，可以顺应当前形势，为学生就业打开出路。

（三）就业岗位范围

1. 就业行业领域

目前金湾区在航空、医药等传统产业有较强的基础，但在电子商务产业群方面人才欠缺，通过政校企平台，培养人才主要面向金湾传统行业企业、电子商务产业园区、各电子商务服务商等，以及进行电子商务自主创业。

2. 电商专业就业岗位及岗位群

如表 15 所示：

表 15 电商专业就业岗位和范围

就业岗位	就业范围	典型工作任务	课程支撑
电商平台运营	B2B 企业 B2C 企业 传统企业的电商部门	各类电商平台的运营、网络平台推广、活动策划、网络营销、O2O 应用	网络营销与策划 电子商务基础 电子商务活动策划与推广
外贸电商	外贸型行业、企业	国际贸易与采购、跨境电商	跨境电子商务 外贸电子商务英语
电商美工	B2B 企业 B2C 企业	商品信息采集、视觉传达、网店平台美工	网店美工应用实战 商品信息采编与视觉传达 商务网站设计与制作
网络客服	B2B 企业 B2C 企业 传统企业的电商部门	跟单、售后服务	网络客户服务与关系管理
电商创业	电商相关行业	网络自主创业、小微企业创业、网商合作经营	O2O 企业实践 电子商务文化与创业实践

（四）专业背景

本专业按照"单岗精通、多岗适应"的人才培养理念，培养具备扎实的计算机知识和网络应用技术，熟悉现代商务和经济管理基本理论，掌握电子商务运营、跨境电子商务、电子商务美工方法和技术，具有电子商务文化和创业精神的高素质技术技能型人才。学生毕业后，在电子商务平台运营、外贸电子商务、电子商务美工、电子商务客服等岗位上具有较强的工作能力和潜力。

为更好地对接珠海及金湾高端制造行业企业相关工作岗位的人才需求，突出对学生职业能力和职业素养的培养，充分发挥校内外实训基地在本专业学生综合素质和职业技能培养方面的作用，使学生在真实的学习场景中，通过教、学、做一体，强化对"单岗精通、多岗适应"等各岗位知识、素质、能力的系统学习，全面提升学生的综合素质和职业技能，强化对"电商平台运营、外贸电商、网络客服、电商美工、电商创业"等各岗位的认识。

本专业在"单岗精通、多岗适应"的电子商务育人理念指导之下，总结以往工学结合培养模式，探索并实践"双主体"人才培养模式的改革。本专业在总结以往工学结合培养模式的基础上，探索并实践"单岗精通、多岗适应"的人才培养模式和"双主体"顶岗的改革。

1. 课程体系

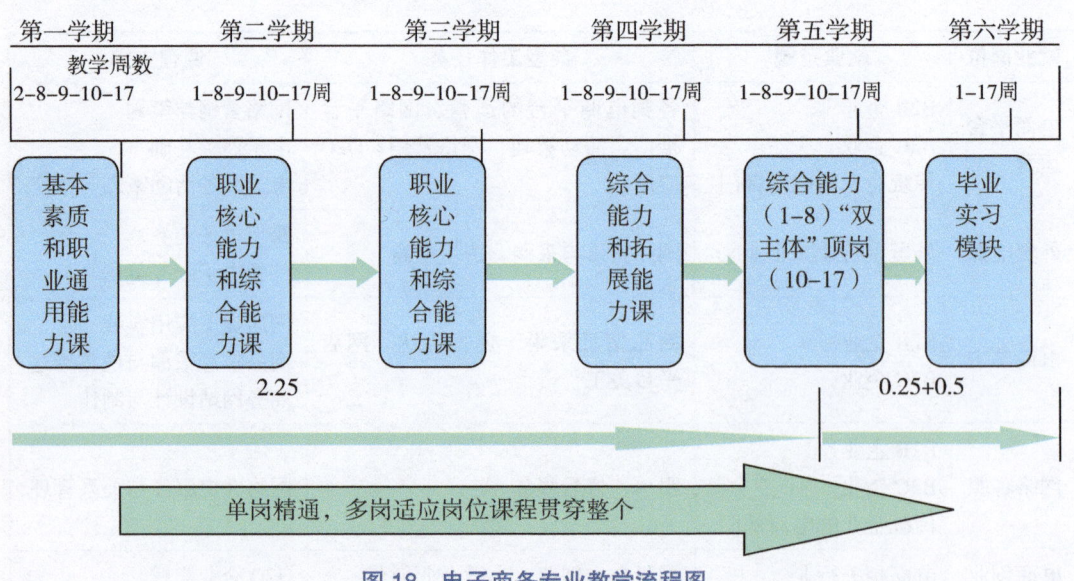

图 18　电子商务专业教学流程图

项目一：课程体系设计

基于"单岗精通、多岗适应"的岗位化课程体系构建，参照工作过程导向的课程开发的基本理念，按照岗位化思路开发专业课程体系。

（1）对广东及珠海地区多家不同性质、类型、规模、层次的电商企业进行调研，在了解行业需求、职业需求和岗位需求的基础上，结合区域经济发展情况，确定专业的定位。

（2）通过召开"双三元"专家会议，对电商产业结构和工作要素的分析，得出电子商务岗位群及其对应的专业课程，如下图19所示。

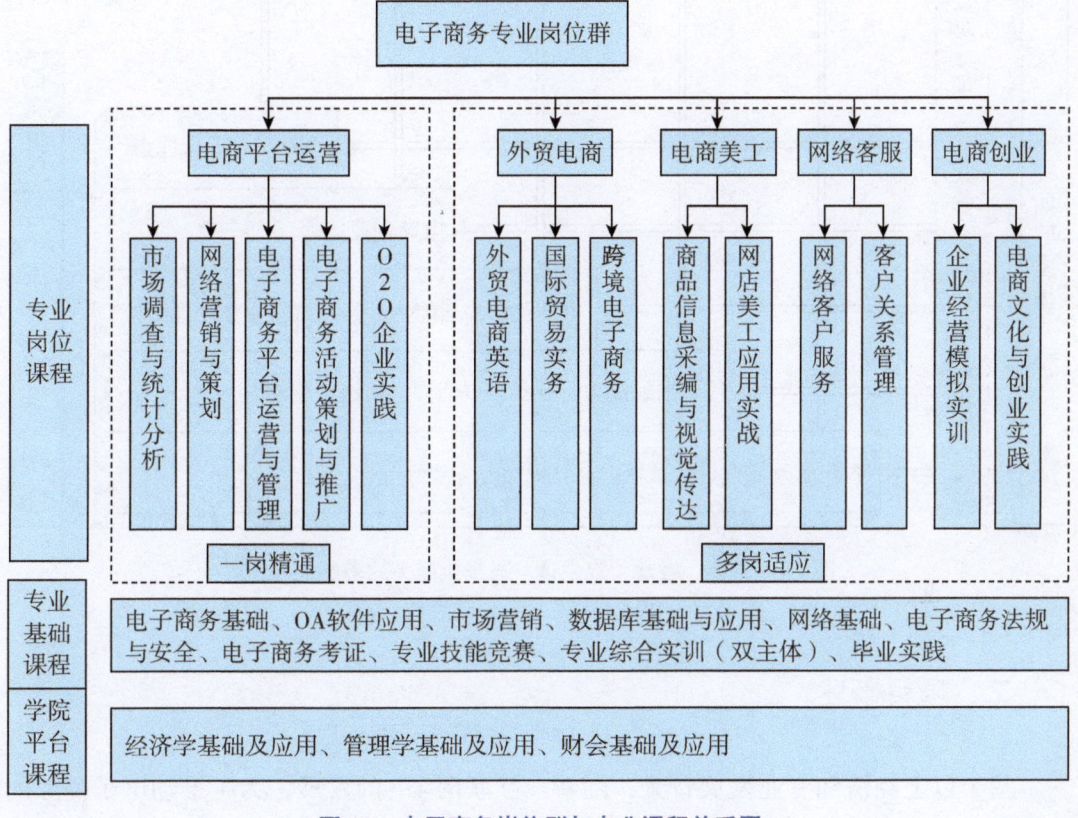

图19　电子商务岗位群与专业课程关系图

2. 构建"双主体"顶岗实习体系

（1）创建电子商务校内双主体基地，推进校企合作人才培养模式改革，该基地包括客户服务、网络营销、信息采集与加工、财务结算、物流配送以及控制演示等功能区域，以电子商务工作流程为主线，实现商务流、信息流、资金流和物流的融合。引导学生创业，规范创业管理，同时也是教师服务社会的工作室。

（2）构建校外"双主体"实践环境，不同于校办企业实习（人员组成、运营模式、责任模式均不同）。

（3）运用微信及移动 APP 平台，打造专业课程教学无纸化、作业无纸化的双主体顶岗无纸化、点名信息化的全过程。

（4）具体双主体（企业、专业教师）顶岗实现关系如图20所示。

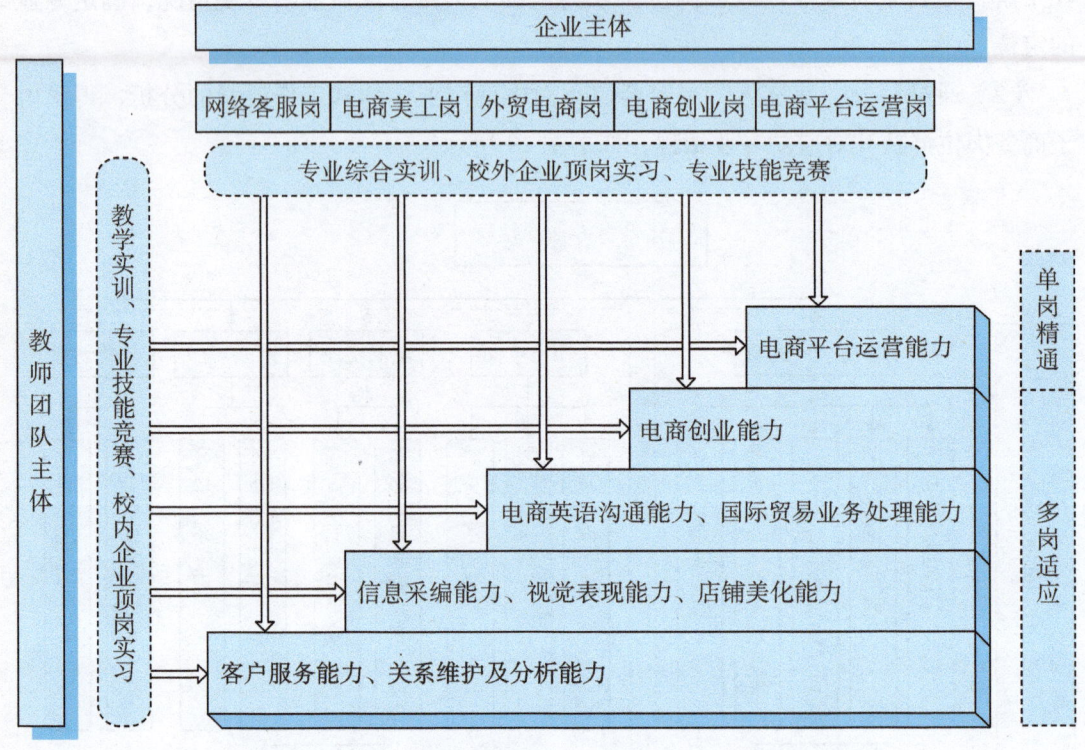

图20 企业、教师"双主体"与学生能力培养的关系图

二、项目概述

基于以上经济和专业发展背景，随着"互联网+"的发展，为了推动电子商务的快速发展，促进金湾电商产业园建设，经珠海城市职业技术学院（校方）、广东天章集团（企业）、金湾区工商业联合会（协会）三方友好协商，本着"优势互补、共同发展、谋取三赢"的原则，在平等自愿的前提下，建立促进电商产业发展战略合作关系，努力搭建政校企育人平台，打造金湾区人才筹备基地。

校企政三方积极探索"政府、高校、企业"合作新模式，通过整合各方资源，凝聚优势资源，把金湾电商产业园打造成珠海市电商产业的示范基地，共同促进珠海电商产业的可持续发展，发挥协会作用，营造金湾蓬勃的电商氛围；促进学校适应电商产业发展，提高教师专业能力深化专业的教学改革，培养高素质电商产业人才；同时为企业输送符合企业发展需要的专门人才，为企业产品设计开发提供技术服务。

　　珠海城市职业技术学院是由珠海市人民政府举办的唯一一所全日制普通高等院校。2013 年 11 月被广东省教育厅、省财政厅确定为第三批广东省示范性高职院校立项建设单位。学校坚持以高职教育为主体，继续教育、终身教育、开放教育为补充，创新政校企、行校企“双三元”互动，产学研协同的开放式办学模式。

　　广东天章集团是一家以电子商务商业模式打造为核心竞争力，以商业分销理念为指引，以电商供应链 O2O 为愿景，集电商供应链服务、信息纸品生产销售、有机食品种植流通为一体的多元化高科技集团企业。集团线上具备与京东系、阿里系电商平台完全对接能力，线下拥有全国 2 万余家终端客户资源，同时建设了遍布全国 40 余个大中城市的现代化电商配送网络，是珠海乃至国内电商供应链领导型企业。

　　金湾区工商业联合会是中共金湾区委、区人民政府领导下的以非公有制企业和非公有制经济人士为主体的人民团体和商会组织，是党和政府联系非公有制经济人士的桥梁纽带，是政府管理和服务非公有制经济的助手。

　　通过三方联合，构建搭建政校企协同育人平台，打造金湾区电商人才筹备基地。

（一）项目合作目标

　　远期目标：围绕电商产业链，共同成立珠海城市职业技术学院—天章互联网＋服务学院，探索在“多元投入、多边合作、多方治理、多样发展”目标上的电商产业类专业校企利益共同体建设机制。推动建成国家首批“100 所混合所有制性质二级学院”为战略合作奋斗目标。

　　近期目标：筹备成立 6 个中心或团队，申报珠海市及金湾区政府关于电商产业发展项目

　　1. 金湾电商产业发展研究中心（由区工商联牵头、城职院和天章协助）；

　　2. 金湾电商产业人才培训中心（由区工商联牵头、城职院和天章协助）；

　　3. 天章金湾—珠海城职院学生校外实训基地（由城职院牵头、区工商联和天章协助）；

　　4. 天章金湾—珠海城职院“双师型”教师培养基地（由城职院牵头、区工商联和天章协助）；

　　5. 珠海电商运营平台技术研究开发创新团队（由天章牵头、城职院和区工商联协助）；

　　6. 珠海电商产品营销设计创意中心（由天章牵头、区工商联和城职院协助）。

（二）项目合作方的权利和义务

1. 珠海城市职业技术学院的权利和义务

　　（1）珠海城市职业技术学院定期向广东天章集团通报在校生资源情况，并为广东天章集团的人才需求和生产开发等提供服务；

（2）珠海城市职业技术学院根据广东天章集团设定的培养目标、人才规格，开展"订单式"或"冠名班"式人才培养，与企业联合培养学生，通过招生宣传、新闻媒体等渠道将与广东天章集团联合办学作为学院的优势与特色进行宣传，吸引学生报考双方联办的专业培训；

（3）珠海城市职业技术学院聘请广东天章集团专家和专业技术人员作为兼职教师，并颁发聘书；

（4）珠海城市职业技术学院利用硬件资源和人力资源，积极为广东天章集团提供技术攻关、市场调研、营销策划、管理咨询等多方面的科研服务；

（5）珠海城市职业技术学院负责协助广东天章集团管理天章金湾—城职院学生校外实训基地；

（6）珠海城市职业技术学院将与广东天章集团合作举办多样化的活动（校企合作交流会、企业文化活动、企业调研活动、技术创新大赛、技能竞赛等）；

（7）珠海城市职业技术学院充分利用其教育教学优势，按照广东天章集团的要求，为广东天章集团培训员工；

（8）珠海城市职业技术学院积极与广东天章集团联合开展产学研合作。珠海城市职业技术学院为双方合建的研究中心、工作室、基地、研发团队、运营平台提供场地、人员、资金及必要的设备和设施支持。

2. 广东天章集团的权利和义务

（1）在不影响企业正常生产活动情况下，广东天章集团为珠海城市职业技术学院的学生实习、实践活动提供方便；

（2）广东天章集团优先录用符合广东天章集团人才需求的珠海城市职业技术学院实习生；

（3）广东天章集团及时为珠海城市职业技术学院通报企业的人才需求信息，不定期进行人才供需信息对接活动；

（4）广东天章集团为珠海城市职业技术学院提供学生教学实习基地；

（5）广东天章集团为珠海城市职业技术学院提供合适的教师实践岗位；

（6）广东天章集团定期在基地开展讲座、论坛、培训等有利于提升珠海城市职业技术学院大学生创业综合素质和实践能力的活动；

（7）广东天章集团与珠海城市职业技术学院在合作挂牌的基础上，可设立冠名奖学金、助学金等；

8）广东天章集团积极与珠海城市职业技术学院联合开展产学研合作。广东天章集团为双方合建的研究中心、工作室、基地、研发团队、运营平台提供场地、人员、资金及必要的设备和设施支持。

3. 金湾区工商业联合会的权利和义务

（1）积极为金湾电商人才的培训、培养搭建平台；

（2）积极发展汇聚符合时代需求的电商人才队伍；

（3）积极协调处理校企双方的权益，严格遵守国家相关法律法规和政策；

（4）积极为电商人才的培训、培养、资源共享、业务开拓等方面提供帮助；

（5）金湾区工商业联合会（协会）：金湾区工商业联合会。

（三）沟通机制

1. 明确对接部门和人员

围绕三方战略合作协议精神，为保证有序、持续稳定推进合作项目的开展，三方分别指定项目负责领导、负责部门及负责人、联络人进行对接。

2. 建立定期会商沟通制度

三方主要领导不定期研究讨论合作中的重大项目决策问题，每年召开一次合作工作总结及成果表彰会；

三方对接部门负责人及联络人每两个月举行一次合作项目碰头会，可以邀请具体项目负责人报告项目筹备及实施情况，协调解决具体问题。

三、项目内容

（一）政校企协同育人平台机制建设

共建校内外政校企协同育人平台，进行"双三元主体"的人才培养是电子商务人才培养模式的一种创新，为加强校内外"双三元主体"组织实施的过程管理，保证校内外"双三元主体"的教学质量，成立电子商务专业校企合作理事会，召开专业校企合作理事会会议，制定"电子商务专业校企合作理事会"章程，由该理事会监督指导专业"双三元主体"建设。

1. 校企共建专业建设委员会

依托广东省电子商务行业协会、广东互联网协会、金湾区工商业联合会等机构，以天章集团作为带头企业，校企共建专业建设委员会，委员会成员由上述机构、电子商务企业、学校组成，经过校企合作处资格审查和认定，签订具体合约和协议，使其组成一个责权利明晰的组织，并制定委员会章程。负责规划专业校企合作的机制、途径、措施，指导校企合作育人、合作就业等，促进合作发展。分析区域电子商务产业政策和状况，开发校企合作资源，协调学校和企业的合作方式和合作利益，审议校企合作的各项具体事宜，每学年定期召开委员会。

2. "双三元主体"运行制度建设

为保证"双三元主体"的正常运行，在学校校企合作管理处的统一管理下，设置相应的双三元主体办公室。在学校有关双三元主体管理的政策文件指导下，完善和创新专业校内外"双三元主体"的运行模式，制订和完善相关制度和实施细则，包括:《双三元主体运行与教学管理办法》《校企互聘共培管理办法》《运营绩效考核制度》《双三元主体学生考核评价和课程成绩认定管理办法》等，使校企合作共建专业"有章可循，有人可依"，确保校企双方积极互动，保证项目的实施。

开展"双三元主体"教学改革研究与实践，建成保障工学结合、校企合作要求的"双三元主体"配套管理体系，形成长效运行机制。

3. 校企文化建设

在校内"双三元主体"教学和校外顶岗实习的过程中，强化企业精神教育，养成良好的职业素养。将企业文化融入校园文化、专业文化建设中，增强企业氛围，提高学生综合素质。营造"双三元主体"的真实企业环境和文化氛围，举办电子商务方面成功企业家、成功人士报告会和企业文化讲座等，让学生感受企业文化，让优秀的企业文化成为激励学生成长的精神支柱。

（二）政校企合作办学，合作育人

以优势资源共享、合作共赢为基础，选择合作企业，校企共建"双三元主体"，将学校的教学活动与企业的生产过程紧密结合，集生产运营、专业教学、实训实战、社会服务等功能于一体，并按市场机制运营。建设期内，以培养学生网络营销、网络美工、网络客服、网页设计、网站建设职业岗位的核心能力为主线，按照"双载体"的"校企双主体"人才培养模式，结合核心课程建设与开发，整合现有实验实训条件，重点打造3个培养常规就业能力和网络创业能力"双能力"的双三元主体。具体内容包括:与珠海天章有限公司、煜晨商贸有限公司等企业共建"网商创业中心"双三元主体;与广东天章集团、金湾区工商业联合会等合作共建"天章网络营销中心";与金湾区工商业联合会合作，共建"金湾电子商务中心";培养学生的网络创业技能和职业道德等职业素养。校企共同组建教学团队，以真实项目为导向，承担"双载体"专业课程60%左右的教学任务、提供企业培训服务和技术开发支持，并为企业输送优秀毕业生，以此达到校企互利双赢、共同发展。

在时间安排上兼顾企业的生产活动规律，采取分段式教学组织形式，当学校教学与企业生产经营活动发生冲突时，灵活安排晚上、周末或集中空闲时间安排学生以分组轮换的方式在"双三元主体"实现课程教学与实践的交替，使所有学生都能参与真实项目的教学实践,以企业员工的职业标准要求学生,提高学生的职业素养。

衡量"双三元主体"的指标应以校企共赢为原则,通过真实项目运作,企业获得优秀人才,创造了经济价值;学校通过真实项目锻炼了队伍,提升师生实践能力,提高人才输出质量。学校投入相应的设备、人力资源支持"双三元主体"的运作,达到校企优势资源互补、利益共赢的效果,保障"双三元主体"的可持续性和良性发展。

(三)"网商"创业工作室技术技能人才培养(校内)

网商创业工作室是主要培养网络创业能力的多企业联盟的校内"双三元主体",是本专业重点打造的综合性主体,主要合作对象有珠海天章集团有限公司、珠海富码网络科技有限公司等,校企共同将其建设成为企业级实训基地。本专业的《数码拍摄与制作》《自主创业与电商文化》《网络营销》等核心课程将在此双三元主体进行教学,由将双方共同承担教学任务。

第一,本专业以电商专业学生为重点培养对象,成立电商协会社团,引导学生以业务需求为导向组建项目团队,开展创业就业实践。双三元主体根据实际工作环境建设,通过学生自愿报名和学校选拔相结合,组建团队,采用社长负责制,实行企业化运作,将课程教学穿插在项目运作过程中;教师根据网络创业的工作过程和要素,编写创业素材,以真实项目为导向,采取分段式教学组织形式,以业绩替代学分激励学生网络创业。电商协会具体构架见图21:

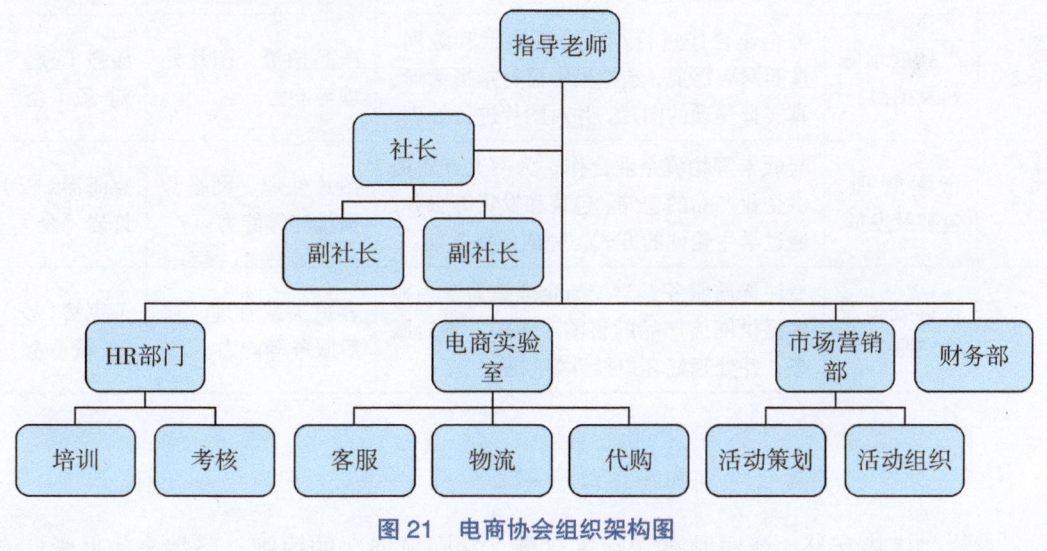

图21 电商协会组织架构图

双三元主体在运营期间,对各部门各岗位设置关键业绩指标进行考核。指导老师根据学校情况设定各个岗位的关键业绩指标后发送淘宝网进行备案存档。根据学生在双三元主体实训期间的表现,进行考核评价,保证实训质量。

第二，本专业与珠海天章集团、煜晨商贸有限公司、珠海富码网络科技有限公司等合作，为培养学生电子商务技能提供真实的环境与实战项目，按照淘宝网为主的网商实际工作环境建设，采用运营总监负责制，组建项目团队，实行企业化运作，采用"淘宝平台＋项目策划"模式，通过创业实践，培养学生网络创业技能和职业道德。为学生日后在传统企业电商部门就业提供实战训练。同时，本专业的核心课程将在此教学，由双方共同承担。根据网商创业流程进行培训，网商创业流程见图22：

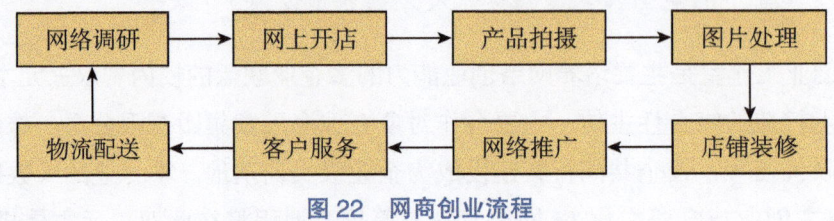

图22　网商创业流程

网商创业中心主要开展项目、功能描述、培养能力等，见表16：

表16　网商创业中心项目列表

序号	项目名称	功能描述	培养能力	负责人
1	网上开店及网络推广	结合《网商创业》《网络营销与安全》等课程，企业与学校合作做网上开店的软硬件准备，为学生进行网上开店提供基础设施及培训。	网店定位、选择产品、开设网店、网店管理等能力。	谭国锋（校）刘明星（企）
2	产品展示陈列及拍摄	与企业合作进行产品合理展示和陈列，按照网店需要，选择摄影器材拍摄清晰、真实且美观的图片，并对图片进行处理。	产品拍摄、图片处理等能力。	潘强（校）刘毅（企）
3	仓库管理、包装及发货	与顺丰等物流企业合作，为网上开店提供企业产品的仓储、包装和发货等服务，通过学生轮训的方式，完成服务功能。	图片处理、网络营销推广等能力。	袁海洋（校）许岩（企）
4	投诉处理及客户服务	专注优质服务，学校与企业致力于为顾客提供网店产品的售前、售中、售后服务，并处理好客户投诉等问题。	客户关系管理、售后服务等能力。	王克富（校）刘毅（企）

（四）天章网络营销中心真实企业实训（校外）

本着"优势互补、资源共享、互惠双赢、共同发展"的原则，坚持合作办学、合作育人、合作就业、合作发展，企业拟投入该双三元主体办公设备、商品货物等资源，校企共建天章网络营销中心。

该双三元主体能同时容纳30名学生，选派大三的电子商务学生采取轮岗方式执行企业任务，锻炼相关的网商技能，提升学生电子商务技能，企业培养所需的实用人才及实现自身业务的拓展。企业技术骨干及管理人员与学校，共同确定人才培养目标、共同制定和实施专业人才培养方案，每周保证至少有两个单位时间由校企双方共同对学生授课，授课内容涵盖《网商创业》《图形图像处理》《网络营销与安全》《电子商务综合实训》等核心课程内容，双方合编这些课程的教材或讲义。

为保证双三元主体的合作共赢，企业教师为学生授课，学校按照"双岗双薪"方式聘任企业技术骨干为学生授课，支付相应的授课报酬；学校还将选派优秀教师和业务骨干承担或参与企业的科研项目开发、技术改造、技术援助和学术研讨等，科研产权归双方共同所有。企业发挥自身的行业优势和社会影响力，根据需要与学校进行项目合作研究成果，并对双方成果进行推广。

最后，学校和企业共同为优秀学生推荐就业，为企业生产经营活动提供人力资源方面的支持。

为协调双三元主体及校企双方的关系成立天章网络营销中心理事会，该理事会由企业主导，理事会有权管理该双三元主体人、财、物、教学与生产事务，天章网络营销中心的运作同时接受学校的监督，由学校制定考核标准对天章网络营销中心进行考核。参考标准如下：①学生的就业率。②学生的自主创业情况。③双三元主体年度赢利状况。为加强双三元主体管理，制定相应的管理制度。

天章网络营销中心主要开展项目、功能描述、培养能力等，见表17：

表17　天章网络营销中心项目列表

序号	项目名称	功能描述	培养能力	负责人
1	网络营销及推广	结合《网商创业》《网络营销与安全》等课程，企业与学校合作做网上开店的软硬件准备，为学生进行网上开店提供基础设施及培训。	网店定位、选择产品、开设网店、网店管理等能力。	谭国锋（校）刘明星（企）
2	产品展示陈列及拍摄	结合《图形图像处理》课程，与企业合作对产品进行合理展示和陈列，按照网店需要，选择摄影器材拍摄清晰、真实且美观的图片，并对图片进行处理。	产品拍摄、图片处理等能力。	潘强（校）刘毅（企）
3	仓库管理、包装、物流管理、配送	结合《电子商务物流配送》课程，与物流企业合作，提供企业产品的仓储、包装和发货等服务，通过学生轮训的方式，完成服务功能。	物流管理、配送等能力。	袁海洋（校）刘明星（企）

序号	项目名称	功能描述	培养能力	负责人
4	客户沟通与服务	结合《客户关系管理》课程，专注优质服务，学校与企业致力于为顾客提供网店产品的售前、在售、售后服务，并处理好客户投诉等问题。	客户关系管理、售后服务等能力。	王克富（校）张　娟（企）

（五）金湾区电子商务中心

1. 围绕电商产业链，"政府、高校、企业"合作新模式

由珠海城市职业技术学院、天章互联网、服务学院三方合作探索在"多元投入、多边合作、多方治理、多样发展"上的电商产业类专业校企利益共同体建设机制。三方合作，依托地区优势，通过整合各方资源，建立金湾电商产业发展研究中心（由区工商联牵头、城职院和天章协助），凝聚优势资源，把金湾电商产业园打造成珠海市电商产业的示范基地，共同促进珠海电商产业的可持续发展，实现发挥政府协会作用营造金湾蓬勃的电商氛围的作用。

2. 建立天章金湾—珠海城职院"双师型"教师培养基地（由城职院牵头、区工商联和天章协助）

为促进学校适应电商产业发展，提高教师专业能力深化专业教学改革，培养高素质电商产业人才，建立金湾电商产业人才培训中心（由区工商联牵头、城职院和天章协助），同时为企业输送符合企业发展需要的专门人才，为企业产品设计开发提供技术服务。推动建成国家首批"100所混合所有制性质二级学院"之一。

3. 电子商务体验中心

与广东天章集团联合创建，从系统化体验、互动化体验和创业化体验三个层次实现对电子商务的知识掌握、案例互动和创业演练。系统化体验是系统地将理论教学环节中的所有应用型技能型知识点与互联网的实际应用"对号入座"，贯穿学生从入学到入职全过程的系统知识操练；互动化体验是按照消费者、准专业人士、准行业专家的三个角色扮演，组织学生分组对电子商务各领域中的案例主题进行互动，获取综合运营经验；创业化体验是将学生置身于创业实战的环境下，在创业运营过程中锻炼就业能力，这种实战体验不仅为电子商务企业带来转化率和用户黏性，又培养和训练学生的重要切入点和方法论。在移动电子商务应用领域主要体验包括 B2B 移动商务服务、B2C 移动商城、移动支付、旅游电子票服务和移动增值服务。通过多个层次的体验，不断创造学生与电子商务行业的全面接触，转变传统灌输式的教育模式，提升学生快

速模仿和二次创新的能力，成为紧跟行业发展的技术、营销、管理加商务的多维人才，见表18：

表 18 电子商务体验中心项目列表

序号	项目名称	功能描述	培养能力	负责人
1	网络营销案例体验	挑选行业典型案例，利用体验工具与互动沙盘对搜索引擎营销、电子邮件营销、微博营销、第三方电子商务平台营销、移动营销、网络会员制营销、数据库营销、网络促销、网络广告、网络品牌等应用型技能进行深入体验和经验总结	培养学生充分掌握网络营销技能的实际应用掌握，形成全面网络营销的能力	谭国锋潘强
2	电子商务客户关系管理案例体验	挑选行业典型案例，利用体验工具与互动沙盘对客户信息管理、客户体验管理、客户满意管理、客户忠诚管理、客户投诉管理、创新客户服务、大客户服务管理等应用型技能进行深入体验和经验总结	培养学生理解客户服务，运用电子商务平台提供优质服务的能力	王克富袁海洋
3	电子商务物流管理案例体验	挑选行业典型案例，利用体验工具与互动沙盘对物流模式、物流配送、物流信息管理、物流客户服务、物流合作企业甄选等应用型技能进行深入体验和经验总结	培养学生评估和监督第三方物流服务水平的能力	袁海洋
4	B2B 创业体验	基于第三方 B2B 平台，建立企业站点，执行平台运作规则、营销工具和业务流程，实现供求流转	培养学生基于B2B 平台的创业实战能力	曾祥鹏孙凯
5	团购创业体验	借助成熟团购网站架构，定制个人团购产品，管理发货、商家、支付等模块，并做好搜索引擎优化	培养学生基于团购平台的创业实战能力	刘二涛刘玉玲
6	C2C 创业体验	面向第三方 C2C 平台，创建店铺，选择产品，提升排名、做好客服、维护信誉，体验网商的创业历程	培养学生基于C2C 平台的创业实战能力	张静

4. 校外实训基地建设

与珠海电子商务协会、珠海海纳城投资有限公司、广东天章集团、珠海富码网络科技有限公司、珠海市励志嘉合贸易有限公司企业合作，挑选基础较好、与专业方向比较贴近的企业签订协议，建立校外实习实训基地，安排学生轮流实习。重点在两方面进行深层次合作：加大实习基地在工学交替、顶岗实习方面的融合度，促进人才培养模式的改革；选派教师到基地挂职锻炼，指导学生实习工作，提升教师实践能力和"双师"素质。

四、项目预期和成效

（一）提升人才培养质量，就业率、专业对口率、满意率明显提升

根据电子商务行业发展、人才结构调整需要，优化专业课程体系，通过项目任务进行课程建设、教学方法与教学组织形式改革，将职业标准融入课程教学，毕业生双证获取率达到100%；以功能各异的双三元主体为人才培养的主基地，在培养常规专业技能基础上强化网络创业技能培养，为社会输送"单岗精通、多岗适应"高素质高技能型的电子商务平台运营、外贸电子商务、商务美工、商务客服、网商创业等岗位的电子商务人才，为同类专业探索出培养电子商务人才的成功之路。探索一种全新的创新的应用型教育教学模式，不断提高专业人才培养质量，毕业生就业率达到99%以上，专业对口率达到80%以上。

（二）通过以双三元主体为主的人才培养的主基地建设，使专业建设、教学团队、学生创业能力得到大幅提升

基于校企双方按照优势资源共享的原则，建设校内外专业技能型双三元主体和网络创业技能型双三元主体，实现在工作过程中开展专业课教学实践的目的，真正做到专业教学与职业活动的融合，为锻炼教师电子商务实践能力和培养学生就业／创业能力提供一个真实的企业环境，有助于提升师生职业素质，提高人才培养质量。提供企业培训服务和技术开发支持，并为企业输送优秀毕业生，以此达到校企互利双赢、共同发展的目的。在实训基地共建、开放式管理、运行方面总结出可供借鉴的经验。

（三）通过"互聘共培""双岗双薪"等方式实现师资队伍"双师"素质

进一步加强"双师"结构专业教学团队建设，专任教师"双师"素质比例达到95%以上。依托双三元主体聘请兼职教师，采取"双岗双薪"管理模式，提供有吸引力的薪酬标准聘请兼职教师，引进有企业工作经验的优秀人才，指导学生专业实践；聘请卖家讲师远程指导学生创业；聘请优秀毕业生指导学生就业择业等，从而使专任教师"双师"素质教师比例达到95%，建成一支省内知名的优秀教学团队。

（四）企业评价和社会服务能力显著提高

通过搭建政校企育人平台，打造金湾区人才筹备基地，推动校企共同开展项目研发和技术服务工作，实施网上创业、网站建设等服务，帮助中小企业提升网络营销水平，

促进企业增值，促进地区电子商务的发展；扩大本专业在金湾地区甚至全市的影响力。同时，采用更有效的服务教学方式，提高学校的社会声誉，使学校成为高职院校同类专业在校企合作、服务社会方面的示范。该项目获得金湾工商联企业的一致好评。

案例十："行校企""全球供应链怡亚通益达众创学院"案例

一、项目背景

（一）政策背景

1. 党和国家号召大众创业、万众创新

习近平在 2014 年中央经济工作会议上强调"营造有利于大众创业、市场主体创新的政策制度环境"。李克强在 2015 年《政府工作报告》中提出：打造大众创业、万众创新和增加公共产品、公共服务"双引擎"，实现中国经济提质增效升级。近日，国务院办公厅印发了《关于发展众创空间推进大众创新创业的指导意见》，全面部署推进大众创业、万众创新工作。

2. 教育部鼓励院校创新创业教育

2014 年 12 月，教育部出台《关于做好 2015 年全国普通高等学校毕业生就业创业工作的通知》明确规定：各高校要将创新创业教育贯穿人才培养全过程，面向全体大学生开发开设创新创业教育专门课程，组织学生参加各类创新创业竞赛、创业模拟等实践活动。

（二）行业背景

目前，我国商贸流通行业已成为国民经济的基础性和先导性产业。2014 年社会消费品零售总额 26 万亿元，吸纳就业 1.2 亿人，经济增幅贡献率在 50% 以上。伴随行业的快速发展，专业人才队伍滞后问题逐渐凸现。院校人才培养模式与企业、社会需求脱节，毕业生就业和创业能力低下，企业适岗性培训成本上升。

中国商业企业管理协会、中国对外贸易经济合作企业协会长期致力于商贸流通行业人才队伍建设，2011 年启动校行企合作模式研究基础标准工作，受商务部委托于

2013 年起草了行业标准《职业院校商业与贸易类专业人才培养能力建设与评价规范》，于 2015 年着手起草行业标准《商贸企业职业教育实习实训规范》。为实践上述标准，面向经管类专业学生构建院校职业能力实践平台，两家协会联合企业与院校开展了"校行企合作产业学院计划"。该计划由行业组织牵头，将覆盖全产业链的著名企业引入院校，校行企合作建立产业学院，将企业需求延伸至院校教学，将创业技能赋予毕业生，大幅降低企业二次培训成本，扩大社会创新创业队伍，从根本上改善商贸流通业发展状态。

（三）企业背景

深圳怡亚通供应链股份有限公司（以下简称怡亚通）成立于 1997 年，总部设在深圳，是中国第一家上市供应链企业（股票代码：002183），主营业务是为企业提供供应链业务运营服务，具体包含：原料全球采购、商品全球销售、供应商库存管理（VMI）、企业全程物流运营等服务。截至 2014 年，公司分支机构 150 余家，业务覆盖企业 100 万家，其中接受全程供应链服务的跨国公司 1000 余家（其中 150 家为世界 500 强企业），全球员工 15000 余人，年营业额 17 亿美元，海关纳税 20 亿元。

为全球供应链服务体系提供支撑，怡亚通已实现了"两天两地一平台"的运作模式，其中：

"两天"指电子商务平台"宇商网"（网址：www.esunny.com）与和乐网（网址：www.365hele.com）。前者用于 B2B 业态，后者用于 B2C 业态。

"两地"指线下实体运行的"380 配送中心"与"和乐生活超市"。前者是以服务企业为主的区域性配送中心，三年内将覆盖 90 个国家 380 个城市的 300 万个基地；后者是服务于最终消费者的实体超市。

"一平台"指为"两天两地"提供全球物流服务的支撑体系。

为适应上述发展，怡亚通提出了在未来 3 年内实施"3 个 5 万"的人力资源培育计划，即在未来 3 年内，培育 5 万名线下供应链运营骨干，为怡亚通全球供应链网络拓展提供人才储备；培育 5 万名线上 B2B 操盘手，为"宇商网"扩容运行提供人才储备；培育 5 万名线上 B2C 店主，为"和乐网"扩容运行提供人才储备。

为实现这一目标，怡亚通与中国商业企业管理协会、中国对外贸易经济合作企业协会合作推进怡亚通益达众创产业计划，希望通过学校教学，为学生提供真实的职业技能和创业技能实践培育，为企业自身发展和行业发展提供高素质的专业人才。

二、项目概述

以"行校企"合作为核心理念,引入全国产业链 500 强龙头企业资源,推进服务职业教学改革、与区域经济高度融合的电商与供应链人才、企业培育基地。

"校行企"共建基地成立后为学校实践教学管理工作的开展提供了新的平台。实践教学的管理工作不再局限于学校内部实践教学相关工作和教学资源的具体管理,还包括校外行业、企业等社会教学资源的获取和管理。实践教学管理理念要与时俱进,由单纯的管理向服务和合作转变。

项目建设以国家标准和行业标准为依据,编制体现全球供应链运营特点的人才培养方案,利用合作院校招生指标,完成从招生、课堂教学、综合实训、企业实践、职业能力认证、创业就业等全部教学与就业环节。

三、项目内容

(一)引入名企,建设实训实习体系

1. 建设目标

近年来,中高职、普通高等院校创新创业教育不断加强,取得了积极进展,对提高职业教育质量、促进学生全面发展、推动毕业生创业就业、服务国家现代化建设发挥了重要作用。但也存在一些不容忽视的突出问题,主要是一些地方和院校重视不够,创新创业教育理念滞后,与专业教育结合不紧,与实践脱节;教师开展创新创业教育的意识和能力欠缺,教学方式方法单一,针对性实效性不强;实践平台短缺,指导帮扶不到位,创新创业教育体系亟待健全。

为了进一步推动大众创业、万众创新,国务院办公厅于 2015 年 5 月发布《关于深化高等学校创新创业教育改革的实施意见》,全面深化高校创新创业教育改革,融入人才培养体系,丰富课程、创新教法、强化师资、改进帮扶,推进教学、科研、实践紧密结合,突破人才培养薄弱环节,增强学生的创新精神、创业意识和创新创业能力。

本创新创业课程体系覆盖了怡亚通全球供应链的主要业务范畴,培养目标主要是面向日化、电子、粮油食品、运输等若干个行业,培养具有良好的职业素养,掌握必需的文化科学知识和经管专业知识,在怡亚通供应链服务岗位、企业采购、分销、物流等经营管理岗位,以及电子商务创业课程指导等岗位轮岗实训,培养具有创业精神和较强适应能力的中、高等应用技能型人才。

2. 建设内容

(1)实训教学计划(企业培训 + 轮岗模式)

表 19　实训教学计划表

序号	课程名称	学分	课程模块与课时	实施 / 考核方式	考核大纲	学时
1	云平台	1	1. 门户管理（2课时） 2. 资源管理（2课时） 3. 建课功能及课程管理（2课时） 4. 在线教学管理（2课时） 5. 移动学习管理（1课时） 6. 个性化学习空间（1课时）	1. 课程建设可以随时更换模板； 2. 课程栏目名称任意更改、栏目位置任意调动、栏目条数任意增加或删除； 3. 课程编辑无须后台操作，所见即所得； 4. 课程章节编辑； 5. 课程内容撰写。	云平台各功能模块的标准操作与设置	10
2	怡亚通供应链企业文化	1	1. 怡亚通企业发展（1课时） 2. 企业服务标准（1课时） 3. 企业供应链服务流程（2课时） 4. 企业组织架构（2课时） 5. 企业部门与岗位职责（2课时）	1. 企业现场调研考察； 2. 企业调研报告。	1. 怡亚通供应链企业文化； 2. 企业服务内容； 3. 供应链企业服务标准与流程； 4. 供应链企业组织架构； 5. 供应链企业部门岗位职责	8
3	品牌中国分销商运作模式	3	1. 品牌中国分销商组织架构（2课时） 2. 品牌中国分销商角色与职责（2课时） 3. 麦克销售模式（6课时） 4. 各岗位职能每日工作流程（4课时） 5. 品牌分销商客户经理管理技巧（4课时） 6. 销售基本访问技巧（8课时）	1. 企业现场调研考察； 2. 岗位体验； 3. 分销商岗位职能调研报告； 4. 销售工作报告； 5. 客户经理月度总结； 6. 怡亚通企业导师讲座。	1. 宝洁、雅培、金龙鱼、雀巢、美赞臣等品牌中国分销商组织与职能； 2. 快速拜访路线工具的应用； 3. 分销商各岗位职能工作流程； 4. 销售技巧与工具应用； 5. 客户经理管理报告； 6. 销售基本访问技巧	26

续表

序号	课程名称	学分	课程模块与课时	实施/考核方式	考核大纲	学时
4	客户服务后勤管理	1	1. 后勤组织架构（2课时） 2. 客服订单管理（2课时） 3. 分销商运输管理（2课时） 4. 分销商库存管理（2课时） 5. 分销仓储管理（2课时） 6. 系统部门运作（2课时） 7. 分销商数据分析（2课时）	1. 企业现场调研考察； 2. 岗位体验； 3. 客服工作报告； 4. 库存报表； 5. 分销商数据统计报表； 6. 怡亚通企业导师讲座。	1. DMS渠道类型与商店类型； 2. 客服订单处理技巧； 3. 分销运输管理； 4. 库存管理； 5. 仓储管理； 6. 数据分析技巧	14
5	B2B宇商网	4	1. 认识B2B宇商网（2课时） 2. 宇商网的业务模式（2课时） 3. 宇商网店铺运营（16课时） 4. 宇商网店铺销售技巧（16课时） 5. 宇商网某品牌业务供应链环节跟踪（24课时）	1. 怡亚通企业导师讲座； 2. B2B宇商网线上实践（小组形式）； 3. 宇商网某品牌一笔业务供应链环节的跟踪报告（小组形式）； 4. 宇商网实践报告。	1. B2B宇商网的业务模式； 2. B2B宇商网店铺运营操作； 3. B2B宇商网店铺销售技巧； 4. 宝洁、雅培、金龙鱼、雀巢、美赞臣等品牌业务供应链环节跟踪	60
6	B2C/O2O和乐网	4	1. 认识和乐网（2课时） 2. 和乐网B2C业务模式（2课时） 3. 和乐网B2C店铺运营（16课时） 4. 和乐网B2C网店销售技巧（16课时） 5. 和乐网O2O业务模式（2课时） 6. 和乐网O2O线上销售（16课时） 7. 和乐网O2O线下销售（16课时） 8. 和乐网O2O微店营销（16课时）	1. 怡亚通企业导师讲座； 2. B2C和乐网线上实践（小组形式）； 3. 和乐网某品牌一笔业务供应链环节的跟踪报告（小组形式）； 4. 和乐网O2O微店营销实践报告； 5. 和乐网O2O线上线下营销实践报告。	1. B2C和乐网的业务模式； 2. B2C和乐网店铺运营操作； 3. B2C和乐网店铺销售技巧； 4. 和乐网O2O线上线下销售； 5. 和乐网O2O微店营销； 6. 宝洁、雅培、金龙鱼、雀巢、美赞臣等品牌O2O业务环节跟踪	86

序号	课程名称	学分	课程模块与课时	实施/考核方式	考核大纲	学时
7	和乐生活超市	4	1.认识和乐连锁模式（2课时） 2.和乐生活超市业务模式（2课时） 3.和乐生活超市门店日常运营（16课时） 4.和乐生活超市门店销售（16课时） 5.和乐生活超市采购配送（16课时） 6.和乐生活超市知名品牌供应链环节跟踪（24课时）	1.怡亚通企业导师讲座； 2.和乐生活超市门店销售实践（小组形式）； 3.和乐生活超市某品牌一笔业务供应链环节的跟踪报告（小组形式）； 4.和乐生活超市门店运营实践报告； 5.和乐生活超市采购配送实践报告。	1.B2C和乐网的业务模式； 2.B2C和乐网店铺运营操作； 3.B2C和乐网店铺销售技巧； 4.和乐网O2O线上线下销售； 5.和乐网O2O微店营销； 6.宝洁、雅培、金龙鱼、雀巢、美赞臣等品牌和乐连锁供应链业务环节跟踪。	76
8	竞赛	1	企业同步进行创业竞赛	围绕真实企业运营的案例及过程来进行，真正零距离创业。	企业同步进行竞赛。围绕真实企业运营的案例及过程来进行，让学生真正零距离地创业	10
9	认证	1	1.第三方人才水平评估认证 2.专业建设水平评估认证	企业及行业协会颁发相关职业资格认证证书或者商务部下属行业协会根据商贸流通职业教育实践教学规范标准进行评估，合格后予以颁发相应的认证证书。	上述1-8项全部内容	20
共计（学分/学时）					20学分/310学时	

（2）实训课程详细设计

以下明细为中期培训班的课程设计明细，短期培训班会在其基础上，根据实际情况做精简安排。

①云平台课程

模块一：门户管理（学习和熟练操作以下内容：用户权限管理、统一认证登录管理、

信息发布管理）

模块二：资源管理（学习和熟练操作以下内容：教学资源管理、特色数据库管理、素材管理）

模块三：课程管理（了解管理模拟的内容及操作方法，具体包括：课程网站模板管理；课程栏目管理；课程网站首页定制；课程建设操作流程；课程建设中的图片、文字、音视频技术；课程建设隐私管理；课程资源标签索引；课程章节模块组合；课程建设监控中心；付费学习模块）

模块四：在线管理（了解管理模拟的内容及操作方法，具体包括：教务管理、学校课程管理、学习进度管理）

模块五：移动管理（引入怡亚通企业部门与岗位介绍，了解各部门岗位的职能）

模块六：学习空间（个人学习云空间应用 Web2.0 等技术，以用户需求为导向，以"6+1"教学资源库为依托，开展课程学习、信息检索、项目实训、技能测评、技术咨询、考证服务、知识共享与交流等应用服务，以促进教师职业发展，提高学生学习兴趣，全面提升人才培养质量。）

②怡亚通供应链企业文化课程

模块一：怡亚通企业发展（引入怡亚通企业文化的理念，了解怡亚通，了解供应链企业）

模块二：企业服务标准（供应链企业的服务标准不同于普通行业，了解怡亚通面对不同品牌商所提供的服务标准）

模块三：企业供应链服务流程（了解供应链企业的服务流程，了解怡亚通面对不同品牌商所提供的供应链服务流程）

模块四：企业组织架构（引入怡亚通企业组织架构，了解怡亚通企业各组织、部门的分布）

模块五：企业部门与岗位职责（引入怡亚通企业部门与岗位，了解怡亚通各部门岗位的职能）

引入实训课：办公室干部与学生互动（形式不限）

③品牌中国分销商运作模式课程

模块一：品牌中国分销商组织架构（引入与怡亚通合作的知名品牌中国分销商文化的理念，如宝洁、雅培、金龙鱼、雀巢、美赞臣等品牌，了解其品牌中国分销商的组织架构）

模块二：品牌中国分销商角色与职责（引入某品牌中国分销商，了解其各部门角色岗位及其岗位职责）

引入实训课：办公室干部与学生互动（形式不限）

模块三：麦克销售模式（实训模式，形式不限）

企业提供销售工具，以案例为引导，角色模拟演练等方式学习快速拜访路线工具的应用，如快速拜访客户技能、快速拜访路线（ARDP）图、HSR 快速拜访路线、MSR BSR 快速拜访路线等九类工具。

模块四：各岗位职能每日工作流程（引入某品牌中国分销商，了解其各岗位职能每日工作内容与流程）

引入实训课：办公室干部与学生互动（形式不限）

模块五：品牌分销商客户经理管理技巧（引入某品牌中国分销商，学习其客户经理管理技巧）

模块六：销售基本访问技巧（实训模式，形式不限）

根据企业现场观察与授课学习销售代表岗位的基本访问技巧（销售代表这块的角色加大课程分量，情景模拟设计多个具备不同技能的销售代表岗位，让学员总结提炼销售岗位的职责）（案例分析、现场体验、点评）。

④客户服务后勤管理课程

模块一：后勤组织架构（引入与怡亚通合作的知名品牌中国分销商客户服务后勤管理系统，如宝洁、雅培、金龙鱼、雀巢、美赞臣等品牌，了解其品牌中国分销商的客户服务后勤管理岗位职责与工作流程）

模块二：客服订单管理（引入某品牌中国分销商，了解客服订单处理流程）

引入实训课：客户服务部门干部与学生互动（企业考察为主）

模块三：分销商运输管理（实训模式：企业考察为主）

企业提供销售工具，以案例为引导，角色模拟演练等方式学习分销商运输模式、分销商运输模式数据处理工具等。

模块四：分销商库存管理（引入某品牌中国分销商，了解其商品库存管理、了解库存优化流程、库存控制目标的设定和运用等工具）

引入实训课：办公室干部与学生互动（企业讲师＋企业考察为主）

模块五：分销仓储管理（企业讲师＋企业轮岗为主）

引入某品牌中国分销商，学习其仓储管理作业，如：仓储管理报表工具应用、货物的入仓流程、出库前备货流程、货物的出仓流程、货品装卸与堆放流程、库内温湿度控制流程等。

模块六：系统部门运作（实训模式：企业讲师＋企业考察为主）

根据企业现场观察与授课学习系统部门组织结构以及角色与职责、数据质量管理流程表、DMS 系统升级标准流程等。

模块七：分销商数据分析（实训模式：企业讲师＋企业调研为主）

根据企业现场观察与授课学习商店、销售代表、仓库、二级分销商、地理信息、品牌报表逻辑、后勤数据等分销商数据的分析（案例分析、现场体验、点评）。

⑤ B2B（企业对企业）宇商网课程

模块一：认识 B2B 宇商网（引入怡亚通旗下品牌宇商网，了解什么是宇商网，宇商网的愿景以及宇商网的功能）

模块二：宇商网的业务模式（了解宇商网的业务模式以及业务内容）

模块三：宇商网店铺运营（实训模式，形式不限）

企业提供宇商网平台，以实际案例为引导，现场实操等方式学习 B2B 电商店铺的日常运营。

模块四：宇商网店铺销售技巧（实训模式，形式不限）

企业提供宇商网平台，以实际案例为引导，现场实操等方式学习 B2B 电商店铺的销售技巧。

模块五：宇商网某品牌业务供应链环节跟踪（实训模式，形式不限）

根据实际业务操作与授课等方式，以宇商网平台上的某一知名品牌（如宝洁、雅培、金龙鱼、雀巢、美赞臣等品牌）为例，跟踪其供应链环节（案例分析、现场体验、点评）。

⑥ B2C/O2O（企业对个人）和乐网课程

模块一：认识和乐网（引入怡亚通旗下品牌和乐网，了解什么是和乐网，和乐网主要做什么）

模块二：和乐网 B2C 业务模式（了解和乐网的 B2C 业务模式以及业务内容）

模块三：和乐网 B2C 店铺运营（实训模式，形式不限）

企业提供和乐网平台，以实际案例为引导，现场实操等方式学习 B2C 电商店铺的日常运营。

模块四：和乐网 B2C 网店销售技巧（实训模式，形式不限）

企业提供和乐网平台，以实际案例为引导，现场实操等方式学习 B2C 电商店铺的销售技巧。

模块五：和乐网 O2O 业务模式（了解和乐网的 O2O 业务模式以及业务内容）

模块六：和乐网 O2O 线上销售（实训模式，形式不限）

企业提供和乐网平台，以实际案例为引导，现场实操等方式学习和乐网 O2O 线上销售模式与技巧。

模块七：和乐网 O2O 线下销售（实训模式，形式不限）

企业提供和乐网平台，以实际案例为引导，现场实操等方式学习和乐网 O2O 线下部分的销售技巧。

模块八：和乐网 O2O 微店营销（实训模式，形式不限）

企业提供和乐网微店平台，以实际案例为引导，现场实操等方式学习和乐网 O2O 微店营销。

⑦线下和乐生活超市课程

模块一：认识和乐连锁模式（引入怡亚通旗下品牌和乐生活超市，了解什么是和乐生活超市、和乐生活超市的愿景以及加盟计划）

模块二：和乐生活超市业务模式（了解和乐生活超市的业务模式以及业务内容，包括和乐生活超市 O2O 服务模式）

模块三：和乐生活超市门店日常运营（实训模式，形式不限）

企业提供实训工具，以实际业务为引导，现场实操等方式学习和乐生活超市门店的日常运营。

模块四：和乐生活超市门店销售（实训模式，形式不限）

企业提供实训工具，以实际业务为引导，现场实操等方式学习和乐生活超市门店的销售技巧。

模块五：和乐生活超市采购配送（实训模式，形式不限）

企业提供实训工具，以实际业务为引导，现场实操等方式学习和乐生活超市的商品采购、商品配送等业务。

模块六：和乐生活超市知名品牌供应链环节跟踪（实训模式，形式不限）

根据实际业务操作与授课等方式，以与和乐生活超市合作的某一知名品牌（如宝洁、雅培、金龙鱼、雀巢、美赞臣等品牌）为例，跟踪其供应链环节（案例分析、现场体验、点评）。

⑧创新创业竞赛课程

⑨职业技能与资格认证课程

⑩实施进度计划表

针对上述实训教学课程，以下是综合多个学校实际运营后总结出的实施进度计划表：

计划周期	实训内容	实训形式	课程学时
第一周	云平台及资源库课程	企业培训+轮岗模式	60 天
第二周	怡亚通供应链企业文化、品牌中国分销商运作模式课程		
第三周	客户服务后勤管理、B2B 宇商网（基础认知部分）课程		
第四周	B2B 宇商网（轮岗/实操部分）课程		

计划周期	实训内容	实训形式	课程学时
第五周	B2C/O2O 和乐网（B2C 部分）课程		
第六周	B2C/O2O 和乐网（O2O 线上＋线下部分）课程		
第七周	B2C/O2O 和乐网（O2O 微店部分＋和乐生活超市基础认知）课程		
第八周	和乐生活超市（门店运营与销售部分）课程		
第九周	创新创业竞赛课程		
第十周	职业技能与资格认证课程		
备注：具体课程模块根据企业师资安排的具体情况做补充。			

（二）引入"互联网＋"，建设创新创业体系

1.建设目标

本体系的建设，引企入校，与全国 500 强供应链企业（深圳市怡亚通供应链股份有限公司）进行合作，在校内建设该企业的业务办理点，如：和乐网络商城、和乐生活超市、和乐海淘平台、全球供应链运营平台等，并承接该企业的真实业务。主要目标是为学生提供从产品设计、推广、销售、运输到客户端的整个过程的创业实践环境。并以学生创业需求为导向，为学生或者创业项目提供创业贷款担保。

2.建设内容

（1）创新创业教学计划（企业培训＋轮岗模式）课程设置如下：

序	课程名称	学分	课程模块与课时	实施／考核方式	考核大纲	学时
1	企业顶岗实习	0.5	"创业通识"学习平台操作	了解创业流程步骤与技能以及创业计划书总体撰写。	创业计划书撰写	48
		0.5	"YD 创客空间"商品展示与交易平台操作	在"YD 创客空间"商品展示与交易平台中对产品进行推动，且可进行互联网技术，技术创新，知识分享，创意展示、创意交流以及创意制造。	对产品在"YD 创客空间"推动及创意展示、创意交流。	

续表

序	课程名称	学分	课程模块与课时	实施/考核方式	考核大纲	学时
		0.5	创意工厂OEM系统操作	了解产品加工定制厂商、产品生产厂商、原材料供应商、采购商的信息，提供从原材料采购—生产加工—现货批发等一站式OEM供应服务	将学生的设计的创意作品通过"OEM系统操作"进行加工，利用怡亚通资源将作品变成样品	
		0.5	B2B经营创业	B2B网络商城店铺运营	1. B2B宇商网店铺运营操作； 2.宝洁、雅培、金龙鱼、雀巢、美赞臣等品牌业务供应链环节跟踪。	
		0.5	B2C线上经营创业	B2C线上店铺运营	1. B2C宇商网店铺运营操作； 2.宝洁、雅培、金龙鱼、雀巢、美赞臣等品牌业务供应链环节跟踪。	
		0.5	B2C线下超市创业	B2C线下超市门店日常运营	1. B2线上线下销售； 2. B2C微店营销； 3.宝洁、雅培、金龙鱼、雀巢、美赞臣等品牌和乐连锁供应链业务环节跟踪；	
		1	物流骨干网	物流配送运营管理	B2B、B2C、O2O仓储配送物流跟踪	
合计：4学分/48学时						

（2）引入全球供应链与电商体验中心

全球供应链与电商体验中心，主要实现线上营销与线下实体超市/工厂相结合，体现全球供应链的综合服务功能，学生通过电商综合服务平台、380供应链服务平台及时了解产品的分销采购、发布、产品展示与购买。同时在内部署智能触摸终端，直接进行在线电商购物与订货，国际采购执行、国际分销执行、全球DC分拨配送并通过在线支付方式，方便学生直接进行订货与配送，并进行后续运营收费。同时在校园实体超市，也可以直接订货，实现网店与实体店的完美结合。体验中心场景将按以下效果进行布置。

（3）引入创业通识学习平台

行校企合作引入"创业通识"学习平台，该软件具有创办企业的最全攻略、创业流程步骤与技能以及创业计划书总体撰写指导。学生通过"创业通识"APP应用软件，可以快速掌握创办企业的知识与技能。

功能设计图如图23。

了解创业政策	为支持大学生创业，国家各级政府出台了许多优惠政策，涉及融资、开业、税收、创业、培训、创业指导等诸多方面。对打算创业的大学生来说，了解这些政策，才能走好创业的第一步。
核定企业名称	到所在城市（区县）工商局领取"企业（字号）名称预先核准申请表"，填写准备申请的公司名称，由工商局检索是否有重名，如果没有重名，就可以使用这个名称。
编写公司章程	可以在工商局网站下载"公司章程"的样本。章程的最后由所有股东签名。
刻法人私章	自己联系刻法人私章。
领取银行询征函	联系一家会计师事物所，领取一张"银行询征函"（必须是原件，会计师事务所盖章）。
去银行开立公司验资户	所有股东带上自己入股的那一部分钱到银行，带上公司章程，工商局发的核名通知，法人代表的私章、身份证，用于验资的钱，空白询征函表格，到银行开立公司账户。银行会发给每个股东缴款单，并在询征函上盖银行的章。
办理验证报告	持银行出具的股东缴款单、银行盖章后的询征函，以及公司章程、核名通知、房租合同、房产证复印件，到会计师事务所办理验资报告。
注册公司申领营业执照	到所在城市（区县）工商局领取并填写公司设立登记的各种表格，包括设立登记申请表、股东（发起人）的名单、董事经理监理情况、法人代表登记表、指定代表或委托代理人登记表，连同核名通知、公司章程、房租合同、房产证复印件、验资报告一起交给工商局，申请领取营业执照。
刻公章财务章	凭营业执照，到公安局指定的刻章社，刻公章、财务章。
办理企业组织机构代码证	凭营业执照到技术监督局办理组织机构代码证。
开设基本账户	凭营业执照，组织机构代码证，去银行开设用于日常经营活动资金收付的基本账户。
办理税务登记	领取执照后30日内，到当地税务局申请领取税务登记证。一般的公司都需要办理两种税务登记证，即国税和地税。
申请领购发票	如果所申请的公司是销售商品性质的，应到国税申领发票；如果所申请的公司是服务性质的，则到地税申领发票。
公司正式营业	公司开始正式营业，注意每个月按时向税务申报税，即使没有开展业务不需要缴税，也要进行零申报。

图 23　功能设计图

（4）引入"YD 创客空间"商品展示与交易平台

"YD 创客空间"是为创意设计者、创业者提供一站式创业服务的平台，是一个推动互联网技术，技术创新，知识分享，创意展示、创意交流以及创意制造的服务平台。

"行校企"合作引入"YD 创客空间"商品展示与交易平台，平台建成后将成为校内乃至全省创业空间，如图 24 所示。

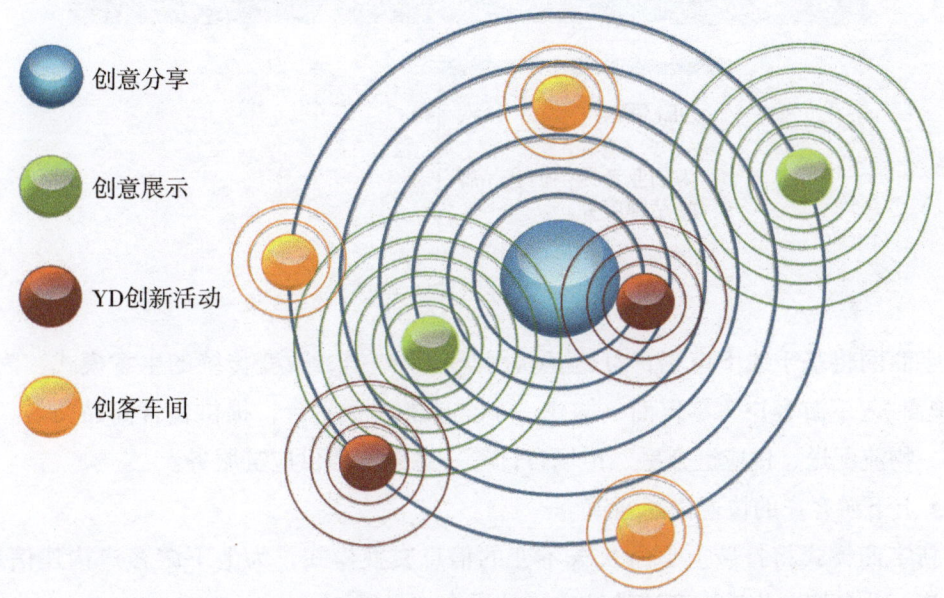

创意分享

创意展示

YD创新活动

创客车间

图 24 "YD 创客空间"展示图

（5）引入"创意工厂 OEM 系统"

"创意工厂 OEM 系统"是在为创意设计者、创业者提供一个将创意变为现实的快速通道，系统将汇聚海量的产品加工定制厂商、产品生产厂商、原材料供应商、采购商的信息，提供从原材料采购—生产加工—现货批发等一站式 OEM 供应服务，如图 25 所示。

校行企合作引入的"创意工厂 OEM 系统"，将给学生设计的创意作品进行加工，利用怡亚通资源将作品变成样品。

（6）引入 B2B 经营创业模式

引入知名企业深圳市怡亚通供应链股份有限公司 B2B 模式的宇商网，将其整个网络平台都开放出来给学生进行真实运营和实践。学生可以在平台中注册公司，将自己设计的样品或者当地农产品在此平台上进行销售。

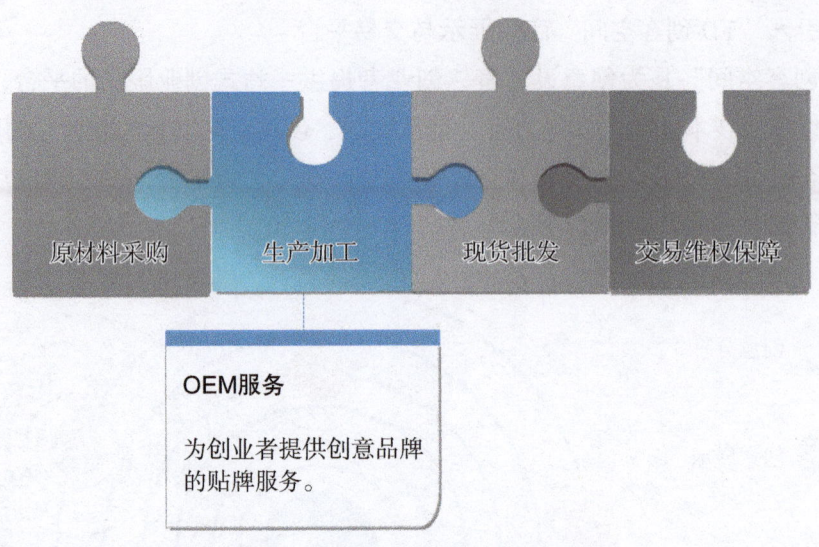

图 25   创意工厂 OEM 系统示意图

宇商网将基于线下市场，打造互联网全程供应链，改变传统的生意模式，为上游（品牌商）、下游客户（零售商）构建一个全新的沟通平台，提供包含商品交易、信息交换、物流配送、供应链金融、市场咨询等一系列全程供应链服务。

● 上下游客户的快速沟通通道

新宇商模式将打破上下游长久不变的信息交换模式，为上下游客户构建信息流、资金流、业务流、物流、商流快速交换的平台，见图23。

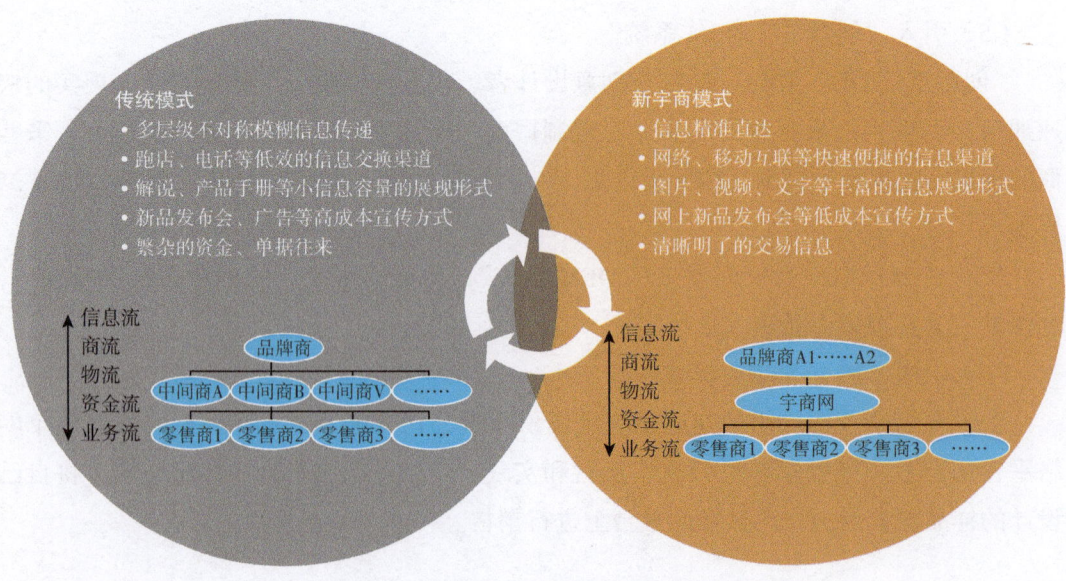

图 26   传统模式与新宇商模式对比图

- 线上到线下全程服务

新宇商网将凭借怡亚通自身完整的供应链服务体系，提供具有高保障性延伸线上线下的全程服务。

①商品展示功能：通过多维角度全方位展示商品及品牌信息，还可开展"网上新品发布会"等，零售商除了可放心选购经常性采购产品，同时还能及时全面的了解不同品牌的 SKU 和新品。

②交易支付功能：提供线上及移动交易平台，支持信用卡、银联、第三方等多种支付方式，而由此形成的电子交易记录，将大大提高上下游的对账效率，减少人工失误造成的纠纷。

③物流功能：可通过怡亚通物流体系进行配送，同时提供虚拟物流功能，可随时查看和催促产品出仓配送情况，保证送货的及时率和准确率。

④金融服务功能：通过客户信用体系，为上下游客户提供便捷快速的供应链金融服务，以此解决客户需求现金的燃眉之急。

⑤市场咨询功能：利用平台产生的大数据为上下游客户提供市场讯息，帮助品牌商更好地管理终端，为零售商更好地分析市场。

引入 B2C 线上经营创业模式（含跨境）

引入知名企业深圳市怡亚通供应链股份有限公司的 B2C 和乐网，企业将和乐网直接面向学生开放，学生可以经营 10 万种以上商品，从事实际经营项目包括：宝洁的飘柔洗发水、可口可乐、美赞臣奶粉等知名品牌。

- B2C 和乐网

B2C 和乐网整合怡亚通企业上游品牌客户资源，开放给消费者，并针对大型企业或个人开放团购等服务。和乐生活超市将成为线下交易的前台，消费者在线上和乐网筛选商品与服务，之后交由线下完成交易，线上的信息优势与线下的实体优势也就完美地结合到了一起。

同时，企业将电商运营特性与公司供应链服务平台优势相结合，将联盟天猫、腾讯、京东等建立网上 B2C 平台，提供供应链全运营、采购经销、代运营服务及 B2C 供应链服务等多种模式，并与和乐生活超市链接，消费者在电商平台购买商品后，由系统指示最近的生活超市直接配送及服务，不仅拓宽了电商线下分销渠道，也为消费者实现快速配送。

- 海淘平台

海淘平台是怡亚通的全球供应链和乐网的子平台，与全球供应链融为一体。提供全面的国际化服务体系，为客户提供面向全球的海淘服务，实现关税补贴、人民币支付、海外同价、极速转运一站式海外购物，竭尽所能让用户享受到更国际化的优质购物服务。实现全球"一键购"的跨境购物模式，消费者可以以最优惠的价格直接购买如原产于境外的数万款品牌商品，享受实时汇率同步海外价格，零手续费。

引入 B2C 线下超市创业模式

本超市将作为深圳市怡亚通供应链股份有限公司的连锁超市，超市的实际运营者为学生，超市中所经营产品由怡亚通企业统一提供；超市的经营理念、规程等由怡亚通进行统一培训、统一指导。解决学生在初次实践创业中对操作流程、方法以及货源筛选的困扰。

和乐生活超市特点：

● 配套领先的"微店"模式

虚拟购物创新之外，合作企业还可帮助零售商在微信平台上搭建"微店"，并提供运营指导方案，让终端门店通过微信平台这种低成本的方式建立会员体系、销售产品，加大对消费者的渗透，见图 27。

图 27　和乐生活超市

● 领先的便民增值服务创收模式

合作企业通过与不同的机构合作，推出"增值服务套餐"（包括代缴水电煤气、代预约机构办事、快递寄收、代订机票、酒店等服务）供零售商选择，零售商可方便快捷地丰富门店的增值服务，提高消费者的黏性，获得服务收入。

终端零售门店的媒体传播系统凭借庞大的上游品牌资源，为零售商导入广告业务，零售商可在门店安装合作企业的多媒体系统（LED 屏等），创造广告收入，建立市场营销广告推广平台，为流通行业客户推广及速销产品！

● 领先的 500 强零售管理体系

在营造规范、统一、现代的门店形象的同时，和乐生活超市也具备一套专业化、国际化的"零售运作服务系统"：

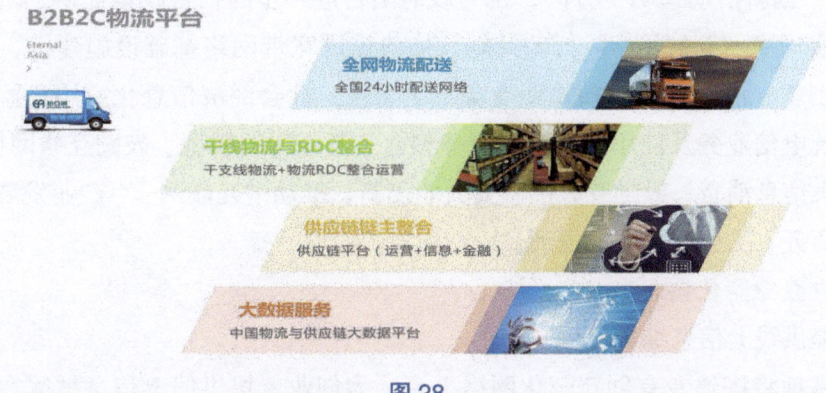

图 28

● 引入物流骨干网

引入知名企业深圳市怡亚通供应链股份有限公司物流骨干网，利用其自有的全国物流体系，为 B2B 宇商网、B2C 和乐网、和乐生活超市等企业的上下游客户提供深入一至五线城市的配送服务。

现在，怡亚通供应链股份有限公司合作企业在全国已有主干点建立超过 30 个省级 B2C 物流分拨中心，遍布全国近 200 个城市（3 年内将达到 380 个），可为各网上品牌商城建立全国共享物流网络，实现快速响应配送服务，全方位为客户提供互联网供应链服务，见图 28-29。

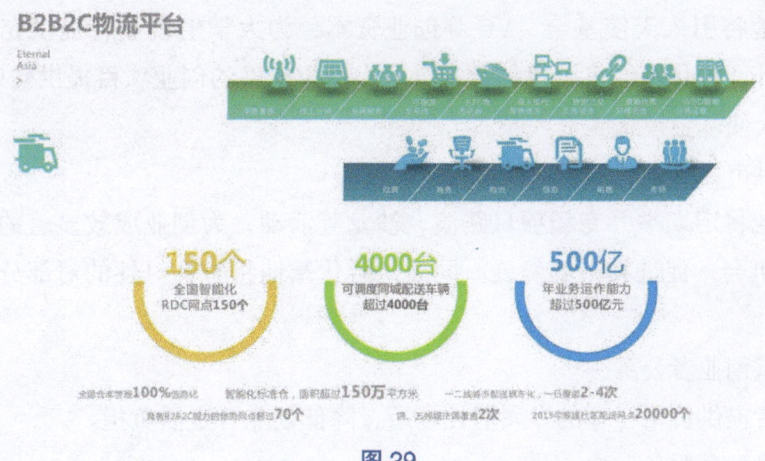

图 29

（三）服务区域经济，建设企业孵化器

1. 服务区域经济

近日，国务院颁发了《国务院关于积极推进"互联网 +"行动的指导意见》，意义非凡，此次国务院出台"指导意见"，把国家战略转化为具体的行动，为企业和社会的"互联网+"创新活动指明了方向，也为政府出台进一步的扶持政策提供了基础。为积极贯彻落实国家"互联网+"行动计划，加快推进宽带网络基础设施建设，着力推动行业融合创新，信息服务新模式新业态不断涌现，社会经济信息化应用日益深入，加快推进传统电信业务及应用向互联网服务型业务及应用的转型、鼓励互联网技术创新、进一步扩大信息消费，鼓励互联网企业大胆创新，推动"互联网+"产业发展，特别是推动电子商务、工业互联网的发展。

2. 设立企业孵化器

（1）提供线上信息综合服务

孵化基地将搭建专有创新孵化网络平台，为创业者提供线上信息披露、展示等服务，并成为孵化基地的门户网站。

（2）提供线上及线下创业辅导

孵化基地将聘请各行业内知名创业导师，为大学生创业者提供一对一的全流程、全方位创业辅导，引导大学生创业。创业辅导将采取一对一及不定期举办沙龙、公开课的方式进行，将包括企业管理、市场营销、电子商务、项目融资、政策法规等方面的辅导。

创业导师将采取线上及线下等方式进行辅导，创业者可根据自身情况选择网络通信或面对面等方式进行。

（3）提供融资服务

孵化基地将引入天使基金、VC 等创业资本，为大学生创业者提供充足的创业资本保障。另外，孵化基地将组建创业基金，为符合条件的创业项目提供初期种子资金，并在后期以天使基金模式注资入股。

（4）提供市场营销、项目对接服务

孵化基地将定期举办专场项目路演、沙龙等活动，为创业成效显著的项目创造推广其产品的机会，促进其市场发展。同时，孵化基地将有针对性的对部分项目介绍营销机构。

（5）提供创业者公寓

为创业者提供价格合理的专属居住场所，降低创业者生活负担。

（6）提供配套服务

①工商、税务代办服务

为创业者提供工商、税务等事务性工作的代办业务，提高工作效率。

②人力资源管理服务

根据创业者需求，为其提供人才市场信息、简历梳理、社保代办等人力资源管理业务。

③开放实验室服务

依托校方开放实验室资源，为创业者提供科研设施及科研合作服务。

④经营场所租赁服务

为创业者提供小到单个工位，大到整间办公室的经营场所，并提供网络通讯、餐饮、办公设备及用品、会议室等，降低创业成本。

（四）整合社会资源，建设配套教学支持体系

项目建设将校行企合作整合社会资源，建设学校教学支撑体系，具体内容如下：

1.为院校提供制造业、零售、外贸、电商行业供应链服务各岗位员工培训课程。

2.为院校提供各行业世界 500 强代表企业（如联合利华代表日用化工行业）采购、分销、物流等经营管理岗位员工培训课程。

3.集团所属企业为院校提供企业师资。

4.怡亚通以及其他合作单位向院校开放顶岗实习岗位，向院校开放全球供应链管理系统，在企业师资指导下，根据企业真实业务进行全真操作，视操作质量配套资格证书。这一服务专业涉及国贸、连锁管理、会计、物流、报关、货运、电子商务、商务外语等。

5.向学生开放电商平台、世界 500 强企业的优质商品、创业资金、指导老师，推进学生创业。

6.建立师资培训与顶岗工作基地，每年可为每个学校提供 2-4 个名额，培训与顶岗工作为 2-6 个月。

7.集团所属企业为优秀学员提供就业岗位。

（五）配套教学环境及预算（校行企合作共建共享）

支出用途名称		测算说明			预算金额（元）	备注
		说明	数量	单位标准		
一、企业级全真实践课程						
1	怡亚通供应链企业文化		1	套	50000	
2	品牌分销商运作模式		1	套	50000	
3	B2B 课程（宇商网）		1	套	50000	
4	B2C 课程（和乐网）		1	套	50000	
5	移动电商课程（云微店）		1	套	50000	
二、创新创业实战环境						

续表

支出用途名称	测算说明			预算金额（元）	备注
	说明	数量	单位标准		
（一） 数字化双向传输课堂					
6 数字化双向课堂设备		1	套	50000	
7 投影仪		1	套	8400	
8 学生桌椅		16	套	12800	
9 挂图		4	张	2000	
（二） 创新创业中心					
10 模拟办公桌椅		32	套	25600	
11 前台		1	台	3000	
12 前台背景墙		1	项	2000	
13 商务谈判桌		1	套	5000	
14 挂图		6	张	3000	
15 投影仪		1	套	8400	
16 打印机		1	台	3000	
17 创业通识平台		1	套	105000	
18 创客空间平台		1	套	115000	
19 创意工厂 OEM 平台		1	套	90000	
20 创意购商城平台		1	套	125000	
21 跨境购商城平台		1	套	125000	
（三） 云微店购物体验中心（移动电商）					
22 商品展示柜		3	组	15000	
23 移动 PAD		4	套	16000	
24 移动终端		4	套	12000	
25 液晶电视		2	套	16000	
26 等候区沙发		1	张	1000	
27 学习椅		20	套	3000	
28 灯箱式挂图		6	张	6000	
29 云微店运营平台		1	套	128000	
30 云微店案例		1	套	10000	
31 云微店大数据		1	套	5000	
32 云微店平台升级		1	套	20000	

续表

支出用途名称	测算说明			预算金额（元）	备注
	说明	数量	单位标准		
（四） 和乐网购物体验中心（B2C）					
33 商品展示柜		3	组	15000	
34 移动 PAD		4	套	16000	
35 移动终端		4	套	12000	
36 液晶电视		2	套	16000	
37 等候区沙发		1	张	1000	
38 学习椅		20	套	3000	
39 灯箱式挂图		6	张	6000	
40 B2C 和乐网运营平台		1	套	128000	
41 和乐网案例		1	套	10000	
42 和乐网大数据		1	套	5000	
43 和乐网平台升级		1	套	20000	
（五） 宇商网运营中心（B2B）					
44 前台		1	台	3000	
45 前台背景墙		1	项	2000	
46 挂图		4	张	2000	
47 模拟办公桌椅		18	套	14400	
48 B2B 宇商网运营平台		1	套	128000	
49 宇商网案例		1	套	10000	
50 宇商网大数据		1	套	5000	
51 宇商网平台升级		1	套	20000	
（六） 跨境电商运营中心					
52 模拟桌椅		16	套	12800	
53 报关报检公共服务柜台		1	组	4000	
54 跨境电子商务综合实训平台		1	套	188000	
55 跨境电商运营平台（海淘平台）		1	套	90000	
（七） 基地文化展厅					
56 成果展示墙		1	套	5000	
57 大幅面挂图		2	副	10000	
58 玻璃圆桌椅		1	套	2000	
59 教学挂图		30	张	15000	

支出用途名称		测算说明			预算金额（元）	备注
		说明	数量	单位标准		
60	灯箱式挂图		10	张	10000	
（八）	装修及其他					
61	企业环境布置及内部工程装饰		1	批	120000	
三、创业竞赛及指导						
62	创业竞赛指导		1	项	0	
合　计					2038400	

四、建设成效与特色

（一）建设成效

1. 基于深度融合的校行企合作模式，可为学校成功通过国家骨干高职院校验收起到重要的支撑和佐证作用；

2. 使珠海城职院成为商务部行业标准的起草单位之一，与标准委员会共同编制《商贸企业职业教育实习实训规范》，对学校骨干校验收及学校的专业建设均有极大促进作用，提升学校办学水平与质量。

（二）建设特色

1. 基于产教深度融合的全真大学生创新创业实践将使学生受益颇丰，甚至将深远影响其个人的发展及终生。学生就业质量的提高将最终促进学校办学水平的提高；

2. 基于国家和省部级推动的"大众创业，万众创新"战略，将使学校成为面向全省的校园创业孵化器；

3. 学校将成为引领全国校行企共建的深度产教融合典范，并完全有条件成为培养适应创新型国家建设需要的高水平创新人才基地。

附　录

珠海市人民政府关于深入推进职业教育校企合作的意见

珠府〔2015〕18 号

横琴新区管委会，各区政府（管委会），市府直属各单位：

为深入贯彻落实《国务院关于加快发展现代职业教育的决定》（国发〔2014〕19 号），进一步实施《现代职业教育体系建设规划（2014–2020 年）》，培养高素质劳动者和技术技能人才，增强职业教育服务经济社会的能力，结合我市职业教育发展现状，现就进一步加强职业教育校企合作（以下简称"校企合作"）提出如下意见：

一、深刻认识推进校企合作的重要意义，高度重视校企合作的现实需要

深入推进职业院校和企业在人才培养与职工培训、科技创新与技术服务、资源共享与共同发展等方面开展合作，是构建现代职业教育体系的必然要求，是实现职业院校和企业互利互惠、共同发展的内在需要，对促进职业教育与产业协同发展具有重要意义。

校企合作以需求和就业为导向，产教融合为目标，遵循自愿协商、优势互补、资源共享、互惠共赢的原则，重点培养适应珠海高端制造业、高新技术产业、高端服务业以及特色海洋经济和生态农业所需的高级技术技能人才，为建设全国高等教育科技创新和人才培养的示范基地与政产学研资合作的典范区域提供人才保障。

二、政府加强对校企合作的统筹规划，发挥主导作用

（一）加强校企合作的组织领导。市政府建立校企合作联席会议制度，统筹协调本市校企合作的规划、资源配置、经费保障、督导评估等工作。

（二）设立校企合作发展专项资金。市、区人民政府，横琴新区和经济功能区管理机构设立校企合作发展专项资金，专项用于扶持建立跨企业培训中心等公共实训基地；职业院校聘请企业管理人员、技术技能人员等任教；建立新型人才培养模式；企业接纳职业院校学生实习的物耗能耗；职业院校联合企业进行技术改造、产品研发、科技创新和成果转化；职业院校办理学生实习意外伤害保险以及其他与校企合作有关的事项。

三、利用行业对校企合作的指导优势，整合资源组建职教集团

（三）通过行业协会支持校企合作。充分发挥行业协会在资源、技术、信息等方面

的优势以及沟通、协调作用，引导企业开展校企合作。市、区人民政府，横琴新区和经济功能区管理机构通过向行业协会购买服务等方式，支持校企合作。

（四）成立校企合作指导委员会。政府相关部门支持行业协会、企业、职业院校共同成立校企合作指导委员会，发挥行业优势，发布和预测本行业用人信息、向职业院校推荐合作企业，引导、协调、指导本行业开展校企合作工作。

（五）组建职业教育集团。鼓励职业院校、行业、企业、科研机构、社会组织等共同组建职业教育集团，发挥整合教育资源、提供服务、加强交流合作等作用，促进教育和产业有机融合。

四、拓展企业参与校企合作广度，促进产教融合

（六）支持企业举办职业院校。企业可以通过参股、入股等多种形式，与职业院校联合组建办学实体或独立举办职业院校。对举办职业院校的企业，其办学符合职业教育发展规划的，政府可通过购买服务等方式给予支持。

（七）鼓励企业资助和捐赠。鼓励企业为职业院校提供资助和捐赠，支持职业院校建设和发展。企业可以在职业院校设立奖学金、助学奖、创业就业基金等资助项目。

（八）鼓励企业与职业院校进行深度合作。鼓励企业与开展合作的职业院校签订校企合作协议，向合作职业院校提供人才发展规划、用人需求信息、岗位工作标准、职业培训要求等，参与职业院校人才培养方案制定、专业设置、课程开发和教材编写等工作。鼓励企业运用按规定提取的职工教育培训经费，与职业院校进行校企合作，共同实施职业技能培训和继续教育。职业院校可以优先向合作企业推荐优秀毕业生，优先安排合作企业职工进校接受职业技能培训或继续教育。

（九）打造实习培训平台。鼓励企业与职业院校联合建设实训基地，接受学生实习实训和员工职业技能培训。企业根据生产需求和职业院校要求，接纳职业院校学生实习，提供实习场地和设备设施，指定专人指导，确定实习环节和内容，不得安排实习学生从事不符合实习内容和特征的劳动生产或项目服务。

五、加大职业院校的合作力度，创新培养机制

（十）创新人才培养模式。职业院校要创新人才培养模式，推动专业课程内容与国家职业标准、教学过程与生产过程、学历证书与职业资格证书对接。按照珠海产业的技术技能人才需求，调整完善专业设置，改革教学方式方法，建立教学内容更新机制。

（十一）建设"双师型"教师队伍。职业院校专业教师到企业生产实践每两年不少于两个月，企业应当为其提供实践岗位。职业院校可以根据专业技能培训的需要，聘请企业管理人员、技术技能人员到职业院校兼职任教，企业应当予以支持。

（十二）开展订单式人才培养。职业院校要按照合作企业工作岗位所要求的知识、技能和职业素养，与企业共同制定人才培养方案，开发专业核心课程，定制课程标准。

（十三）建立共同研发机制。职业院校与企业建立共同研发机制，联合进行技术改造、产品研发和科技创新，促进科技成果转化。

（十四）全面保障学生实习、教师实践。职业院校要加强对实习学生和实践教师的职业道德教育和安全教育，办理学生实习意外伤害保险，并指派指导教师。实习学生和实践教师要遵守企业制度和劳动纪律，保守企业商业秘密。对于顶岗实习不少于半年的学生，企业应当按照同岗位职工工资的一定比例向学生支付实习报酬，并不得低于本市当年最低工资标准；对于非顶岗实习的学生，职业院校、企业和学生可以在实习协议中约定给予实习补助。

六、落实保障措施，切实推进校企合作，提高现代职业教育内涵

（十五）加强组织领导。校企合作联席会议成员单位要积极搭建平台，切实履行职责，解决校企合作中遇到的困难和问题。

（十六）强化监督评估。市、区人民政府，横琴新区和经济功能区管理机构定期对校企合作情况进行绩效评价，并根据评价结果调整扶持措施。加强对校企合作发展专项资金的监督管理，对于弄虚作假获得资金资助的，由相关部门追回已发放的资助资金，两年内不得享受资助资格，并依法追究相关人员责任。

七、有效期

（十七）以上意见自 2015 年 3 月 1 日起施行，有效期至 2020 年 2 月 29 日为止。

珠海市人民政府

2015 年 2 月 4 日

珠海市人民政府关于加快发展现代职业教育的实施意见

珠府〔2015〕46号

横琴新区管委会，各区政府（管委会），市府直属各单位：

为深入贯彻落实《国务院关于加快发展现代职业教育的决定》（国发〔2014〕19号）和《广东省人民政府关于创建现代职业教育综合改革试点省的意见》（粤府〔2015〕12号）精神，加快发展我市现代职业教育，着力培养珠海"三高一特"产业发展急需的高素质劳动者和技术技能人才，全面提升职业教育服务珠海经济社会发展的能力，特制定以下实施意见。

一、指导思想

以邓小平理论、"三个代表"重要思想、科学发展观为指导，坚持以立德树人为根本，以服务发展为宗旨，以促进就业为导向，创新人才培养模式，深化产教融合、校企合作，不断提升职业教育的质量和水平，培养大批服务于珠海产业转型升级的高素质劳动者和技术技能人才。

二、发展目标

到2018年，形成适应珠海经济社会发展需求、紧扣珠海"三高一特"产业、产教深度融合、办学体制机制有突破、中高职充分衔接、职业教育与普通教育相互沟通、学历教育与非学历培训沟通衔接，体现终身教育理念，具有珠海特色、国内先进水平的现代职业教育体系。

——战略地位更加突出。各级党委与政府对现代职业教育有全新的认识，充分树立抓职业教育既是抓教育又是抓经济民生的全新理念，牢固确立现代职业教育在实现珠海经济转型升级和促进充分就业大局中的重要位置，采取各种措施办法，推动现代职业教育发展，为实施"蓝色珠海、科学崛起"战略提供强大支撑力。

——办学水平和服务能力明显提升。办学条件明显优化，各类技术技能人才的培养质量和培养能力大幅提高，基本形成职业教育现代学校制度。建成省现代职业教育综合改革示范区。以港珠澳大桥建成和广东自贸试验区横琴片区发展为契机，充分发挥我市区域优势和政策优势，加强珠港澳台职业教育合作与交流。职业院校成为技术技能人才配置、产业新技术创新积累、促进高质量就业的主阵地，新增劳动力90%以上接受过中等以上职业教育。

——结构和规模更加合理。职业院校专业设置更加科学合理，与"三高一特"产业发展匹配程度明显提高。总体保持普通教育与职业教育规模大体相当。引导部分在珠办学的本科院校向应用技术型大学发展。到 2018 年，中等职业学校学生升入高等职业院校的比例以及高等职业院校学生升入本科高等学校的比例均比 2014 年翻一番。

——制度建设和发展环境更加优化。在现代职业教育管理制度改革、完善相关标准和监管机制等方面取得较大突破，基本形成产教融合、校企合作人才培养的良好机制。根据《珠海市人民政府关于深入推进职业教育校企合作的意见》（珠府〔2015〕18号），完善产教融合、协调育人机制，促进校企深度合作。引导和鼓励社会力量参与职业教育的体制机制更加健全，全社会关心、支持职业教育的氛围更加浓厚。

三、工作重点与措施

（一）推进产教深度融合。

1. 对接产业优化专业结构和布局。对接珠海"三高一特"产业发展，调整现代职业教育专业布局，科学准确定位，紧贴产业、紧贴企业、紧贴职业岗位设置专业，淘汰一批旧专业，设置一批新专业，建设一批重点和特色专业，推进示范专业建设，进一步提高专业支撑产业的能力，使部分专业具备引领产业发展的优势。着重打造"一个核心，三大板块"的现代职业教育格局，以建设省现代职业教育综合改革示范区为核心，在横琴新区、香洲区、高新区建设高端制造业、高新技术产业和高端服务业专业集群，在金湾区、高栏港区建设海洋装备制造、航空港口、新能源专业集群，在斗门区建设机电农林专业集群。推进产教互动，促进产业园区与职教园区、产业与专业的充分对接与融合。

2. 推进政校企协同的"校中园""园中校"产业园建设。利用政校企各自优势资源，重点选择高端服务业、高端制造业中的酒店、旅游管理、现代商务、现代加工制造等行业，建设集行业发展战略研究与规划、行业关键技术突破、行业岗位职业资格标准研制与认定、行业人才培养、产业运行支持等功能于一体的具有珠海特色的产业园 3~4 个。

（二）促进校企紧密合作。

3. 健全行业企业参与制度。大力推动行业企业积极参与和指导职业教育发展。规模以上企业要对接职业院校设立学生实习和教师实践岗位，企业因接受学生实习所实际发生的与取得收入有关的、合理的支出，按现行税收法律规定在计算应纳税所得额时扣除。依托行业、企业、金融机构等力量，建设 3 个以上由高等职业院校主导的协同创新中心，每个分期给予最高 500 万元资助。

4. 深化校企合作办学模式改革。依托珠海市职教集团，促进行业企业参与人才培养全过程，通过"引企入校、引校入企、前店后校"等方式，不断拓展校企一体化合作育人途径。建设 3 个以上校企紧密合作"前店后校"模式的产教实训基地，每个给予最高 50 万元资助。充分发挥珠海市职教集团的优势，以产业或专业（群）为纽带，推动专业人才培养方案与产业岗位人才需求标准相衔接，人才培养链和产业链相融合。

5. 完善职业教育校企合作法制保障和就业用人政策。根据《珠海市人民政府关于深入推进职业教育校企合作的意见》，制定具体实施办法，将我市对职业教育校企合作的各项扶持和优惠措施纳入法制轨道，促进职业教育健康快速发展。创造平等就业环境，消除影响平等就业的制度障碍。鼓励和指导企业根据学生接受职业教育及获得职业资格证书情况，制定用工标准和薪酬标准。引导企业建立高技能人才技能职务津贴和特殊岗位津贴制度。

（三）推进现代职业教育体系建设。

6. 提升现代职业教育层次。巩固提高中等职业教育在现代职业教育体系中的基础作用，总体保持中等职业学校和普通高中招生规模大体相当。大力推进国家示范性中等职业学校建设，建成国家中等职业教育改革发展示范校 3 所；建成国家级、省级示范性高等职业院校各 1 所；引导部分在珠高校向应用技术类高等学校转型发展。鼓励高等职业院校发挥人才和智力优势，积极参与珠海幸福村居建设。

7. 完善中高职衔接培养机制。全面推进中等和高等职业教育人才培养相衔接，打通中等和高等职业教育人才成长的通道。鼓励中等职业学校通过中高职衔接机制等途径，参与高等职业教育人才培养。完善中等和高等职业教育在专业设置、课程、教学过程、学制、教学培养、实训装备等方面的衔接。大力推进中、高职衔接的办学模式，继续扩大"三二分段"招生规模。到 2018 年，实现"三二分段"招生规模占当年中职招生总数 15% 的目标。

8. 建立职业教育与其他教育双向沟通的桥梁。以"学分银行"为载体，探索职业院校、普通高校、成人高校之间学分转换，建立学分积累与转换制度，推进学习成果互认。加强珠海社区大学建设，积极推进创新型社区教育发展，推进珠海市民终身教育工程。利用职业院校资源广泛开展职工教育培训。

（四）提升现代职业教育人才培养质量。

9. 创新人才培养形式。坚持工学结合贯穿职业教育教学全过程，将"职业认知、职业体验、职业磨炼、职业实战"与企业生产服务流程及价值创造过程有机融合起来，推行"学中做、做中学"，使产教融合、校企合作、工学结合成为职业教育教学的一种常规制度。创新技能竞赛制度，根据珠海"三高一特"产业特征，打造 3 个以上珠海职业教育技能竞赛品牌，扩大技能竞赛的社会影响力。大力推广"五步递进"实习实训模式。积极推行"双证书"制度，把职业岗位所需要的知识、技能和职业素养融入相关产业教学中，将相关课程考试与职业技能鉴定合并进行，使学生在取得毕业证书的同时，直接获得相应的职业资格证书。推进现代职业教育学徒制试点建设，凡与市政府公布培育的"三高一特"企业成功签订合作协议开展现代学徒制试点并实施订单培养计划的职业院校，给予每个专业 30 万元经费资助。

10. 建立适应"三高一特"产业发展的专业课程标准体系。健全专业随产业发展动态调整的机制，对接高端制造业、高新技术产业、高端服务业、特色海洋经济和生态农业，紧扣其职业标准、岗位需求及技术进步需要，建立中职—专科高职—应用本科衔接互通的标准框架体系及专业课程教学标准，开发相关的示范课程及教学资源库。大力推广校本精品课程教学。

11. 实施现代职业教育"强师工程"。加快职业教育教师队伍建设，为职业教育现代化提供坚实的人才保障，培养一批在全市、全省享有较高声誉，有先进教育思想、较高管理水平、教学水平和教科研能力的职教名师，提高教师的整体素质。加强职业院校专业带头人培养，为我市职业院校中担任国家级职业技能竞赛专家委员会成员或省级以上职业教育专业教学指导委员会成员的专业带头人，设立"特聘名师工作室"，给予经费资助。建立职业院校教师交流学习机制，广东科学技术职业学院和珠海城市职业技术学院，选派骨干教师到我市对口开展中高职衔接三二分段试点的中职学校开展教学指导，中职学校选派学科带头人到对口高职院校相关专业进行跟班学习；民办中职学校选派骨干教师到公办国家中等职业教育改革发展示范校进行跟班学习。探索教师流动编制或设立兼职教师岗位，加大学校与企业之间人员互聘共用、双向挂职锻炼、横向联合技术研发和专业建设的力度。

12. 推进现代职业教育实训中心转型提升。推动职业院校参与行业企业技术创新中心、先进装备实验实训中心建设。鼓励职业院校将实训基地建在合作企业，企业将技术研发与应用、员工继续教育和培训基地建在职业院校，规划建设 3~4 所集实习实训教学、技能考核、师资及企业职工培训、技能竞赛、教产研发服务"五位一体"的现代职业教育实训中心。

13. 大力推进职业教育信息化。建立珠海市职业教育管理服务平台、公共信息化平台与技术技能人才供需服务平台。加强职业教育数字化资源平台建设。加大职业院校信息化基础设施投入，推动智慧校园和数字化实习实训教室建设，构建利用信息化手段扩大优质职业教育资源覆盖面的有效机制，建立面向人人、满足自主学习的网络学习平台和信息化考试平台，促进学校管理的信息化和规范化。加强对教师信息技术应用能力的培训，将其作为教师评聘考核的重要标准。推进教师和学生网络学习空间应用，实施职业技能和通识课程在线共享。支持与专业课程配套的虚拟仿真实训软件开发与应用。

14. 建立现代职业教育质量评价标准体系。以学习者的学习成效评价为导向，建立职业教育资历架构和质量评价标准。建立健全学生、教师、行业、企业及用人单位等多方参与的多元质量评价机制，完善职业教育质量保障制度。

（五）改革现代职业教育管理制度。

15. 加大职业教育工作统筹力度。市政府建立职业教育工作联席会议制度，加强对现代职业教育体系构建工作的统筹规划与组织协调，充分调动区级政府发展职业教育的积极性，加快政府职能转变，减少部门职责交叉和分散，明晰部门职责分工，共同推进我市职业教育发展。充分发挥珠海市职教集团作用，使之在职业教育政策研究、体系建设、产学研合作等方面实现政府管理与服务功能的延伸和补充。

16. 支持社会力量兴办职业教育。充分发挥政府推动和市场机制作用，积极支持各类办学主体通过独资、合资、合作等多种形式举办或参与举办职业院校；鼓励发展股份制、混合所有制职业院校；积极探索公办和社会力量举办的职业院校相互委托管理和购买服务的机制；鼓励职业技术院校通过兼并、代管、设立分校等形式带动薄弱职业技术院校发展。社会力量举办的职业院校与公办职业院校具有同等的法律地位，并依法享受教育、财税、土地、金融等方面的优惠政策。

17. 推进职业教育现代学校制度建设。扩大职业院校在教育教学、专业设置、人事管理、教师评聘、收入分配等方面的办学自主权，依法制定体现现代职业教育要求及学校办学特色的章程和制度。完善体现职业院校办学和管理特点的绩效考核机制。

（六）积极落实招生制度。

18. 实行中等职业学校学生注册入学制度。将初中学业水平考试和综合素质评价作为中等职业学校招生录取的重要依据。中等职业学校在春秋两季招生，学生根据自身学业水平、兴趣爱好及发展意愿报读中等职业学校，实行注册入学。

19. 推进高等职业院校考试招生制度改革。引导在珠海的应用技术型本科院校探索建立面向专科高等职业院校、中等职业学校的学生选拔机制，专科高等职业院校招生增量主要用于招收中等职业学校毕业生及同等学历社会人员。提高在珠海的高等职业院校每年以"三二分段""对口自主招生"等模式面向珠海中等职业学校对应专业的录取比例，鼓励、引导珠海中职学生积极报读在珠海的高等职业院校。

（七）加强职业教育国际交流与合作。

20. 提升职业教育开放水平。依托珠海友好城市，重点推进与美国、德国、英国等职业教育先进国家的交流合作，引入国际先进职业教育资源进行多种形式的合作。全面加强与港澳台地区的职业教育交流合作，探索建立珠澳职业教育联盟，共享两岸三地优质职业教育资源。加大与国外职业院校教师交流、学生互换及合作培养的力度。

加快珠海市中德职业教育基地建设进度，推进广东格力职业学院与德国院校的合作。

21. 支持职业院校参与职业教育国际竞争。组织实施职业教育"走出去"战略，不断拓宽与国际合作的范围与方式，加强对外合作交流。鼓励示范院校主动参与珠海企业境外员工的人才培养、职工培训、技术技能提升等工作。

四、组织与保障

22. 加强组织领导。把职业教育发展纳入区域经济社会发展和产业发展规划。充分发挥珠海市职业教育联席工作会议制度作用，定期或不定期召开会议，共同研究全市职业教育改革与发展中遇到的新情况新问题，形成工作合力。

23. 健全职业教育投入稳定增长机制。建立与办学规模和培养要求相适应的财政投入制度，落实职业院校生均经费标准或公用经费标准，改善职业院校基本办学条件。设立职业教育校企合作发展专项资金，市财政每年安排专项资金，用于支持校企合作工作，推动职业教育发展迈上新台阶。

鼓励社会力量捐资、出资兴办职业教育，拓宽办学筹资渠道。完善财政贴息贷款等政策。企业要依法履行职工教育培训和足额提取教育培训经费的法律责任。落实国家关于企业开展职业培训等方面投入相关规定。

24. 强化督导评估机制。完善职业教育督导评估办法，落实督导报告公布制度，将督导报告作为对被督导单位及其主要负责人考核奖惩的重要依据。完善职业教育质量评价制度，定期开展职业院校办学水平和专业教学情况评估，全面推进我市中等职业学校教学工作合格评估。

25. 加强舆论宣传。各级宣传部门、文化、新闻、出版、广播电视等部门要把握正确的舆论导向，深入宣传职业教育对促进经济社会发展的重要意义，广泛宣传优秀技术技能人才成长和发展的事迹以及当前职业教育的发展机遇，充分发挥公共媒体宣传优势，引导全社会树立正确的职业观、人才观、成才观，弘扬"劳动光荣、技能宝贵、创造伟大"的时代风尚，形成尊重职业教育和技能人才的社会舆论氛围。

珠海市人民政府

2015 年 4 月 17 日

后　记

　　自我校借鉴德国"双元制"和英国"三明治"职业教育模式进行研究探索和实践以来，从 2006 年的"三元制"到 2011 年"双三元"职教理论的探索，再到 2015 年"双三元"职教理论的实践，至今已有近 10 年的光景，我校的第一本系统研究"双三元"的职教理论与实践的总结书稿终于成文。然而"十年树木，百年树人"，对"双三元"理论与实践的研究还不能就此止步，因为该理论仍处于不断探索和检验之中，还有很多内容有待继续研究。如"政校企"三元互动建设良好职业教育环境研究；"行校企"三元互动，专业链与产业链双链融合无缝对接，提升高职专业建设质量研究；"双三元"职教模式实现途径实证研究；"行校企"三元特色专业建设实证研究；"五大理念"引领"十三五"职教改革创新发展研究等正在研究中，许多已有研究与实践成果也还需进一步检验与完善。无论是"双三元"的理论探索还是在现实中的实践探索，都能体现我校团队始终把对"双三元"职教理论的研究当作一项重要的课题。

　　撰写这本论著，无论是在构思阶段，还是在写作阶段，我们的团队都不断在向政府部门、企业和行业还有老教授、教学名师、企业精英们请教，得以使拙作能够逢"柳暗花明又一村"。此论著在撰写过程中，得到了珠海市委、市政府的大力支持，也得到了行业、企业尤其是与我校合作的行业与企业的帮助，在此一并表示感谢。由于水平有限，书中的不妥之处，敬请行家赐教。

编　者

2015 年 10 月